説していた「造作説」の最高の力点は「九州王朝の根本的な否定」だったのである。

「わたしの造作説の立場に立たぬ限り、大和朝廷一貫の輝く日本古代史学は成り立ちえない。」

これが彼の戦前から戦後にかけての津田の「中核の信念」だったのである。

敗戦後、津田をたずねた家永三郎や岩波書店のメンバーが〝驚かされた〟のは有名な逸話だ。津田の歴史観は、いわば〝考え抜かれた皇国史観〟そのものだったのである。彼が戦後、文化勲章を授与されたのは、理の当然だった。

三

しかし史実は、逆だ。「九州王朝の実在」こそ、日本の古代史学の根幹である。

それを立証したのは、「九州年号」の存在だ。「二中歴」の中に明記されている。継体（九州年号の〝第一番目〟）にはじまり大化に終わる。五二七年から七〇一年までである。問題は「大化六年」である。「評制の終結」とピタリ一致している。

戦後行われた有名な「論争」がある。「郡評論争」である。東京大学の坂本太郎と井上光貞との「師弟論争」だ。弟子の井上は日本書紀の七世紀以前に「郡」とあるのは「評」の〝あやまり〟とした。師の坂本は日本書紀の「郡」を〝是〟（正しい）とした。大和（奈良県）と尾張（愛知県）出土の木簡は、いずれも「七〇一」をもって境としていた。それ以前は「評の時代」、それ以後が「郡の時代」だったのである。井上の指摘が正当だったのである。

井上は日本書紀の「七〇一以前」を「評」と〝書き直した〟ら、それが正当だとしたのである。郡評論争は「決着」した。

四

しかし、わたしの古代史研究は、この一点から「出発」した。井上の「決着」は決して見のがしえぬ「一大矛盾」の上に立っていたのである。

第一、史実として「七〇一」が一大転換点であったならば、当然「廃評建郡」の詔勅が必須だ。「文武五年」である。しかし、日本書紀にも、続日本紀にもそれはない。不可解である。

第二、「二中歴」中の「九州年号」は、まさにピタリ、その年で終わっている。「二中歴」は〝書き継ぎ〟文書であり、全体として鎌倉・南北朝の成立である。しかし「郡評論争」が終結したのは、現代、敗戦後の現代の時点である。それに〝合わせ〟て、二中歴が〝書かれ〟たことなど、金輪際、あり得ないことだ。「偶然の一致」など言い出したら、もはや学問ではない。一篇の「小説」に過ぎぬ。

では、なぜ一致しているか――史実だからである。

五

このテーマを、別のテーマから〝裏書き〟するもの、それは「神籠石《こうごいし》山城」の存在だ。敗戦前から敗戦後まで、これが「霊城」か「山城」か、論争になっていた。その決着がついたのは、戦後の「バブル時点の調査」だった。佐賀県や佐賀市の教育委員会による一斉調査によって「山城」であることが判明した。

一に阿蘇山系の凝灰岩を用いて、煉瓦状の下石とし、それが二列とされていた。大自然の災害と共に、その二列の上部が木柵とされていた。外部からの侵入者を〝防ぐ〟ためである。

二にその範囲は筑紫（福岡県）と防府（山口県）を〝取り巻いて〟いた。明らかに、「外部からの侵入者」

を〝くいとめる〟ためである。

三に、その内部に「水をためる」用水路を設け、「兵士」のみならず「住民」を〝住まわせる〟ための装置とされていたのである。

すなわち、山の中腹に設けられた軍事要害が、筑紫・防府を〝取り巻いて〟いた。これらの要害を〝構築〟したのはその内部（筑紫・防府）にある「中心権力者」以外にありえないのだ。

六

この点、後代の考古学者によって「作図」された瀬戸内海上の「高地性聚落」や「要害類」は別途である。なぜなら、もしかりに「大和（奈良県）」を目指した外来勢力を「仮装敵」とするならば、（たとえば、唐など）日本海を東上し〝舞鶴から大和へ〟の要塞群、または太平洋を東上して〝熊野から大和へ〟の要塞群が必要だ。しかしそれらはない。

同じく、「隋書俀《たい》国伝」の記述を冷静に観察すれば、「阿蘇山を中心域とする描写」である。従来説を「定説」とする立場では「日出づる処、云々」の名文句の当事者を「推古天皇」や「聖徳太子」をもってこの「多利思北孤」（男性。〝摂政〟でなく〝天子〟〈隋朝の使者と面接〉）に当ててきたけれど、全く「非（ノウ）」である。

七

直ちに本稿の結論に入ろう。

第一、「多利思北孤」の国書は、隋朝及び唐初の歴史官僚、魏徴の〝手元《てもと》〟にあり、彼はそれを〝見つつ〟俀国伝を書いた。最高の「同時代史料」である。すなわち（古事記と）日本書紀には、その同時代史料との

〝合致〟どころか、片鱗もない。「偽史」である。

その「偽史」をもって明治維新以降の「古代史」そして「公的教科書」の〝全体像〟としている。「偽、教科書」にして「偽、学界」を〝若い人々〟に「暗誦」させてきた。

八

さらに一歩を深めよう。

すでに「五百数十面」、日本列島のみしか出土せぬ「三角縁神獣鏡」をもって考古学者たちは「船載」とする。これを「多数説」としてきたのである。「生産総数」は出土物の五倍ないし十倍に当たると考えられぬのに、一枚も日本列島以外から出土しないことは、いかなる詭弁を弄しても船載とすることを許さない。森浩一氏等の〝仮説〟された、遼東半島近辺にすら、結局出土しないままである。今や、これを国産とする少数説（森浩一、松本清張、奥野正男、古田武彦等）が、（次述のように）「逆転」しつつある。

すでに「三角縁神獣鏡」は「国産説」の段階ではなく、「国産」そのものと、見なさなければならない。中国本土産出の「（小型）神獣鏡」は、〝中国出土のミニチュア鏡〟であり、樋口隆康氏の「定義」された「三角縁神獣鏡」そのものではない。日本列島内出土の「三角縁神獣鏡」はまぎれもない（帰化人によるものを含む）日本列島内産物だ。

「周式鏡・漢式鏡」にはじまる、日本列島内出土鏡、そして今問題の焦点をなす「三角縁神獣鏡」をもって、日本列島内の産物とみなす立場が新しい「定説」とされる時期も近い。

本稿は、それらの研究のための第一ページとなろう。それが現在のわたしたちの「立つ」べき研究史上の位置なのである。

九

衝撃を受けた。二〇一五年二月十五日の読売新聞の文化欄である。「本」と題する書評のコーナーだ。月岡靖雄さんと平松健さんからほとんど同時にファックスをもらった。

「考古学界の長老が、戦後の日本考古学に画期をなした遺跡発掘を振り返った。」という文章からはじまっている。ここで長老と呼ばれているのは、大塚初重さん。

『歴史を塗り変えた、日本列島発掘史』とされている大塚氏は、明治大学名誉教授、一九二六年生まれだから、ほぼわたしと同年である。各大学の教授、准教授の「専門の考古学者たち」には、この大塚さんの「弟子」や「孫弟子」が少なくない。従来説を代表する〝権威〟である。

この記事の中の「出色の一文」は次のくだりだ。

「88歳の今も、時代を描く思索は続く。『卑弥呼の鏡』とも言われ、国産か中国産か議論が続く三角縁神獣鏡を『中国産と言って来たけれど、去年から国産説に変えた』」

わたしは当初から、いわゆる「国産説」だった。本稿を読む、ほとんどの人々（研究者）はわたしの国産説が一九七三年公刊の『失われた九州王朝』（朝日新聞社刊、角川文庫、朝日文庫、ミネルヴァ書房復刊本）以来の五十年近い、年来の対立軸をなしてきたこと、研究者にも、古代史愛好家にも、知らぬ人とて、ありえない。

けれども、この紹介記事はその〝長い研究史上の対立〟には一切ふれず、彼（大塚氏）の「昨年」の発見のように書く。本稿でも要述したように、わたしの「邪馬壹国」説をスクープしたのは、当の読売新聞であり、今回（大塚初重著『歴史を塗り変えた日本列島発掘史』）の出版社（KADOKAWA）からは「邪馬壹国」論や「九州王朝」論も、角川文庫から長期間出版されていた（ミネルヴァ書房よりいずれも復刊本）から、大塚氏がらば。

〝知らぬ〟はずはない。

問題は、いつのまにか、御自分の説をわたしの説と〝とり変え〟たこと。しかもそれが昨年（平成二十四年）からであること、それが読売新聞の「文化欄」を〝借りて〟明記されたこと、それが〝こと新しい〟のである。氏がたとえば鉛同位体比の判定結果を重んじたとしても、やはり「鉛同位体比のしめすところ、古田の年来の説の方が妥当だった。」そう書くべきだ。もし「小説」類ではなく、「歴史学上の変説」であるならば。

時は、適切である。かつては、東京のお茶の水や明治大学の講義室という〝隣り〟同志の場で、「対立」し、「講義」していた。奇遇である。

本書は、肝心の「三角縁神獣鏡」論を中心に、わたしの著した鏡に関する諸論文をくまなく、平松健さんがとりまとめてくれたものだ。読売新聞の記事と重なる絶好のタイミングだった。

本来の「三角縁神獣鏡研究」は、今はじまろうとしているのである。

——二〇一五年二月十七日　筆了——

鏡が映す真実の古代——三角縁神獣鏡をめぐって　目次

はしがき

序章　毎日が新しい発見
――三角縁神獣鏡の真実――

一

わたしは驚いた。平松健さん（東京古田会）から分厚い一便がとどき、そこには「鏡が映す、真実の古代――三角縁神獣鏡を中心として」（甲）と「三角縁神獣鏡の問題点」（乙）の二稿が含まれていたからである。この（甲）には「古鏡関係古田武彦著述・論文集」とあり従来の論述が手際よくまとめられている。その上（乙）には右のわたしの論述の各論点をめぐる、残された問題点が叙述されている（注＝紙面の都合上掲載省略）。

ところが、わたしが今〝とりかかろう〟としていたのがこのテーマだった。三角縁神獣鏡という金石文、すなわち無類の「同時代史料」でありながら、日本思想史学の中心からも、日本歴史の叙述の上からも、適正な史料価値を与えられていない、この史料群について詳述したい。否、むしろ問題の「心臓部」を的確に書き切りたい、そう決心した直後だった。そのとき、平松書簡が到来し、わたしに一論稿を書きおろして付載してほしい、との要望だったのである。「あまりの偶然の一致」に驚いた。

しかし、なお精思すればこれは「必然の一致」だった。わたしの論稿を逐一、詳細に追跡してきた平松さんであるから、すなわち「時」が合致したにすぎない。やっと心底に納得し、この一篇の筆を執ったのである。

二

三角縁神獣鏡は敬すべき研究者に恵まれている。それは樋口隆康氏である。氏は「三角縁神獣鏡、中国製説」の中心をなす立論者であるが、反対論者たる森浩一・松本清張・わたし及び中国の王仲殊氏等の「日本製説」に対しても、公平に叙述されている。『三角縁神獣鏡綜鑑』（新潮社平成四年〈一九九二〉刊）である（一三八ページ）。

氏は三角縁神獣鏡の定義を次のように規定している。

1、径二一～二三センチ大のものが最も多く、まれに径一九センチや二五センチのものもある。
2、縁の断面が三角形を呈している。
3、外区は、鋸歯文帯、複線波文帯、鋸歯文帯の三圏帯からなる。
4、内区の副圏帯は銘帯、唐草文帯、獣帯、波文帯、鋸歯文帯のいずれかが多い。
5、主文区は四又は六個の小乳によって等間隔に区分され、その間に神像と瑞獣を求心式か同向式に配置する。
6、銘文は七字句数種と四字句一種がある（同書一四一ページ）。

けれども、氏の「中国製説」には難点があった。この著作成立時点（平成四年、一九九二）において、中国本土から出土した三角縁神獣鏡は「0」、皆無だったのである。一方、日本国内では椿井大塚山古墳（京都府）のように、一古墳から三十数面の三角縁神獣鏡を出土する事例等、多出していたから、この「対比」は重要な問題をなしていた（現在の出土は五百数十面に達している。この点、後に詳述）。わたし自身、くりかえし中国に行き、研究調査を行ったさいも、この「三角縁神獣鏡の有無」は中心課題の一つであったが、いずれの展示にも見いだすことができなかった。

さらに樋口隆康氏自身、あらかじめ依頼しておき、「展示物」のみならず、各考古学出土物の所蔵地の「研究所内部」をも検証されたけれども、やはり、その存在を認識できず、その旨を率直に報告されたのである（『俾弥呼の真実』ミネルヴァ書房、二〇一三復刊本二四四ページ、本書二八六ページ参照）。

さらに奥野正男氏には「黄幡」問題（笠松文様）をめぐる、重要な提起（国産説）がある。この点も、いわゆる「黄幢と黄憧」の異同に関するわたしの注目点に対する背景となった。

樋口氏の研究史に対する認識と共に、奥野氏やわたしの問題提起は〝終わって〟いない。否、むしろ率直に言えば、本格的には〝始まっている〟とすら言いえない、と言えよう。なぜなら、それらは日本の思想史学研究上、さらに日本の古代史学研究上、当然占めるべき適正な位置が（賛否ともに）与えられていないからである。

三

今かりに、考古学の「専門家」たちにとっての「定説」たる「中国製説」に立ってみたとしよう。そのさいにも、それらの鏡が偶然海上を漂流して日本列島に着地したのでない限り、当然「人間の手」による〝伝播〟であり、〝流入〟だ。すなわち「人間の認識」そして「日本列島人の認識」の反映なのである。アウグスト・ベーク（ドイツ）の言う「愛理学（フィロロギー）」の対象なのだ。フィロロギーとは「認識せられたものの認識」だからである。たとえば、日本列島人が周辺領域（大陸や太平洋）からこの列島に入ってきたこと、確実であるけれど、その故をもって日本列島人を日本の歴史から〝切りはなす〟ような愚挙のありえないのと同一である。

いわんや「国産説」すなわち日本製説の場合、これらの鏡の図様や銘文のもつ意義、その思想性を「第一史料」とせぬ歴史研究など、ほとんど〝無意義〟に近いのではあるまいか。しかし現在の日本思想史学や日本古代史学、さらに日本歴史の叙述において、一切あるいはほとんどその「痕跡」を見ないのである。

たとえば、明治維新以降、詔勅等に喧伝せられた「万世一系」の一語に対しても、「ではなぜ、三角縁神獣鏡の銘文にその銘文が出ていないのか」などという「問い」は、存在しない。「愚問」に属するとされているのである。

四

わたしはすでに論じた。「海東鏡」の問題だ。その銘文は次のようである。

A　方格内（右回り）
「君宜高官」

B　銘帯（左回り）
「吾作明竟真大好浮由天下□《敖?》四海用青同至海東」

右の「青同（＝銅）を用《もっ》て、海東に至る」の文面は、この鏡（三角縁神獣鏡）の制作者が中国本土からここ日本列島に至ったことをしめしている。そのさい、銅鏡製作材料の青銅を持参したという。すなわち彼等は中国における「鏡製作の職人」だったのである。

当然、彼等は〝文章〟としては「漢文」が得意である。〝日本式漢文〟や〝日本語の文章〟には「不慣れ」なのである。

さらに鏡には「魚」一匹の図様が印刻されている。右の文意と〝対応〟しているのだ。

その上、これらの鏡の「鈕孔」に対する精密な研究から次の三点が判明した。

（その一）中国本土では「銅鏡」は〝婦人などが壁にかけて用いる〟美術工芸品であるから、「鈕孔」は整美である。

（その二）しかし「国産（日本製）」の場合、〝太陽信仰のための反射鏡〟（「三種の神器」の一つなど）として作成されたため、「鈕孔」は〝不整美〟のままである。

（その三）かえって後代（時代の遅れる）銅鏡の方が「鈕孔」が整えられている。

以上、わたしは「三角縁神獣鏡の史料批判――三角縁人獣鏡論」（『新・古代学第5集』新泉社、二〇〇一年三月刊）において詳論した（本書三五六ページ以下）。

五

樋口氏は右の「綜鑑」において次のようにのべた。

「中国鏡である三角縁神獣鏡が中国から出土しないことについて、私はかって、以下の三つの解釈があることを指摘した」（「卑弥呼の銅鏡百枚」中央公論『歴史と人物』昭和五十三年〈一九七八〉九月）。

1、中国に埋没しているものが、まだ出土していない。

2、漢人が倭国だけの輸出向きに作った特注品である。

3、漢人の技術者が倭国に渡来して作った。

このうち、1、2の場合は中国で作られたことになり、3の場合は日本で作られたことになる。王仲殊の主張は3の立場である。（『綜鑑』二二〇ページ）

右の王仲殊説は、日本側の「国産説」たる松本清張・古田武彦・奥野正男の学術論文を「無断引用」して作られたこと、今は周知である。

その点は今の論点ではないけれど、樋口氏は右の「3」の立場ではなく「1」もしくは「2」の立場に立って右の論文（中央公論）と著作（綜鑑）を公表されたのである。

注目点は次の一点だ。この「一九七八年」の論文及び「一九九二年」の「綜鑑」公表の時点では、いまだ「中国本土に三角縁神獣鏡出土せず」の命題は「確認」されていなかった。むしろ樋口氏のような「中国本土における製作説」の論者にとっては、「やがて出よう。」と期待されていたのである。

しかし、右の論文から現在（二〇一四年）まで、三十六年（論文）ないし二十二年（綜鑑）を経た。そして「中国本土に出土なし」の事実関係は〝変わって〟いないのだ。大局的に見れば、やはり右の「3」の立場を〝原点〟として「思考実験」を行うこと、これ以外の道はありえないのではあるまいか。

六

具体論に入ろう。

例の「海東鏡」の場合、樋口氏は次のようにかかれた。

「三角縁神獣鏡は中国の鋳鏡師が日本へ渡来して作ったという説は、早く、古田武彦が説いている（古田武彦『ここに古代王朝ありき』昭和五四年〈一九七九〉六月）。

その後王仲殊が説いて、一躍クローズアップされた。

彼等の渡来工人説の有力な証拠の一つとして、『用青同至海東』（銘例14）が取り上げられている。古田はこれを『青銅を持って、海東（すなわち日本）へ渡って来た、（そして明鏡を作った）』と解釈し、中国の工人が材料をたずさえて渡来してきたとみたのである。

この銘文は大阪府柏原市国分茶臼山古墳から出土した四神二獣鏡である。

（1）吾作明竟君甚大好、浮由宜天下敖四海、高用青同至海東、官（銘例14）

ところが、これに関連した銘が、他に二例ある。

（2）鏡陳氏作甚大工、荊模周刻用青同、君宜高官至海東、保子宜孫（滋賀大岩山出土神獣車馬鏡）（銘例13）

（3）陳氏作竟用青同、上有仙人不知、君宜高官、保子宜孫、長寿（銘例6）

これによると、〈用青同（銅）〉は〈陳氏作鏡〉にすぐつづくもので、〈至海東〉と一つの文章になるものではないことが解る。特に（2）では「模型を作り、それに彫刻して青銅を用いる」か、または「鋳型に文様を施し、青銅をもって鋳造する」とでも釈されるわけで、〈至海東〉は明らかに、製鏡後に海東に至ったのであると解釈するのがもっとも妥当である。したがって、鏡銘から中国人が日本に渡来して製鏡したという証拠はないと言えよう。」（『綜鑑』二二一〜二ページ）

右について批判しよう。

第一、氏の「中国本土における製作説」に立つ〝解釈〟である。

第二、銅鏡の銘文の「原文」には「、」「。」等の読点は一切存在しない。従って右の「読み下し」は、氏の立場からの〝解釈〟にすぎない。

第三、従ってそれに基づく「帰結」もまた、氏の立場からの〝解釈〟である。

第四、しかし右の氏の立場から「中国本土からの出土なきまま」三十数年を経たのであるから、当然右の「3」、すなわちわたしの立論地点へと〝立ち帰らねばならぬ〟こと、自明である（近年の「出土問題」は後に詳述する）。

第五、王仲殊説の場合、三角縁神獣鏡中の銘文の中の「銅出徐州、師出洛陽」に対し、これを「虚詞」と解するが、これはわたしの立場と異なっている（『新・古代学第5集』二〇〇一年、論文参照、本書三六四ページ）。

七

次にこれら三角縁神獣鏡の「成立年代」を検しよう。

第一、歴博のC14に基づく「年代の繰り上げ」は約七十五年前後に及んでいる。わたしはこれを〝妥当〟と見なしている。ただし、歴博が「従来の古墳年代観」は、〝そのまま〟認めるのは「非（ノウ）」である。当然、「古墳時代の全体」を約七十五年引き揚げなければならない。すなわち「巨大古墳（前方後円墳）」の〝年代〟の「末尾」が約七十五年〝繰り上がる〟こととなろう。

そのさい、「巨大古墳（前方後円墳）」は「武烈以前」に収まり、円形または方形の小型古墳の時代は「継体以後」となろう。すなわち「継体の出自」の北陸（福井県等）の古墳形式の〝承継〟となるからである。もちろん、この問題に関しては種々の関連テーマが存在するから、〝早急に〟「判断」することは危険であるけれども、今後の有力課題の一つである。

さらに、日本書紀で「悪徳の天皇」とされた武烈天皇の墳墓が〝存在しない〟事実もまた、このテーマと深い関係を持つ。

第二、従って安本美典氏の「C14による年代上昇否定説」には賛同しがたい。

第三、「景初三年」「景初四年」「正始元年」の年号鏡について。

（その一）呉朝は、当初「魏朝の配下」にあった（「独立」以前）から、「魏朝の年号」を用いたが、魏朝自身とは「一年のズレ」があった（年次途中の改元のため）。

（その二）日本列島出土の三角縁神獣鏡もまた、魏朝年号と「一年のズレ」をもつ。

（その三）これは三角縁神獣鏡が〝呉鏡の系列を引く〟「鏡の様式」を持つ事実と対応している。

（その四）従って三角縁神獣鏡は「魏朝中枢における作鏡」ではありえない。

（その五）これに対し、三国志の魏志倭人伝中の「景初二年」を、後代史料を援用して「景初三年」と〝改ざん〟して〝解説〟し、論及している手法は「不当」である。三国志の魏志倭人伝の「紹熙本・紹興本」のしめす「景初二年」が正当である。

八

次に鉄鏃について。

三国志の魏志倭人伝には、次の一文がある。

「兵には矛・楯・木弓を用う。木弓は下を短く上を長くし、竹箭はあるいは鉄鏃、あるいは骨鏃なり。」

これに対し、わたしの『ここに古代王朝ありき――邪馬一国の考古学』の「日本列島弥生遺跡出土全鉄器表」（県別）（ミネルヴァ書房版四〇ページ、注＝本件個所は鏡と直接の関係がなかったため本書には掲載しなかった）などに、「鉄鏃」そのものの表示がない。なぜか。

注目すべきは魏志韓伝の記事だ。

「国に鉄を出す。韓・濊・倭皆従いて之を取る。諸市買、皆鉄を用う。中国に銭を用うるが如し。」（『ここに古代王朝ありき』三九ページ）

わたしはこれを「鉄本位制」と呼んだ。

問題は〝実戦〟の場合だ。「通貨」に当たる鉄鏃を〝容易に〟実戦に使用するだろうか。おそらく〝武将クラス〟の竹箭に「誇示」するべく用意されてあるものの実際の戦闘には「骨鏃」が〝活躍〟したのではあるまいか。その上たとえ「鉄鏃」が〝実用〟されたとしても、その実物は「敵地」の「敵側の場」に〝残って〟いるのではあるまいか。従って右の倭人伝の文面を〝そのまま〟に解し、女王国には「大量の鉄鏃が残存している」と見なすのは〝早計〟ではないかと思われる。

やはり「大型鉄器」をふくむ「鉄器全体」の〝出土例〟によって、監察し、立論すべきものである。わたしにはそう思われる。

九

次に、わたしのかつての「立論」のあやまりを明白に記したい。三角縁神獣鏡に対して「四〜六世紀の古墳から出土する」ことから、「三世紀から四世紀末」の間の「出現」と考えた。魏朝と西晋朝の間である。いいかえれば、魏朝（二二〇〜二六五）と西晋朝（二六五〜三一六）の間をその「成立の可能性」と見なしていたのだ。だがこれは「あやまり」だった。「景初三年・正始元年頃」の成立なのである。この三十数年間、「正始二年以降」の年号鏡（紀年鏡）は出現していない。すなわち、三角縁神獣鏡はこの時間帯前後の「成立」なのである。

十

次に「新作大鏡」について。

三角縁神獣鏡に次の銘文がある。

「17新作大竟、幽律三剛、配徳君子、清而且明、銅出徐州、師出洛陽、彫文刻鏤、皆作文章、左龍右虎、師子有名、服者大吉、長宜子孫（同型30）」（『綜鑑』一五四ページ）

樋口氏は次のように記す。

「16〜20は三角縁神獣鏡だけに出てくる銘でそのうち16、17は十面近くあり、四字句の文章である点に特色がある。」（同右、一五六ページ）

この「新」は一見「国号」とも見なしうるようであるが、「漢作大竟」や「魏作大竟」「晋作大竟」といった表記が絶無である点から見て、「新（八〜二五）」という「国号」とは見なしがたい。やはり「新たに大竟を作る」と読むべきである。すなわちこの三角縁神獣鏡が「古鏡（漢式鏡）」を背景とした「新鏡」であることをしめす、重要な一句なのである。

後述するように

（甲）古鏡＝漢式鏡等

（乙）新鏡＝三角縁神獣鏡

という〝位取り〟が図らずも「明示」されているのである。すなわち、中国側の「魏晋墓」が「漢鏡等」を内蔵している事実とまさに対応している一句なのである。

〈補〉本件、古田武彦編著『古代史徹底論争「邪馬台国」シンポジウム以後』（駸々堂出版刊一九九三年）九五ページ以下に三木太郎氏（注＝『古鏡銘文集成』〈新人物往来社刊一九九八年〉で有名）が「三角縁神獣鏡・〈新〉鏡説の提唱」として論じられていることに対する反論の意味も含めて記載したものである。

十一

右の帰結と呼応するもの、それは三国志の文帝紀所出の次の一節である。

「昔、堯は葬するに、穀林し、之に通樹す。禹は会稽に葬するに、農、畝を易《か》えず。故に山林に葬すれば則ち合す。山林を平にし、封樹するの制、上古に非ざるなり。吾取るなし。（中略）古より今に及ぶ、未だ亡びざるの国有らず。亦掘らざるの墓無きなり。」（『俾弥呼』二六三ページ）

要するに「厚葬を禁ずる」という、堂々たる思想性の表明である。その文帝を始祖とする魏朝が、次の明帝もしくはそれ以降において、今問題の三角縁神獣鏡を何百枚も作成し、それが日本列島の古墳に内蔵されているとすれば、あまりにも極端な「思想矛盾」に陥らざるをえないのではあるまいか。すでに五百数十面出土しているのであるから、実際に作成された数は、その五倍か十倍の量であろう。「古墳に埋蔵されるとは思っていなかったのかもしれない」といった〝弁明〟もいかにも白々しい。現実にほとんどすべて古墳から出土しているのであるから。文帝の明々白々な「思想性」との背反である。要するにこれら大量の三角縁神獣鏡の作製地は「魏朝内の直轄地」でもなく、「魏朝輩下の〝親魏倭王〟の直轄地」でもない。この帰結に至る他はないのである。

十二

次に「仿製鏡」問題について。

樋口氏は次のように言う。

「三角縁神獣鏡のうちで鋳上がりが不良のために鏡胎の肌が粗雑であったり、文様も画一的で、便化していたり、型崩れのあるものは、日本人の工人が中国鏡を仿《ま》ねて作ったと思われる。

ただ、三角縁神獣鏡を作りの良いものから悪いものへと並べてみると、それは漸進的に変化しているので、中国産と仿製鏡との区別を一線で画すことは、極めて困難である。本書では便宜上そのような中間的鏡を一応、中国鏡の部類に入れているので、その部では明らかに仿製鏡と認知できるものに限ることにする。」

(『綜鑑』二〇二ページ)

右は、当然ながら「中国本土内の作製」という〝前提〟に立った分析だ。だが、その「歯切れ」がいかにも〝不良〟である。当然だ。ここには、次の諸問題が含まれている。

第一、中国本土内作製の銅鏡の場合、〝貴族の婦人向けの美術工芸品〟であるのに対し、日本列島内では「(三種の神器のような)権力中枢のシンボル物」であるから、材質・仕上がりとも、特製の「貴重品」である。作製の工人は「同一人」であっても、旧《もと》の中国内部の工人時代とは〝一変〟した優遇が与えられている。すなわち、中国内部時代の作製銅鏡より、はるかに「完成度」が高いのである。

第二、けれども、逆に「美術工芸品」として必要だった「鈕孔の整美」や「韻文の韻律」問題は、日本列島内の作製の場合においては、〝重視〟されていない（銅鏡作製職人と韻律関係の職人との別在。古田論文で指摘。本書三九二ページ以下）。

第三、〝できの悪い〟三角縁神獣鏡も、当然（後継者段階で）生ずるけれども、それは本来の（日本列島内製作の）三角縁神獣鏡作製と〝一連の現象〟であるから、両者の間に明確な一線は引きがたいこと、当然である。樋口氏の「困惑」はここに生じた。

十三

三角縁神獣鏡がわが国の歴史の中に持つべき位置について、大局的に一望しよう。

第一、すでに先述の古田論文（「三角縁神獣鏡の史料批判」〈本書三五一ページ以下〉）で指摘したように、その、いわゆる「神獣」の実像は「神獣」に限らず、「人間」である。〝太り気味〟の男の両脇には細身の二人の女性が〝寄り添う〟ている。同じく、銘文でも「長宜子孫」の四文字が頻出しているように、俗世における一族の繁栄がくりかえし希求され、念願となっている。

第二、さらに「君宜高官」の四文字は、これらの権力者が〝身分の階層秩序〟のなかにあり、「権力と階級」の下の俗人であることをしめす。その階層秩序は、三国志の魏志倭人伝の「大人と下戸」の差別と〝同類〟もしくは〝後継〟である。

第三、その上注目すべきは「天王日月」の四文字である。八世紀以降の、近畿天皇家の「天皇称号」は、この「天王」を歴史的先達としている。念を押して再言すれば、近畿天皇家の「天皇」から、この四文字が生まれたのではない。逆だ。この三角縁神獣鏡の「天王」は、後代（八世紀以降の）近畿の「天皇」の称号の出現以前の母体だ。だからこの三角縁神獣鏡を「無視（シカト）」した天皇論はすべて空しい。歴史性を欠いているのである。

第四、「日月」問題も重要である。

隋書の俀《たい》国伝において次の一節がある。

「開皇二十年（六〇〇）、俀王あり、姓は阿毎《あま》字は多利思北孤《たりしほこ》、阿輩雞彌《あはきみ》（「吾が君」）と号す。使いを遣わして闕に詣る。上、所司をしてその風俗を訪わしむ。使者言う。『俀王は天を以て兄となし、日を以て弟となす。天未だ明けざる時、出でて政聴き跏趺して坐し、日出ずれば便《すなわ》ち理務を停め、いう我が弟に委ねん』と。高祖いわく、『これ大いに義理なし』と。ここにおいて訓《おし》えてこれを改めしむ。」（岩波文庫六十七ページ、但し文庫では「俀王」を「倭王」に、多利思北孤を多利思比孤に書きかえている。またふりがなは古田による。）

この「天―兄」「日―弟」観の背景に三角縁神獣鏡の「天王日月」のテーマがあったこととなろう。思想的継受関係の存在が考えられる。

右の文面のあと、例の「日出ず（づ）る処の天子、書を日没する処の天子に致す、恙なきや。」の「名文句」が書かれている。ここにも今問題の三角縁神獣鏡の「天王日月」のテーマが現出しているのではあるまいか。少なくとも、この三角縁神獣鏡の「宇宙概念」と〝無関係〟だったとは、断ぜられないであろう。今後の研究課題である。

十四

最終局面に入ろう。

「銅鐸と三角縁神獣鏡の関係」のテーマである。

弥生時代、近畿は銅鐸の分布圏だった。三世紀、三国志の魏志倭人伝の「女王国」の時代である。その中心は「邪馬壹国」。糸島・博多湾岸を中心としていた。その中心が福岡市の博多から筑紫野市に至る「弥生銀座」だ。

その銅鐸が先ず大和（奈良県）で消えた。弥生中期末である。次いで周辺の茨木市や東海の巨大銅鐸が消えた。その直後、ほぼ同領域（を重ねるよう）に三角縁神獣鏡の流布圏となった。それが「同一領域」の近畿だ。材質は「銅鐸」も「三角縁神獣鏡」も、同じく「銅」であること疑いがない。いくら「青同を用て海東に至る」と言ってみても、これだけ大量の「銅材質」がすべて中国本土から〝運ばれた〟はずはない。当然日本列島の「銅材料」が使われたはずだ。それどころか、銅鐸そのものが破砕され、解体されて「三角縁神獣鏡」の銅材料へと〝再生〟されたのではあるまいか。これからの研究に待ちたい。

少なくとも、古事記や日本書紀、風土記や続日本紀等にそれら（銅鐸と三角縁神獣鏡）の記事はない。それらを無視したままで「万世一系の天皇家」が呼号された。さらに「日本国民の象徴」と称されてきたのである。

わたしたちが「国家」から提供された「公教育」とは、「三種の神器、系列」の御用歴史にすぎなかったのではあるまいか。専門の学者たちはあえて「御用史家」たるに甘んじてきたのである。虚偽の歴史だ。「立て前」の歴史である。

そのような歴史、そしてそのような国家は必ずわたしたちに、害毒を流す。戦争を美とし、敵を殺すことを賞美するような「体制」を生む。それに逆らう人々を「非国民」として押しつぶすのである。

「万世ノタメニ太平ヲ開カント欲ス」という堂々たる昭和天皇の名言を「大国のために共に戦わんと欲す」と〝言い変えるのは〟のは誰か。わたしたちは平静に、これに対して「否（ノウ）」の一語をつげねばならぬ。「偽装の歴史」の時代は過ぎ去ったのである。

十五

「補論」として近年提起された重要なテーマに挑戦しよう。

平松健氏が、中国のある学者が主張しているとして紹介された「中国本土出土の三角縁神獣鏡」について

第一、王金林氏説の三角縁神獣鏡

第二、王趁意著『中原蔵鏡聚英』にある三角縁神獣鏡

があるが、右のいずれも、前掲の樋口氏のしめした「三角縁神獣鏡の定義」には合致していない。わたしはこれらの銅鏡の「実物」を監察していないから、決して「断案」を下すことはできないけれど、おそらく「日本列島製の三角縁神獣鏡にとっての『原鏡』に当たるもの」なのではあるまいか。

先述のように、銅鏡は中国本土においては美術工芸品であり、婦人好みの壁掛けの類であった。それらの銅鏡制作者が、日本列島へまねかれ、一変して「権力者のシンボル」としての〝見事な銅鏡〟の作製を依頼されたのである。それがいわゆる（樋口氏の定義した）「三角縁神獣鏡」の成立だ。

その「三角縁」は、その「原鏡」が「盆地状の地形」だったケースにもとづく「造形」ではあるまいか。日本列島の場合、その「三角縁」は大和盆地を「造形」したものではあるまいか。「鏡作神社」は大和（奈良県）にあり、大阪（大阪府）にはない。

右の「想定」は、ただ「想定」の域をでないものであるけれど、一言しておく。

十六

なお、微細の補論を付する。

わたしの年来の主張は「三角縁神獣鏡そのものは、やがて中国本土から出土する。」という立場である。

なぜなら、日本列島内で数百面無いし数千面、作製された場合、それが逆流して、中国本土から出土する可能性は極めて大きいからである。おそらく「呉の滅亡」という〝事件〟がそれを妨げているのであろうけれども、なお「一抹の余塵」なし、とはなしえないのである。

その点、右の王金林氏、王趁意氏等の提示するところはこれに当たらず、「原鏡」説の方が当たっているかに、（現在のわたしには）見えている。けれども、やはり「実物」を熟視した上で、慎重な判断を得たいと思う。

――二〇一四年八月七日二十二時十分記了

米寿を直前としつつ。――

［付］ホケノ山古墳の問題等、本稿でふれなかった問題には、機を改めて叙述させて頂きたい。（注＝ホケノ山古墳の問題は、編者の方から、古墳の編年にあたっては『橿原考古学研究所研究成果第10冊、ホケノ山古墳の研究』を重視してはどうかということを提案したもの。機会が得られず残念であった）

第一章　先達の銅鏡論と問題点

1　邪馬台国近畿説の支柱（三角縁神獣鏡魏鏡説）を批判する

邪馬壹国を中心とする三世紀段階に対し、提起されている重要な問題についてふれさせていただきたい。

魏晋鏡

『「邪馬台国」はなかった』の中で、わたしのふれなかった二個の問題があった。その一は、いわゆる「魏晋鏡」の問題であり、その二は、上代音韻（日本上代音における甲乙二種の「ト」音）の問題である。これらは、わたしの論証過程と直接には関係していなかった。だから、『「邪馬台国」はなかった』では省かれた。しかし、この二点とも近畿説にとって、強力な武器と見なされている。したがって、卑弥呼の国を九州博多湾岸であると帰結した現在、この問題に直面するのは当然である。

まず、小林行雄によって提唱されたいわゆる「魏晋鏡」問題について考えてみよう（小林行雄『古墳時代の研究』、『古鏡』。引用中とくにことわらないものは後者による）。

日本各地の古墳から、「三角縁神獣鏡《さんかくぶちしんじゅうきょう》」と呼ばれる鏡が二百枚（補、五百枚）以上も発見されている。これは一面において、鏡の周縁の断面が三角形に突出しているという特徴をもち、他面において、鏡の文様としては中国の神仙思想に題材をもとめた、神像と獣形とが圧倒的に多いという特徴をもっている。このような形体上と文様上の二つの特徴から、「三角縁神獣鏡」と呼ばれているのである。

小林は、全国の古墳に分布するこれらの鏡の中に同じ鋳型《いがた》でつくった鏡（これを小林は「同笵《はん》鏡」と呼ぶ。笵は鋳型のこと）があり、それが五枚を限度としてセット（組）になっていることに着目した。しかも問題は、この全国的分布状況に対する「有機的関係」を小林が提唱した点である。すなわち、天皇家が「地方の小支配者をつなぎとめるために、中国の帝王が倭人を待遇した場合と同様になんらかの品物を下賜するのがふつうであったと考えたい」と小林はいうのである。

その上、全国の古墳中、最大の鏡を出土したのが京都府椿井の大塚山古墳である点を、小林は論理の原点として設定する。木津川と淀川とを経て瀬戸内海に出る水路の起点に居住するこの古墳の被葬者は、「船の管理をもふくめて、大和政権にとっては有力な協力者」であり、「大和政権の使臣」であった、と小林は推論している。

そこで「同笵鏡の分有関係」についての小林の解説を見よう（図は省略――古田）。

「たとえば、ある同笵鏡の分布は、つぎのようになっている。

京都府大塚山古墳――福岡県石塚山古墳
　大阪府万年山古墳
　広島県中小田古墳

これは、大和政権の使臣が、広島県を経て、福岡県東部まで旅行をしたとして、三箇所の地方の小支配者に、同じ鏡を分配した結果をあらわしていると考えたいのである」

このように、小林理論は「天皇家の地方小豪族支配」という理念の立場から、「とくに京都府大塚山古墳に副葬されていた三十二面をこえる三角縁神獣鏡のなかには、同笵鏡の発見されているものが十七種二十二面もあり、その同笵鏡は全国の十九基の古墳から発見されている」という現象を系統的に説明しようとしたものである。

問題は、小林がこれらの三角縁神獣鏡を魏の鏡と見なし、「それが輸入された時期は、邪馬台国の卑弥呼の景初三年（二三九）における魏への遣使の直後であろうと考えることにしたい」（「同笵鏡考」『古墳時代の研究』所収）といっている点である。すなわち、例の景初二年十二月の明帝の詔書にあらわれる、卑弥呼に送られた「銅鏡百枚」こそ、この三角縁神獣鏡にほかならぬ、とする。ここにおいて、果然、小林説は近畿説に対する屈強の支持理論として立ち現れたのである。

富岡理論

〝三角縁神獣鏡は魏鏡である〟――この命題につき、小林自身の実証はない。もっぱら小林の「先学」である前々代の師、富岡謙蔵の論証によっているのである。

小林は、この三角縁神獣鏡が魏の鏡でない、という論者を指して、「そういう議論が、近ごろも横行しているのは、あまりにも先学の研究を無視したものである」と憤慨の口調をもらした上で、富岡説を紹介している。

「そういう思いつきの議論はべつにすれば、三角縁神獣鏡のなかには、たしかに魏の鏡と考えなければならないものがあることは事実である。これは、富岡謙蔵氏が早くから指摘されたことであって、三角縁神獣鏡の銘文のなかに、『銅は徐州に出で、師（鋳鏡《ちゅうきょう》技術者）は洛陽に出づ』という句をもったものがあることが、その一つの手がかりになるのである。

すなわち、中国の地名は、時代によってしばしば改定されている。いまの徐州も、漢代には彭城《ほうじょう》といい、魏になって徐州とあらため、劉宋の永初三年（四二二）にまた彭城に復した。また洛陽は、前漢末以来、雒陽《らくよう》という文字を用い、ふたたび洛陽に復したのは魏になってからであった。したがって、徐州と洛陽との二つの地名が同時に用いられていた時期は、魏晋のころということになる。ところが、晋ではその祖の諱《いみな》が司馬師であったために、師という文字の使用をさけて、都のことを京師《けいし》という場合にも京都といいかえたほどであった。そうであるから、『師出洛陽』という句は、晋のものではなく、魏の時代に限定されるというのが、富岡説の大要である」

この富岡説をより精細かつ正確に理解するために、富岡自身の論文を見よう（『古鏡の研究』所収論文、大正九年刊）。

「銘文は国分（河内国南河内郡。現柏原市、茶臼山古墳―古田注）出土のもの長文にして、他は稍節略せしものなり。前者の全文左の如し。

新作明竟《きょう》、幽湅《れん》三剛、銅出徐州、師出洛陽、彫文刻鏤《ちょうぶんこくろう》、皆作文章、配徳君子、清而且明、左龍右虎、転世有名、師子辟邪《へきじゃ》、集会、並王父王母游戯、聞□□□□宜子孫

銘文中に見ゆる徐州は、今の支那江蘇省徐州府にして、両漢時代には彭城《ほうじょう》国なりしが、魏に至り徐州を置き、西晋之を襲《おそ》ひしが、其の後、幾多の変遷を経、劉宋の永初三年、再び徐州彭城郡となる。此の地の首府を今も銅山県といひ、附近に銅鉱多きを以て名あり。此の種の鏡が、徐州の銅を以て製作したるものなる事明なり。師出洛陽の師は、鏡を鋳造する工人を指せるものなる事、漢及び呉の鏡銘中、往々見る事なれど、晋に至ってはその祖司馬師《しばし》の諱《いみな》を避け、京師を改めて京都と称せし如く、凡て師の字を使用せざる事となれり。今此の銘文中に師の字を用ふるを以て、其の製作の晋時代に非ざる事を知るべし。而して銘中、前述せる王父王母の句あるに考へ、余は此の鏡を以て劉宋の初期に製作せられしものと推定せんとす」（『日本出土の支那古鏡』）。（訓みは古田）

まず、富岡は次のように思考した。

(1)「徐州」問題――「魏～南朝劉宋の永初三年」の間（二二〇～四二二）。

(2)「師」問題——晋（西晋、東晋）の間（二六六〜四二〇）を除く。
(3)「王父王母」問題——南北朝（四、五世紀）以降に盛行。

これを右に図示した。

「徐州」問題によって、区画せられた二二〇〜四二二年の約二百年間中、「師」問題によって約百五十年の晋代を除外するのであるから、残るのは、A（魏代五十年弱）とB（南朝劉宋初の足かけ三年）の二期間である。このうち、A期間には「王父王母」の伝説はいまだ行なわれていない（と、この時富岡には思われていた）から、結局、この三角縁神獣鏡は南朝劉宋初の永初元年（四二〇）より永初三年（四二二）に至る、足かけ三年間内の成立だ、と断じたのである。

この場合、注目すべきは、第一にこの考定方法は他ならぬ文献史学の年代考定法によっていること、第二に考古学者・古鏡の専門家としての富岡の実物観察の結果も、この三角縁神獣鏡を「五世紀の鏡」と見なして矛盾を感じていなかったこと、この二点である。

このような富岡の思惟《しい》に一大変動を与えたのは「漢中平鏡」に接した経験であった。もっともこれは実物に接したのではなく、羅振玉《らしんぎょく》の拓本によって富岡は知ったのであったが、「中平□年正月丙午日」ではじまる、この漢代の鏡の銘文の中に「東王父西王母」の文句があるのを、富岡は見出したのである。

「上記銘文中特記すべきは東王父西王母の句ある事なり。余嘗《かつ》て鏡銘に此の名の現る、多きを以て、文献上より此の神仙談の盛なりし年代を調査し、三国に始り六朝に多きを見て、以て鏡鑑年代推定の一準拠となしたりしが（注略）、此の新資料の出現により、既に漢代に鏡銘に現れたりしを明になし得て、先に論じたる所の当らざりしを知れり。ここに是を訂正すべし」（「漢代より六朝に至る年号銘ある古鏡に就いて」）。

この発見ののち、富岡は第三論文「再び日本出土の支那古鏡に就いて」をしたためて、今日の「定説」の基をなした。長文であるが、論証のため肝要であるから、煩をいとわず掲載しよう（注＝『古鏡の研究』三〇六ページ以下）。

「いま図様より見る、先づ注意すべきは漢の中平六年の四獣鏡（注略）に現はる、獣形の、此の種の鏡のそれと形像の半肉刻なる点に於いて、また其の形式手法に於いて、極めて近似せるの事実あり、第二に神像の形式が三国時代より六朝初に亘る年号鏡に現はる、像と、大小精粗の相違はあるも、其の間に類似の多きことを挙ぐ可し。

是等より推す時は此の類の神獣鏡の既に早く後漢末に存して、三国時代を通じて六朝初期に亘《わた》り行はれたるべきを察せしむ。而して其の銘文の考査は、主要なる型式の時期を一層局限し得るものあるが如し。これは既に前稿にて指摘せる四神四獣鏡に見ゆる

銅出徐州師出洛陽

の句にて（注略）、其の徐州の地は今の江蘇省徐州府に当り、両漢時代を通じて彭城国なりしが、魏代初めて徐州を置き、劉宋の永初三年に再び彭城郡となりし事実と、鏡匠を指せる師なる文字が晋代は其の祖司馬師の諱なるより当代にては京師を改めて京都と称せし如く、是れを使用せざりしより考へ、此の銘ある鏡は魏又は劉宋の初期ならざるべからず。当初余は東王父西王母の伝説の調査資料の不充分よりこれを後者に当てたるも、其の後研究を進むるにつれ、必ずしも劉宋となすの要なきを認めたり（注略）。

以上の二句に於いて猶注意すべきは洛陽なる文字なり。洛陽は古くは雒陽に作り両者併用をせざるが、前漢末以来雒陽のみを用ひたること当代の金石文其他の文献に見る所にして、其の再び洛陽と書するに至れるは三国の魏代なり（注略）。

されば此の四神四獣鏡は早くも魏代を遡り得ざること、此の点よりも推されて、前の考察の結果とよく符合す。而して図に於いても明なる如く、此の鏡は同形式中最も整備なるものに属するを以て、これを上記図様の考察に対比する時は、㈤（原文の番号—古田注）の神獣鏡は起源の後漢にありとするも、盛行せるは三国時代に入りてなること、略ぼ信ず可きが如し」

ここにあらわれた富岡の結論は微妙である。神獣鏡それ自身に対する観察としては、「既に早く後漢末に存して、三国時代を通じて六朝初期に亘り行はれたるべきを察せしむ」と、「後漢末～六朝初期」という長い期間を指定しながら、「東王父西王母」問題の新見地を導入した上で、「起源の後漢にありとするも、盛行せるは三国時代に入りてなること、略ぼ信ず可きが如し」（傍点古田）と結論づけた。

ここに「三角縁神獣鏡——三国期（魏）盛行説」が成立し、もって小林の継承する淵源をなしたのである。

しかしながら、この富岡の第三論文には、第一、第二論文の論理的明快性に比し、一種晦渋の跡をとどめている。なぜならば、第一論文において「徐州」期限より「師」期限をさしひいて、A（魏）、B（南朝劉宋初期）の二期間をえた。そのAを消去すべく使用されたのが「王父王母」問題であった。しかるに富岡は「盛行」というような〝あいまい〟な表現で、Aに指定しようとしたのである（「洛陽」問題が新たに加えられているが、これは「魏以降」という指定性をもつだけだから、「徐州」問題と同一の上限を示すものにすぎぬ）。

富岡以前の考古学界においては「古鏡すなわち漢鏡」という見解が流布されていた。これに対し〝漢以後にも古鏡は存する〟という新主張が富岡の『古鏡の研究』の全体のしめる研究史上の位置であった。

このことから考えると、富岡は問題の神獣鏡を漢に接近した三国期におくことを「無難」と考え、右の

「盛行」の論理を生み出したものかもしれぬ。しかし、実は「東王父・西王母」思想のもっとも「盛行」したのが南北朝期であること、それは周知の事実であったから、この富岡の第三論文の新論定は、何といっても論理的に歯切れの悪さをもっているのである。

しかしながら、富岡説の最大の脆弱点は他の点にある。すなわち、〝晋朝は「師」の字を諱《い》んで（避けて）用いなかった〟という命題がこれである。わたしたちは、この富岡命題に反する実例を、晋朝に成立した『三国志』の中に数多く発見できる。

(1)魯、遂に漢中に拠り、鬼道を以て民を教え、自ら師君と号す。〈魏志第八、張魯伝〉

(2)司馬師纂等其の左に出ず。〈魏志第二十八、鄧艾伝〉

(3)岱、匡に署して師友従事す。〈呉志第四、士燮伝〉

この他にも、例は多い。晋朝の史官である陳寿が、何ら「師」字を用いることをはばかっていないのである。

富岡理論の源流

では、富岡はなぜ「晋朝『師』諱《いみな》説」というあやまりを犯したのだろうか。こう思ってしらべてゆくと、その淵源は江戸時代の儒学者中村蘭林（一六九七〜一七六二）の『学山録』にあったことが判明した。

京　都

京師を称し京都と為すは、司馬晋の時に始る。蓋し晋の景王、諱は師。故に晋人之を避る也。陳寿三国志の中、皆洛陽魏都を謂て京都と為す（『学山録』巻之六）

右で蘭林がいっているのは、つぎのようなことである。〝漢代に都のことを「京師」といっていたのに、『三国志』では「京都」という表現を使っている。これは、晋朝の司馬氏の中に司馬師という人がいたので、「師」の字を諱《い》んで「京都」と改めて呼ぶこととしたのであろう〟。これだけのことだ。

つまり、「京師→京都」という用語の変遷の中に〝司馬師の名を諱む〟という動機を見ようとしたのである。なるほど『三国志』では、都の一般の名称は京師でなく、京都だから、右の蘭林説は、一説として、なるほどと思わせるものがある。

しかし、蘭林はここから進んで〝晋朝にはあらゆる場合に、「師」の字を諱んで使用しなかった〟などとは一切いっていない。博学の蘭林は、右にあげたように『三国志』中、「師」字が多く出現しているのを知っていたであろうから、これは当然である（司馬師は司馬懿の長子。魏の禅譲をうけて晋朝第一代の天子となったのは司馬炎。司馬師の甥に当る。だから、司馬師はのちに世宗景帝と追贈されたものの、生存中天子になったことはない）。

司馬懿─┬─師、
　　　　└─昭─炎（晋朝第一代天子）

他の例をあげよう。漢代に「雒陽」と書いていたのを、魏以後「洛陽」と書くようになったのは有名だ。「火徳」の漢に対して、魏は「水徳」だから、というのが『魏略』の説明だ。しかし、この変化はこの都の名に限られる。「雒水」〈魏志二十八〉、「雒令」〈蜀志一五、裴松之注〉、「雒県」〈魏志二十八〉、「雒城」〈蜀志二〉など、すべて「雒」字が用いられている。

考えてみれば何のことはない。「江戸」という都の名を「東京」と改称したからといって、「江戸川」まで「東京川」に改められたわけではないのと同じなのである。要するに、新たな権力者がイメージの一新をねらう政策の一つにすぎなかったのだから。これを富岡は誤断した。「諱む以上は、すべて諱むのでなければ意味がない」――そのように即断したのだ。蘭林の権威に依拠したつもりで、蘭林のいわざるところにすすみ、これを三角縁神獣鏡の年代考定に使用したのである。さらに小林は、富岡という先学の権威に従い、あえて『三国志』中に「師」字が頻出している事実、これに注意をそそぐことがなかったのである。

図1-1　景初三年画文帯神獣鏡（黄金塚出土，東京国立博物館蔵）

いわゆる景初三年鏡

このようにして問題はふりだしにもどった。三角縁神獣鏡に対する年代考定の中で、「東王父・西王母」問題も、「師」問題も、ともに年代限定力を失ったのであるから、この鏡はやはり、魏（二二〇）より南朝劉宋永初三年（四二二）の間の約二百年間の中に成立した、と見なすほかないのである。

けれども論者は、三国期の紀年鏡の問題をとりあげて、わたしに反問するであろう。いわゆる「景初三年鏡」「正始元年鏡」の問題である。

昭和二十六年、和泉黄金塚（大阪府）から出土した六面鏡の一つに「景□三年」という紀年鏡があった。この鏡について小林の語る興味深いエピソードを見よう。この年の四月、東京国立博物館で開催された日本考古学協会の大会で、末永雅雄らが、「景和三年」という紀年をもった鏡が出土した、と報告を行なった。「景和元年」（四六五）は南朝劉宋の年号とすれば、この年号は一年間で終っている。つまり、「景和三年」というのはない。それはさておき、小林はそのときの印象をつぎのように書いている。「ところが回覧された鏡の写真を拝見した時に、率直にいえば、一抹の不審な気持をいだかざるをえなかった。年号の文字は、その写真では、おぼろげにしか読めなかったが、文様からいえば、この鏡はどうも三世紀の鏡に似ているように思えたからである」。ここで小林が、「三世紀の鏡」といっているのが、いわゆる「三角縁神獣鏡」や、のちにのべる「正始元年鏡」のことであるのは当然だ。さらに小林はつぎのようにのべる。「ただ、ひかえ目にいえることは、現代の活字とはちがって、古代の漢字では、『和』の字と『初』の字とが、かなり似た字形であらわされたばあいがあるという点であった」。

小林は、その例を石上《いそのかみ》神宮（奈良県天理市）の「七支刀《しちしとう》」に関する福山敏男の論文の中から想起した。そこでは、「泰和四年」か「泰初四年」かが問題となり、結局、「泰（太）和四年」（東晋三六九）と結論づけられていたのである。そこで、小林はつぎのように考える。「要するに、七支刀のばあいには、『初』と読まずに、『和』と読むのが正しいという結論がでているわけであるが、それはそのまま、問題の年号を、『景和』と読まずに景初と読みうる可能性があることを暗承していることにもなる」。そこで小林は末永に、福山の意見を聞くことをすすめた、という。「その後の研究がどのように進行したかは、重要なことではない。やがて、昭和二十九年に出版された『和泉黄金塚古墳』と題する報告書には、この鏡は晴れて景初三年製作の鏡として発表され、あらためて日本古代史家を感嘆させることになった」。

小林の筆致には、晴れやかな満足感がこもっている。しかし、わたしは考古学上代表的な報告書の一つとされる、右の報告書を読みすすむうち、一つの見のがしがたい疑問点に出合ったのである。「この鏡銘の年号のうち『景』は明確であるにも拘らず、つぎの字が鏽化《しゅうか》して一部の字劃のみを残すに過ぎず、その現状からは一見して『初』と釈文できないかもしれないが、僅かに残る偏旁の姿を熟視観察すれば、まさに『初』とよむべきことがわかる。即ち、本銘（注略、古田）と羅振玉《らしんぎょく》の『増訂碑別字』の『初』の部の『礽（魏張猛龍碑）』『礿（魏西河王元悰墓誌）』『礿（魏司空穆泰墓誌）』また同氏の『碑別字拾遺』の『初（唐定州唐県丞柳

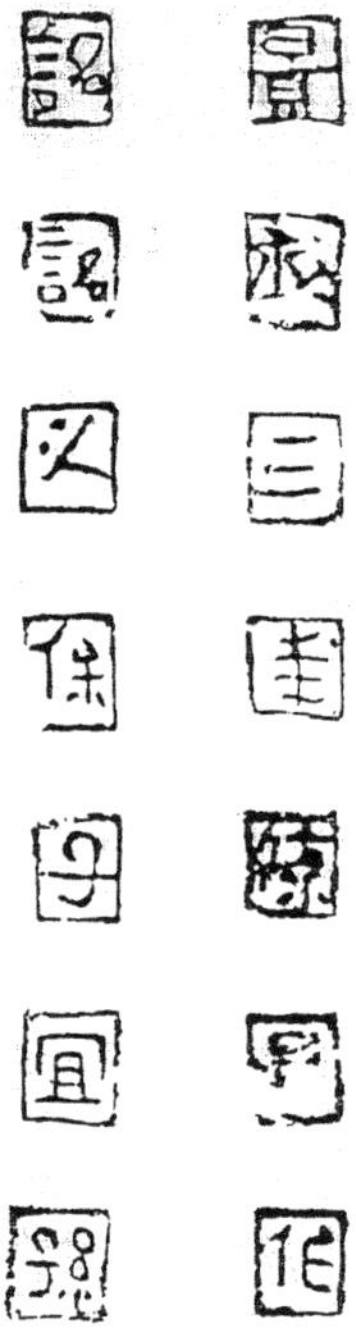

図1-2　景初三年鏡銘文拓影（『和泉黄金塚古墳』より）

正確墓誌又唐潘基墓誌)』とを比較すれば初と断定出来るのである」（『和泉黄金塚古墳』第七章主要遺物の観察、一節、鏡）。

終始、論定について慎重さを保持しつづけているこの報告書が、ここにおいて自信をもって「断定」を加えることができた、その史料的根拠は何であったか。

それは後魏の石碑銘

それは、右の記事に明らかなように、魏の人「張猛龍」「元悰」「穆泰」の碑銘や墓誌銘であり、それに唐の二人の墓誌が付加されている。「景初三年」という魏の文字を判定するに、魏の石碑群の書体をもってする。――これは一見まことに手堅い論定方法であるかに見えよう。

しかし、まさにこの地点に末永論定の〝おとし穴〟があった。なぜか。「景初」という年号をもつ魏は、むろん三世紀（二二〇～二六五）の魏だ。景初三年なら二三九に当る。ところが、羅振玉（および羅振鋆）の集録した三つの魏碑は、いずれも後魏、すなわち、北魏（三八六～五三四）もしくは東魏（五三四～五五〇）の石碑なのである。

張猛龍碑――北魏の正光三年（五二二）の成立。張猛龍、字は神囧。
元悰碑――元悰（字は魏慶）は東魏の孝静帝（五三五～五五〇）の時代の人。
穆泰碑――穆泰、本名は石洛。北魏の孝文帝（四七一～四九九）に名を賜う。

いずれも六世紀の石碑だ。たとえば張猛龍のごとき、晋の平西公軌八世の孫である、というから、いかに魏晋朝よりはるか後代の人物であるかが知れるであろう。

わたしは不思議に思った。末永はこの三石碑成立年代の事実を知った上で、しかも、「三世紀の鏡」だ、という論定の基準としたのだろうか、と。しかし、それなら、この報告書の中で終始慎重な筆致を重んじている末永が、右のように、いかにも〝もうまちがいない〟といった口調で「断定できる」というはずはない。〝これは六世紀の書体だが、これこれの理由で、三世紀も同じ書体が用いられていたと考えていい〟という論弁に紙幅を費やすはずだ。だのに一切それがない。急転直下「論断」している。明らかにこの大家は、羅振玉史料をうっかり読みちがえ、その錯覚の上に立って、この重大な「論断」を行なった——そう考えるほかない。わたしは深くためいきをつかざるをえなかった。

実は、わたしがこれに気づいたのには、理由があった。かつて「壹」と「臺」の両字について、各時代の書体、ことに三世紀のそれを求めていたころ、この羅振玉の二つの本を見た。こおどりした。なぜなら、そこには目ざす「魏」の石碑の文字が目白押しに掲載されていたから。

ところが、石碑の人名について一つ一つ確認をとってみて、落胆した。「魏」は「魏」でも、ずっと後の、後魏のものだったからである。むろん、「北魏」「東魏」「西魏」などというのは、後代の呼び名にすぎぬ。当の国々の国号は、ズバリ「魏」である。だから、なんら羅振玉の責任ではない。それをわたしが早のみこみしようとしただけである。わたしはこのような落胆の経験をもっていた。だから、この末永の不幸な誤断にすぐ気づくことができたのだった。

羅振玉の本の、問題の項目はこうだ（次ページ図1－3右図参照）。最初の張遷碑は、後漢の石碑だ。張遷、字は公方。陳留己吾（注＝今河南商丘宁寧陵県己吾城村）の人である。これは「三世紀の魏」の直前の時代だから、この例が、もっとも「景初三年」に近い時期の書体なのだ。ところが、これは通常の「初」とほぼ同

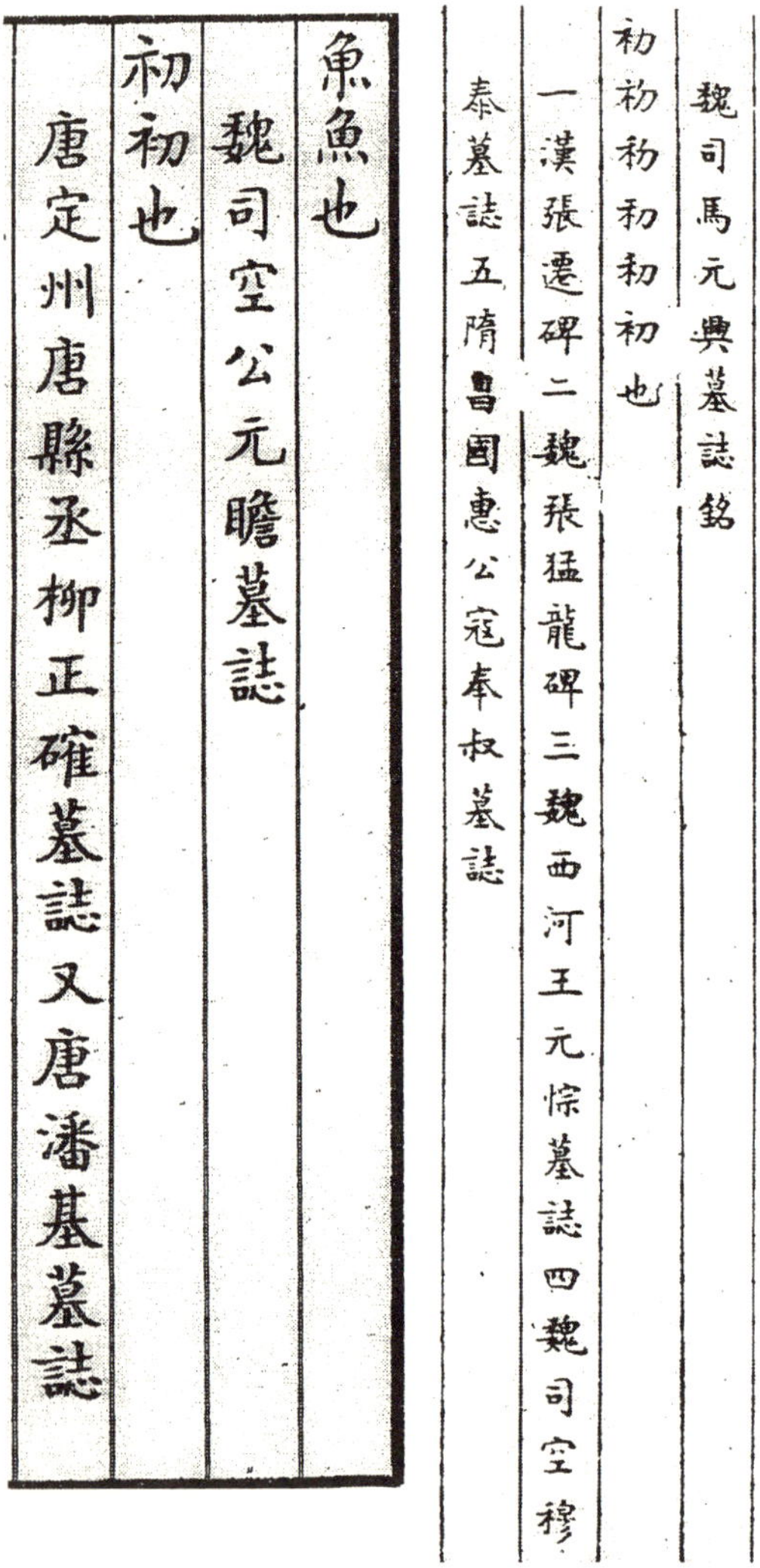

図1-3　「初」の各種字体
（右，羅振玉『碑別字拾遺』，左，同『増訂碑別字』による）

じである。そして、これにつづく晋朝や南朝劉宋・斉・梁・陳などの例を欠いて、いきなり六世紀の後魏（北・東魏）の三例をあげたのが、この項なのである。いや、この項だけではない。三一六年、西晋が滅亡し、五胡十六国が華北に侵入してよりのちに建国された北魏の石碑に、数々の異体（変形）の文字が出現している。その「異体文字」の抽出記録こそ、羅振玉の、この二つの本の大きな特徴となっているのである。そして、その異体文字は、後魏と同じ北朝系の隋にひきつがれ、さらに唐代にも時として出現する。――そういう文字の変遷史を、羅振玉の簡明な表記は物語っているのである。

このようなこの二つの本の性格、ひいては文字の書体の変遷史から見ると、六世紀の張猛龍や元悰や穆泰の石碑群に依拠して、三世紀初頭の「景初三年」の文字を判定しようとした末永が、いかに重大な錯断に陥っていたかは明白であろう。

もし、このいわゆる「景初三年鏡」において、一見「禾」、いやむしろ「永」に近いものに見える偏が、実は「ネ」であるとするならそれは、この鏡の文字が六世紀の異体字の書体にかえって従っているのではないか、という帰結を暗示することとさえなりかねない（「示」の場合は、「黄初四年鏡」〈五島美術館蔵〉がそれにちかい。「黄初二年鏡」〈泉屋博古館蔵〉は明白に「ネ」である）。

さて、後魏はつぎのように分れる。

北魏（三八六〜五三四）
- 東魏（五三四〜五五〇）
- 西魏（五三五〜五五六）

図1－4　景初三年鏡「初」の字拡大写真（『和泉黄金塚古墳』より）

それでは、この鏡は四世紀末から六世紀中葉までのものであろうか。いや、それも即断にすぎよう。なぜなら、ここに現れた「永」のような偏が、果して「ネ」を意味するかどうか、不明だからである。その上、年号には、正規の史書に現れていないため、わたしたちの認識の中に入っていないが、実はレッキとして実在した年号がある。

高句麗好太王碑に現れる「永楽」。高句麗の仏像に現れた「延《えん》嘉《か》（七）」（一九六三年、韓国慶南宜寧郡で発見）。いずれも、史書にこの年号を見ないのである。まして、中国史上のおびただしい五

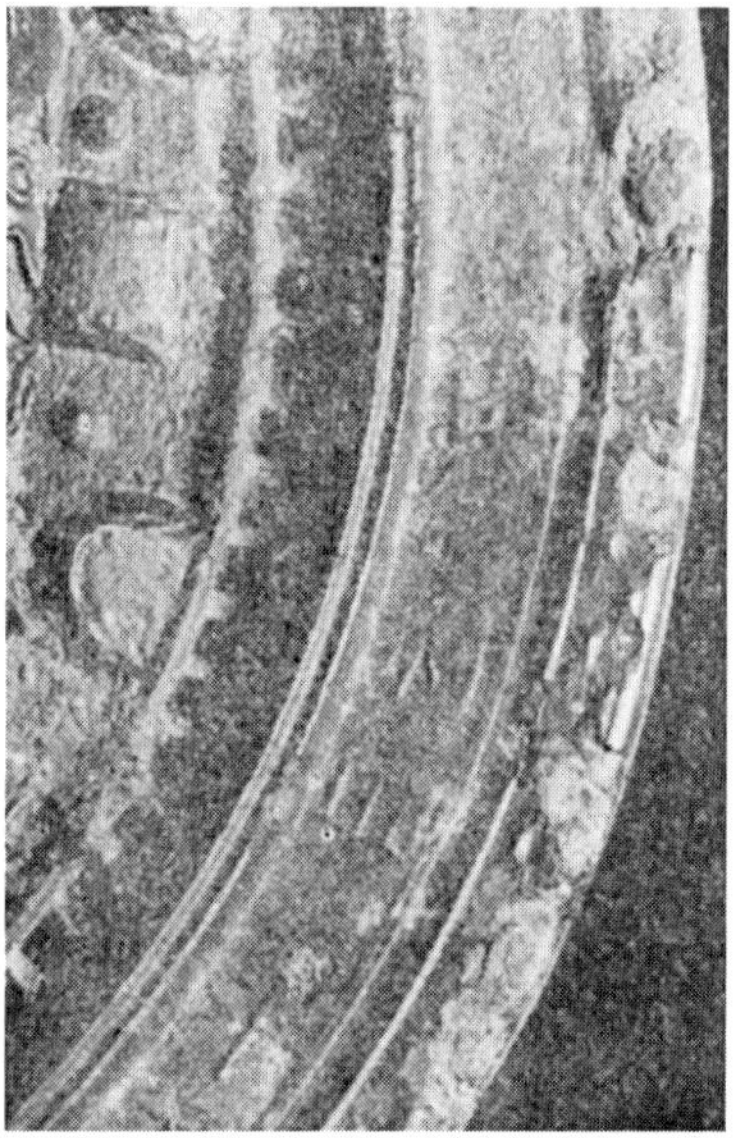

図1－5　黄初四年鏡銘文（部分）
（五島美術館蔵）

胡十六国のような群小国の呼称した年号について、わたしたちは、いわゆる正史によって十分な認識をもっているとは到底いいえない。

こう考えてみると、一つの鏡銘の欠字年号を、わたしたちの知っている、現代の年表にのせられている年号、そのどれかに強引にあてはめようというやり方は問題だ。学問の方法上の慎重さを欠く、というほかない。

第二の謎

黄金塚古墳では、三箇所から六つの鏡が出た。

中央槨《かく》——二面（①二神二獣鏡　②半円方形帯《ほけいたい》神獣鏡、景初三年）
東槨——三面（①環状乳《ばんじょうにゅう》神獣鏡、二面　②盤龍鏡）
西槨——一面（半円方形帯神獣鏡）

この六つのうち、問題のいわゆる「景初三年鏡」をのぞいて、他の五つはすべて棺内におかれていた。問題の「景初三年鏡」だけは、棺外の粘土の中におかれていた。右の五つとは、いわば待遇がちがっているのである。

末永はこの事実を記したのち、これについての二つの解釈をあげている。

「一は現在のわれわれがその紀年を重視すると同様に、この鏡が多くの舶載鏡の中でも、特殊な意義をもっていたから、粘土中へ包蔵したとする解釈である。

今一つの解釈は、たとえ、銘文があっても、それを当時の人々は解読することが出来なかった。随ってわれわれが今日景初三年の銘を重視するのは、古代研究上の立場からであって、古墳時代の人々にとっては舶載鏡と云う理由からでは他の五面の鏡と等価値であって、むしろ棺外へ埋置したのは棺内の二神二獣よりも軽視したあらわれと見られる」。

この二つの解釈について、末永は断定をさけ、「同学諸氏の高見を得たい」といっているけれども、全くの素人であるわたしには、答えは明白であると思われる。重視したから、棺外へおっぽり出す――そんなおかしなことがあるだろうか。それなら、棺内に置かれた遺体は、軽視されたことになってしまう。当然、このいわゆる「景初三年鏡」は、他の五つの鏡より軽視されているのである。

この点から見ると、この「景初三年鏡」は右の五つの鏡より、〃一段と格が落ちるもの〃と、この古墳を作り、遺体をおさめた人々、死者の近親の人々には見えていたのではあるまいか。このような、当の「埋葬者の目」にも、この鏡が魏朝の鏡などではなく、もっと新しい時期の成立ではなかろうか、という一種の暗示めいたものを含んでいるのである。

図1－6　黄初二年鏡銘文（部分）
（泉屋博古館蔵，樋口隆康氏撮影）

「正始元年鏡」もあやしい

小林ははじめて「景初三年鏡」を見たとき、〃これは三世紀の鏡ではないか〃と直観した。その理由を彼はこう書いている。「じつはこの鏡の文様が、これも日本の古墳から発

表1－1

1	太始	（漢）	前96～93
2	本始	（〃）	前73～70
3	建始	（〃）	前32～29
4	永始	（〃）	前16～13
5	元始	（〃）	1～5
6	更始	（〃）	23～25
7	正始	（魏）	240～249
8	泰始	（晋）	265～274
9	皇始	（成）	351～354
10	太始	（前涼）	355～356
11	更始	（西燕）	385
12	皇始	（北魏）	396～397
13	弘始	（後秦）	399～415
14	光始	（後燕）	401～406
15	建始	（〃）	407
16	正始	（〃）	407～409
17	更始	（西秦）	409～411
18	泰始	（南朝宋）	465～471
19	正始	（北魏）	504～508

掘されている魏の正始元年鏡と、あまりにもよく似ているからであった」。

いわゆる「正始元年鏡」は二枚ある。兵庫県豊岡市森尾古墳と、群馬県群馬郡群南村柴崎古墳とから出たもので、この二枚とも同じ鋳型で作ったものだ、と小林はいっている。

ところで、この二枚の鏡は、二枚とも、「始元年」の上にある肝心の第一文字が破損している。だから、正確には「□始元年鏡」なのである。これに対して、小林はつぎのようにいう。「□始という年号を中国でさがすと、魏の正始元年（二四〇）と晋の泰始元年（二六五）との二つが、もっとも適当な対立候補としてあげられることになった」。

しかし、中国の年号には、「—始」という形の年号はふんだんにある（右の表）。

この十九個の「□始」年号の中から、小林は、なぜ魏の「正始」と晋の「泰始」の二つを、「もっとも適当」といって、きりつめることができたのだろうか。小林が、「そうなると、あらためて、どういう鏡が魏の鏡であるかということを、はっきりさせておく必要がある」として論じはじめているものこそ、先にあげた「三角縁神獣鏡」であった。小林はこれを富岡論定に従って、「魏の鏡」として限定される、と考えたから、今度はそれを根拠として、同じ三角縁の「□始元年」鏡をもって、「魏の正始元年」紀年鏡として断定できたのである。

しかし、今や局面は一変した。富岡論定の基礎が崩れ、三角縁神獣鏡は魏・晋・南朝劉宋という、三～五世紀間をただよいはじめた。「景□三年鏡」もその年代確定性を失うにいたった。そして今、「□始元年」鏡も、先の十九個の「─始」の年号の間を浮動しはじめることとなった。たとえ、これを「正始元年」と読んだとしても、六世紀初頭の北魏にも同一の年号が存在するからである。

右のように考えると、「三角縁神獣鏡」と「景□三年鏡」と「□始元年鏡」という類似した鏡は、ワン・セットで、時間の長流の中にただよいはじめることとなったのである。

（昭和四十七年八月二十五日、朝日新聞朝刊紙上で、再び「景□三年鏡」が出土した、と伝えられた。島根県大原郡加茂町、神原神社の古墳である。ところが、今度も第二字が腐蝕していて不鮮明なのである。新聞には「景初三年鏡」か、との説が紹介されている。だが、精密な写真によって見たところ、どうも素直に「初」とは読みがたい。黄金塚の「景□三年鏡」の第二字とも、また字形が異なっている。『考古学雑誌』58巻3号にも掲載。要は、このような一種判読しがたい文字に対し、断言的な「解釈」を与えることは、学問上の厳密性において、まことに危険ではあるまいか。かくて、キイをなすべき紀年鏡四つが四つとも、一字を欠いたり、腐蝕したりしていて、明白に二字全体を認識できるものがないのである）。

以上、古鏡の問題は、従来、「邪馬台国」近畿大和説のバックボーンをなすものと思われてきた。しかし、意外にも、それらの鏡群は、三世紀とは別の時代の太陽を反射して、この世に生れたようである。

（以上、『失われた九州王朝』朝日新聞社一九七三年／ミネルヴァ書房二〇一〇年、六一～八一ページ）

2　従来説及び国産説の考古学的検証

わたしは、わたし自身のやり方で端的にこれを検証しよう。

と言っても、別段変わった方法ではない。普通の理性をもった普通の人間なら、誰でもそう考えるしか、ほかにやり方はない、そういう方法なのである。すなわち、特定の学説上の先入観や特定の論者の主観をまじえず、倭人伝の記述そのものに直面し、あくまで即物的・客観的に事実を観察し、究明する。それだけなのである。

まず、わたしは、〝二つ以上の器物を組み合わせて観察する〟。こういう方法を採用しようと思う。なぜなら、一つの器物なら、各自の好みでそのイメージを好き勝手に描けても、二つの器物を組み合わせて観察するとなると、そのような勝手な〝恣意〟が生じにくいからである。

言ってみれば「点と線」のちがいだ。一点そのものより、A・B二点を結んで線分ABを描くとき、その存在する位置は一段と明晰かつ分明に浮かび上がってくるであろうから。

まず「鏡と矛」だ。

銅鏡の出土状態

先にのべたように、魏の天子から卑弥呼に「銅鏡百枚」が与えられたことは、有名だ。ところが、日本列島で多量に出土する「銅鏡」となると、二種類しかない。いわゆる「漢鏡」と呼ばれているものと、「三角縁神獣鏡」と呼ばれているものがこれだ。

もっとも、右のような名前、つまり考古学者の命名した「器物名」を、いきなり採用することは危険だ。少なくとも慎重でなければいけない。わたしにはそう思われる。なぜなら、このような命名には、後代の学者の「一定の認識」が刻まれている。いいかえればイデオロギーが〝押しこまれて〟いるのである。たとえ

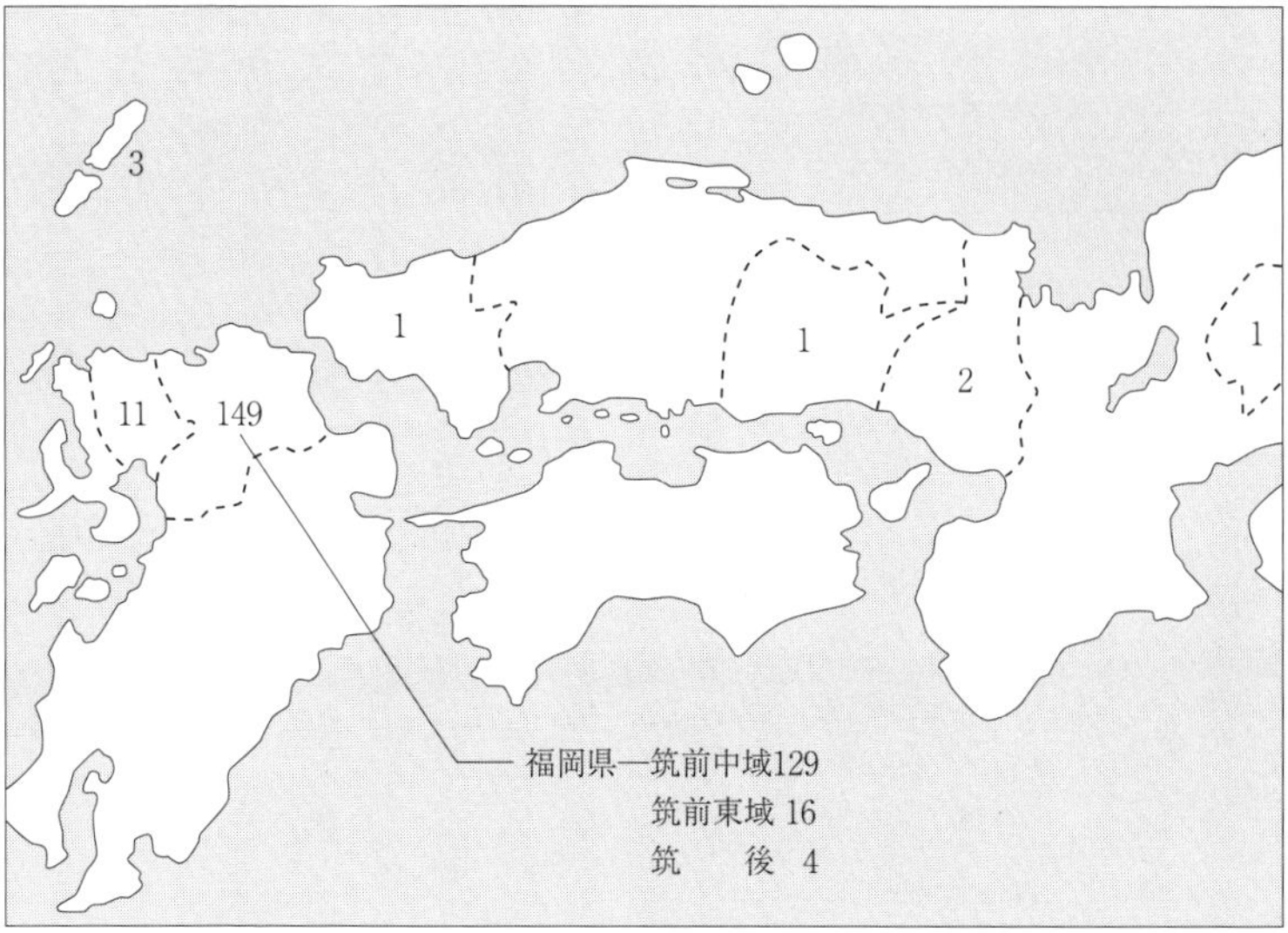

図1-7　弥生遺跡出土，全漢式鏡（県別—総計 168）

ば「漢鏡」といっても、それら百面以上の鏡に、いちいち「漢鏡」というような名前がきざまれているわけではない。いわば後代の学者側の「命名」にすぎないのである。だから、今は一応そのような「命名」から自由になって、即物的に処理したいと思う。

つまり、あくまで「銅鏡」として処理するのである。倭人伝に明白にそう書いてある上、右の日本列島出土の二種類の鏡が、共に「銅」でできていること、それには疑いがないからである。

さて、いわゆる「漢鏡」は、約一六八面出土している。その約九割に当る一四九面が福岡県、そのさらに約九割に当る一二九面が筑前中域（糸島郡と博多湾岸）から出土している（図1-7。『古代史発掘』5講談社刊「大陸文化と青銅器」巻末表等によって作製。なお、その後、昭和四十九～五十一年に佐賀県二塚山遺跡群に「漢鏡」四面出土。「前漢鏡」「後漢鏡」各二）。すなわち、全出土鏡の約八割がこの筑前中域に集中しているのである。

これに対し、いわゆる「三角縁神獣鏡」の場合、

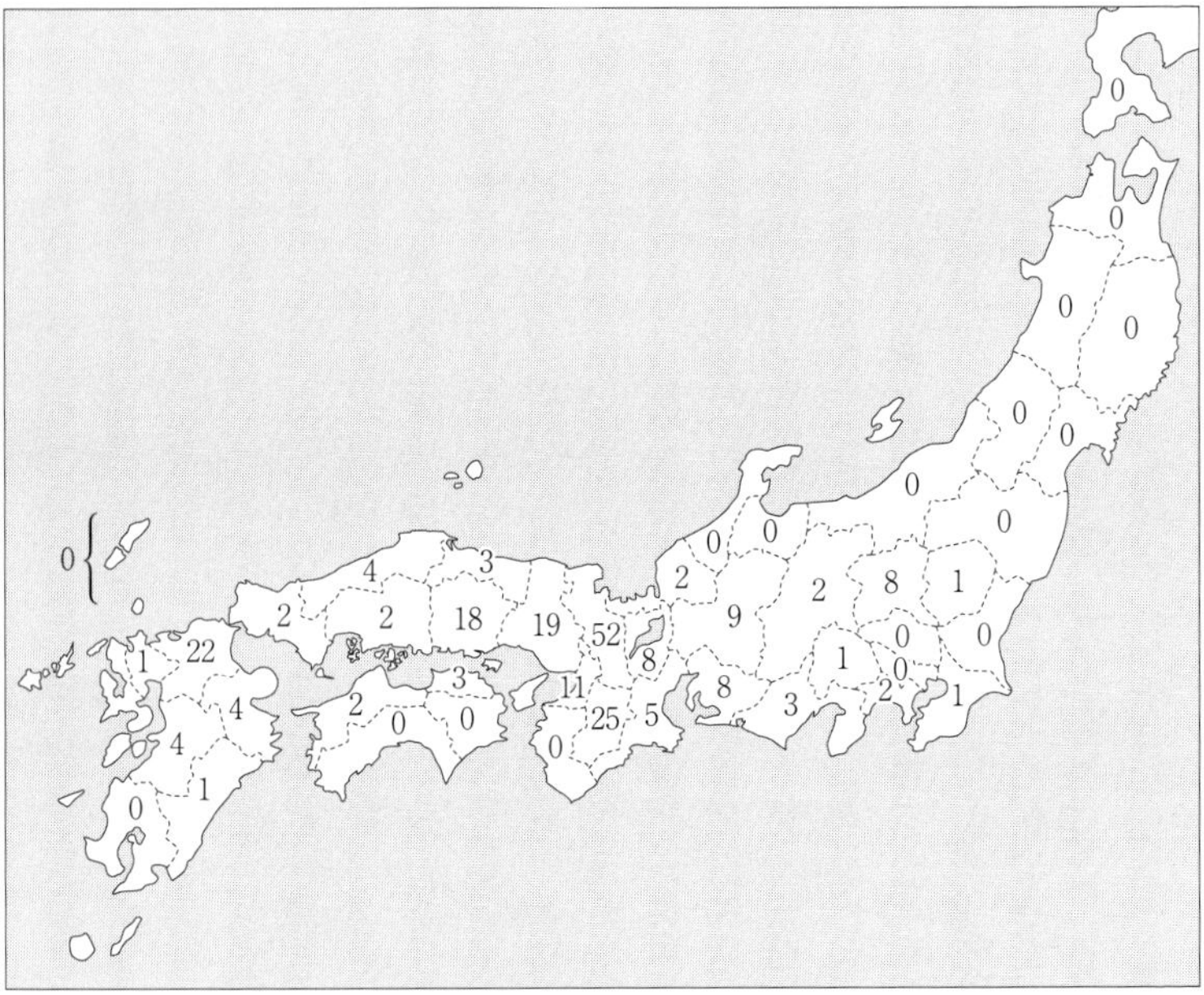

図1-8　三角縁神獣鏡「船載」とされたものの分布
（「日本における古鏡――発見地名表」岡崎敬編『東アジアより見た日本古代墓制研究』等によって，古田作図）

奈良県の北端に近い京都府南端にある、椿井大塚山古墳出土の三四面を中心として、近畿に最大中心のあることは、よく知られている（図1-8）。いわゆる「天皇陵」が未発掘のため、近畿における真の質量は不可知だ。しかし、そのいわゆる「天皇陵」群の巨大古墳を除外してなおかつ、すでに近畿が中心であることは疑いないのである。この種の「銅鏡」の中心が近畿であることは、これを疑うことができない（いわゆる「船載鏡」と「仿製《ぼうせい》鏡」の別については、後述）。

　したがってこの「銅鏡」問題一つとりあげても、すでに日本列島中、可能性のある領域は二つしかない。一つは筑前中域、一つは近畿だ。倭人伝に登場する卑弥呼は、この二つの領域以外を都とすることはできないのである。

矛の女王国

次は「矛」。

これは銅矛と見なしていい。なぜなら、右の鏡の場合でも、詔書で「銅鏡」とあった同じものを、地の文では、単に「鏡」と書いてあるからだ（注＝正始元年の項では金帛等と並び「鏡」とだけ記している）（詔書では「金八両」「銅鏡百枚」といったきらびやかな印象、修辞的な口調——文章のリズム——からこの「銅鏡」の表記をとったものと思われる）。したがって「矛」も通例の材質たる「銅製」と見て大過ないのである（もしかりにこれを「石矛」「鉄矛」の類と解してみたとしても、のちにのべるように、弥生期の実態は銅矛の分布圏と矛盾せず、ほぼ共存している）。

この銅矛の分布図（図1-9）を見ると、その中心は、筑前中域だ。そこから多量の実物が出土するだけでなく、肝心の鋳型が博多湾岸内に一〇〇パーセント局限されているからである。

いわゆる筑紫矛の名の通り、まさに矛の本場はこの筑紫以外にない。その点、細矛・中細矛・中広矛・広矛、そのいずれをとっても、一貫して変わるところがないのである。

では、「銅鏡と矛」、この二つが共に集中して存在するところはどこか。当然、筑前中域しかない。近畿には「銅矛」の分布など、皆無だからである。したがって倭人伝の考古学的記述を満足させうる、日本列島内の領域、それは筑前中域しかない。そのことがこの「鏡と矛」の二つを見つめるだけでも、すでに簡潔かつ明確に認識できるのである。

以上のような明晰な論定に、考古学者が従来到達しなかったのはなぜか。その理由は三つある、と思われる。

第一に、那の津は博多であり、それは「奴《な》国」（倭人伝内、第三の大国。二万戸の国）である、という本居宣長らの論定を「自明の前提」としてきたこと、すなわち、あらかじめこの博多湾岸の地を「邪馬台国」から除外して考えはじめていたのである。

これは、「邪馬台＝ヤマト＝大和」あるいは「邪馬台＝ヤマト＝山門」といった類の地名比定、すなわちいわば音当てにすぎず、何等、考古学的な論理、つまり出土物自体による論証に立つものではない。しかしながら、この先入観が明治以降の学者たちの脳髄を縛し、現代の考古学者たちまでも、呪縛しつづけることとなったようである。すなわち「あらかじめ博多湾岸を除く」ことを思考の大前提としたため、右のように

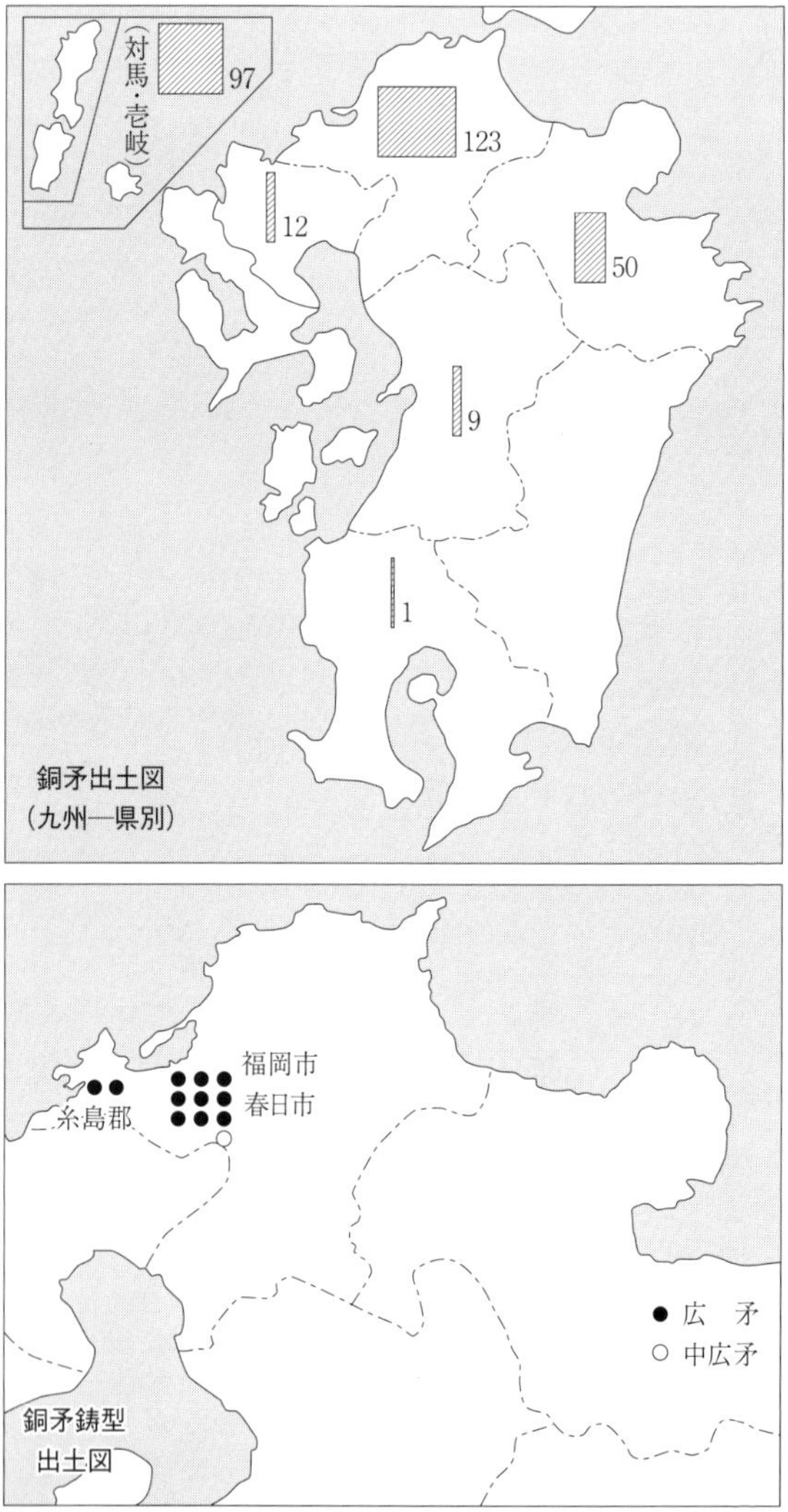

図1－9　銅矛・銅矛鋳型出土図　樋口隆康編「大陸文化と青銅器」（『古代史発掘』5）の巻末表によって古田作図。

明々白々、かつ単純な論理進行へとおもむくことができなかったのである（したがって志賀島の金印も、「漢の委《わ》の奴《な》の国王」と読むべきでない。「漢の委《い》奴《ど(ぬ)》の国王」だ。この点、私の第二著『失われた九州王朝』第一章参照）。

第二に、富岡謙蔵らの鏡の研究によって、この筑前中域を中心として分布する銅鏡に対して「漢鏡」の名を与える一方、近畿を中心とする他方の「三角縁神獣鏡」に対して「魏晋鏡」、さらには「魏鏡」の名を与えたため、その命名が「定説」として考古学者たちを束縛し、右のような簡明な論定へとすすむことをできなくさせたのである（この点、のちに詳述）。

第三に、〝倭人伝に誇張多し〟といった、文献史家側から喧伝された雰囲気にまきこまれ、同調し、ために倭人伝の中に書かれた考古学的出土物を真正面から率直に検討する、そういう純考古学的な立場に立つ一人の考古学者もいままで現われなかったからである。

しかるに、倭人伝の一部分たる「銅鏡百枚」だけはとりだして、「三角縁神獣鏡」論の裏付けに使ってきた。これは文献史料全体から〝自分の気に入った〟一個所だけを抜き出して、自分の好む立論に使う、というやり方であって、きわめて主観的、恣意的だ。客観的かつ厳正な方法とはいえない。

ちょうど、ある古代史家が一定の考古学的遺跡の中から、自分の好む一物だけ抜き出して自分の立論のために使い、共伴する他の出土物との矛盾をかえりみないとしたら、すべての考古学者は〝そのやり方は、学問の方法として厳正でない〟そういって論難し、かつ嘲笑するであろう。それと同じことだ。

以上、「鏡と矛」の描く定線分は、ぴったりと筑前中域を指していたのである。——ここが卑弥呼の居城、倭都の領域である。

「鏡と冢」の国

第二は、「鏡と冢」だ。

まず「冢」。この文字こそ、いわゆる「邪馬台国」問題をあつかうさい、ほとんどすべての考古学者によって不当な軽視をこうむってきた一語だった。なぜなら、考古学者はしばしば卑弥呼の墓を

「古墳」であるかのように見なしてきた。しかし、そのさい中国の文字の用法において「冢」と「墳」とは、当然、別の文字であり、別概念だという、この一点を強引に無視しつづけてきたのである。

「冢と墳」の区別、それは『三国志』においても、例外ではない。両語の用法のちがいを明瞭にしめすのは、次の例だ。

山に因りて墳を為し、冢は棺を容《い》るるに足る。(蜀志、諸葛亮伝)

諸葛亮(孔明)の遺言である。〝新たに「墳」(人工の山)を作ることをせず、出来あいの山(定軍山)を「墳」に見たて、その山の一角に「冢」(=塚)を作ってくれ。それも、わたしの棺が入る、ギリギリの大きさでいい〟というのだ。つまり〝人工の山〟が「墳」、〝棺が入る程度の封土〟が「冢」(塚)、この二概念が明白に区別され、対立させられている。

倭人伝の場合、卑弥呼の墓は「墳」ではなく、「冢」だ。この一点こそ決して看過されてはならないキイ・ポイントなのである。

この「冢と墳」の区別は、いわゆる「短里」問題に対して一つの決定的な論証を与えるものだ。

わたしは第一書『「邪馬台国」はなかった』において「魏晋朝の短里」という問題を提起した。〝『三国志』は一貫して「一里=約七五メートル」の短里で記述されている〟という命題である。これは、漢の長里(一里=約四三五メートル)の約六分の一の単位だ。したがって、

郡より女王国に至る、万二千余里。

の一句も、従来の論者のように〝いちじるしい誇張〟と見なすべきではない、真実《リアル》な記述だったのである。

長里か短里か

さて、今の問題を見つめよう。この「径百余歩」は長里か短里か。もし長里なら「一八〇〜二〇〇メートル」の長さ、短里なら「三〇〜三五メートル」の長さだ。

その計算内容をしめそう。

まず、「歩」は「里」の下部単位である。ちょうどセンチがメートルの下部単位なのと同じだ。たとえば三世紀の魏の劉徽《りゅうき》の『海島算経』に「島高、四里五十五歩」とある点からも明白だ。しかるに、卑弥呼の墓の「径百余歩」の「歩」を〃足の歩幅《ほはば》〃と解して、任意の（その論者の好む）数値を与えようとする論者があるとすれば、右の史料事実に対してあまりにも〃無邪気すぎる〃態度ではあるまいか（榎一雄『邪馬台国』、原田大六『邪馬台国論争』）。

次に「里と歩」の関係は、右の『海島算経』の注（淳注）に「里法、三百歩」とあるとおりだ。そしてその本文内の計算自体がこれを証明しているのである。

次に「百余歩」は「一三〇～四〇歩」として大過ないであろう。たとえば、

（文帝、王位に即《つ》く。）兵起って以来、三十余年。（魏志十三）

とあるのは、中平元（一八四）年、大乱が勃発してより、建安二二（二一七）年までの「三十四年間」をさしていると思われるからである。

以上によって、左の計算がえられる。

A　〈長歩〉　1歩 = 435m（長里）$\times \frac{1}{300}$ = 1.45m

1.45m ×（130～140）= 188.5～203m

B　〈短歩〉　1歩 = 75m（短里）$\times \frac{1}{300}$ = 0.25m

0.25m ×（130～140）= 32.5～35m

では、右の二つの計算のうち、いずれが是か。その答はBの「短歩」だ。なぜなら、もし「長里」の方なら、二百メートル位の規模だから、当然「墳」でなければならぬ。もし陳寿が「長里―長歩」の立場で書い

たのなら、当然「墳を作る」と書かなければ、ならない。そうでなければ〝誇張〟にすら、ならないのだ。これに対して、三〇メートル強の規模として描かれたなら、まさに〝大きめの冢〟だから「大いに冢を作る」でぴったりなのである。（以下略）

（以上、『ここに古代王朝ありき』朝日新聞社一九七九年刊／ミネルヴァ書房復刻二〇一〇年、一五～二三頁）

多鏡冢《ちょう》の文明

さて、いよいよ「鏡と冢」の関係について見つめよう。

日本列島では、多量の銅鏡が棺の中に埋蔵されている。これがいちじるしい特徴だ。銅鏡の本場、中国でもこれはあまり例を見ないことだ。たとえば絶大な副葬品群を誇る馬王堆《たい》でも、出土した鏡は、たった一面（記録では二面埋納した、という）。

こういった場合の心理は容易に推察できる。被葬者が生前に身辺において大切にしていた鏡。それを棺内（あるいは棺のそば）に入れる。これは、古も今も変らぬ、人間の自然の情ではあるまいか。

これに対して、日本の場合はちがう。一つの甕棺や一つの石室から三十面も四十面もの鏡が出土する、というのでは、とても〝身辺愛蔵の品〟というわけにはいかない。銅鏡一面のもつ価値（貴重さ）は、中国の場合より、日本の方がずっと高かったことを思えば、なおさらだ。いくら卑弥呼が〝女王〟であったとしても、こんな多数の鏡にひとつひとつ顔を映《うつ》して喜んでいた、とは考えられない。

では何か。一つの仮説がある。それは〝太陽信仰の小道具〟としての鏡、という仮説だ。この場合、鏡は必ずしも屋内だけではなく、むしろ屋外の儀式の場で用いられる。榊《さかき》などの神木に懸けられる。このようなやり方がこの日本列島で行われたことは、たとえば次の記事でもうかがわれよう。

（筑紫の伊覩県主の祖、五十迹手《いとて》）五百枝《いほえ》の賢木《さかき》を抜き取りて、上枝《かみつえ》には八尺瓊《やさかに》を掛け、中枝《なかつえ》には白銅鏡を掛け、下枝《しもつえ》には十握《とつか》剣を掛けて、穴門《あなと》の引嶋《ひきしま》に参迎へて献《たてまつ》る。（『日本書紀』仲哀紀）

また「卑弥呼」「卑狗」など倭人伝の固有名詞に頻出する「卑《ひ》」も、おそらく「日」のことであろうと思われる。

ともあれ、日本列島で古冢時代（弥生期）から古墳時代にかけて見られる、多量の銅鏡を墓の内部に埋葬する慣習が、日本列島独自の〝銅鏡を媒体とする宗教的祭儀〟にもとづく、とする仮説は、おそらく多くの人々の肯定するところであろう（原田大六の『実在の神話』など、このような見地から鏡を見る立場は、すでに少なくないようである）。

ともあれ、わたしたちは、次の二つの命題を、二個の定理として確認できる。

第一定理　日本列島では古冢時代から古墳時代にかけて多量の銅鏡が墓の中に埋蔵された。これを「多鏡墓文明」と名づける。

第二定理　この「多鏡墓文明」は、二つの時期に分たれている。一つは古冢時代、筑前中域を中心とする「多鏡冢」期である。他の一つは古墳時代、近畿を中心とする「多鏡墳」期である。

右の二つの定理が確認されるとき、倭人伝の考古学的記述は、いずれに相当しているだろうか。「銅鏡」という点では、直ちに判別できない。しかし墓制は、先に分析したように「墳」でなく「冢」だ。とすると、この卑弥呼たちの立っていた文明は、「多鏡墳」期ではなく、「多鏡冢」期だ、と見なすほかはない。したがって「鏡と冢」という二点の描く定線分、それはストレートに筑前中域を指している。――ここが卑弥呼の居城、倭都の領域。それは筑前中域以外のいずこでもありえないのである。

矛と鏡と冢の結合

次は「矛と冢」。

〝矛が冢の中から見出される〟そのすべての例を図1‐10にあげよう。

これが古冢期（弥生期）に見出される、日本列島中、すべての例だ。この図によってみても、倭人伝にあらわれた「矛と冢」の描く定線分は、筑前中域（糸島・博多湾岸）を中心として、対馬・唐津・筑後・大分を周辺部とする一帯にあることが判明しよう。

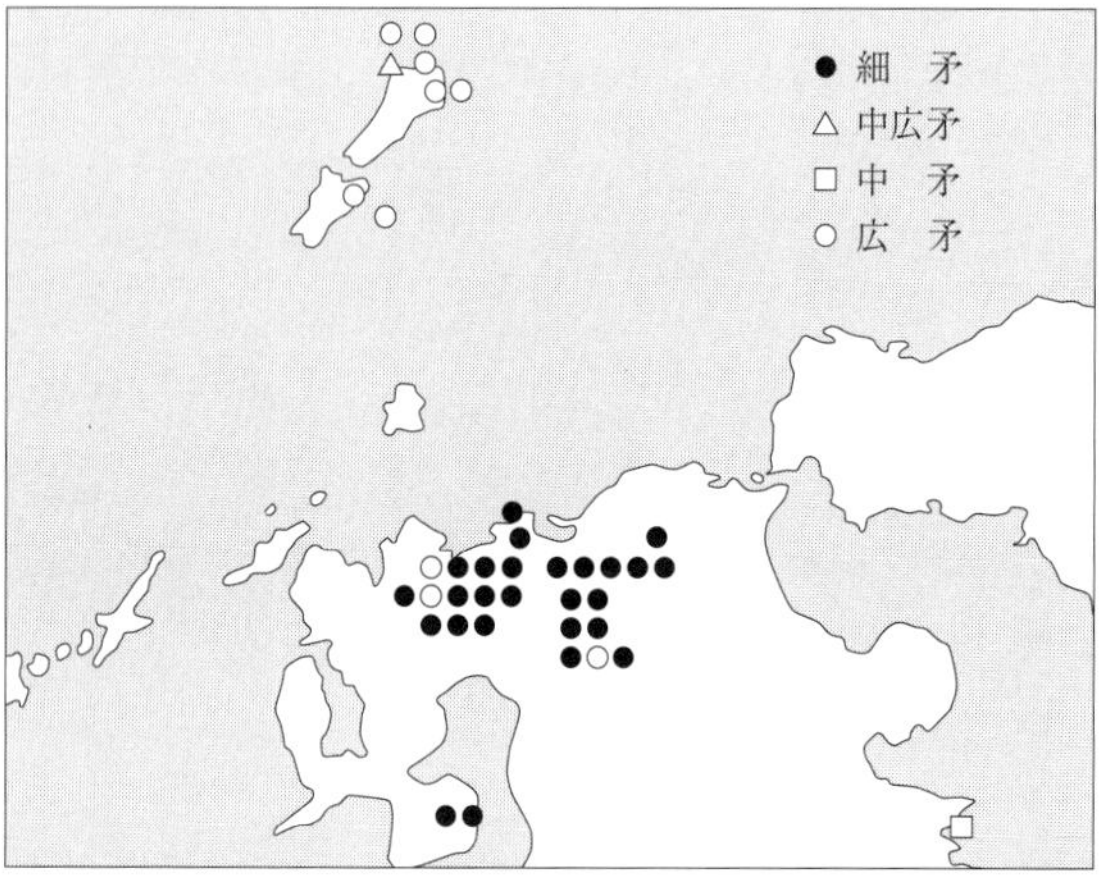

図1－10　冡の中から出土した矛

表1－2　矛と冡（日本列島，古冡期，全出土例）・は鏡を共伴。

長崎県	箱式棺Ⅲ	広矛2	上県郡（塔の首）
	箱式棺	広矛3，中広矛	〃　（クビル）
	箱式棺	広矛2	下県郡（ヒナタ）
	甕棺	細矛2	島原市（景華園）
佐賀県	甕棺	広矛先？	唐津市（桜馬場）・
	甕棺	広矛	〃　（庚申山）
	甕棺	細矛	〃　（庚申山）
	甕棺	細矛2	〃　（大牟田）
	甕棺	細矛2	〃　（鏡柏崎）・
	甕棺	細矛2	〃　（宇木汲田）
	甕棺	細矛	東松浦郡（北波多）
福岡県	甕棺	細矛2	糸島郡（三雲）・
	甕棺	細矛3	福岡市（板付）
	甕棺	細矛	福岡市（三宅）
	甕棺	細矛5	春日市（須玖）・
	甕棺	細矛	朝倉郡（三輪）
	甕棺	広矛	小郡市（乙隈）
	甕棺	細矛	飯塚市（立岩）・
	箱式棺	細矛	嘉穂郡（岩崎）
大分県	箱式棺	中矛	北海郡（幸ノ浦）

（古代史発掘5『大陸文化と青銅器』によって古田作表）

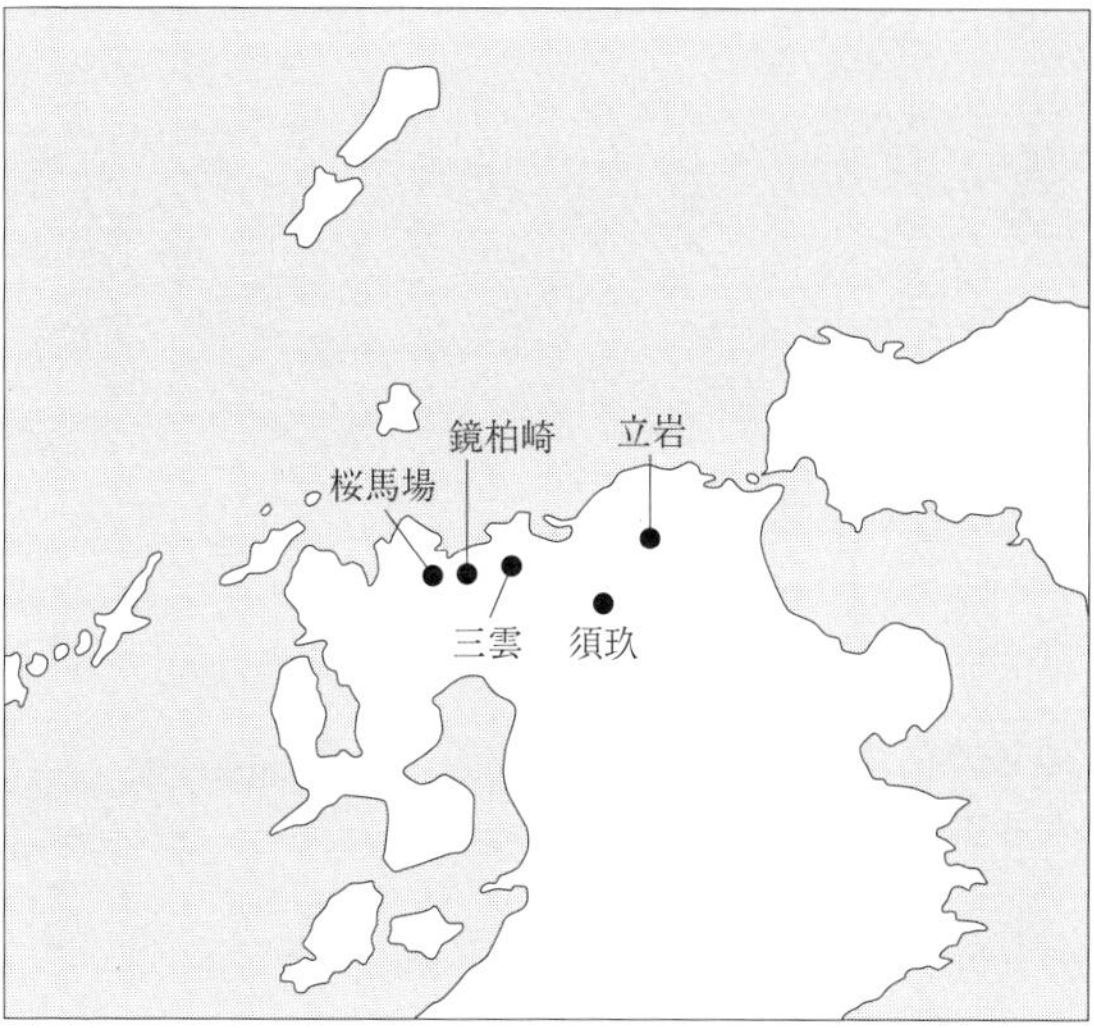

図1－11　矛と鏡が伴出した冢（日本列島，古冢期，全出土例）

すなわち、卑弥呼の居城、倭都の領域。それは筑前中域以外のいずれでもありえないのである（細矛と中広矛・広矛の関係については、のちに詳述する）。

さらに問題を煮つめよう。

表1－2と図1－10において「矛と鏡と冢」の共存するところは、どの領域だろうか。

図1－11のように、その領域は極めて限定される。筑前中域（糸島郡と博多湾岸）が中心。両翼として東に立岩、西に唐津。ここだ。

すなわち、筑前中域こそ倭人伝のしめす卑弥呼の都城、倭都のありか。ここ以外に可能性はないのである。

（以下鉄器論につき省略）

（以上、『ここに古代王朝ありき』三〇～三三ページ）

3　弥生編年の問題点

空漠の時間帯が生じる不合理

考古学者は、不可解な銅矛編年の方法にもとづく不可解な結果に対して、専門用語という名の魔法の言葉で説明しようとした。曰く〝弥生中期は、船載（と信ぜられていた）の細矛や銅戈や銅剣が「首長の宝器」とされていた時期だ。これに対して弥生後期は、国産の中広・広型の矛や戈が「共同体の祭器」として、一般に用いられた時期である〟と。これは、戦後、教科書や参考書にも書かれ、受験勉強を終えれば、一応「常識」化されている、そういった知識だ。

しかし、「言葉」にだまされてはいけない。その実体を頭に描いてみよう。弥生中期には、ひとにぎりの「首長」なる者がいて、「船載」の細矛や細戈や細剣を「宝物」のように大事にしていた（いまや右の「船載」を自前で作ってと言いかえるべきであろう）。しかし彼は、そのような精妙な技術者を所有していたにもかかわらず、部下たちには、一切、矛も戈も剣ももたそうとはしなかった。

ところが次の時代（弥生後期）、いきなり「部下たち」が熱狂的に矛や戈を作りはじめた。それも粗雑で大味な技術で。そのさい、なぜかかつての首長の後継者たちは、もはや以前のような「宝器」を作ることをやめ、墓にも入れられることがなくなっていた。だから、この時代からは、ろくな埋納遺跡が見出されない。——こんな奇妙な「時代の推移」があるだろうか。「宝物にあふれた墓」ばかり横行した時代から「墓などかえりみぬ」時代へ移行した、とは。しかも、この直後、古墳時代という「巨大な墓作り」に狂奔する時代が迫っている、というのに。

もう一つ、大事な視点は、器物の使用目的のちがいだ。「細」の方は、材質からしても、技術からしても、数量からしても、少数の権力者の身辺の所持品たるにふさわしい。いわば「護身の佩刀」といった感じだ。

自分を守るものである。だからこそ、死ねばその人物の墓に埋葬されるのだ。

これに対し、「中広・広」型の方は、全くちがう。ひとりひとりが自分の護身のためにもつ、そういったものではない。多勢で、他（王や貴族や神殿）を守るためのものだ。もちろん実際の戦闘用具は「木弓」などであろうが、〝神聖なる場所に近づくな〟という、威嚇、デモンストレーションの器物なのである。だから、原則として、死んでも「墓に入れる」といった性格のものではない。ところが、「弥生中期」は〝自分を守る器物〟だけ、「弥生後期」は〝多勢で他を守る器物〟だけ、というのでは、いかにも変ではないか。

これに対して〝いや、時代の変転は面白いものでして〟。こんな遁辞が通用するだろうか。「古代」という名のもとに、どんな不合理でも、不自然でもおしつつみ、つつみかくしてしまえるものだろうか。本当に不合理、真に不自然なのは、その方法そのものなのではないか。

以上、銅鐸の場合と異り、材質もちがい、技術もちがい、使用目的もちがう、細型と中広・広型を委細かまわず時代の前後に見立てる。そういうずさんな方法そのものに、真の方法上の矛盾があったのではあるまいか。そしてそのあげく、「弥生後期後半」という名の三世紀、その九州北岸は、きちがいのように中広・広型の矛や戈を作りまくるだけで、何ほどの権力も、何ほどの階級差別も、何ほどの弥生墓も見当らぬ、空漠たる、奇妙きてれつな時間帯へと仕立て上げられてしまったのである。

なぜ、そのような「方法上の無理」が生れたのか。――その答は、日本の考古学における、あの〝時間の軸〟なる鏡の研究史の中に見出される。

鏡の研究史

明治以降の考古学史上、「鏡の研究」の先導者として赫《かく》たる業績を放っているのは、富岡謙蔵その人である。

「日本出土の支那古鏡」（大正五年十月）
「漢代より六朝に至る年号銘ある古鏡に就いて」（大正六年一〜三月）

「王莽時代の鏡鑑と後漢の年号銘ある古鏡に就いて」（大正六年一月）
「年号銘ある支那古鏡に就いて」（大正八年九月）
「九州北都に於ける銅剣銅鏡及び弥生式土器と伴出する古鏡の年代に就いて」（大正七年五月）
これらの論文は、すべて当時における研究水準の先頭を切るものであっただけでなく、それまでは〝好事《こうず》家的な趣味〟からいまだ袂を分っていなかったこの世界を、画然として学問の世界へと飛翔させた業績の数々なのであった。
その最《さい》たる仕事は、「年号鏡の研究」だ。鏡の中に中国の国号や年号を銘刻したもののあるのに注目し、それを「物差し」とすることによって、各様式の鏡の用いられた絶対年代を推定しようとしたのである。
この作業は、次々と富岡以前の旧定見を打破していった。たとえば、従来〝中国の鏡は魏晋以降のもの〟という観念がいったん成立していたのに対し、後漢鏡の存在することをしめし、さらに「新（国号）……王氏（王莽）」の文字をもつ「王莽鏡」の存在することも立証したのである。これらの指摘を行った富岡の論文には、学問上の新発見を指摘する者の興奮がにじみ出ている。
「前の拙稿に於て十数面の新資料を紹介して、之が研究を述べたる後、未だ一歳を出でざるに、更に後漢時代の興味ある遺品を得、先の推論を確め得たると共に、今次王莽鏡の集成を試みて、釈読に、多くの欠点を遺せる始建国二年鏡の銘を明になし、四神鏡発達の径路に推論を加へ得たるは、自ら喜ぶ所なりとす」（「王莽時代の……古鏡に就いて」）
富岡はこの地点からさらにすすんだ。三雲・須玖から出土した鏡を中山平次郎らの現地報告にもとづいて検査した結果、これらが前漢時代の様式の文字（「ゴシック式」）であることを発見したのである。
さらに戦国鏡の様式の二面もまた、そこにふくまれているのを見出したのである。
「鏡鑑沿革上、王莽以前の鏡の形式を考定したるを、私に愉快とする所なり」（「九州北部……古鏡に就いて」）

このような文章の中にひびく探究者の満足感をわたしたちは快く聞くことができよう。これらの成果の多くは、京都の富岡の「論敵」であった、東京の高橋健自のうけ入れるところとなったから、以後、鏡研究の基準として、考古学界全体にうけ入れられることとなったのである。

富岡の戒め

ところが、わたしは、彼の絶筆ともいうべき論文「九州北部出土の古鏡に就いて」の末尾の中に、次のような意味深い一節を見出した。

「たゞ茲に一言附記を要するは、嚮に吾人が此の種遺跡出土の鏡を論じ、其の形式の前漢代に存せりと立証せるに就いて、学者或は直ちに之を以て前漢代に限るが如く解釈して、以て鏡鑑沿革を辿らむとするなきにあらざることとなり。其の著しき誤りなること、既に上来記せる所にて略《ほ》ぼ明なるべきが、吾人の説ける所は、其の形式の少くも前漢代にあり、須玖、三雲出土のもの、亦た略ぼ同代に当るを論ずるを目的とせるにて、其の永く続ける如きに就いては、特に記するの要を認めざりしなり」（「九州北部出土の古鏡に就いて」）

ここで彼の言っていることは、次のようだ。〝自分が立証したのは、三雲・須玖出土の鏡の形式（現代に言う「様式」に当る）が「前漢」に当ることだ。しかし、だからといって右の鏡が「前漢に限る」ように言うのはまちがいである。なぜなら、その様式がのちまでつづくケースもありうるから〟と。そしてその「のちまでつづく」例として、原型の「便化」（簡略化）したもの、と見られる例（本邦模作）が三雲・須玖にもありうる、と論じているのだ。この「本邦模作」問題があまりにも重要な鍵《キイ》をふくむことは、のちに再び論ずる。今注意したいのは、次の一点だ。

すなわち富岡が、三雲・須玖の鏡を「前漢式鏡」とは称しても、決して「前漢鏡」と断定してはならぬ、と注意をうながしていることだ。まして、この鏡を「前漢」と特定して、この鏡をふくむ甕棺を、前漢を基点にして考える、という道は、富岡のとらざるところ、むしろ、敢えて〝自戒し、他戒した〟ところだったという、この一点である。

しかるに、従来、たとえば杉原荘介は、これらを確然たる「前漢鏡」として扱った。すなわち「前漢代後半の銅鏡」(『日本青銅器の研究』五二ページ)として扱い、これをふくむ三雲・須玖の甕棺を「弥生中期」(前一世紀から後一世紀ぐらいまで)に当てたのは、いわば〝創唱者〟たる富岡の「戒め」を〝逸脱〟するものだったのである。

もちろん、この杉原の年代指定そのものは、一つの〝試案〟であった。そのことは、〝弥生〟期全体を紀元前三〇〇年から紀元後三〇〇年までの六〇〇年とし、それを前・中・後期に各二〇〇年ずつ、三分する、というやり方からも明らかだ。日本列島上、古代史の現実がこんなに二〇〇年ずつ、しかもイエス誕生にもとづく西暦を基準としてピッタリ分たれている、などということはありえないことだからである。

けれども、学問上の一つの作業仮説として見るとき、この杉原提案は、一つの〝有効な〟仮説だったと言えよう。近来、九州の考古学者(たとえば小田富士雄)が、この杉原提案を〝五十年分、上にくり上げるべし〟と説くときも、研究史上、大勢より見れば、実はこの杉原仮説を母体とした、準杉原仮説もしくは杉原修正仮説なのである(もちろん、この仮説は杉原の創案ではない。富岡〜梅原以降の京大の鏡研究グループと高橋健自らの東京の研究者の説を勘案しつつ、〝継承者〟たる杉原が「大まかな基準」をしめしたもの、と言えよう)。

すべての学問は、仮説を必要とする。ことに日本の考古学のような、絶対年代から見はなされた境遇に生い育った場合、その必要性は絶大だ。それだけに、作業仮説の使用法についての次の基本指針がことに肝心なのである。それは次のようだ。

〝一つの作業仮説に立って学問上の研究をすすめた結果、そこに大きな不合理、背理に突き当ったとき、研究者は旧来の研究成果にとらわれることなく、前提となった作業仮説を排棄しなければならぬ〟と。

これに反し、〝その作業仮説に立ったとき、すべての関連現象、一連の徴証(文献等)がスムースな全体像を結晶するならば、その仮説は定理として承認される〟のである。

わたしは以上を、学問における作業仮説の使用方法上の道理、基本指針と考える。

仮説と定理

杉原仮説（および杉原修正仮説）は、現在の考古学界での年代上の「基準尺」だ。すべての概説書も、すべての博物館展示の解説も、この「基準尺」に立って解説されているといってもいいであろう。

では、その作業仮説は「定理」に昇格したのか。その仮説を前提にするとき、全弥生期像は、矛盾なき全体像を結びえたのか。「結びえた」と信じているのは、その「基準尺」にもとづいて思考し馴れすぎた考古学界内部の玄人だけだ。そしてその玄人の説を「憶えすぎた」セミ玄人だけだ。

わたしのような一素人の目には、不可解きわまる現象が充ち満ちている、と見えるのだ。たとえば、先にのべた銅矛・銅戈・銅剣の処理方法もそうだ。そして何よりも、――問題の「三世紀の空白」。

大体、「邪馬台国」論争なるものが、ながらくあれほど論議され、論争され、ありとあらゆる読解が試みられながら、いまだに〝解決がつかない〟と多くの人に信ぜられている、それ自体がおかしいのだ。

〝文献読解はいろいろにできよう。その論者の「解釈」なのだから。しかし「もの」は厳粛だ。倭人伝のしめす「もの」は、決定的に日本列島中の、この領域を指示している。倭人伝の記述を「度外視」してみても、三世紀の全日本列島の遺跡を見渡してみて、「都」となりうべき中枢領域はここしかない〟――このように言い放つことこそ、考古学者の本来の面目ではあるまいか。

しかるに従来の事実は、そうではなかった。三世紀の日本列島を見渡してみても、〝たいしたところ〟は、どこにもないのだ。筑後山門と言わず、宇佐・肥後と言わず、近畿の大和と言わず、「弥生後期」と考古学者が認定する遺跡からは、ろくなものが出ない。これが「厳粛なる事実」だ。この「厳粛なる事実」こそ、あらゆる百花繚乱の「邪馬台国」論争を生み出した真の原因、その〝鬼面、人を驚かすていの母体〟だったのである。

このような、あまりにもよく知られた日本古代史界の混迷を前にするとき、なすべきことは何か。――それは大前提をなす「作業仮説」の排棄と再検討、それ以外にない。

わたしが今年の夏、九州を訪れ、若い考古学者を歴訪したとき、その人たちの何人かは『三世紀の考古学』という名の著作について、自分の分担個所を執筆中だった。森浩一さんの編集。森さんがわたしに「こういった企画を一回キッチリやってみる必要がある、と思いましてね」と語られたものだった。その分担執筆者の一人、下条信行さんに、わたしが「三世紀、つまり弥生後期後半となると、ここらへん（九州北岸）にも、たいしたものは出ませんね。『中広と広型』を別にすれば」というと、下条さんは苦笑しながら「そうなんですよ。だからどう書こうかと思っているんですが……」と率直な口調で言われた。

さらにわたしが「『弥生後期』ということになると、近畿大和の方にも、何もたいしたものは出ませんね」と聞くと、「そうですね。あちらの連中がどう書くのか、知りませんが」と言い、「大体、今度の本がどんなものになるか、ちょっと見当がつかん。そう話しとるんですよ」と、言われたのであった。一介の素人たるわたしの思う要《かなめ》のところと、この出色の若き研究者下条さんの見るところと、大同小異のようであった。

もちろん、それらのことを〝明らかにする〟上でも、この企画がきわめて有益なこと、それをわたしは一度も疑わない。それによって、日本の考古学界と一般の古代史愛好家の面前に、問題の真の所在――「三世紀の空白」が抜きさしならず、突きつけられることとなるだろうからである。

三つの論証

閑話休題。さて、ここでわたしがかつてこの「弥生後期」について行った一連の論証を再びここに要約しておきたいと思う。それは「邪馬台国論争は終った」と題する論文だ（『邪馬壹国の論理』朝日新聞社、一九七三年／ミネルヴァ書房二〇一〇年、所収）。

第一、二島定理

誰人も倭国の一部として疑わぬ「定点」がある。それは対馬・壱岐の二島だ。この二島を基準として「弥生後期の倭国の文物」を求めてみよう。そこには「中広・広型」の銅矛・銅戈がある（ことに対馬におびただしい）。すなわち「倭国」とは、この特異な武器型器物を重要な文化特徴とする文明圏だ。

では、その最多中心地はどこか。――福岡県、なかんずく筑前中域、それも博多湾岸である。それゆえ、倭国の都はこの地帯である。

第二、一大率の定理

倭人伝によると、倭王は伊都国に一大率をおき、諸国を検察させたとのべられている。すなわち、糸島郡に倭国にとっての肝要な軍事拠点があったことは疑えない。では、その糸島郡の「弥生後期」から出土する文化財は何か。やはり、先の「中広・広型の矛と戈」だ。

ならば、倭国の都はこの糸島郡以上に、そして質量ともにもっとも多く、同質の文化特徴を出土する領域だ。――それは博多湾岸以外にない。

第三、鋳型の定理

この場合、最大の問題は鋳型だ。なぜなら前記の武器型器物の実物を生産する母体が鋳型だからである。その鋳型は、圧倒的多数が博多湾岸に集中している。それゆえ、倭国の都はこの領域しかない。

以上だった。そしてわたしはこの三論証がいわゆる「邪馬台国」論争中の係争点に関与していないことを指摘した。国名問題（「壹」か「臺」か）とか、「行程解読」問題とか、「魏晋朝の短里」問題とか、それらには一切関係をもたぬ、そういう性格の論証であることを。これに対し、第一書『「邪馬台国」はなかった』では、考古学的な問題については、敢えてこれを度外視し、もっぱら文献批判のみによって博多湾岸、女王国説に到着した。すなわち、両者全く異った方法で、全く同じ帰結に至った。これ、すなわち真実の証。――

このようにこの論文を結んだのである。

この論文に対し、今日まで、わたしは考古学者の反論を見ない。わたしは反論を切望するがために、敢えてこの〝刺激的な論題〟をえらんだのであったが。思うに、その理由は次のようではあるまいか。〝古田がここで言っていること自体は、理くつが通っているように見える。それ自体は、反駁しにくい。しかしながら、何といっても、この「中広・広型の矛・戈」は「共同体の祭祀物」ということに考古学上なっている。その上（その裏づけとして）、この「弥生後期」には、この地帯（博多湾岸）には、（正確には「この地帯にも」）銅鏡その他の出土物がたいしてない。そんなところを倭国の都にするのは、どうも〟。そういった心情だったのではあるまいか。

科学か神学か

わたしは当然、もし考古学者が右の論文を読んだなら、そのような反応を見せることを知っていた。知っていたからこそ、敢えて挑戦したのだ。しかも、もし、ある考古学者がこれに反論しようとしても、彼にもまた手もちの「倭国の都」の候補地は「弥生後期」の日本列島中、どこにもない。筑後山門はもとより、宇佐にも、肥後にも、島原半島にも、そしてかの有名なる近畿大和にもまた。その内ぶところを、わたしはハッキリと見抜いていたからである。

けれども（あるいは賢明にも）考古学者は誰人も反論を試みなかった（ほとんどの古代史学者もまた）。だから、わたしは今、手の内を全部さらけて見せたのだ。考古学者が「弥生中期」としてイエスの生存前後にはりつけにした、あの筑前中域の出土物、その質量ともの豊富さ、多様さは、日本列島の全弥生遺跡中、空前絶後だ。そして倭人伝に記述された「もの」と驚くほどピッタリ一致して齟齬《そご》をもたなかったのである。

ここに至って、なおかつ、次のように言う考古学者があるとしよう。〝いかに「銅矛・銅戈」が「銅鐸」とはちがって出土状態や材質や技術のいちじるしい相異をしめしているにせよ、いかに「三世紀の空白」という不可思議な事態を生むにせよ、今まで戦前から戦後にかけて考古学界が従いつづけてきた準則たる、弥生期の「前・中・後期」の年代づけを変えるなどというわけにはいかない。多くの考古学者がそれを承認し、それにもとづいて作業し、それに従って一般に向かって解説しつづけてきたのだから〟と。

そうすればわたしは、その〝信念の人〟の前に、静かに次の言葉を呈しよう。〝あなたのは、考古学という科学ではない。考古学という名の「神学」にすぎぬ〟と。

今までのべてきたことを要約しよう。

第一。倭人伝は、魏使が倭都に到着し、その土地に滞在して見聞したところを書いた実地見聞記だ。したがってその中に書かれた「もの」は、史料としての信憑性をもち、考古学的検証に値する。

第二。倭人伝に書かれた「もの」は、筑前中域を中心とする九州北岸の出土物と著しく酷似し、密接に対応している。日本列島の全古冢期中、他にその類似を見ない。したがって考古学上の出土物のしめすところ、この筑前中域以外に卑弥呼のいた倭都の所在地はない。

第三。しかるに日本の考古学は、大正期以来、この筑前中域の出土物（三雲・須玖・井原、のちに平原）をもって、「イエスの生存前後」つまり紀元一世紀前後にはりつけてきた（古冢中期後半から古冢後期初頭）。代って三世紀（古冢後期後半）は、「中広・広型の矛・戈」のみあって、他の遺物（墓の中の埋蔵物）の乏しい、ほとんど「空白」の時期と見なしてきたのである。

これは富岡の慎重な〝戒め〟に反すると共に、「作業仮説」を「定説」として固定化するものだったのである。

第四。今は、このような矛盾を結果することとなった、過去の「作業仮説」を撤去し、新しい絶対年代の基準をうちたてねばならぬ。それは次のようだ。〝三雲・須玖・立岩から井原・桜馬場に及ぶ銅鏡の極盛期こそ、倭人伝に記録された女王の時期、すなわち三世紀をふくむ時期に属する〟と。

第五。以上の帰結は、次のことを意味する。「細矛・細戈」と「中広・広型の矛・戈」とは同時期である。王や上位の豪族（王を「共立」する大人層）の身辺の護身用の武器（にして「権力のシンボル」）が、細矛や細戈や細剣であり、これは、いわば「宮室内」のものだ。これに対し、「宮室外」にあって、これら宮室や神殿等を「守衛」するもの、これが「中広・広型」の「矛や戈」だ。いわば貴人の「護持矛」や「護持戈」（細型）に対して〝近衛兵〟たちの「守衛矛」や「守衛戈」と名づくべきものだったのである。

したがって、辺境たる対馬などに、時としてこの「中広・広型」の矛・戈を内蔵した棺（箱式棺等）があるのは、このような「宮室守衛」を代々の任務とし、誇りとした家がらの人物が、ようやく「弥生後期」になってこのような風習を生ずるに至った。すなわち、一の地方的現象だ。逆に、これを根拠として（共伴土器などと関係づけて）「中広・広型」が「弥生後期」に属するという証拠に使う類の論は、方法上、適正を欠き、妥当でない。なぜなら例外的な地方的現象を、あえて一般化し、主軸化し、基準化する、という、「方法上のあやまり」におちいっているからである。

以上によってはじめてわたしたちは、江戸時代以来、長かりし邪馬台国論争に最後の終止符を打つことができよう。三世紀卑弥呼の都したところ、それは博多湾岸を中心とする領域以外にはなかったのである。

二つの「なぜ」

以上の結論に対して生ずべき、興味深い、二つの「なぜ」に答えよう。その問いの第一は次のようだ。〝三雲・須玖・井原・平原という、四つの王墓の連なりのうち、卑弥呼の時代にもっとも近いのはどれか〟

この四王墓は、右の順序で考えられてきた。わたしもそれで大過ない、と思う。なぜなら、三雲は「戦国鏡二面と前漢式鏡多数」をふくみ、須玖は「前漢式鏡多数と魏晋朝前後の夔鳳《きほう》鏡一面（これについては別稿詳述〈注＝4　梅原補正論文〉）」をふくむ。井原は「後漢式鏡多数」をふくみ、平原は「後漢式鏡多数と大形仿《ぼう》製《せい》鏡数面」をふくむ、とされる。そのような鏡の様式変化が一つ。もう一つは、棺がはじめの三つは甕棺、最後の平原だけは割竹形木棺だ。このような諸点から見て、四墓の前後関係は、ほぼ右のように、（通説通り）考えていいと思う。

では、この中で、どれが一番卑弥呼の時代に近いか、となると、難問だが、第二の須玖の王墓だと思われる。なぜなら、最多数の矛（細矛5）をふくみ、この領域に中国製の紺地の房糸、つまり中国製の錦様のものをふくんでいるからである。「錦の女王」たる卑弥呼の時期によく対応している。

これに対し、一与の時代に一番近いのが平原である。なぜなら一与の貢献物は次のようだ。

男女生口三十人を献上し、白珠五千孔・青大句珠二枚、異文雑錦二十匹を貢す。

つまり一与は「珠玉の女王」だ。ところが平原は「ガラス製勾玉三、ガラス製管玉三〇以上、ガラス製連玉多数、ガラス製小玉六〇〇以上、瑪瑙製管玉一二、瑪瑙製小玉一、琥珀製丸玉一〇〇〇以上、琥珀製管玉一」（原田大六『実在した神話』）だ。その面目とよく対応しているのである。

けれども、この「論定」は現在、既出の四墓の中からあてはめたところに、方法上の〝弱味〟がある。なぜなら、これら「王墓クラスの発見」は、今後もありうるからである。したがって、これらはいずれも「卑弥呼式冢墓」「一与式冢墓」と言うにとどめたいと思う。——あの〝富岡先生の戒め〟のごとく。

もう一つの「なぜ」がある。〝では、魏代の卑弥呼式冢墓がどうして前漢式鏡をもっているのか〟と。

この「銅鏡」問題を論ずる場合、従来、一つの盲点があった。それは「古鏡と今鏡」の関係だ。たとえば、魏朝人にとって、彼等の尊重したのは、「今鏡」つまり当代鏡だったろうか、それとも「古鏡」つまり戦国鏡や前漢鏡だったろうか、その答は明白だ。『三国志』の伝えるところ、いずれも「尚古《しょうこ》主義」の立場である。「前代」というより「当代」ともいうべき後漢朝の慣例を非とし、「古」（通例「周」以前）へかえることを尚《たっと》しとする言説にみちている。たとえば、

秦、古法に違《たが》い、漢氏之に因る。先王の令典に非るなり。（魏志五）

のようだ。すなわち、中国における「尚古主義」の伝統は、「周―漢―魏晋朝」に一貫しているといってい い。ことに「禅譲」という名で後漢朝にとって代った、魏朝の場合、この「尚古主義」のイデオロギーは強烈だった。したがって当然「今鏡より古鏡を尚しとする」立場であった、と考えてあやまりないであろう。しかもここには〝「今鏡」は、自分たちの手でいくらでも生産できるが、「古鏡」はできない〟という単純な需要、供給の論理がこの背景にあることを考えれば、なおさらだ。

これに対して倭人は中国に学びながらも、この「古鏡尊重」主義には従わずして拒絶し、もっぱら「今鏡尊重」の立場をつらぬいたのか。それなら〝あっぱれな自主性〟と言いたいところだが、わたしにはそのような「自主性」を当時の倭国に期待する人があれば、それは一種の〝期待過剰〟だと思われる。やはり、中国側の「古鏡尊重の伝統」に従ったのではあるまいか。また中国側は、みずからの立場（尚古主義）によって、銅鏡を授与したのではあるまいか。このような微妙な問題を顧慮せず、直ちに「銅鏡百枚」を「今鏡授与」ときめてかかったところに、従来の考古学者の大きな〝思いこみ〟、先入観があったのではないか、わたしにはそのように思われる。

たとえば、魏の「第一代」とされる武帝、曹操は、終生後漢の人であった。したがって彼の日用身辺にあった「今鏡」は当然「後漢鏡」のはずである。また多くの魏朝人の生れた時期も、当然ながら後漢代であった。彼等の幼少年時代以来なじんできた「今鏡」もまた、当然後漢鏡だったのである。

さらにこの様式が魏朝になっても、一変しなかったことは、年号鏡（梅原末治『漢三国六朝紀年鏡図説』参照）の語るところだ。したがっていわゆる「後漢鏡」は決して魏朝人にとって「古鏡」ではない、典型的な「今鏡」だったのである。

なお、方法上の問題を一言付記する。わたしはこのような「古鏡―今鏡」観から〝卑弥呼のもらった「銅鏡百枚」は前漢式鏡だった〟と判断したのではない。理路の進展は、先述来の通りだ。そしてそのような帰結も、この「古鏡―今鏡」問題からいえば何等不思議ではない、そう言って追認しているだけなのである。

（以上、『ここに古代王朝ありき』七五～八九ページ）

4 梅原「補正」論文

梅原「補正」論文について

故梅原末治氏の力稿「筑前須玖遺跡出土の夔鳳鏡に就いて」を本論文集（注＝『古代史徹底論争』駸々堂、一九九三年）に収載させていただくこととした。それを光栄とすると共に、若干の解説を論文の形で簡記させていただくこととする（以下、梅原論文を「当稿」と呼ぶ）（当稿の本文末尾に、「如上の新たな夔鳳鏡に関する所論は七、八年前に到着したもので、その後日本考古学会の総会に於いて講述したことであった」とある〈当誌は昭和三十四年四月発刊〉）。

当稿は、昭和二十年代、氏が京都大学の考古学教授として在任中、その末期に立論された。それを定年退職後の昭和三十四年、氏の主宰する財団法人古代学協会発刊の学術誌『古代学 PALAEOLOGIA』の第八巻増刊号中に発表されたものである（本号は「中山平次郎博士追憶号」として編集された）。

その文章は、一読されれば明白なように、緻密にして明晰、慎重にして勇断、梅原氏の学問のもっとも円熟した時期の力作である。しかもその内容は、言葉の正確な意味で革命的な帰結に至っている。すなわち、福岡県春日市の須玖岡本D号遺跡から出土した夔鳳鏡に対し、これは「後漢の後半、如何に古くとも二世紀の後半を遡り得ない」ものと、論定した。従って当の夔鳳鏡を出土した須玖岡本D号遺跡は、「本夔鳳鏡の示す二世紀の後半を遡り得ず、寧ろ三世紀の前半に上限を置く可きことにもなろう。」という判断に立ち至られたのであった。

これがいかに驚倒すべき帰結であるかは、次の一点と対比すれば直ちに判明する。あの三国志魏志倭人伝の卑弥呼は景初（二三七〜二三九）正始（二四〇〜二四九）の間に活躍している。すなわち、右の梅原論定に従えば、須玖岡本D号遺跡はとりもなおさず「卑弥呼当時の遺跡」となるのである。しかも、「三種の神器」類の豊富な鏡・剣・玉を内蔵する点、中国の天子を原点として「諸侯の身分」（倭王に与えられた「金印」も、それを表す）を許されたことをしめす、ガラス璧を内蔵する点（福岡県糸島郡の三雲遺跡に次ぐ）、中国の絹と認定された（布目順郎氏による）本邦唯一の出土絹（弥生時代）を内蔵している点など、いずれをとっても、同時期（須玖岡本D号遺跡と同じ様式の時代）中、他に類例を見ないのである。

この事実を直視した上で、この遺跡が「卑弥呼の時代」であることを「認定」すれば、どうなるか。卑弥呼の都した「邪馬壱国」（いわゆる「邪馬台国」）の所在いかに、という、永年の懸案は、すでに解決を見ている、という他ないのである。

しかしながら、反面、梅原氏は終生、「邪馬台国」近畿説論者であった。否、その雄であった、と称してあやまらぬであろう。わたし自身にも、その点、鮮烈なる思い出を有する（古田『よみがえる九州王朝』角川選書一一〇ページ以下、ミネルヴァ書房版九四ページ以下参照）。

ここに、梅原氏の悲劇があった。否、日本考古学史上の名篇たるべき当稿の背負うた、複雑な運命があったのである。

なぜなら、梅原氏の後を継いだ小林行雄氏、樋口隆康氏等、相次いで「邪馬台国」近畿説の中枢の地位に立たれた。あるいは、三角縁神獣鏡分布の理論を以て、あるいは、古鏡の包括的研究を以て、いずれも三角縁神獣鏡を以て「卑弥呼の鏡」と見なす、考古学界の主流を形成してゆかれたからである。

必然的に、当稿は、一種の「異端児」的な位置におかれ、学界の〝定位置〟から「否認」さるべき取り扱いを受けるに至ったのであった。

学者にとって、自家の心血をそそいだ論文が、学界から「否認」の扱いをうけること、決して不名誉ではない。なぜなら、学問の進展の大河は、そのような諸論文の「肯認」や「否認」をふくみこみつつ、巨大なうねりを研究史中に前進させてゆくものだからである。

しかしながら、当稿にとって真の悲劇は次の二点にあった。すなわち、その一に、当稿では、問題の夔鳳鏡がまちがいなく須玖岡本D号遺跡の甕棺からの出土である、という点に、細心の検討がむけられている。誠実な学的探究者として、当然の用意である。夔鳳鏡伝来者の記述、鏡自体の検証等を行った結果、

「その点からこの鏡が須玖出土品であることには、殆んど疑をのこさない。」

「同じ須玖の甕棺出土鏡でも、地点の相違に依って銅色を異にすることが判明する。このことはいよいよ夔鳳鏡が多くの確実な出土鏡片と共存したことを裏書するものでもある。」

と断定した。この認定は、千金の重みを有する。なぜなら、梅原氏自身、恩師富岡謙蔵氏の助手として、当遺跡の研究調査に従事されている上、当稿発表当時（昭和二十〜三十年代）には、当鏡伝来の関係者（故人）と接触をもっていた人々が少なからず現存していたと思われるからである。その関係者の実名（古谷清・八木奘三郎・野中完一・銅駝坊陳列館員等）をあげて陳述していることは、すなわち「もしこの記述に疑いあれば、この方々のもよりの人々に当って、確かめられたい。」との意を蔵するもの、そのように考える他はないからである。

その二は、当夔鳳鏡に関する、氏の編年論証である。これこそ当稿の白眉、圧巻をなす。氏は「夔鳳鏡」を求めて、国内はもとより、国外、中国からヨーロッパ（スエーデン、パリ等）を歴訪された。昨今のような海外渡航ブームの時代なら、いざ知らず、昭和二十〜三十年代における、このような氏の探索行動がいかに執念の結晶ともいうべき烈々の気魄のこもった探究旅行であったか、知る人ぞ知る、というべきであろう。

その結果、氏は百面に近い夔鳳鏡に直面し、検証したという。「考古学の鬼」といわれた氏の面目躍如た

るものがある。その中から、同じ夔鳳鏡の中にも「編年的前後関係」のあることを知り、紀年鏡やローマ時代の貨幣（二世紀中葉）との共伴関係の指摘など、手堅い手法を重ねた上、先述のごとき「革命的」結論に到達されたのであった。

この結論は、従来の「考古学的編年体系」を一変させる、つまり〝突きくずす〟べき性格をもっていた。なぜなら、従来の知見では、この須玖岡本D地点遺跡は「弥生中期」に属するものとされていた。そしてその絶対年代は「BC一世紀〜AD一世紀」の間にあり、とせられていたからである。今回の、この梅原論定が正当であったならば、従来のこの知見は崩壊する他はない。

しかも、運命の皮肉は次の点に用意せられていた。右の、いわゆる「従来の知見」とは、すなわち当の梅原氏及びその恩師富岡謙蔵氏の古鏡研究の成果に「依拠」して成立したものだったのである。なぜなら、日本列島の弥生期の出土物には、原則として「紀年」が存在しない。そのため、「編年的前後関係」は系統づけられても、それがどの「絶対年代」に当るかの〝きめ手〟をもたなかった。その〝きめ手〟を「代行」したものこそ、富岡・梅原氏による「古鏡の研究」体系だったのであった。

その体系の崩壊をみずから宣言したもの、それが当稿の荷なった運命であった。

「戦後、所謂考古学の流行と共に、一般化した観のある須玖遺跡の甕棺の示す所謂『弥生式文化』に於ける須玖期の実年代を、いまから凡そ二千年前であるとすることは、もと此の須玖遺跡とそれに近い三雲遺跡の副葬鏡が前漢の鏡式とする吾々の既往の所論から導かれたものである。併し須玖出土鏡をすべて前漢の鏡式と見たのは事実ではなかった。この一文は云わばそれに就いての自からの補正である。」

一見、穏健な筆致であるけれども、この一文を再読・三読すれば、従来の自説を敢然と撤回する、学者としての苦渋と誠実が一語一語に刻みこまれているのを、見る心ある人は確かに見ることであろう。

けれども、氏の苦渋は後継の人々によって正しく受け継がれなかった。なぜなら、その人々は右の一文の意義を否認したからである。もっとも、後継者によって自説を否認されること、それ自体はその学者にとって不幸ではない。むしろ名誉である。自己を否認し、乗り越えるような、すぐれた後継者をえたのであるから。

では、その後継者は、第一の「事実認識」について、梅原氏の判断（当夔鳳鏡が当須玖岡本D号遺跡からの出土であるという認定）があやまりであったことを、実証的に立証しえたのであろうか。それを各関係者の周辺の人々（聞き書き等）によって確認したであろうか。わたしの知る限り、いずれも「ノー（否）」と言わざるをえぬことを、遺憾とする（唯一の反論というべき、原田大六氏の非難が、残念ながらその実体をもたぬこと、すでに詳述した。前掲角川選書（注＝『よみがえる九州王朝』）。これを無視して、原田夫六氏の論述のみを〝証拠〟のように引文する学者を見て、「寒心」に耐えない（寺沢薫「青銅器の副葬と王墓の形成――北部九州と近畿にみる階級形成の特質（1）」『古代学研究』第一二一号一九九〇年四月二二日、参照）。学問的大道の軽視でなければ、幸いである）。

いずれも、「実証」ではない。従来の「編年体系」すなわち「現行の考古学編年」を守るためには、この梅原認定を「否認」せねばならぬ、という、自家の内部事情を告白しているにすぎぬ。わたしの目にはそのように見えるのである。

次に、第二の「編年的前後関係」について、梅原氏以上に、百面はおろか、百数十面を上廻る「夔鳳鏡」のすべてを観察し、写真化し、新たに「編年」し直して、以て梅原先輩の「編年」があやまりであったことを論証しえた「後継者」は、現れたであろうか。「夔鳳鏡」の出土は、昭和三十年代よりはるかに増大している上、海外渡航も当時よりはるかに容易になった現在、先輩の苦渋粒々の学説を否認せんとする「後継者」にとって、当然の礼儀ではなかろうか。

しかし、遺憾ながら、わたしはいまだそれを見ず、ただ「従来の知見」が定説化して〝通用〟させられているのを見るだけなのである。

「後継者」がかくも容易に、梅原氏自身の「補正」を無視しえたのは、なぜか。その最大の理由の一が「三角縁神獣鏡、魏鏡（卑弥呼授与鏡）」説にあったことは、疑えない。そのテーマを金科玉条とする限り、梅原補正を無視する以外に道がない。これがことの筋道だったのである。

しかしながら、時代は変った。王仲殊氏の「三角縁神獣鏡、非魏鏡」説が出るに及んで、考古学界は従来のように「三角縁神獣鏡、国産説」（森浩一、松本清張、古田、奥野正男等）を等閑視しえぬこととなったのである。この「魏鏡」説がゆらぐとき、観念的理論でなく、事実認定と編年論証に依拠した、この梅原補正が生き生きと「復権」を要求してくるのである。

昨年の白樺シンポ（「邪馬台国」徹底論争、一九九一年八月一〜六日）は、この問題に対しても、全く新たな光を当てることとなった。

なぜなら、いわゆる「木佐提言」によって、倭国の都（邪馬壹国）を（不弥国を「部分里程」の終点とする）博多湾岸とその周辺部に求める（わたしの立場）しか道のないことが明らかにされたからである。いわゆる「張政、二十年の証言」問題だ。

この「木佐提言」を無視すること、もしその人が学者なら、否、良心ある探究者なら、許されぬところであろう。その人が歴史学者であろうと、考古学者であろうと、およそ「邪馬台国」を論ずる人にとって、これは不可避のテーマとなろう。

右の帰結は、考古学的には次の事実を意味する。すなわち、博多湾岸とその周辺とは「漢式鏡」の濃密分布中心であるから、「卑弥呼の鏡」とは、やはり「三角縁神獣鏡」には非ず、「漢式鏡（前漢式鏡及び後漢式鏡）」の類である。この帰結だ。

そしてその「漢式鏡分布中心地域」の中に位置する須玖岡本D地点の遺跡は、卑弥呼当時に近い（三世紀頃の）「倭王クラスの王墓」として、新たに注目をあびることであろう。

そのとき、梅原補正のもつ、研究史上の光栄ある位置が「復権」をとげる日が来るであろう。

最後に喜ばしき報告がある。当稿末尾（「古代学」最末ページ）に「図版第一」（図1-12）という一葉が付載されている。「夔鳳鏡諸例」という六個の鏡の写真である。この「第一」という書き方自体が、少なくとも「図版第二」のあることを予想させる表現である。そして事実、本文中に「図版第二の3」といった類の表現が出ている。ところが、最末ページには「第一」のみがあって、「第二」はない。

この点、京都大学の人文科学研究所におられる梅原郁氏のもとを訪れ、この欠失した「図版第二」に当る写真の有無をおたずねした。郁氏は、梅原末治氏の御子息であり、東洋史の教授である。

これに対し、郁氏のお答えは、その問題（第二の欠失）には、自分も気付いていたけれど、自家にそれに当る写真は全く残されていない、とのことであった。

わたしは落胆して、東京に帰ったのであるけれど、今回、当稿の「再録」にさいして精査してみたところ、「欠失は存在しなかった」事実を知りえたのである。

たとえば、本文中に「ギメーの1鏡は図版第二の3に見るように、」とあるが、「図版第一の3」は確かに「ギメー博物館所蔵」となっている。また本文中に「故富岡氏蒐集の1鏡にあっては……（図版第二の5）」とあるが、「図版第一の5」には、これも「故富岡謙蔵氏蒐集品」とあり、一致している。

他は、番号で形状・文様等をしめすのみであるから、厳密には「両者（本文と図版）の一致」を確認しえないけれど、少なくとも、両者間に矛盾はない。従って本文中の「図版第二」とは、その実、「図版第一」

圖版第一

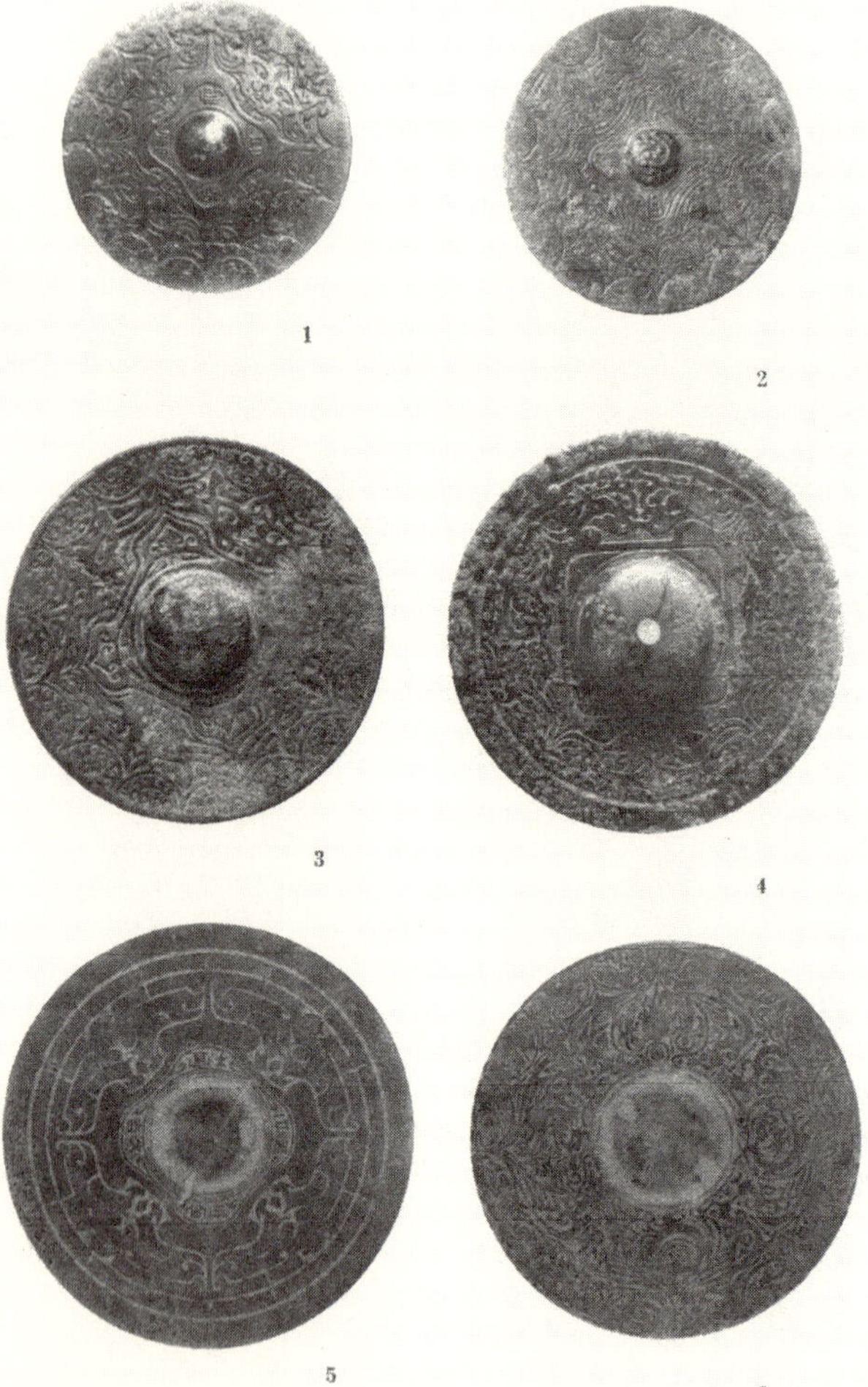

夔鳳鏡諸例　1　上野精一所蔵　2　山中商事会社旧蔵（径４寸８分）
3　ギメー博物館所蔵（径４寸３分）　4　スウェーデン王室所蔵（径４寸５分）
5　故富岡謙三氏蒐集品（径４寸６分）　6　ボストン博物館所蔵（径４寸６分）

図 1 - 12 「図版第一」

のあやまりと見なすべきものだったのである。

本文中の「図版第二」がすべて「図版第一」のあやまりであるという事実は、これが単なる「誤植」ではないことをしめしている。おそらく、本文中に挿入された一葉（第5図）が、はじめ「図版第一」とされ、末葉のものが「図版第二」とされていた。その〝直し残り〟の遺存したための現象かと思われる。

わたし自身の乏しい経験からも、写真説明や写真番号などは、もっとも誤植・誤記類の生じやすい場所である。印刷の最後段階に、早急に挿入されるケースが多いからである。

ともあれ、この貴重なる玉稿において、「惜しむべき写真欠失」の存在しなかった事実を、愚遠ながら今回ようやく知りえた喜びとして、ここに報告させていただくこととする。

（以上、『古代史徹底論争「邪馬台国」シンポジウム以後』駸々堂出版一九九三年、六四五〜六五一ページ）

第二章　古田理論の展開

1　文字の考古学——仿製鏡論

従来の考古学界において、日本列島内部で作られた最初の鏡と見なされている、一群の鏡がある。「小型仿製鏡《ぼうせいきょう》」と呼ばれるものがそれだ（図2－1）。直径は三〜一〇センチくらい、文字はないか、あってもくずれて模様化しており、鋳上がりが悪い。そのような鏡が、筑前中域を地理的な中心地帯として、北西は対馬・壱岐、南東は筑後から大分・熊本にかけて分布しているのである。ときは「弥生後期」だ。

「小型仿製鏡」の分布

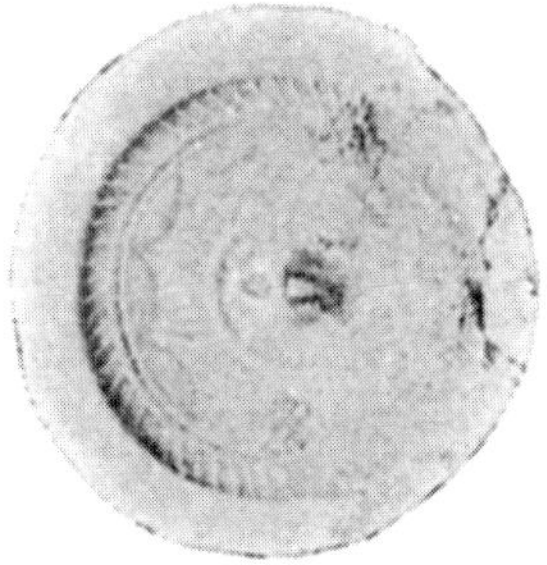
図2－1　小型仿製鏡
直径8.4cm
二塚山遺跡（佐賀県吉野ヶ里町）

けれどもわたしは、はじめ、この分布図（図2－2）を見たとき、直ちに一つの不審をもった。地理的にはたしかに筑前中域を中心地帯としている。だのに、その「中心地帯」の出土量は、それほど多くないのである。少なくとも〝抜群の出土量〟というわけにはいかない。この地帯（筑前中域）は、かつて（「弥生中期」）、中国製とされる「前漢式鏡」「後漢式鏡」が抜群の出土をしめしたところ。その全出土鏡の約八割がこの地帯に集中していた。分布図を描いてみても、この領域は〝シェア（市場占有率）の独占〟を誇っていたのである。

ところが「国内産」となったとたん、この低落ぶりは何か。〝既製品を船で大陸から運んでくるのは楽だ

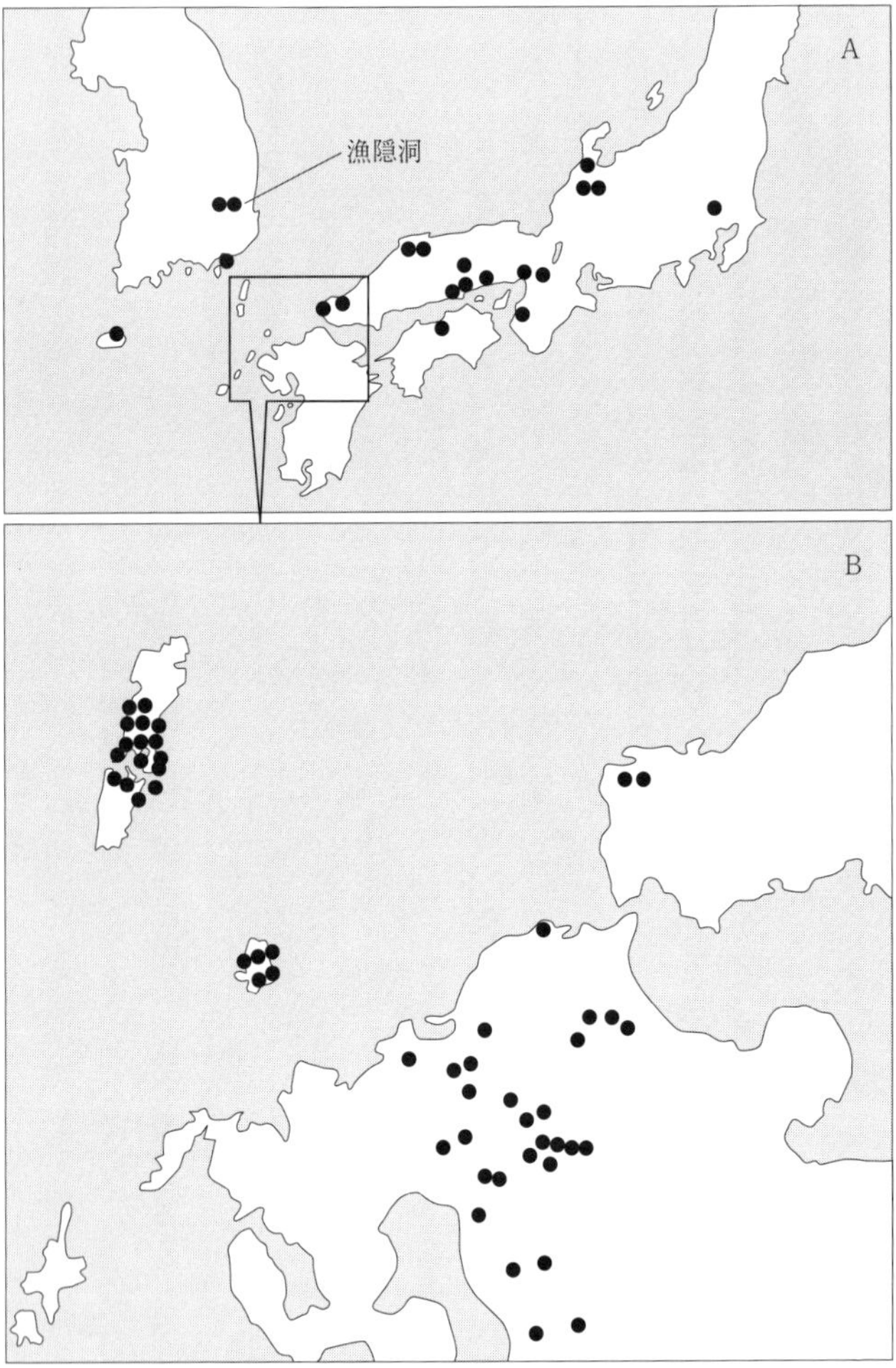

図２-２　古冢（弥生）時代小型仿製鏡の分布
（高倉洋章「弥生時代小形仿製鏡について」『考古学雑誌』第58巻第３号によって古田作図―高倉は様式によって細分化）

が、自前で作るのはむずかしい〟のだろうか。おかしい。なぜなら、その同じ「弥生後期」に「中広・広型の矛・戈」の製造に実にあきれるくらい熱狂している、この領域だ。だのに、鏡については、この少量。〝鏡への嗜好が減ったのだろう〟といってすませられるものだろうか。

第一、このうすねぼけたような製品のでき上がりはどうだ。すでに「弥生中期」、あの細剣などの硬質で見事な技術の銅製品、それらを自前で作りえた、この領域だ。だのに、なぜ。

もう一つ、見のがせぬ事例がある。「巴形銅器」と呼ばれる特異な銅製品だ（図2-3）。井原（福岡県）の王墓や桜馬場（佐賀県）といった、「後漢式鏡」をともなう甕棺から出土している。今の考古学で「弥生後期初頭」にあてている時期だ。

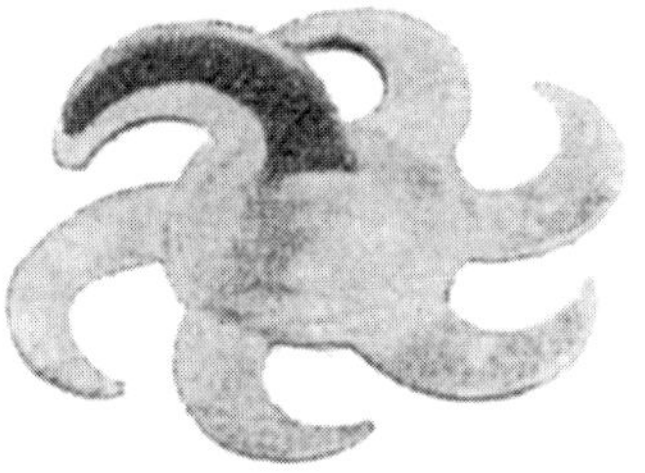

図2-3　巴形銅器（桜馬場遺跡出土）

この巴形銅器が国産であることは疑いない。中国や朝鮮半島にはこんなものはないからだ。ところがこの製品はまことに立体的、かつ精巧。これを〝再製作〟した中山裕（『実験考古学』）は「弥生時代の鋳銅技術の原点とも思われる重要な銅器であることがわかってきた」とのべている。

〝かくも精巧な製品を作りうる、九州北岸の倭国工人が、なぜ鏡だけは、これほどうすねぼけた粗品しか作れなかったのか〟――こう問うたとき、わたしは新しい世界への扉が開けるのを見たのである、

「漢式鏡」の補完

まず、わたしは考えた。〝筑前中域に質量ともに極端な集中度をもつ漢式鏡（前漢式鏡、後漢式鏡）を主軸におき、その補完物としてこの小型仿製鏡を考えたらどうか（漢式鏡図―図1-7。本書三九ページ参照）。〟これなら、分布図としてさまになるのである。

たしかに、従来の考古学者とて、これを「補完物」視してはきた。〝「弥生後期」になって舶載品がなくなったので、こんな粗末なものでも、自前で作らざ

るをえなかったのだろう〟。そういった風に。

しかしこれでは、先の問いをさけることはできない。〝なぜ、地理的中心部が薄弱なのか〟。この問いだ。いや、それどころか、〝前代（弥生中期）は、中央に集中、次代（弥生後期）は中央が薄弱で周辺に多い〟。そんなことが果してありうるだろうか。

考えた末、わたしは一つのアイデアに到着した。それは、もっとストレートに両者（「漢式鏡」と小型仿製鏡）を同一線上に並べることだった。すなわち両者を同時代のものと見なすのである。そうすれば、「漢式鏡」の集中した中央（筑前中域）を遠ざかって地方にゆくにつれて、小型仿製鏡が連なって分布している、という、自然《ナチュラル》な分布状況が見られるのだ。ここでもまた、まえにでのべた矛・戈と同様に、わたしは「弥生中期」とされた漢式鏡と「弥生後期」とされた小型仿製鏡を同期と見なすべき、分布図上の必然性をかいま見たのであった。

同期補完の視点

〝「漢式鏡」と小型仿製鏡は同期〟。このわたしの新しい命題を裏づけるべき「発見」が、すでに朝鮮半島の東南部で行われていた。大正七年、韓国漁隠洞（永川郡、琴湖面）から出土した十一面である。

はやく梅原末治が「支那古鏡の仿製に就いて」で紹介し、そこからは四花鏡（異形虬《きゅう》竜紋鏡）や日光鏡二面といった「支那鏡」と共に、日光鏡と大きさの似た小型仿製鏡が十面ばかり出土した、とのべ、「質も又支那製作と認むべき日光鏡の白銅に対して、これは青銅質を呈して我が銅鐸の示す色合に近くその点にも両者の相違を示す」（梅原『鑑鏡の研究』所収）と論じている。そしてさらに大正十二年の講演たる「考古学上より観たる上代日鮮の関係」において次のようにのべた。

「処がこれに就いても実は基づく処が韓半島にあったといふ事を証拠立てる面白い資料が発見せられました。即ち慶尚北道の永川郡の琴湖面から出た鏡の一類がそれであります。是は大正八年に偶然に発掘したのでありますが、その時其処から小さな鏡が十数面出ました。これは何れもよく似た鏡でありましたが、細別すると大体二種に分けることが出来ます。一つは『見日之光天下大明』といふ銘のある支那製品で、これは大体年代が判ってゐますが、他の多くのものは銘がなくて趣の少々違った類であります。そして一方は白銅であるが他方は銅の質が悪い。それは後程御覧を願ひますが両者を比較致しますると、同じやうな模様ではあるが、銘文のある支那鏡は形が整ってゐて線も鋭いのでありますが、他方は線が著しく丸味を帯びてゐて、且つ紋様が崩れて変なものになって居ります。そこに現はされた紋様の感じは全く違ひます。そして支那鏡でない一方の示す手法は上に数へた内地仿製鏡の特色を具備して居りますから、彼が模造品であればこれも模造品でなければなりません。基づく処は同出の漢鏡である。処が此の鏡は明かに前漢時代と推定せられるものであるから、模作のものもまたそれの伝はった頃のものとしなければなりません。先程ちょっと申し落しましたが、内地の古墳から出る仿製鏡の年代は大体に於て漢よりも三国時代から其の以後のものが非常に多いのであります。さうすると此の永川の古鏡はそれよりも古く、同出の支那鏡はまさに須玖や三雲の遺跡から出たものと同時代に当ります。当代にはまだ内地には明白に仿製とすべきやうな鏡が現れて居らぬ様でありますが、支那に近い朝鮮に於いては我が内地の仿製鏡と同一性質の古いものが存して居ります」（同書所収）。

梅原の論点を要約すれば、次のようだ。

㈠　朝鮮では、小型仿製鏡は、前漢鏡と共存している。

㈡　日本では、両者は時期を異にし、前者は「弥生後期」、後者は「弥生中期」だ。

けれども、この梅原論法は、よく見つめるとおかしい。なぜなら、第一に、小型仿製鏡も日光鏡も、それぞれ博多湾岸（須玖）から出てくるものと漁隠洞のものと同類物だ、という。第二に、漁隠洞と博多湾岸は、弥生時代にはまさに朝鮮海峡をはさんだ対岸といっていい、同質文化領域だ（図2－2参照）。これを「朝鮮と日本」というふうに、別圏として峻別するのは、現代的観念にすぎぬ。しかも漁隠洞は、釜山を遡る洛東江の支流にのぞみ、「中広・広型」の矛・戈類を出土した大邱（洛東江上流）からすぐ東隣に位置している。その上、「多鏡冢」という性格は、日本列島古冢期の筑前中域と共通しているのである。

以上の状況から見ると、この漁隠洞の例からえられる示唆は次のようだ。〝九州北岸側の例について、「漢式鏡」と「小型仿製鏡」の時期を別に考えていたのは、あやまりではないか。むしろ両者同一期であることを暗示している〟と。

この点をさらに裏づける事実がある。日本側で最初に発見された小型仿製鏡の事例は、中山平次郎によって報告された（「銅鉾銅剣発見地の遺物追加」『考古学雑誌』第八巻第十号、大正七年六月）。中山は、これを日光鏡と見なしたのであるが、烱眼な富岡はこれを〝中国製に非ず〟と見破った。そして彼の遺稿たる「九州北部出土の古鏡に就いて」（大正七年七月）にこれを書いたのである（読者は前にも引用した、この遺稿の名を記憶せられよ）。

ところが、この小型仿製鏡は、もう一つの大型の鏡（これについては後に詳述）と、細剣をともなって甕棺の中から出土した。「細剣」とは、日本の考古学界で「弥生中期」に擬せられた〝宝器〟だ。したがって「細剣」をふくむ甕棺とは、すなわち「弥生中期」の甕棺なのである。三雲・須玖の時期だ。その中にこの「小型仿製鏡」がある。これは、どういう意味をもつだろう。

例の四王墓のうち、三雲は「細剣1」をもち、須玖は「細剣4」をもつ。だが、「井原」や「平原」には「細剣」はない。したがって、右の「細剣入り甕棺」の時期は、この点から見れば、むしろ〝三雲・須玖に近い〟のである。そういう甕棺から「小型仿製鏡」が出ているのだ。――ここでも、漁隠洞に近似した様相があらわれているのである。

やはり「漢式鏡」と「小型仿製鏡」をそれぞれ「弥生中期」と「弥生後期」に峻別して年代づけしてきた、

従来の手法、それは方法上、大きな錯誤をふくんでいたのではあるまいか。そういう疑いがわたしの中に生れた。

だが、そこは終着点ではない。より新しい次元の世界が、実はそこから出発していたのである。

〝こんな、小型のうすぼけたものだけを、仿製鏡と称する。その「判定の基準」は一体、何か。誰がその基準を作ったのだ〟。

富岡四原則

このような問いをいだいて、考古学の研究史を渉猟してゆくうち、その回答をなす論文がわたしの前に出現した。富岡謙蔵『日本仿製古鏡に就いて』がこれである。

これは富岡の没（大正七年十二月）後、弟子の梅原末治が生前の覚書や談話をもとにして「梗概」としてまとめたものだ（大正八年）。その中に「富岡四原則」とも呼ぶべき、中国製の鏡と仿製鏡とを判別する〝リトマス試験紙〟が提示されている（『古鏡の研究』三四六ページ以下）。

㈠　鏡背の文様表現の手法は支那鏡の鋭利鮮明なるに対して、模造の当然の結果として、模糊となり、図像の如きも大に便化され、時に全く無意義のものとなり、線其他円味を帯び来り一見原型ならざるを認めらるゝこと。

㈡　支那鏡にありては、内区文様の分子が各々或る意味を有して配列せるを常とするに対し、模仿と認めらるものは一様に是れが文様化して、図様本来の意義を失へるものとなれること。

㈢　本邦仿製と認めらるゝものには、普通の支那鏡の主要部の一をなす銘文を欠く、図様中に銘帯あるものと雖も、彼の鏡に見る如き章句をなせるものなく、多くは文字に似て而も字躰をなさず、また当然文字のあるべき位置に無意味なる円、其の他の幾何学的文様を現はせること。

㈣　支那の鏡に其の存在を見聞せざる周囲に鈴を附せるものあること。

以上を簡約すれば次のようだ。

①　鋳上がりが悪いため、文様・図像・線などがあいまいになっていること。

②　したがって図様（文様・図像）本来の姿が失われていること。

③　文字がないこと、もしくは〝文字に似て文字に非ざる〟文様めいたものにくずされていること。

④　鈴鏡（鏡の周辺に数個の鈴をつけたもの）は、中国にないから日本製である。

なるほど、この「判定基準」なら、ピタリ「小型仿製鏡」があぶり出されるしかけだ。〝鋳上がりが悪い、文様がこわれている、文字がない、もしくはくずれている〟と三拍子そろっている。その上、〝中国人はこんなお粗末な、不器用なものを作りはしない〟。だから、第四項の「中国にない」点にも当っている。

このようにして「小型仿製鏡」という概念が生み出され、現今考古学界の「定説」を形造ったのだ。

だが、わたしがこの四原則を見て感じたこと、その第一は、この四原則はⒶ①〜③とⒷ④との二グループに分れ、判定の方法が両者ちがっている、ということだ。

④の方は、わたしには、よく理解できる。〝その出土分布図は、日本列島に限られていて、中国や朝鮮半島に出土しないから、それ（この場合、鈴鏡）は日本製だ〟。こういう考え方である。はじめに挙げた（3ページ）わたしの根本格率からもピッタリだ。

他の例で言えば、巴形銅器など、それがいかに上質の精巧な技法で作られていても、分布図上、日本列島にしか出土しないから、これは日本製だ。――そういう判断方法なのである。

ところがⒶの①〜③はちがう。〝日本人が作ったのなら、どうせ鋳上がりは悪いだろう。文様や図像の意味もわからず、くずしてしまうにちがいない〟。これは前の客観的基準とはうって変った主観主義まるだしの判定基準。そう言ったら言いすぎだろうか。

この判定基準でいけば、志賀島から現に鋳型の出た、いわゆる細剣も、国産ではないことにしてしまわねばならぬ。鋳上がりがいいからだ。一方、日本列島独特の形式の巴形銅器。あんな精巧なものは、どうにも国産には〝不似合〟だ。〝中国の工人にでも依頼して洛陽の工房で倭国側の「注文通り」に作ってもらった〟。こんなりくつでもひねり出さねばならないだろう。

だが、強引にそんな風にりくつづけてみても、結局第四項の基準とは、全く矛盾してしまうのである。

第三項の秘密

わたしの刮目《かつもく》した点。それは第三項だ。

〝レッキたる文字があったら、駄目〟。もう、それだけで日本製としては、永久失格の烙印を押されてしまうのだ。日本人には〝文字など、お呼びでない〟というわけである。

ここに至って、わたしの目には、富岡の描いた〝虚像〟がハッキリと映ぜざるをえなかった。なぜなら、わたしはすでに古冢（弥生）期、日本列島内の「文字認識」について、一定の明確な結論をえていたからである。

この点、昭和五十二年にわたしの出した訳著『倭人も太平洋を渡った』（創世記刊）の中にのせた「日本の古代史界に問う」の一文の中ですでにのべた。

要旨は次のようだ。

「倭人伝によると、魏の明帝は卑弥呼に対して詔書を送り、その文面がかなり長文のせられている。例の『銅鏡百枚』をふくむ文面だ。とすると、卑弥呼側はこの見事な漢文が〝読めた〟のだ。いいかえれば、倭国朝廷内に文字官僚が存在し、これを解読していたこととなろう」。

たとえば「倭国が一定の造船能力をもっていた」という概念は、〝倭国の朝廷が一群の造船工人をかかえていた〟ことを意味するだけであって、朝廷のメンバー全員がその造船技術をもっていたことを意味しはしない。これと同じく、「文字」の場合も、卑弥呼や倭国朝廷の全メンバーが文字解読能力をもっていたことを意味する必要はない。これは当然だ。

また卑弥呼は、そのときの魏使に托して、上表文を魏朝に送っている。すなわち、一定の作文能力をもっていたのである。これも不思議ではない。あの長文の漢文を解読する能力のある文字官僚。彼は当然若干の作文能力ももっているはずだからである。したがって「三世紀の倭国の朝廷は、文字の解読能力と若干の作文能力をもっていた」――わたしはこの命題を疑いえない。

かつて一世紀なかば、建武中元二（五七）年、博多湾岸なる倭国の王者に対して金印が授与された。曰《いわ》く「漢の委《い》奴《ど(ぬ)》の国王」（「漢の委《わ》の奴《な》の国王」ではない。――古田『失われた九州王朝』参照）。

ここに描かれた「文字」、それは倭国の朝廷を震撼する強烈な印象を与えたであろう。すなわち倭国は少なくともすでに一世紀半ば、確実に「文字を認識した」のだ。そのあと二世紀近い年月を閲《けみ》した三世紀前半。倭国の朝廷は、その間において〝文字官僚を養成した〟、そう考えてあたり前だ。〝何ら文字への欲求をもたず、文字を知る渡来人（中国人・朝鮮半島人）を招かず、倭国の青年・工人にも一切学ばせなかった〟。そう考える方が不自然なのである。したがってわたしたちは「一世紀半ば～三世紀半ば」の二〇〇年間を〝倭国朝廷の文字修得史〟に当たる時代、そう見なさねばならぬ。――これは不可欠の命題だ。

さて、この文字の問題こそ、卑弥呼の朝廷のありかを、もっとも簡明に指定する論証力をもつ。日本列島の全弥生遺跡の中から集中して出土する「文字遺物」と言うべきものが果たしてあるか。――ある。その「文字遺物」に当たるものは一つ。いわゆる漢式鏡だ。「前漢式鏡」といわず、「後漢式鏡」といわず、その多く（半ば）は「文字」がある。いわゆる銘文だ。その文字をもつ鏡が一つの甕棺に二〇～四〇も入れられていることはすでにのべた。それらは筑前中域に存在する。では問おう。その被葬者や当人を葬った人々は、果たしてその文字を「文字」として認識していなかったか。ただ〝四角い模様〟としてしか見ていなかったのだろうか。――そんな馬鹿げた話はない。一世紀半ば、金印の「文字」がすでにこの地の人々を直撃していた。その上、この領域（筑前中域）の海一つへだてた対岸の朝鮮半島（楽浪郡、帯方郡）では、早くから文字が使われている。だのに、どうして彼等が文字を「文字」として認識できないはずがあろう。当然、知っていたのだ。

ところで、このように「文字遺物」が集中的に出土し、その領域の人々が確実に文字認識をもっていた、そのように推定（あまりにも確実な推定である）できる領域が、全日本列島中の全弥生期を通じてほかにあるか。全くない。

以上である。

このまごうかたなき事実からも、空間的には、〝文字解読能力ある卑弥呼の朝廷〟のありかは、この「筑前中域」という領域にしかなく、時間的には、この「文字鏡、冢」の時代をさしおいて、卑弥呼の時代（三世紀）はない。

これは「もの」のしめすところに対し、率直に目を見ひらき、見すえることができる人なら、誰一人避けえぬ選択、唯一の帰結ではあるまいか。

文字の道

歩みきたった〝文字の道〟の里程標の前で、ひとたびたちどまって富岡論断をふりかえってみよう。そこからあまりにも遠く、わたしははなれてきたようである。

わたしの認識では、三世紀の倭国で文字が知られていたのは確実だ。これに対し、富岡はなぜ、こともなげに〝文字知らぬ倭人〟を自明の前提のようにして、第三項の命題を建立したのだろうか。富岡は、その理由を語っていない。

〝大家とは、理由抜きで結論をしめすことの許された人のことだ〟。このような見地でこの場合の富岡を批評するならば、あまりにも、それは辛辣《しんらつ》にすぎるかもしれぬ。なぜなら富岡は他の論文の場合、〝自己の論証過程をしめして帰結をのべる〟。この当然の姿勢をしめしている。ほぼそのように言うことができるからである。では、この場合の〝理由抜き〟はなぜか。

思うに、富岡が〝理由抜き〟ですませたのは「時代の常識」に依拠している、と彼に思われていたからではあるまいか。「時代の常識」とは何か。――五世紀初頭文字初伝説である。

又百済国に「若し賢人有らば貢上せよ」と科賜《おほせたま》ひき。故《かれ》、命《みこと》を受けて貢上せる人、名は和邇吉師《わにきし》。即ち論語十巻・千字文一巻、并《あは》せて十一巻。是の人に付けて即ち貢進す。（『古事記』応神記）

戦前の教育をうけた人なら、多くの人に覚えがあろう。これを「文字初伝」として学校で教えられたことを。

富岡も、この「時代の教養」の上に立っていた。したがって〝四世紀以前（弥生時代や古墳前期）の日本人が文字を知らぬことは自明だ〟。そう考えたのではあるまいか。それが理由抜きの第三命題となったのである。すなわち、考古学界に根本の基準尺を与えた富岡論断の史料的基礎は、何と『古事記』『日本書紀』にあったのだ。

これに対し、戦後史学は津田史学を基盤とした。津田史学は『記』『紀』の記事をそのまま信ぜず、六・七世紀の史官の「造作」と見なした。したがって戦後の史学者は、右の文面をそのまま信ぜず、〝時代を切り下げ〟、いわば〝割り引いて〟理解するのを常としたのである。「文字の初伝は、五世紀末だ」「いや、それでも甘すぎる。六世紀前半だ」「やはり、文章らしい文章となると、七世紀前半では」。こういった風に各自その立論の〝厳密さ〟を各自の〝切り下げ率〟によって競うような観を呈したのである。

したがって、〝『記』『紀』に依拠した〟富岡論断が、『記』『紀』を「否定」したはずの戦後史学においてもまた、〝疑われず、支持された〟こと、それは右の事情から見れば、あやしむに足りない。

しかしながら、わたしは後代の『記』『紀』を根本史料として立論するのでなく、同時代史料たる倭人伝を根本史料とするという立場だ。そのかぎり、わたしが今のべた判断に至る以外の道はない（この点、詳しくは、先の『倭人も太平洋を渡った』所収のわたしの論文を参照されたい）。

なお、もう一つの〝盲点〟がある。

右の和邇の記事を「文字初伝」記事と解したのは、実は戦前史学の立場、それも一種の「教科書用語」だったのではあるまいか（応神紀では王仁）。

虚構の「文字初伝」

なぜなら、文字を全く知らぬ国へ、いきなり『論語』をもちこむあわて者がいるだろうか。それでは、文字通り〝猫に小判〟ではあるまいか。『千字文』もそうだ。この文献の使用価値、それは、〝目に一丁字《いっていじ》もない者に文字を教える〟ためのものではない。〝一応文字はあれこれ習得したが、まだ依然知識に片寄りがあり、十分に体系的でない〟。そういう場合に、卓効をはなつ資料なのである。とすると、この時点（応神期）で、『千字文』や『論語』がプレゼントされた、というのは、百済側が〝すでに日本列島には、散発的ながらかなり文字が普及している〟ことを知っていたせい、そう考えるのがすじだ。

要は、右の記事自体に「文字初伝」と書いてあるわけではない。「記事として最初」であっても、その資料事実は、明白に「五世紀初頭以前に、すでに日本列島には文字があった」。その事実を指示する記事だったのである。

それを誰かが早のみこみし、「文字初伝」として教科書に書き、全日本国民に〝憶えさせ〟、これが「時代の常識」となったのである。

このように分析してくると、もはや事態は明らかだ。わたしたちが「文字の伝来」について依拠すべき史料、それは『記』『紀』ではない。光武帝から金印を送られたことを記す『後漢書』の倭伝、倭国との間に詔書や上表文の交換されたことを記す『三国志』の魏志倭人伝だったのである。

してみると、やはり富岡四原則の第三論断には、依るべき史料上の根拠がない。それが今や白日のもとに明らかとなったのである。

わたしたちが新たに依るべき根拠、それは先に記したものだ。〝一世紀半ば〜三世紀半ばは、「倭国の文字習得史」の時期であり、もはや三世紀には相当の文字認識に達していた〟という、この命題である。

注目の富岡遺稿

とすると、この時期に作られた仿製鏡があるとすれば〝そこに文字が現われていても、何の不思議もない〟こととなろう。――このような前人未踏の驚くべき指標、しかし適正な史料と適正な論理に従う限り、必然の帰結点に立っている自分、それをわたしは見出したのである。

では、本当に〝文字のある仿製鏡は実在するのか〟。この問いに「イエス」の答を最初に投げかけた人、――それは、意外にも富岡謙蔵その人であった。

「富岡遺稿」と称すべき、この問題の論文「九州北部出土の古鏡に就いて」は、大正七年七月、彼の死（同年十二月、没）の年の夏、書かれた（『古鏡の研究』二三七ページ以下）。これは同年六月、中山平次郎が「銅鉾銅剣発見地の遺物追加（上）」と題して報告した二つの〝異鏡〟に対する、いち早き反応であった。

中山は、本業の九州大学医学部教授としての生活のかたわら、博多近辺を中心に筑紫一帯、はては九州北半を歩き尽くし、その足下から数々の貴重な出土品を発掘、あるいは採集し、これをいちいち詳細に『考古学雑誌』等に報告していた。その諸論文を渉猟し、わたしはそのおびただしさとその情熱に驚嘆したのである。

しかしながら、当時の考古学界は、必ずしも彼の熱意に報いようとはしなかった。〝医学ならぬ考古学については一素人〟と、これを〝冷眼視〟していたからである。たとえば彼がある論文の中に、「此卑見に対しては素人の暴論なる罵声を聞かぬでも無かったが、学界の大勢は無期黙殺に処すと決せられたものと見えて、爾来何人からも顧みられずに其儘今日に及んだのである」（「須玖岡本新発見の硝子製勾玉」『歴史と地理』第二十三巻第二号、昭和四年二月）と書いているのを見ても、当時の雰囲気を察することができる。

けれども、ここに貴重な例外があらわれた。——富岡遺稿だ。中山の先の論文の一か月後、早くもその論文は書かれた。ただ、未発表のまま、その年の暮れ（十二月）、富岡は四十八年の生涯を終えたのである。

L・V鏡の謎

もっともこの場合、中山にとってこの二つの鏡は、必ずしも「異鏡」とは見なされていなかった。逆に富岡の平常説く漢鏡（前漢式鏡もしくは王莽鏡）の姿によく一致している旨を説述していたのである。

けれども、富岡の烱眼はこの二鏡のもつ、独自の性格を見逃さなかった。

第一の鏡。それはLV鏡ともいうべきものだ。通例、TLV鏡と〝あだ名〟される一群の中国鏡がある。図2－4を一見すれば、この呼称があまりにも適正なのに一驚されるであろう（別名「方格規矩鏡」と言われる）。王莽鏡や後漢鏡において代表的な様式となっている。井原・平原にも、この様式の鏡が多い。

ところが、今問題のこの鏡には「T」がない。それに「V」がバランスを失して大きい。通例「T・L・V」の三者ほぼ同じ大きさであることは、図2－4にも見る通りだ。

そこで、多くの中国鏡観察に生涯の心魂をそそいできた富岡は、〝これは中国鏡ではない〟。そう直観したのである。

第二の鏡は、前漢の日光鏡がモデルになっている。しかし文字がくずれ、文様も不明確だ。これに対しては、富岡は易々として推定した。「中国鏡ではなく、仿製鏡ではないか」（この二鏡が細剣と共に甕棺から出土している。）

右の第二の鏡は、先にのべたように「小型仿製鏡」として後年定式化されたものだ。今やこれが仿製であることを疑う人はいない。これは、あの「富岡四原則」にぴたりあてはまる、申し子だったからである。

問題は第一の鏡だ。これに対して富岡は慎重な考察を加え、「TLV鏡」の形式をおそいながら、その形

図2‐4　TLV鏡
（新王莽氏四神鏡，富岡謙蔵『古鏡の研究』より）

式がくずれ、「文様の線刻は何れも丸味を帯びて太く、多くの四神鏡の鋭利なると異なる所あり」と注意した。またこの鏡には王莽時代の「四神鏡」や前漢時代の「方格四乳葉紋鏡」や「清白鏡」といった各様式が「雑然と集め」られてできたものだと論じ、その結果、「或は其の成れる地の本邦に非ざるかを察せしむるものあり」と結論したのである（富岡は写真をもとにこの論文を書いたが、弟子の梅原末治が九州の現地でこの鏡を実見し、富岡認定を再確認して付記している）。

わたしも、この富岡判定は正しいと思う。なぜなら、左側（斜行）の一行六字を観察すると（図2‐5）、最初の二字とあとの四字とがいささかずれているからである。このような「文字のずれ」は、中国鏡の中に発見することはできぬ。この点、代表的にあげた、先の図2‐4と比較すれば、読者もその様相を知るであろう。〝文様の簡略化〟だけなら、あるいは〝中国側でも、そのような時期があったのではないか〞そのように疑うこともできよう。事実、魏代に「TLV」の「LV」を略した「T鏡」とも称すべきものが年号鏡（「景元四年鏡」）として作られていることは、鏡の研究史上、よく知られたところなのであるから（図2-6）。けれども、このさいにも、そのような「文字のずれ」など、とんでもないのである。四囲にスッキリした様態でおさめられているのである。

図2-5　LV鏡（波紋方格鏡，富岡謙蔵『古鏡の研究』より）

　したがってこの点からも、わたしは「この鏡は中国製ではない」という富岡の診断を支持せざるをえない。

四原則の崩壊

　しかし、真の問題はここからはじまる。なぜなら、この鏡にはハッキリした「文字」があるからである。

　日有熹月内富（写真左方）
　憂患樂已未□（写真右方）

　これに対し、富岡は「文句整はざるが如し」と言い、「又た銘文に於いても、其の銘は全き語句をなさず、完文の所々を切り取れるが如き感あり」と言ってい

図2-6　T　鏡
魏景元四年規矩花紋鏡（梅原末治『増補鑑鏡の研究』より）

る。これは最初の句について富岡が「日有憙月内（有）富」と書いているところからみると、〝この「内」は「有」でなければならぬ。〟と他の鏡の銘文例から判断したのであろう。しかし、これは「日に憙有り、月に富を内《い》る」であって、文意に狂いはない（「内」は「したしむ」とも読みうる）。事実、『礼記』の「月令」に、

無レ不レ務レ内。（内《い》るに務めざる無し）
〈注〉内。収斂《れん》して之を入るるを謂《い》うなり。

とあって、「月―内」の関係は、まさに典拠をもっているのである（注＝十三経注疏禮記、二九八三ページの月令の項に「貴賤無不務内以會天地之藏無有宣出内謂　収斂入之也會猶聚也」とある）。

「文句整はざる」どころではない、古雅なる文体だ。「全き語句」や「完文」であるかどうかは、四辺の中、二辺しか現存しないのだから、公平な判断はしようがない。一つの鏡の長い銘文の中から、他の鏡では一部分の句が撰出されて銘刻される。これは珍しいことではない。問題はその〝抜き出し方〟だ。一定のルール

で抜き出され、撰出結果が一定の意味をちゃんと構成していれば、問題はないのだ。

そしてこの異鏡の場合、二分の一しか現存しないのだから、何とも判別できぬ。これが公平な判断ではあるまいか。富岡は、ここでは〝論断をいそいでいる〟ようだ。その理由は――全体として仿製鏡の様態をしめしている以上、〝文章もくずれているはず〟という、あの「富岡四原則」が、富岡の脳裏にあって、判断の〝いそぎ〟をさそったのではあるまいか。

けれども、〝二分の一から全体の文意が整っているかいないか判断する〟。こういった主観的観測法からはなれて、冷静に考えてみよう。何はともあれ、ここにあらわれた十一文字が立派な「文字」であること、これには一点の疑いもない。それでなければ、富岡も、読めはしなかったであろう。〝文字がくずれて文様化している〟ような、小型仿製鏡の類とは、わけがちがうのである。

ここに富岡四原則はくずれた。――「文字ある仿製鏡」それが筑前中域たる、博多湾岸から出土していたのである。

俊敏な富岡がこの事態の重大さに気づかなかったはずはない。その切迫感は、

「なほ其の製作が或は本邦にあらざるやすらを疑ふ」

「或は其の成れる地の本邦に非ざるかを察せしむるものあり」

「これまた本邦の模作にてはあらざるかを考へしむ」

と一論文の中に三回もくりかえされる表現のくどさの中にも、よくにじんでいる。遺稿として未発表に終った「未定稿」であるにもかかわらず、いや「未定稿」だからこそ、富岡の息づかいがありありと浮かび上がっている。そのことにわたしは深い感慨を覚えざるをえない。

文字ある仿製鏡

死の直前の富岡の脳裏をひたしていた、この「文字ある仿製鏡」問題が、その後の鏡の研究史において、また考古学の研究史上において、〝禁断の地〟のように避けられつづ

けてきたように見えること、それは必ずしも不思議ではない。なぜなら、いったん手をつけはじめたら、ガラガラと既成の全体系に及ぶ、そういう深刻な問題性を蔵していたからである。第一、戦前の教科書にも書かれ、『記』『紀』に依拠すると信ぜられていた「応神期、文字初伝」の「神話」すら、一挙に吹き飛ばされてしまうことは、見易い道理であった。そのような難事よりも、安定し、かつ明快な「富岡四原則」を師標として守る。——これが梅原末治以降、その後の研究史上の各論者が歩んで現在に至った道なのであった。

生前の富岡の覚書や談話によって、没後、梅原が記述したという「梗概」、「日本仿製古鏡に就いて」において、再三「筑前須玖出土の一遺品を除きては」という表現がくりかえされている。これは生前の富岡が右の「文字ある仿製鏡」の問題を「?」視し、深い関心をもっていたことの反映であろう。

たしかに、死の直前において、富岡の脳裏にこれが一つの「保留問題」とされていたことは認めてもよい。先の富岡遺稿が未発表のまま終わったことも、あるいはその「保留処分」の一表現と見られぬこともなかろう。

しかし、その後の鏡と考古学の研究史において〝あれは例外だよ〟、そう言って処理しつづけることができるか、どうか。次の一事を考えればすぐ判るだろう。

〝応神以前に「文字」はなかった。ただあるとき（弥生期）、筑前中域に変わった奴《やつ》がいて、偶然何かのはずみで「文字のある鏡」を作ったにすぎない〟。

こんなことがありうるだろうか。考えられない。ましてその「筑前中域の弥生期」とは、先述来のわたしの論証のしめすとおり、〝文字の習得史の真只中〟にあったのだから。

ゴシック式文字の探究

富岡は「文字ある仿製鏡」について、この文字は「書体所謂ゴシック式にて」とのべている。

この「ゴシック式の文字」の発見こそ、富岡生涯の鏡研究の一頂点をなすものであった。

三雲・須玖から出土した多くの銅鏡の銘文の書体が、通例の中国鏡に例を見ぬ、異例の書体であることに富岡は注目した。三雲現存鏡として有名な、聖福寺（福岡市）蔵の連弧文清白鏡（図2-7、現在、京都国立博物館保管）がそれであり、須玖岡本の王墓甕棺から出た鏡の破片にもそれが見られた。図2-8で、左側（Ⅰ）が典型的な小篆《てん》（漢字の書体の一。大篆から脱化した字形で、筆写に便にしたもの。秦の李斯の創始という。隷《れい》書・楷書の創始以来、鐘鼎《てい》・碑銘・印章などだけに用いる。──『広辞苑』より）であるのに対し、右側（Ⅱ・Ⅲ・Ⅳ）がこの異例の「ゴシック式」の書体とされたものだ。

図2-7　連弧文清白鏡

富岡は八方、この書体を求めた。そして内藤湖南の示唆（呉王発神讖碑・禅国山碑銘との類似）をヒントとして、ついにこれと近似した書体を前漢代の瓦当《がとう》文（瓦当は、軒丸瓦の先端の部分。そこに銘刻された文字）・磚《せん》文（磚は、土を焼いて方形また長方形の平板としたもの。煉瓦の類。そこに銘刻された文字）類の中に見出したのである（図2-9）。

その結果、〝日本出土の鏡といえば漢末三国時代以降のもの〟といった観のあった当時において、予想できなかった「前漢式」

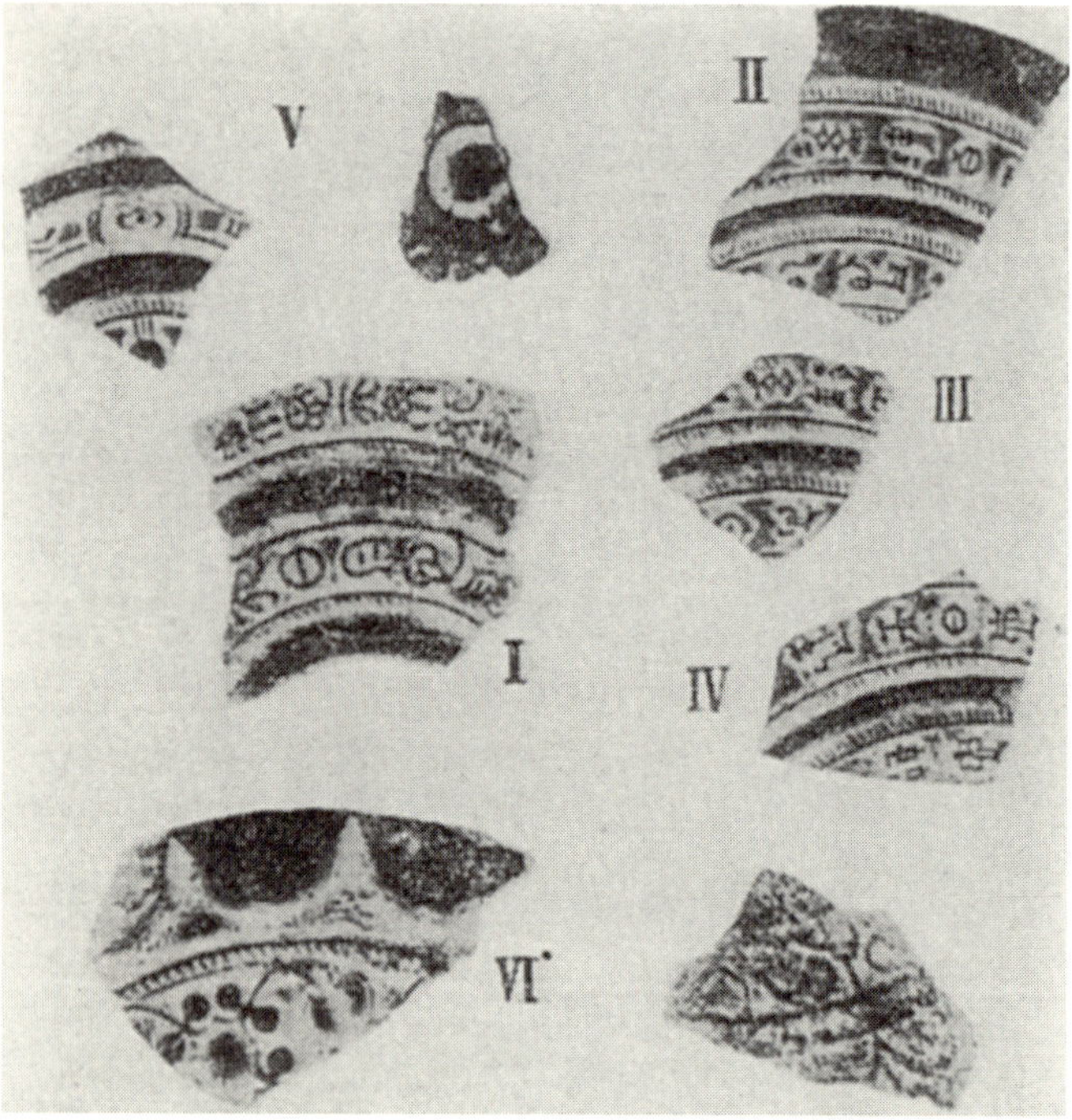

図2－8　須玖岡本出土鏡片拓本（富岡謙蔵『古鏡の研究』より）

鏡」の存在を三雲・須玖の出土鏡の中から富岡は立証することができたのであった。これがいかに当時の輝ける成果であったかは、〝論敵〟であった高橋健自が次のように証言している。

「王莽時代の鏡に就きては故富岡謙蔵氏の特筆に値すべき論文あり（『考古学雑誌』第八巻第五号「王莽時代の鏡鑑と後漢の年号銘ある古鏡に就いて」）、……（中略）……斯くの如く銅鉾銅剣伴出鏡及びそれらと類を同じうせる支那鏡の型式進化の流れが極めて自然的に王莽時代に入り、まさに第四期を成せる如くなるは、問題の諸鏡が前漢代に属すべきを証言せしものと謂ふべし。況んや彼の諸鏡銘文の字体が旧説の如く三国時代前後のものにあらず、遠く前漢初頭まで遡るも不可なきこと前述の如くなるをや」（高橋「銅鉾銅剣の研究」大正十四年）。

けれども当の富岡の筆致を見ると、意外に慎重かつ渋滞の跡をとどめている。

「吾人は此の銘文の書体を、秦漢の瓦当文と比較し、一方銘文の解釈よりして、後世の模造の存在は之を認むべきも、其の起源古く、主として行はれしは、前漢代より後漢に亘《わた》る期間なるべきを推定したり」（「九州北部出土の古鏡に就いて」）。

そしてこの論文の末尾に「直ちに之を以て前漢代に限るが如く解釈」することの不可なることを厳に注意したこと、前述（富岡の戒め）のごとくだったのである。

これは不思議ではない。なぜなら、富岡にとって今回の論証は〝中国出土のレッキたる中国鏡の中から、この「ゴシック式」書体そのものを発見し、指摘し、それによって立証した〟というていのものではなかった。

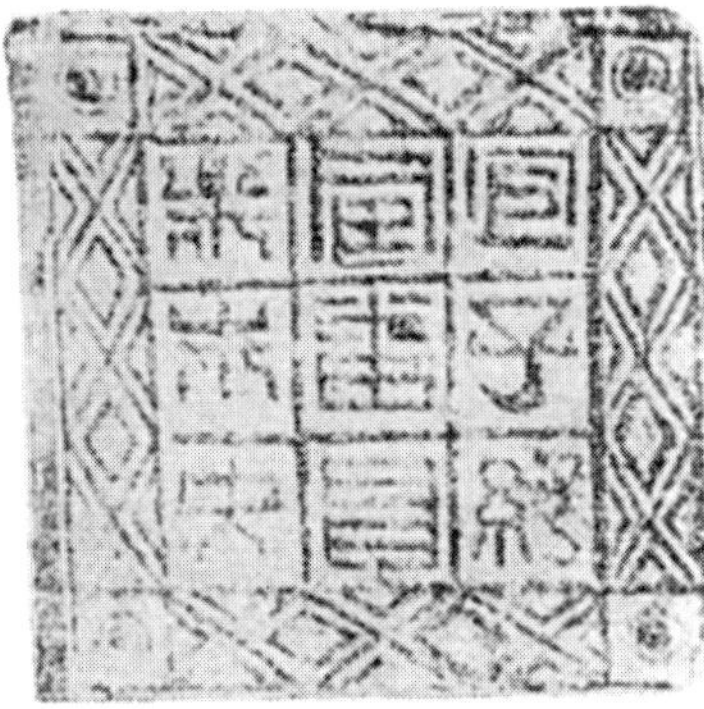

図２－９　中国帰化城出土磚

富岡論文自体のしめす通り、その立証根拠はもっぱら鏡ならぬ「瓦当文」「磚文」なのであった。しかしながらこの時点（大正七年六月以前）では、「中国鏡」である、という証明にとって、それで十分だった。なぜなら「自明の大前提」として、「応神以前の倭人には文字はなかった」という概念があったからである。それは東の高橋と西の富岡を結ぶ「共通の土俵」だったのである。したがって〝「文字」がある以上、中国鏡であり、前漢代の「文字」であることが検出された以上、前漢鏡〟それが高橋の肯定した、手持ちの論理だった。

しかしながら当の富岡には、一抹の危惧が念頭にあった。〝「前漢の文字」を使って書いた鏡ではあっても、銘刻された時点は、後漢以降かもしれぬ〟そういう論理の必然が右の富岡の文を生んだのである。

ところが、富岡の死の直前に至って、〝ゴシック式文字で書かれた仿製鏡〟が眼前に現われたのだ。けれども、富岡にとって〝三雲・須玖の多くのゴシック式銘文鏡〟の全体については、「中国鏡」としての確信はいまだゆるがなかったと思われる。

それは銅質に関する次の描写からもうかがえよう。

「次に鏡鑑の化学的研究は京都帝国大学理科大学の近重教授の熱心に従事せられつつある所にして、其の須玖出土古鏡の破片に就いて、試みられたる分析の結果を聞くに、……（中略）……錫頗る多量なり。質より見るも純然たる漢鏡なること疑なく、氏の分析せる六朝時代の古鏡の成分とは、全く異なれり」（「九州北部に於ける銅剣銅鉾及び弥生式土器と伴出する古鏡の年代に就いて」）

〝ゴシック式という異例の文字でも、皆良質の銅だ。だから中国鏡であること、疑いない〟こういう論法である。富岡四原則中の第一・二項がここに適用されているのだ。

しかし、富岡の死後志賀島から細剣の鋳型が出土していることが判明し、鋳上がりのいい、良質の銅製品を倭国内で作りえたことが立証された（昭和二十八年。筑紫豊・森貞次郎・渡辺正気等の検査による）。

またあの〝立体銅製品の傑作〟たる巴形銅器もまた、その事実を裏書きしていたのである。

すなわち、富岡が「文字ある仿製鏡」を唯一の例外として、他の一切の「ゴシック鏡」を「中国鏡」としてとどめんとした、〝良質の銅製品だから中国製〟という、堤防の柵の止め金は、もはやはずれてしまったのである。

のちに梅原末治によって紹介せられた「居攝元年内行花紋鏡」（朝鮮楽浪遺跡出土）を「ゴシック式」と称して、右と同一視する論者があるが、両者の書体は全く異っている。『増補鑑鏡の研究』『漢三国六朝紀年鏡図説』で紹介（図2-10）。

図2-10　居攝元年内行花紋鏡（梅原末治『増補鑑鏡の研究』より）

井原の仿製鏡

研究史に対する批判から、わたし自身の〝発見〟にうつろう。

わたしがまず注目したのは、井原出土の「後漢式鏡」だった。江戸時代、黒田藩の碩学、青柳種信の『柳園古器畧考』は、彼の時代に出土した二大遺跡、三雲（文政五＝一八二二年）と井原（天明年間＝一七八一～八八年）についての貴重な記録となっている。その中で彼は現物の拓本等をとって慎重を期した。これがわたしにとって貴重な史料となったのである。

この（図2-11。右は拓本。左は青柳の模写）第六～九字（模写）は、富岡～梅原によって「漢有善銅」（漢に善銅有り）と読まれ、この文章もまた、これが「漢鏡」であることを立証するもの、そう考えられたのである。

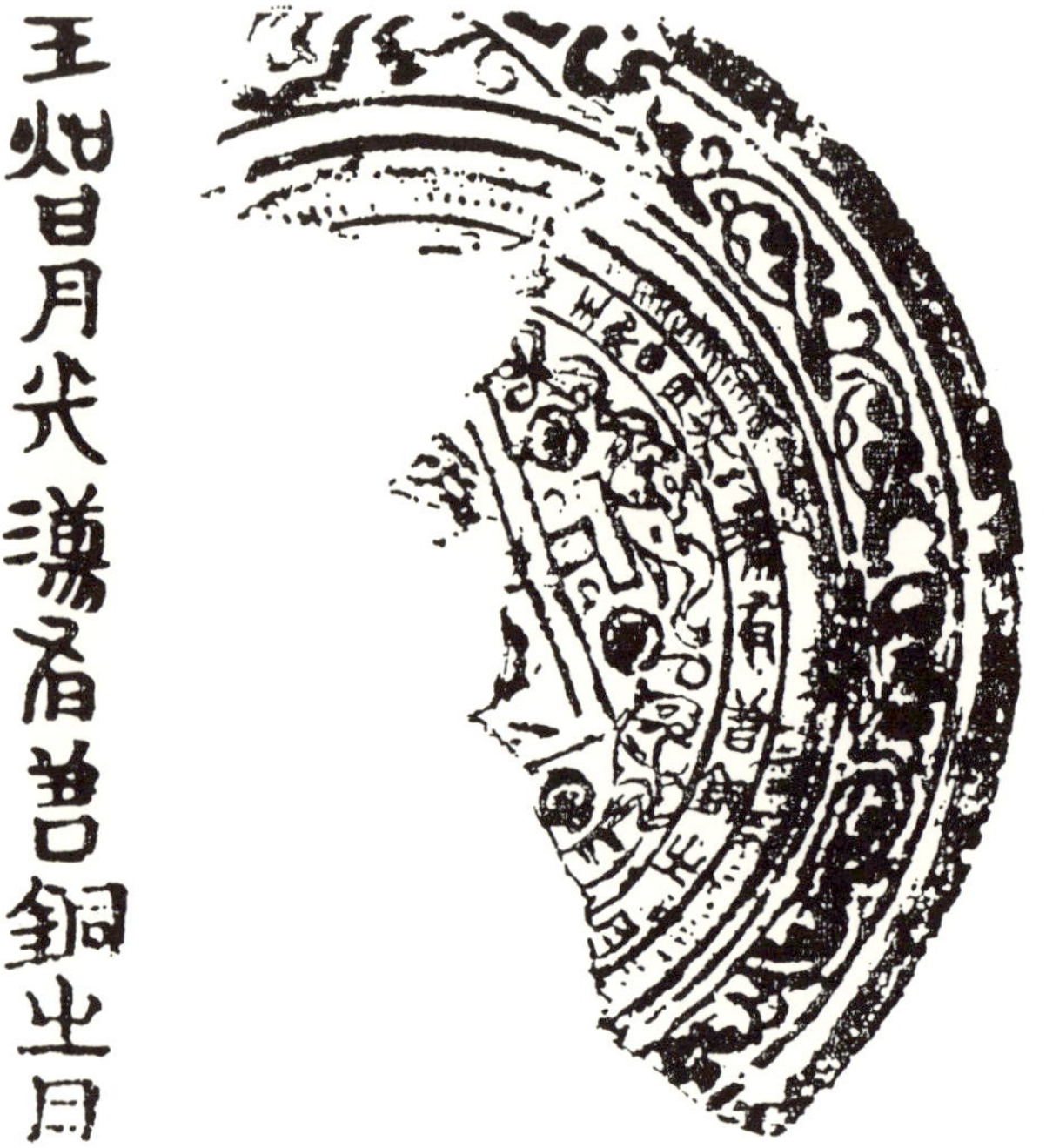

図2-11　井原出土の後漢式鏡拓本
（青柳種信『柳園古器畧考』文献出版刊より）

けれども、一見して明らかなように、一連の文字の大小、左右のズレ、いずれもいちじるしくアンバランスである。ことに「漢」と読まれた文字も、通常の「漢」ではない（図2-12）。

これを「漢」と読むのは、既成の成語（「漢有善銅」）に当てはめて読むからにすぎぬ。文字そのものが直ちに「漢」と読める、そういった代物ではないのである。

検証の第一点として、まず次の一点を確認しておこう。〝中国鏡には、こんなデコボコの文字配列はない〟ことを。わたしはこの点を再確認するため、幾多の鏡の実物・写真・拓本類を渉猟した。図2-13はその一例だ。いずれも自然《ナチュラル》な配列だ。この井原鏡のようにひどいものはない。したがって「文字あれば、必ず中国鏡」といった、今やあまりにも〝無邪気すぎる〟前提命題に〝おんぶ〟しない限り、これを「中国鏡だ」と断ずるのは、あまりにも「武断」。〝中国人でも、拙劣な文字書きはいるさ〟。そんな遁辞が一体、通用するだろうか。

中国は「文字の国」としての歴史をすでに長く閲《けみ》している。工人の技法の洗練されていることは、右にあげた事例からも、容易に察せられよう。いわんや管理された「尚方」などの公的な工房で制作され、厳重な管理のもとにおかれていた中国鏡。その公的技術史を知る人ならば、そのような〝遁辞の幕〟の裏に隠れることをいさぎよしとしないであろう。少なくとも〝井原鏡を本来の中国鏡と見なすには、大きな困難がある〟。わたしにはこの命題を疑うことができない。

危険な断崖

認識の〝危険な断崖〟をさらにもう一歩すすもう。

先ほどの「漢」は「漢」とは断ぜられない。そう言った。ところが、もしかりに「漢有善銅」と読んでみても、その句と上の文字とのつながりがむつかしいのだ。すなわち(A)「王□日月光」につながりにくいのである。あるいはこの(B)「漢有善銅」を環状銘文の「起句」としてみても、右の(A)が終句では、何とも〝落着きが悪い〟のだ。わたしには右の□は「知」のように思われる。「王知日月光」つまり「王、日月の光を知る」だ。このような句は、中国鏡にはない。「王」が出てくれば、

宜矦王師命長（宜《よろ》しく矦・王・師の命長かるべし）〈永寿二年鏡、梅原末治『漢三国六朝紀年鏡図説』〉

王有千萬長生久壽（王、千万の長生・久寿有り）〈建安十四年鏡、同右〉

漢　桐柏廟碑

漢　樊敏碑

漢　郙閣頌

魏　曹真殘碑

図2-12　“漢”字4種（伏見沖敬編『書道大辞典』より）

変形四螭文鏡（径10.2cm）

方格規矩鏡（径20cm）

「長宜子孫」連弧文鏡（径19cm）

方格規矩鏡（径18cm）

「長宜子孫」連弧文鏡（径15.2cm）

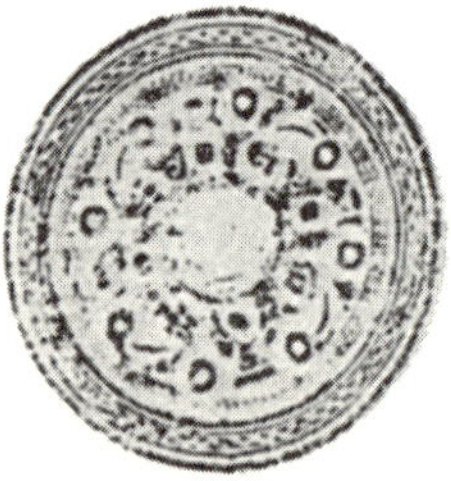

人物画像鏡（径12cm）

図 2-13　洛陽・焼溝漢墓出土の鏡（『洛陽焼溝漢墓』より。鏡名等は『立岩遺蹟』による）

のようだ。通常の理性的な文面であり、「王」と「日月の光」を結びつける、といったものではない（「知」を「如」としてみても、この点、大同小異だ）。

次に「漢」に当ててきた文字。これはあるいは「湧」かもしれぬ、と思う（図2－14）。

つまり、「王、日月の光湧くを知る。善銅有り、……に出づ」という文形なのである。

もちろん、以上のわたしの解読は、二つの疑問点を「推定」で補ったものだ。だから決して〝安定した読み〟とは称しがたい。ただ〝通常の中国鏡の銘文で慣用されている文体とは、異なった様相を呈している〟。そのことだけは、わたしには疑いえないように思われる。


〝しかしそれは、江戸時代の学者の手による拓本ではないか〟。そう言う人の前に、わたしは明白な現存出土鏡を資料とした分析をしめそう。

立岩の仿製鏡

立岩から出土した「前漢鏡」は、〝考古学上の発掘による出土物〟として貴重なものだ。福岡県飯塚市立岩遺蹟調査委員会編の『立岩遺蹟』（河出書房新社刊、一九七七年）は、その成果の見事な表現である（岡崎敬をはじめとする九州の考古学者等による）。ここには、出土した「前漢鏡」の写真と拓本と銘文が掲げられている。その一号鏡と四号鏡はほぼ同文だ（図2－15、図2－16）。

ところが、一号鏡の場合、この漢詩の第二行の末字「意」を欠いているのだ。「欠いている」と言っても、発掘時あるいはその前後に「破損」したのではない。はじめからないのだ（注＝和田喜八郎氏が所有したといわれる〈現在所在不明。写真については本書二三六ページ図2－36参照〉連弧文鏡は図2－16の銘文を有し、あとから三

図2－14
“男と勇”字
（『書道大辞典』より）

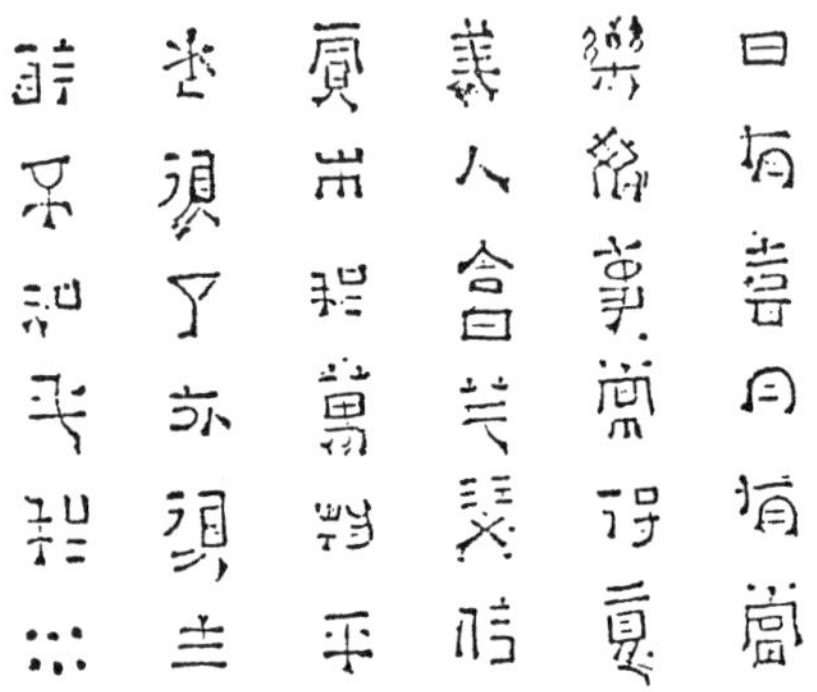

図2-15　連弧文「日有喜」銘鏡（4号鏡）銘文

日有喜月有富
樂毋事常得意
美人會竿瑟侍
賈市程萬物平
老復丁死復生
醉不知乎醒旦星

日に喜びあり、月に富あり。
毋事《ぶじ》を楽しみ、常に意を得。
美人会して、竿瑟侍す。
賈市程々にして、万物平らかなり。
老丁に復し、死生に復す。
酔いては知らず、旦星に醒む。
（『立石遺蹟』より）

行目末尾は「平」と読んでいるが鏡面上は「正」であり、和田鏡も同じく「正」とみえる)。

わたしには、この事実は重大だと思われる。なぜなら〝漢詩中の一字がない〟ということ自体、中国人が銘刻した中国鏡の場合、生じにくいことだ。なぜなら、それでは意味が通じない上、漢詩のように一行六字ずつ、といった風に、几帳面《きちょうめん》に数字上の整合がとられている場合、容易にその脱漏を発見できるからである。ところが、この場合はそれどころではない。第二行の末字だから、「脚韻」のふまれた文字だ。この漢詩でも「意―侍」といった風に脚韻が連ねられているのは、わたしたちにでも容易に見抜けるだろう。

ましてて中国人の場合、「返点で読み下しする」のではなく、文字通り〝中国音で上から下へ順次読み継いで、末尾の脚韻に至る〟わけだから、その「脚韻」の〝文字抜き〟を気づかない、などということは、万に一つもありにくいのである（英米の詩の場合も同様だ）。

これは、たとえば日本の石工が句碑を刻んでいて、たとえば「酒なくて何の己が桜かな」とあるべきところの「か」を脱刻した場合、一回読みかえしてみればすぐ気づくだろう。俳句には「五・七・五」の定形があるからである。これと同じだ。

図２－16　連弧文「日有喜」銘鏡（１号鏡）銘文

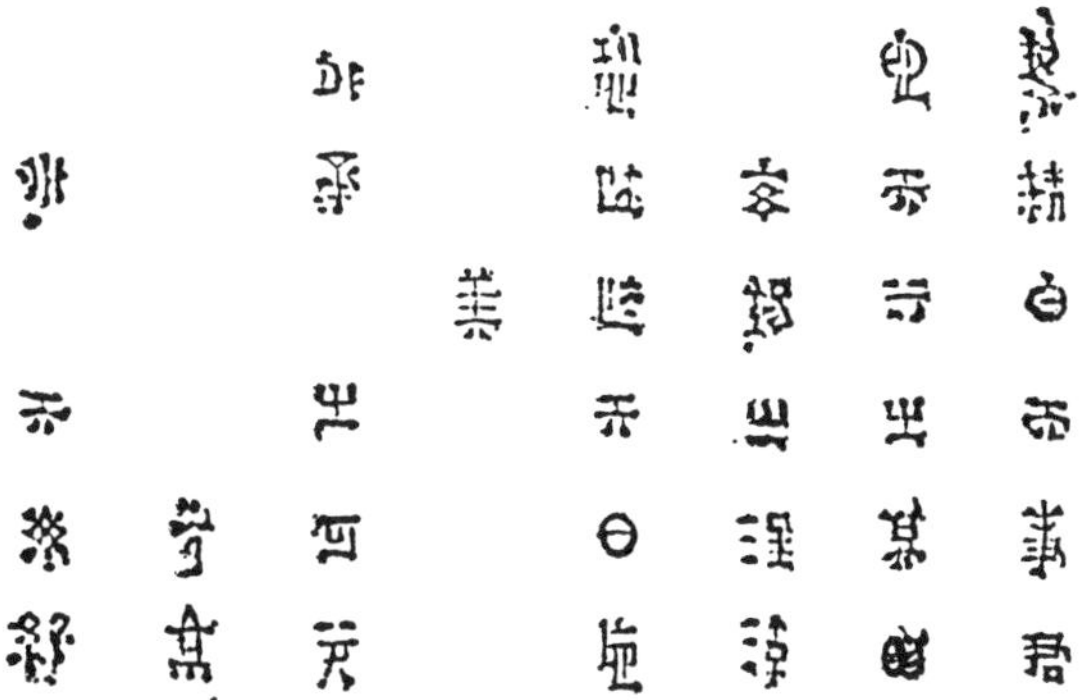

図２－17　重圏「精白」銘鏡（２号鏡）銘文（『立岩遺蹟』より）

しかも石刻なら、その石全体を廃棄してやり直さねばならぬかもしれぬ。しかし鏡の場合は簡単だ。もう一度溶かしてやり直せば、それですむからだ。

しかるに、工人が鋳型（砂型）段階でも気づかず、成形・鋳上がりの実物完成後にも気づかず、「尚方」などの監督官も気づかず、異国（倭国）への下賜の担当者も気づかぬ。こんな偶然が重なった。そんな何乗もされた仮説、否、臆測説を誰が信じるだろうか。わたしには、どうしてもこの

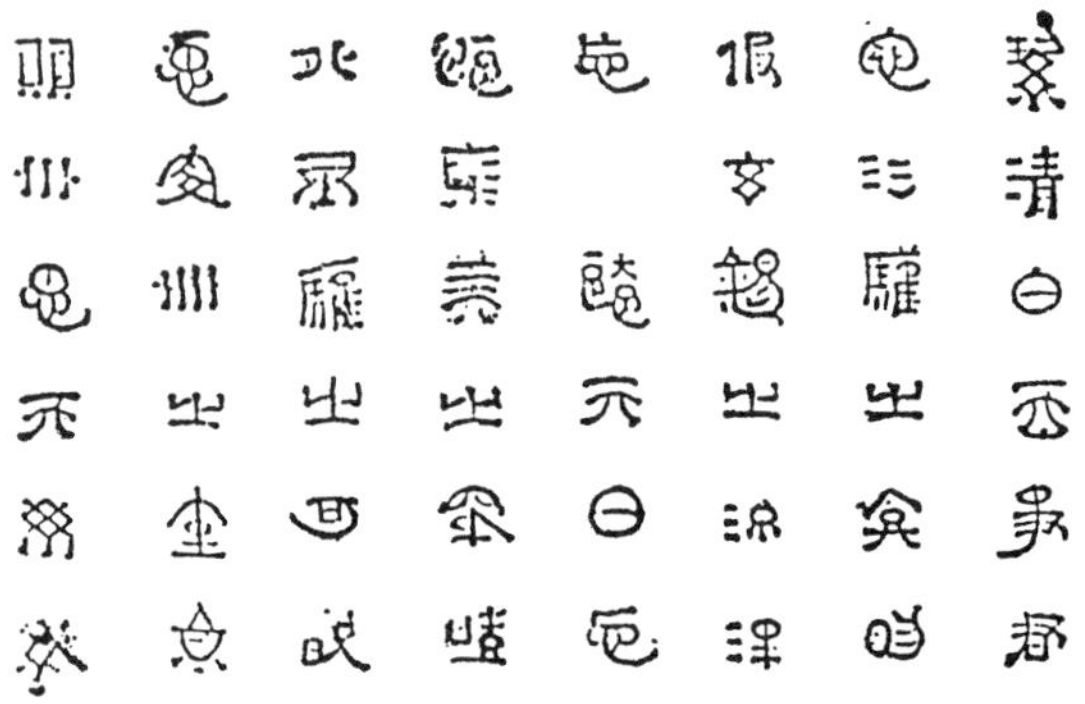

図2－18　重圏「清白」銘鏡（3号鏡）銘文

絜清白而事君
惌沄驩之弇明
伋玄錫之流澤
忘疏遠而日忘
懐糜美之窮嘊
外承驩之可説
思窔佻之靈京
願永思而毋絶

清白を潔くして、君に事《つか》えしも、
驩を沄《ふさ》がれ、明を弇《おおわ》れるを惌《うら》む。
玄錫の流沢を伋し、
疎遠にして、日に忘らるるを忘（恐）る。
糜美《うるわしきび》の窮嘊《ひそかなわらい》を懐《おも》い、
承驩の説《よろこ》ぶべきを外にし、
窔佻《たおやか》なる霊京（景）を慕う。
願わくは、永えに思いて絶《た》ゆる毋《なか》らんことを。
（『立石遺蹟』より）

ような臆測説に左袒することができない。

だが、問題はこんな「一脚韻」にとどまっていなかった。同じ立岩の二号鏡（図2－17）を見てほしい。〝穴あき〟部分は原文からカットされた、個所だ。

この点、同じ立岩の三号鏡（図2－18）と比べれば一目瞭然だ。これでは漢詩としての意味などまるで通じない。ただ眼前の漢詩から「文字」を適当に引き抜いて、文字装飾（銘帯の形式をとるため）として利用しただけ。そういった感じだ。これは果たして中国の鋳鏡者の仕業だろうか。わたしにはそうは思えない。もちろん、中国でも、文意の通じない〝変な銘帯〟を作る職人が一人もいなかった、とは断言できないかもしれぬ。しかしそれは極めて〝ありにくい〟話だ。これに対して日本側の作鏡の場合、はるかに〝おこりやすい〟事態ではあるまいか。

これを〝疑いなき舶載鏡〟と称してきた従来の考古学界の目――わたしにはそれを理解することができない。

これと対照的なものとして連雲港市海州、羅疃庄《らどうしょう》の本槨墓出土の連弧文清白鏡（一七・五センチ）の銘文がある。

絜清而事君　惌驩之合明　伋玄錫之澤
恐疏遠日忘　口美之窮噎　承驩之可説
莫褻之靈景　願毋願

（『立岩遺蹟』三六六ページ）

一見すれば判るように、先の立岩三号鏡（したがって二号鏡も）と〝同文〟から抽出して作られた詩句だ。ところが、これ自身で十分、文意の通ずる文面となっている。これが中国人の抽出法だ。先の立岩二号鏡のような、文意をなさぬ〝でたらめな〟省出とは、全く別物、抽出の姿勢が本質的にちがっているのである。

大型鏡の秘密

〝しかし、この立岩の「前漢鏡」は、まことに見事な鋳上がりだ。全体の形姿は、中国出土の中国鏡にも多く類例を見ないほど立派だ。それなのに、何でそれが仿製鏡なものか〟。

こう言って反問する学者もあろう。

しかし、それはその論者の頭を縛する大前提が、あの富岡四原則だからだ、とわたしには思われる。あの第一、二項の真上に彼は依然突っ立っているのである。

考えてみよう。中国にあっては、「前漢鏡」は本来婦人などの身辺の化粧道具だった。このことは、その銘文に〝夫君からの愛が変らずつづくことを祈念する〟類の意のもののあるのを見ても察せられよう。いわゆる「後漢鏡」になってすら、〝この鏡の所持者が侯王・三公といった貴位に至れるように〟といった、個人的な立身出世を願う吉祥句にすぎない。〝国の運命にかかわる〟ことを、「鼎の軽重を問う」とは言っても、「鏡の軽重を問う」などとは言わないように。およそ鼎や玉璽の類とは、その位相を異にしているのだ。

これに対し、倭国の場合はちがう。国家統治の呪術的基礎たる太陽信仰をバックにして、「鏡」は国家統治至高の貴重品だった。このことは「多鏡冢」という弥生墓の様式そのものが語るところである（『記』『紀』にもその反映が見られる）。

だから〝鏡を作る〟という作業は、中国で言えば「鼎を作る」にも当たる、重味をそなえていた。だからこそ、あるいは中国伝来の白銅が使われ、あるいは細剣や巴形銅器を作りうる、最高の技術がここに注ぎつくされた。したがって中国における婦人の化粧道具としての鏡より〝立派〟で、当たり前なのである。

わたしたちは、三雲・須玖等の、これらのいわゆる「漢鏡」について、興味深い現象を見出す。

「草葉文鏡。重圏文によるものと、方格文によるものとあり、面径は前者のものとして二三・六cmと二三・〇cmの両例、後者のものとして二三・六cmの例があり、これは中国においても見られない大形のものである。……方格の内側に沿って、異体文字による『見日之光　天下大明』とか、『見日之光　常毋相忘』などの銘がある」（杉原荘介『日本青銅器の研究』）。

右の「異体文字」とは、ゴシック式のことだ。

「星雲鏡。面径は一五・七cmから一七・二cmで、これも中国で発見される同類の銅鏡と比較すると大きい」（同右）。

ここで中国鏡とされているのは、湖南省長沙四〇五号墓（前漢代後半）のものだ（中国科学院、一九五七年）。このように、同類の「中国出土の中国鏡」に比べて、しばしば三雲・須玖等の方が〝大きい〟のである。これはこれらをすべて中国からの舶載品と考えたら、奇妙な話だ。中国側が自分のもとには小型のものだけ残し、倭人にだけ「大型」の立派な方を「下賜」したことになるではないか。

これに対し、これらを「国産」とすれば、簡単だ。婦人などの顔を映《うつ》すべき中国の前漢鏡等に対し、こちらのは「太陽の顔」を映すためのものだ。あちらでは通例、室内・机上の物品であり、こちらでは屋外、儀式場での花形の品物なのだから。

〝中国にないから、倭国製だ〟。この富岡の第四項の原則に立つ限り、〝一般に大形で、ゴシック式の文字を銘刻した〟三雲・須玖・井原などの鏡の中には、倭国製のものがかなりふくまれている。――わたしたちは、このような帰結に立ち至るまいと思っても、それは不可能なのである。

富岡四原則の功罪

以上のテーマを理論的にまとめてみよう。

富岡四原則は、その簡便さと使いよさによって、現今までの鏡の編年、さらには考古学編年の中枢を支配してきた。しかしながら、『記』『紀』中心主義（それも教科書的独断による）でなく、同時代史料たる中国史料（倭人伝）中心主義をとる限り、この富岡四原則は、客観的に維持できないことは、見易い道理である（文字問題）。その上、「文字」と「鋳鏡」の伝来史の実際を考えれば、㈠舶載物の伝来、㈡倭人による粗雑な模倣、という順序で考えてきた思考が一個の「机上の仮説」にすぎなかったことが判明しよう。その点を次にのべよう。

まず、「文字」について。魏から卑弥呼に与えた詔書の文章の解読、そして答礼の上表文の作製。こういった問題の背後に〝文字を知る渡来人（中国人、朝鮮半島の住人）〟の存在を考えることに異をとなえる人はあるまい。倭国の朝廷が〝文字を知る渡来人〟を招き、倭国の青年を助手として、文字官僚とする。必ず最初においてこのような段階のあったこと、それを否定できる人はあるまい。次の段階。倭国の青年は成長し、文字官僚の主体を形成しはじめる。新たな渡来人の加わることもありえよう。——以上のできごとが「一世紀なかば～三世紀なかば」の間の、倭国の「文字技術の習得史」だ。

とすれば、次に、「鏡の鋳造」においても、当然右と同類の事態が考えられよう。最初に〝鋳鏡技術をもつ渡来人〟とその助手の倭国青年の段階。次に成長した倭国青年を主体とする段階。そして新来の鋳鏡渡来人といった一連の経過だ。この場合、次の各ケースを考えてみよう。

㈠ 鋳鏡渡来人が倭国内で作ったケース。

① 輸入の良質白銅を用いた場合（渡来人が倭国内で銅を精錬した場合も、これに準ずる）。いわゆる「舶載品」と容易に区別できないであろう。

② 倭国の粗銅を用いた場合。この場合も、文字は、一〇〇パーセントの中国文となろう。

㈡ 倭人（右の弟子）が作ったケース。

① 輸入の良質白銅を使った場合。全体として、硬質・精巧の出来となろう。ただ文字には、大きな不馴れ・齟齬《そご》を生じる可能性がある（立岩の場合）。

② 倭国の銅を用いた場合。

㋑ 技術的にかなりすすみ、文字もあるもの（中山報告、富岡遺稿の「文字ある仿製鏡」の場合）。

㋺ 技術的に劣っているもの（いわゆる小型仿製鏡の場合）。

㈢ 中国鏡からの〝踏み返し〟（中国鏡をモデルとして、土型をとり、それによって再製する）を行ったケース。文字や模様など、形体上は、中国鏡と同一だ。この場合も、使用銅質や〝踏み返し〟技術によって巧拙が生れよう。

右のような各ケース、各場合は、皆いずれも現実的なものだ。決して〝机上だけの仮説〟ではない。したがってわたしの原則は次のようだ。

(一)　日本列島から出土した銅鏡があったとき、それが中国製（中国本土で中国人によって中国人のために作られたもの）か、日本製（日本列島内で日本列島人のために作られたもの）か、的確に判別すること、それは一般に困難である。

(二)　しかし、何等か〝特殊な条件〟に恵まれたときにだけ、右の判別が可能となる。たとえば、

①　その様式の鏡が中国や朝鮮半島から一切、もしくはほとんど出土しない場合、

②　文字の刻し方や詩文の刻し方、大きさ、図様等において〝中国鏡にない特徴〟が認められた場合。

のように。

富岡四原則は、一見〝どんな出土鏡でも、専門家の前に黙っておけば、ピタリと判る〟。そういった簡便にして有効な物差しであるかに見えていた。そのため、古鏡の基準尺として大正以来、今日に至るまで長く考古学者によって愛用されてきたのだ。

けれども、奇しくも富岡遺稿が良心的に暗示していたように、それは古代史上の真実とは、決して対応していなかったのである。

（以上、『ここに古代王朝ありき』九三〜一三二ページ）

2　銘文の分析

弥生鏡の銘文――日と光の文字

それでは、同じ鏡でも弥生鏡（漢式鏡）の銘文を見てみましょう。まずはじめは、意味のやさしいものからです。ちなみに前期・後期と分けてあるのは、弥生前期・後期という意味ではなく、弥生鏡の中での前半・後半という意味です。

見日之光天下大明　《前期》

（日の光を見れば、天下大いに明らかなり。）

このタイプのものは、かなり出土しており、特に「日」「月」が大変よく出てきます。

明而光而□而天而日而月而心而□□□　《前期》

（明―光―天―日―月―心……）

「而」は、現在でいえば：とか縦線、英語でいえば and ぐらいの意味ですから、読む場合は而を除いて考えればよく、明・光・天・日・月・心となります。次も同じです。

内而者而以而召而明而光而天而日　《前期》

（内―者―以―召―明―光―天―日）

天・日で締めくくられています。

見□之光長□忘

（日の光を見れば、長く忘るること毋《なか》れ。）

字が欠けていますが、他の例からすればこうなります。

このように日・光というのが、弥生鏡には非常によく出てきます。

弥生人は字が読めた

さて、これは一体何を意味しているのでしょうか。その前提として考えられるのは、弥生鏡（漢式鏡）が、全部で六〇ぐらいあり、その九割が福岡県、さらにその九割が筑前中域に集中して出土しているということです。この点からも邪馬一国が筑前付近ではないかということをのべたのですが、それはともかく、まず鏡の中の半分もしくは三分の一ぐらいには文字があります。そして文字があるものを従来は「船載鏡」としてきました。さらには、倭人伝の卑弥呼は中国から詔書をもらっているということ。それはつまり中国側は、倭国は文字が読めると考えていたということです。文字が読めないと具合が悪い。文字が読めない国へ詔書を持っていくなどというのは全くナンセンスで、文字が読める国であるとの認識があったからこそ長文の詔書を持っていったわけです。事実、卑弥呼の方もそれに対する返答の国書、いわゆる上表文を奉呈していますから、当然文字が書けたわけです。

となると、卑弥呼以前からすでに文字が知られていた。卑弥呼以前というのは、当然弥生時代です。そしてその証拠は、志賀島の金印であり、弥生鏡であって、これ以外には、まず、ない。

ところが普通考古学者は、鏡を弥生中期、一世紀前後のものとし、卑弥呼の時代に当てはまらない、としています。確かに鏡だけなら、あるいはそうともいえるようですが、文字の問題になってくるとそうとはいえない。たとえ考古学の定説に従って漢式鏡を一世紀前後にもっていったとしても、一世紀前後には文字認識は筑紫では成立していました。三世紀前半には、中国側は日本列島全体が文字の読める地帯とは思わなかったでしょうが、少なくとも一部には文字を知っている地帯があると考えて、詔書を送ってきました。したがって卑弥呼の時代と全く無関係だとはいえなくなるわけです。

このように鏡の中の文字は、非常に重要な問題をふくんでいます。いまはすでに、邪馬一国はどうだこうだ、と論じるだけの時代ではなく、鏡に書かれた文字認識の問題、あるいはそれを使ったのは一体どんな人々だったのか、何のために使ったのか、また書かれた文字はどのような意味をもって受け取られていたのか。そういう問題に入っていこうとしています。

神聖なる日を映す

そして、また一つの墓から鏡が四、五〇面出てくるという中国や朝鮮では見られないようなことが日本で見られるのはなぜかということになってきます。これは、個人がお化粧に使ったというものではなく、結局、前にもふれましたが、太陽信仰に関係したものでしょう。つまり太陽の顔を映す、いいかえれば日神、もっとはっきりいえば「アマテル（天照）大神信仰」をバックにした信仰が行われており、その祭祀物としての鏡というふうに理解せざるをえないということです。これはわたしだけではなく、原田大六氏などもはっきりと言っておられます。

事実、この「太陽信仰のための鏡」が多数出土する地帯の鏡に、「日」や「光」に関する文字が大変よく出てくるのです。これは偶然の一致にすぎないのでしょうか。

しかし先述したように、この時代の人はすでに文字を知っていて読むことができました。「日の光を見れば、天下大いに明らかなり」という鏡の文字も読めたはずです。そしてそれは鏡を使う目的とも、完全に一致していた。こういう見地に立っていままであまり論議しなかったのは、むしろおかしいぐらいで、しかもこの文章自身もいわゆる「自然物としての太陽」とはちょっと見えにくい。自然物としての太陽だったら「日の光を見れば、天下大いに明らかなり」というような、もったいぶった言い方はしないように思われます。やはりこの「日」は、単なる自然物、天体の一つではなくて、ひとつの「信仰対象の日（太陽）」「神聖なる日」ではないだろうかという気がします。

そうなるといよいよもって、この鏡の使われた目的、用途がはっきりしてきます。その場合、中国製であれば、そういう文字を書いたものを好んでもらってきたと考えられるし、また自分たちで作ったとなると、そういう文句を喜んで記入した、ということになる。あるいは日光鏡が〝太陽の輝きを表わす〟ものであるとすると、そうしたデザインの鏡が大変愛用されたということで、結局いろいろな意味で太陽と深い関係を持っているのです。その他の、やさしい銘文を挙げてみます。

長宜子孫　《後期》

（長く子孫に宜《よろ》し。）

これは、古墳時代によく使われている言葉ですが、弥生時代にもポツポツと姿を現わしています。この子孫の繁栄を望む気持ちは、特定の時代に限ったことではないようです。

君宜古市　《前期》

（君は古市に宜し。）

これは問題の、魏・晋代といわれる夔鳳鏡です。

尚方作竟　　《後期》

（尚方、鏡を作る。）

「尚方」というのは、〝公的な鏡作りの役所〟のことです。

陶氏作竟　　《後期》

（陶氏、鏡を作る。）

これは陶氏という人名が出ていて注目すべきものです。

以上が意味のやさしいものの中で注目されるものです。

蒼龍と白虎

　次に意味のやや複雑なものを挙げてみます。

　黍言《しょげん》之紀従鏡如蒼龍在左白虎在右宜善賈孫子

（黍言の紀、鏡に従う。如《も》し蒼龍、左に在り、白虎右に在らば、善賈・孫子に宜《よろ》し。）

黍言というのは、辞書にありませんが、「黍苗《しょびょう》」というのが、『詩経』（小雅、魚藻之什）の篇名にあります。これは、幽王（悪い天子の代表）及び群臣が、宣王（良い天子の代表）・召伯の恩沢の業を行う能わざるを刺《そし》るの詩で、せっかく宣王と大臣召伯のいい先例があるのに、幽王はそれを受け継ごうとしないと、幽王の政治を皮肉っている一種の政治風刺です。

　ところがこれにはもう一つ意味があって、「黍苗の陰雨を仰ぐが若《ごと》し」という故事が対語になっています。これは「国語」の「晋語四」に出てくる文章をもとにした言葉で、〝黍の苗が雨を待ち望んで天を仰いでいるのに似ている〟の意で、恩に浴せんことを望むことの切であるたとえです。つまり〝民衆が、天子のよい政治を待ち望んでいる〟という意味です。わたしは、前の政治を皮肉っているよりも、後のよき政治を民衆は望んでいるととった方がいいのではないか、と思います。そして紀は、記録の記と同じ意味。「蒼龍」は東方の七宿、「白虎」は西方の七宿を意味し、それに類するデザインが書いてあります。「善賈」は、〃よき商人〃で「孫子に宜し」は、子孫に非常にふさわしいということ。つまりよき商人もこれを喜び、子孫もこれを喜ぶであろうということです。

ここで注目すべきことは、「蒼龍」「白虎」という言葉が出てきていることです。この場合も先ほどの文字を理解しているという立場からすると、この二つの概念を少なくとも弥生時代の筑紫の倭王とその臣下（上層部）は理解していたことになります。後に「四方」を意味する言葉で「朱雀」（南方の神）、「玄武」（北方の神）というのがありますが、その四方を指すよりもう一つ前段階に東西の二方で世界をしめす思想があって、恐らくその「二方表記」が発展して「四方表記」として安定したのではないかとわたしは考えています。ともあれ「蒼龍」「白虎」が現われたのは、少なくとも弥生にさかのぼる。したがって三角縁神獣鏡に出てくる「蒼龍」「白虎」「朱雀」「玄武」の類は、筑紫を中心に存在したはずです。こうした研究はいままであまりされませんでしたが、今後もっと研究されてしかるべきことだと思います。

仙人は桑を食す

尚方作竟真大好上有仙人不知老渇飲玉泉飢食桑浮游天下敖四海徘徊名山採芝草寿如金石之国保兮

（『尚方、鏡を作る、真に大好。上に仙人有り、老いを知らず。渇しては玉泉を飲み、飢ゆれば桑（棗）を食す。天下に浮游し、四海に敖《あそ》び、名山に徘徊し、芝草を採る。』寿は金石の如く、国は保《やすん》ず。）

（佐賀県桜馬場四丁目桜馬場遺跡『日本における古鏡』発見地名表、九州地方I、岡崎敬編一九七六）

こういう内容のものもしばしば出てきます。ここで「尚方」というのは、本来は中国の公の器物を作る役所のことですが、日本で作ってもそれを漢語で表わすと「尚方」といえるので、「尚方」とあるから舶載だ、ということにはなりません。そして最後は、「国保」となっていて国家に関係しています。したがって、単なる神仙だけの話ではないのではないかという感じをわたしは受けます。

ここでわたしがドキッとしたのは、仙人が「桑」（?）を食べるとあることです。これはおそらく「棗」（なつめ）ではないかと思いますが、それとは別に、「桑」については、面白い問題があります。倭国は、中国から白絹五十匹など錦をたくさんもらっていますし、また卑弥呼の倭国でも錦を作っていて卑弥呼も壱与も中国に献上しています。筑前を中心とする地帯では、絹が非常に珍重されて人々の崇敬と神秘のまなざしを集めていたのです。とすれば、絹にまつわる神秘な植物として、「桑」は不可思議なイメージをもって、この地域の人々にうわさされていたのではないか。中国から「これは絹だよ」といきなり「物」だけ渡されたのではなくて、当然ながらそれにまつわる神秘的な話付き、効能書き付きで入ってきていたのではないかと思われます。

崑崙山を知っていた

上大山見神人食玉英飲澧泉駕交龍乗浮雲長享宜

（上、大山に神人を見る。玉英を食し、澧〔醴《れい》か〕泉を飲み、交龍に駕し、浮雲に乗じ、長く享《う》くること宜《よろ》し。）

大山とは、崑崙山のことで、『山海経』に崑崙之丘のことを大山というと書いてあります。玉英というのは、水晶のこと。澧泉は、普通は醴《れい》泉と書かれ、崑崙山にある有名な泉のことです。そして、その崑崙山に住む神人の話が書かれている。

ここで大事なことは、この弥生時代の筑紫人に崑崙山の知識が知らされたということ、つまり西域の知識が入ったことです。

なお、この「大山」を「泰山」（山東省泰安県の北）と見なす解釈もあるようですが、それは、いわば第二次的な〝神仙の山〟であり、本来はやはり西大母がいた、という崑崙山の方です。

また、一般にシルク・ロードといえば、その終点を「正倉院」におくのが〝慣例〟になっているようですが、それは後世（七〜八世紀）のことで、最初（弥生期）は、本来「北部九州に至る道」だったのです。ここでも、近畿中心の一元主義のイデオロギーが日本の人々の「目を蔽《おお》うて」きたようです。

立岩遺跡の舶載鏡
——詩にならない銘文

博多の南隣にある立岩遺跡から、多数の甕棺が、考古学者の手によって発掘され、その中からいわゆる前漢式鏡と呼ばれるものが、数々出土しました。もちろん須玖岡本や糸島郡の三雲・井原・平原のような、一つの木棺から三〇面、四〇面出てきたというものではないけれども、それに次ぐもので、あちらを王墓とすればこちらは副王墓といった感じの遺跡です。幸い考古学的発掘がなされたので、割合完全な形で手にすることができ、岡崎敬氏を中心にして『立岩遺蹟』という立派な報告書が作られています。

しかし、わたしにはこれがどうも舶載鏡には見えなかった。というのは、たとえば図2-19の4号鏡と図2-20の1号鏡を比較してみると非常に興味深いことが見られます。いずれも連弧文「日有喜」と呼ばれる銘鏡で、ほぼ同じ文章ですが、完成された言葉ではないのです。

日有喜月有富
樂毋事常得意
美人會竿瑟侍
賈市程萬物平
老復丁死復生
醉不知乎醒旦星

（読み下し文本書一〇二ページ参照。『立岩遺蹟』より）

4号鏡では最後の旦星という言葉が省略されています。そのため…という符号に変えられている。ところが1号鏡では旦星という言葉がちゃんと刻まれている。4号鏡では、最後字余りになったから略したのだとか、あるいは二字分を熟語と見てカットしてあるのだとか、旦星という二字を切っているところからして文章はわかっているのだという様々な評価がされますが、しかしそういう評価ができないのは、1号鏡では二行目の最後がカットされているからです。これは4号鏡と逆です。もちろんこれは、鏡の銘文を普通の詩の形に配列したものですが、これを4号鏡で見ると「意」の字がカットされていることになります。そしてカットしたことによって字数がうまくおさまっている。しかし、意味は通らない。意味が通らないばかりでな

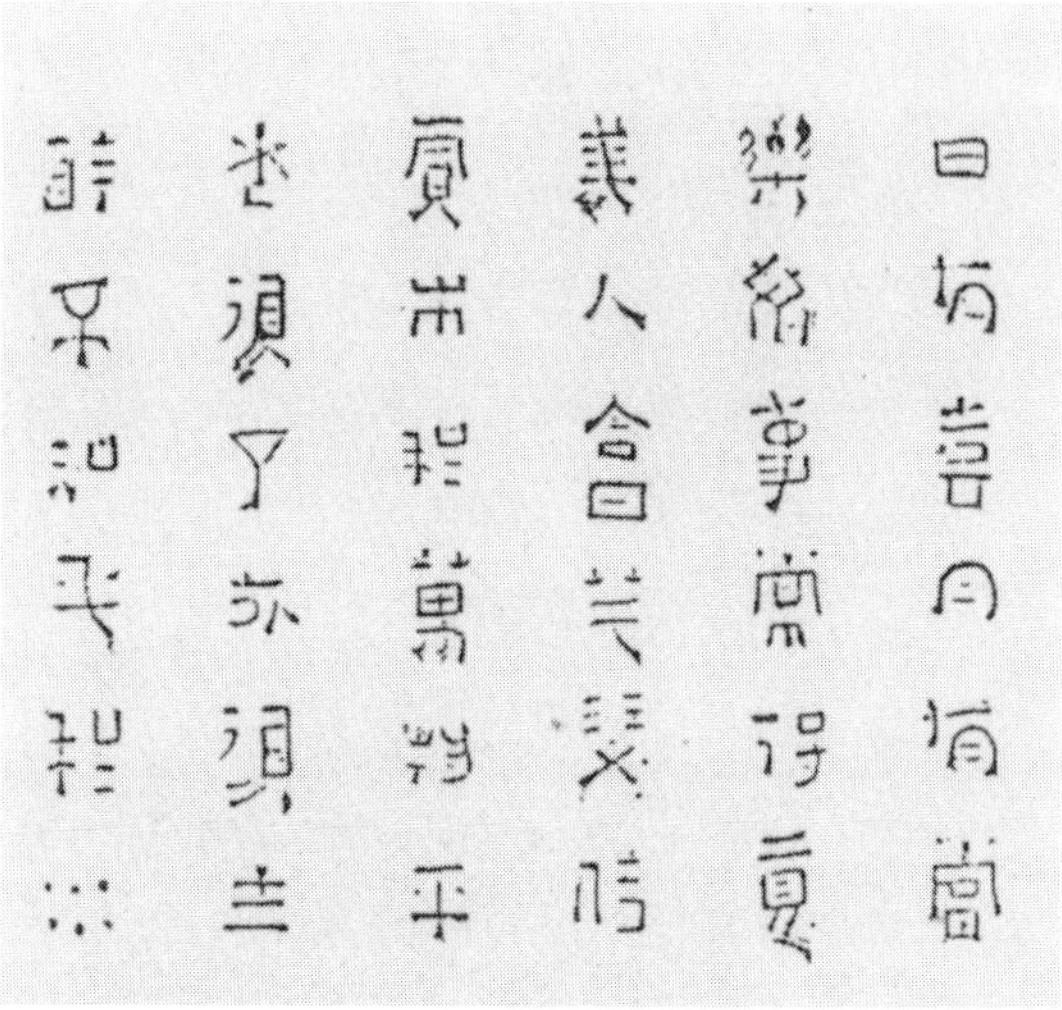

図2-19　連弧文「日有喜」銘鏡（4号鏡）銘文（102ページ再掲）

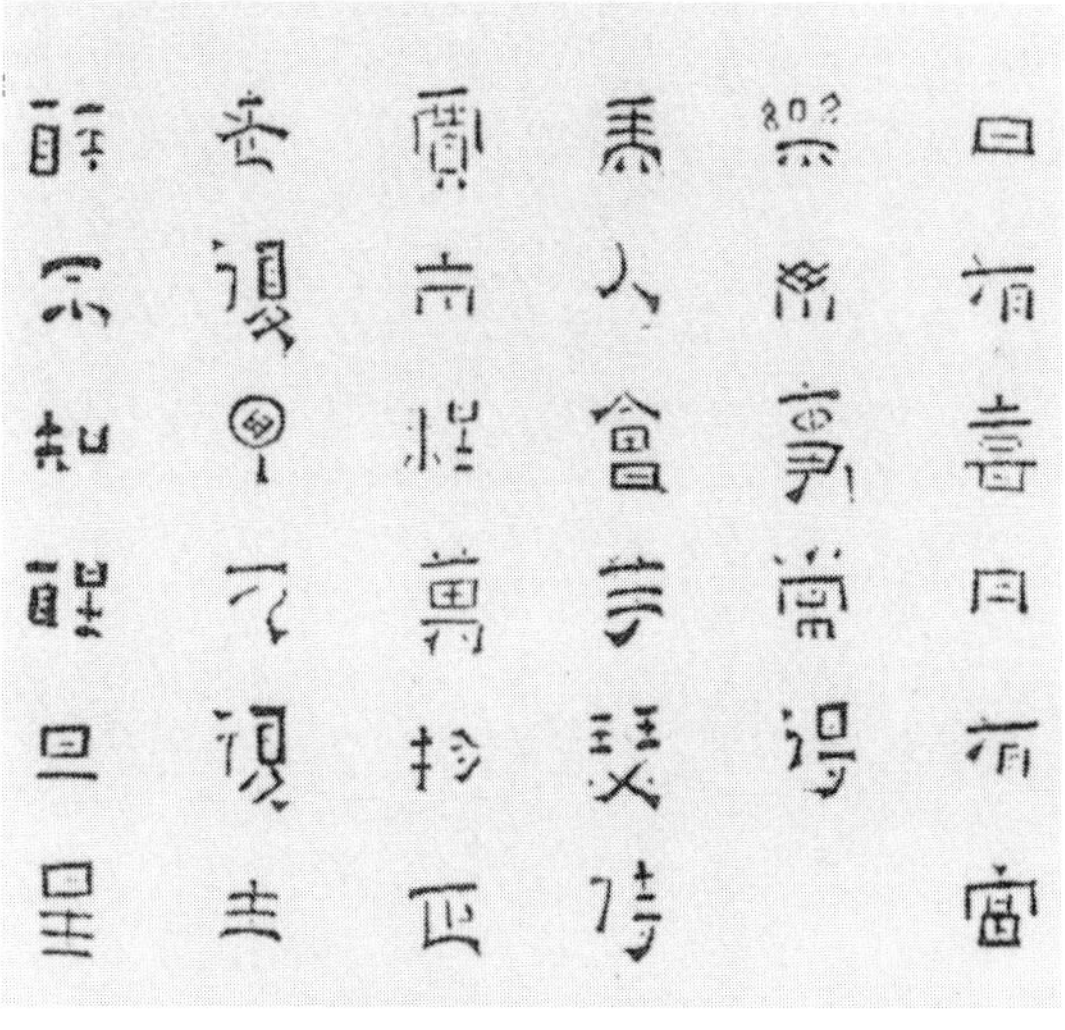

図2-20　連弧文「日有喜」銘鏡（1号鏡）銘文（103ページ再掲）

く、音韻が合わなくなっている。漢詩では、各行の最後の字で押韻されます。西洋詩でも語句の上に同一音や類似音が一定間隔をもって配置され、韻律的な効果をあげますが、その大事な韻がカットしたことによってずれてしまっているわけです。これは、日本の短歌、俳句でも同じです。たとえば「この道や行く人もなし秋の暮」が「や」がなくて「この道行く人もなし秋の暮」では寸づまりでおかしい。これと同じで、韻がないと、中国人なら非常に不愉快に感じるわけです。

文字はデザイン　こうしたことから、わたしは、この漢式鏡は果たして中国で作られたものかどうか、舶載鏡かどうかという疑問をまず持ちました。ところが問題はそんな生やさしいものではなかったのです。というのは、図2－21の2号鏡と図2－22の3号鏡です。

絜清白而事君
惌沄驩之弇明
伋玄錫之流澤
忘疏遠而日忘
懐靡美之窮嘡
外承驩之可説
思窔佻之靈京
願永思而毋絶

（『立岩遺蹟』より。注＝読み下し文は本書一〇四ページ参照）

これを見ると、3号鏡でも四行目の第二字がカットされていて意味がわからなくなっています。それが2号鏡になるともっとひどく、これではどうにもならない。ただこれも1、4号鏡と同じく、鏡の銘文で見る限り文字がびしっときれいに入っているわけです。配列してみてはじめて無茶苦茶な「穴欠け」になっていることがわかります。だから意味は問題でなく、字は単なるデザインとして使われているということです。

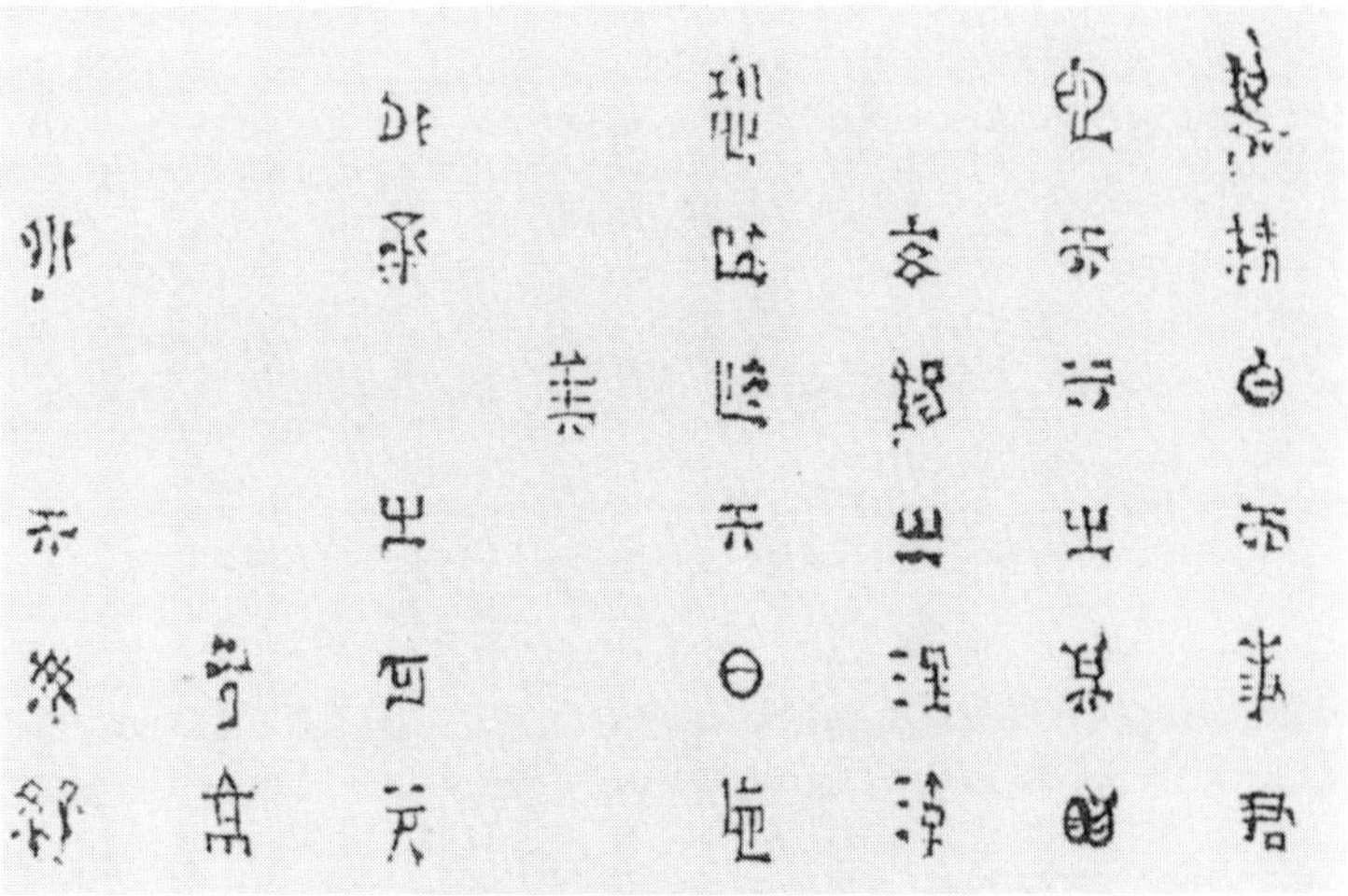

図２-21　重圏「精白」銘鏡（２号鏡）銘文（103ページ再掲）

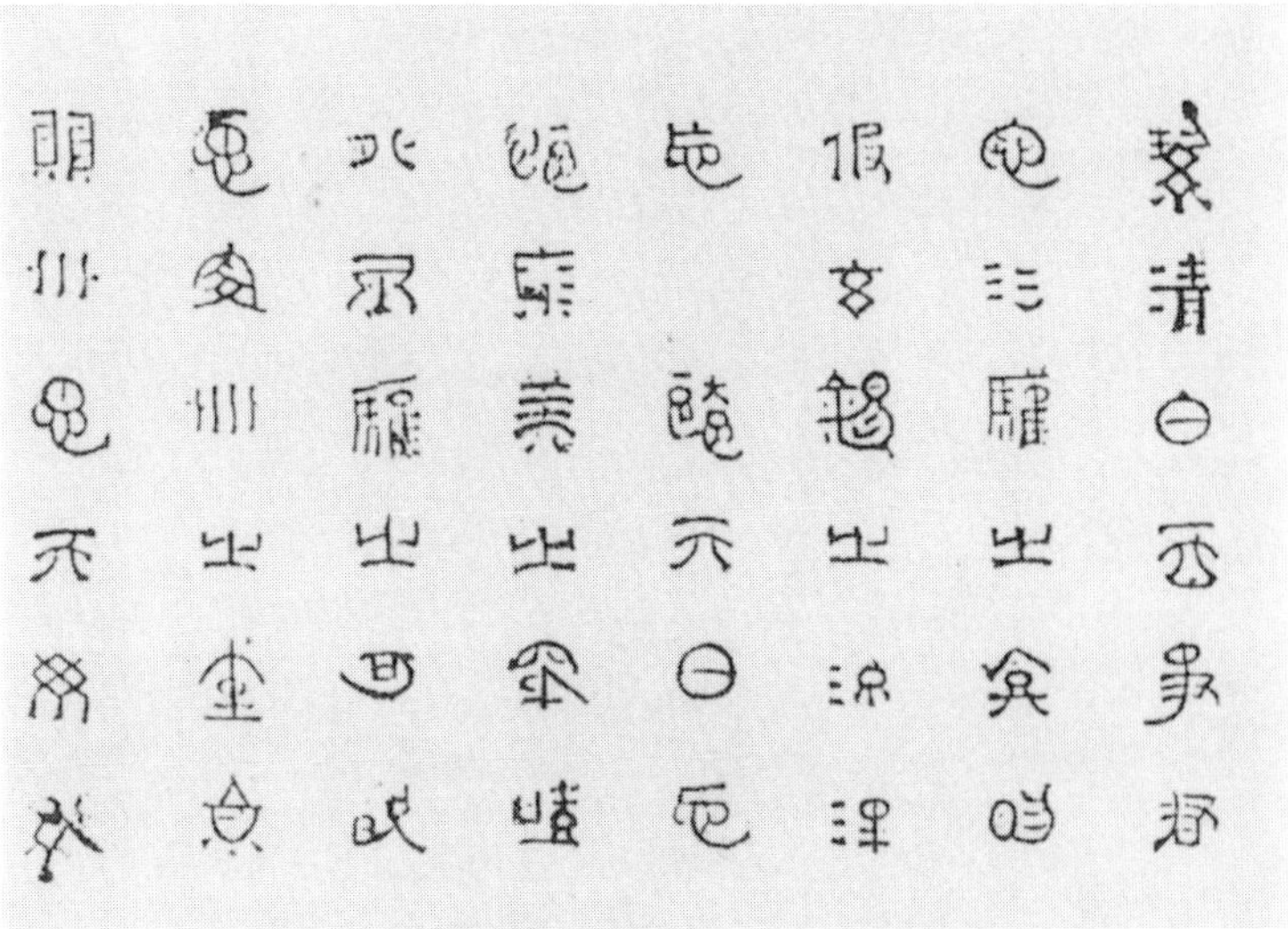

図２-22　重圏「清白」銘鏡（３号鏡）銘文（104ページ再掲）

こうしたものは、中国人が作った中国鏡には絶対ありえない。

もちろん中国でもこれによく似たものが出土しています。連雲港市海州、羅疃庄《らどうしょう》の木槨墓から出土した連弧文清白鏡です。

絜清而事君　怨驩之合明　伋玄錫之澤
恐疏遠日忘　□美之窮嗑　承驩之可說
莫窔之靈景　願毋願

（注＝『立岩遺蹟』三六六ページ）

意味は、3号鏡、2号鏡とほぼ同じです。ただし字数はうんと少なくなっている。3号鏡は一行が六字になっているのに、こちらは五字です。にもかかわらず文章としての意味は通じています。つまり3号鏡の示している意味内容をうまく縮訳しているわけです。このように中国では字数を少なくする場合はこのような形で縮訳します。ちょうど日本でいう長歌と反歌のようなもので、長歌の内容を反歌で集約する。しかし集約した反歌も五七五七七でちゃんと韻律を踏んでいる。ですからわたしはこの2、3号鏡、あるいは1、4号鏡はどうも中国鏡ではありえない。日本側で作った鏡である可能性が濃いと考えています。

国産鏡の等級

かつて王冶秋《やしゅう》という、日本でいえば文化庁長官のような人が、これを見て、中国の同類のものより大きさといい、銅の質といい、外見からの印象でも非常に立派だ、と驚かれたといいます。従来、仿製鏡は下手だ、中国鏡は立派だという概念が、日本の考古学界ではまかり通っていますが、わたしはそれはまちがいであると考えています。なぜかといえば、中国では鏡というのは権力のシンボルでも何でもなく、女性が日常愛用する、ただの日用品です。ところが日本ではこれが権力のシンボルとされていた。特に多鏡墓の場合、そこに葬られた女性が愛用していたというのではなく、明らかに太陽信仰をバックにして、その儀式のときの小道具として使われたもので、その名残りをわれわれは墓の中に見ているわけです。したがって権力のシンボルであるためには良質の銅を使い、見た目に立派なものであるということは当然のことでした。ただ文字を読めたのは一部の官僚だけで、大部分の民衆は文字など知らず、銘文を読める人は少なかったはずですから、デザイン的に文字が刻み込まれていることに満足し、字がとんでいるとか、この字がおかしいというようなことには無関心であったと想像されます。だから立派だということも、それが中国製の証拠ではなく、むしろ権力のシンボルとしての「日本列島製」であることの方がふさわしかったわけです。錦でも同じです。須玖岡本から出土したような立派なものもあれば粗悪品もあり、同じ倭国産の中にも等級があったことが明らかにされています。

ですから鏡についても、中国以上に良質の立派な鏡もあれば、一方で粗悪な仿製鏡もあり、鏡にも等級があったと理解すべきだとわたしは思っています。

（以上、『倭人伝を徹底して読む』大阪書籍一九八七年／ミネルヴァ書房二〇一〇年、二五四～二六六ページ）

3　銘文と仿製鏡をめぐる対話

ディアロゴス〈対話〉

A「古田さんの鏡の論証（『ここに古代王朝ありき』）に対して、奥野正男さんがあちこちに批判の論文を出されましたね。あれはどうですか」

古田「そうだね。「仿製説は銘文だけでは立証できない――中国出土鏡にも〝日本式語法〟がある」（『毎日新聞』昭和五十四年十一月四日）や「銘文から仿製鏡説は証明できない――中国出土鏡の事実から古田説を批判する（上・下）」（『東アジアの古代文化』二三・二四、昭和五十五年夏）などだね。いずれも詳細な、鏡の銘文や模様に対する研究を背景に書かれている点、当方としては、まことに有難い反論だ。

だけど、困る点もある。しかももっとも大事な点なんだ。それは、わたしの主張していない命題を、『古田の主張』であるかのように、見たてて批判されてある点だ」

A「といいますと――」

古田「今あげた論文の題目から見ても、〝古田は銘文だけから仿製鏡を証明できると主張したもの〟と読者は思うだろう。奥野さん自身も、そういう見たてで反論を加えている。ところが、これはわたしの本を読めば明らかなように、わたしの論証とは全く似て非なるものなんだよ。

第一、わたしの根本の立場は、日本の大地から出土した鏡について、〝物（出土鏡）を見れば、ピタリ、『舶載』か『仿製』か判別できる〟という、従来の発想はあやまりだ、という点にある。いいかえれば〝『分らない』のが原則である〟というわけだ。

このことは、〝中国人や朝鮮半島人の鋳鏡者が日本列島に来て鋳鏡した〟という、当然ありうべきケースを考えてみれば、文句なくハッキリするんだ。たとえば、中国の鋳鏡者が日本列島へ来た途端に鏡作りの腕がガタンと落ちるわけじゃない。文字を忘れるわけじゃない。要するに中国で作ったものと、ほぼ同じものを作るわけだ。だからその『物』を見て、『あ、これは中国にいたとき作ったもの』『あ、これは日本列島に来て作ったもの』なんて、そうそう判別できるはずがないんだよ」

A「銅の質はどうですか」

古田「日本列島産の銅は、銅質がかなりいいようだ。むしろ中国産の銅と同じか、時には以上なんだそうだよ。だから問題は製錬法だ。これもその専門家が日本へ来て作るとしたら、銅質が落ちるはずはない。個々、いろんなケースはあるだろうけど、一般論として、ね」

A「中国から〝銅をもってきた〟という問題もありましたね」

古田「もちろん、来るとき〝手ぶら〟じゃなく、材料をもってくる、というケースも当然ありうるけれど、一般論としては、先のごとしだ。資源には恵まれないこの島だけど、不思議に銅だけはかなりいいようだからね。その〝日本列島の銅〟を背景に、銅鐸《どうたく》や武器型銅製品（矛・戈《か》・剣）を考える、これが（当初は別としても）結局は本筋だろうね。〝銅材料なき国に、銅をシンボルとする古代文明が繁栄する〟なんていうのは、原則として無理だろうからね」

Ａ「とすると、結局、区別はつかないわけですか」

古田「原則的にはね。それに日本側の〝お弟子さん〟のことを考えてみても、大陸から渡来してきたお師匠さんにマン・ツウ・マンで教わって、いつまで〝まずい作品〟ばかり作りつづけたか、というのも、むずかしい話だよね。はじめの五年・十年はまずかったとしても、二十年・三十年たっても、依然まずいままだったかどうか、判定のむずかしい問題だろう。それをわたしたちが見て、『はい、これはお師匠さん』『はい、これは弟子』と判別できるか、どうか。お師匠さんをしのぐ弟子だって、出てくる可能性はあるし、またお弟子さんには文字はあつかえなかった、と断定するのも、冒険だよ、ね」

Ａ「すると、不可知論みたいになりますか」

古田「一応はね。しかし方法はないわけじゃない。その一は分布図だよ。横軸問題でのべたように〝原則として大陸に出ず、日本列島に大量出土する〟場合には、これは日本列島産と見るのが、学問の方法上のルールじゃないか、と思うんだ。〝そうじゃない〟といいたければ、その人にはこのルールを破るに足る厳格な立証が必要なんだ。決して話はその逆じゃない。なのに、従来は話が逆になっていた。㋑銅の鋳上りがよく、㋺模様が鮮明で、㋩文字があれば、文句なく『舶載』と断定してきた、そういう断定はできませんよ、というのがわたしの立場なんだ。そういうわたしの立場から見てみると、従来から文句なしの『舶載鏡』と断定されてきたものの中にあやしいものがかなりある、という話に移っていったわけだ。先にあげた井原遺跡の『王知日月光湧有善銅出……』鏡なども、この『湧』はどうにも『漢』という字とはちがう。しかも文字が不揃《ふぞろ》いだ。こんなのを『舶載』と断定してはいけない、うたがわしい。こうのべた。逆に国産と判定したわけじゃない。もともと『分らない』のが原則なんだから〝こんなおかしな文字から見ても、とても『舶載』とはいいきれませんよ〃といっているんだよ。

立岩遺跡10号甕棺の場合も同じだ。いずれも、中国の通例の同種の鏡と比べて遜色《そんしょく》ないというより、むしろ立派だ。配下の国（夷蛮）の、また配下の〝副王クラス〃の墓に、そんな立派なものが出てくる、ということ自体が、よく考えてみれば、何か〝おかしい〃のだ。もし『船載』つまり中国の天子から下賜された鏡とすればね。ところが『船載』のみでなく、『国産』もある、という立場からすれば、何の不思議もない。なぜなら中国側では〝女性の化粧品〃といった小道具扱いだけど、日本側では〝権力のシンボル〃で〝太陽信仰の祭祀《さいし》物〃だから、立派であたり前だ。つまり、これも当然ながら〝物そのもの〃から断言はできないけれど、『船載』という立場からは解けない謎が、国産という概念を加えれば、容易に解ける。わたしはそういったのだよ」

A「決して〝銘文だけから証明した〃わけじゃない、というわけですね」

古田「その通りだ、ね」

A「今の、立岩の1号鏡や2号鏡で、行末の韻をふむべき文字が欠けていたり（1号鏡）、全体が〝虫喰《むしく》い〃だらけで意味不通になっていたり（2号鏡）、の例を古田さんがあげたのに対して、奥野さんは中国出土の鏡にも、同類のがある、と書いていましたね。あれはどうですか」

古田「奥野さんがあげられた例（たとえば陝西《せんせい》省出土銅鏡）を見ると、むしろ見事な〝節略〃になっているケースだった。わたしも連雲港《れんうんこう》市海州、羅疃庄《らどうしょう》の本槨墓《ほんかくぼ》出土の連弧文清白鏡の例を、同種の問題としてすでに右の本（一二九ページ）であげている（本書一〇五ページ）。つまり、もとの文章の要点を巧みに要約した形になっているんだ。これを見て、わたしは『万葉集』における長歌と反歌の関係を思い出して、感動したくらいだ」

A「反歌というのは、長歌の内容を要約したケースが多いのですね」

古田「そう。けれども、わたしは、この問題の本質はもっと深いところにあると思っているんだ」

A「というと」

古田「わたしは中国や朝鮮半島という大陸側からも、本当に『意味不通の銘文』をもった鏡は当然出土する、と思っているんだ」

A「え、なぜですか」

古田「だって、考えてごらん。『意味不通の文字をもつ鏡』というのは、果して日本列島固有の現象だろうか。わたしにはそうは思われない。要は、『文字（漢字）をもった中国文明』が『文字（漢字）をもたなかった周辺（「夷蛮文明」）』と接触したとき、当然（あるいは必然的に）おこるべき現象、そういっていいと思う。なぜなら〝その接触の当初から『夷蛮』側が『文字の機能』を正確にキャッチして使用した〟などということとは、ありえないからだ。〝文字が並んでいるだけで中国風ムードを満喫する〟。そういう段階が全くなかったケースの方が珍しいんじゃないかね。

とすると、日本だけじゃなく、東夷《とうい》・西戎《せいじゅう》・南蛮《なんばん》・北狄《ほくてき》、いずれの『文明接点』においても、同種の問題は必然的におこりうるわけだよ。その上、現在わたしたちが中国本土と思っている地域も、かつては『夷蛮の地』だったところ、その厖大なこと、それはむしろ常識だからね。たとえば志賀島の金印と相並ぶ金印の出た滇《てん》王国（雲南《うんなん》省）も、その例だ。その上、〝それら『夷蛮の地』から、都などの中国内部への（自国製の中国式鏡の）献納〟という問題も、当然ありうることとして、考慮に入れなければならないしね。

まして五胡《こ》十六国の時代ともなれば、この種の『文字使用の混乱』問題は、極端にいえば〝日常のこと〟だった、といっていい」

A「とすると、そんな『意味不通の鏡』が大陸から立岩へ来た、ということは考えられませんか」

古田「それは無理だろうね。なぜなら〝中国の朝廷から倭国へ正式に下賜された〟という場合、そういった類の鏡を下附《かふ》する、というのは、考えにくいからね。もっとも、〝倭国側が金を出して粗品を買ってきた〟というのなら、別だけどね。それにしては、立岩鏡は立派すぎるよ」

A「なるほど」

古田「けれど、問題は、あくまで原点にたち帰らねばならない。こんな〝意味不明の文面〟をもつ鏡を、〝文句のない舶載鏡〟と断定してかかるのは、あまりにも危険だ。――これがわたしの提起の基本なんだからね。

その根本の点を奥野さんは――まさか故意ではないと思うけど――完全におきかえて〝古田は銘文だけで仿製鏡と断定した〟といった形で論じておられる。思いちがいだろうね」

A「話は変りますけど、この前、古田さんが韓国へ行って、『大収穫があった』といっておられた、あの鏡はどうですか」

古田「やはり『ここに古代王朝ありき』（一一二ページ、ミネルヴァ書房版、一一〇ページ、第17図本書八八ページ）で論じた、問題の鏡だ。

『日有熹月内富　憂患楽巳未□』

と、ハッキリ文字があるのに、その行格が異様に崩れている。また『TLV鏡』（方格規矩鏡《きくきょう》）のはずなのに、『T』だけない上、『V』と『L』が完全にアンバランス（大小不揃い）だ。どうにも通常の中国鏡の様態ではない。そこでこれを見た富岡謙蔵が『或は其の成れる地の本邦に非ざるかを察せしむるものあり』と、くりかえし疑念を表明したんだ。これも、みずから樹立し、多くの考古学者に（現在に至るまで）信奉されてきた舶載鏡判定の基準（先にあげた「文字あり」などの三条件）をみずから破棄すべき方向性をもっていたんだけど、やはり後を継いだ考古学者は、この『富岡の遺言』を無視してしまったんだ。

ところが、この鏡（LV鏡、春日市須玖岡本町B地点出土）は、現在、日本には存在しない。敗戦前、朝鮮総督府の所有（購入）となっていたため、その『遺産』がソウルの中央博物館にうけつがれた。従って樋口隆康さんや森貞次郎さんやその他の方にお聞きしてみたけれども、その現存状況については、ハッキリしなかった。むしろ〝日本帝国からうけついだ、日本側出土のものだから、倉庫の中にしまいこんだまま、整理もされていないのではありませんか〟などという〝失礼〟な声も聞いた。行ってみると、まさに失礼だった。あらかじめ同館の学芸部に手紙でお願いしておいて、おうかがいすると、キチッとした整理カードに添付された写真。『これですね』『そうです』。すぐ運ばれてきたのは、まぎれもない、あの鏡。卓越した鏡の研究家、富岡謙蔵を死の直前まで悩ませた、問題の鏡だった。

見事に保存された、その姿を眼前にしたとき、当館の関係の方々の誠実な姿勢を実感した。そして見て、見て、見つめ抜いた。写真にも撮らせていただいた。それはかつて不鮮明な写真で見ていたとき以上に、〝ゆがんだ行格〟や〝大小ふぞろいな文字〟〝奇妙な配列の文様〟どれをとってみても、〝文句ない中国鏡〟などとは、到底いえぬものだった。誠実な研究家だった富岡謙蔵が、みずから立てた確率との矛盾に悩んだのも、無理はなかった。〝見にきてよかった〟。わたしはそう思った。やはり現物を見てスッキリした感触をえた、そのことを喜びつつ、同行の青年梁弘夫さんと共に同館を辞したんだ。

思えば、敗戦後の鏡の研究者は、この鏡の現実の姿を実際に見ぬまま、重大な富岡疑問を無視して、『文字あれば舶載』という〝わく組み〟のみを固守して今日にいたっていた。そのことを目が痛いほど、その場で痛感したよ。

それにつけても、この異国出土の破損鏡を大切に保存していて下さった上、快くお見せいただいた同館の韓永煕さんや李康承さんや関係の方々に心からお礼をいいたいと思うよ」

Ａ「本当ですね」

追記――梅原末治氏は昭和五十八年二月十九日夜半、鬼籍に入られた。深い敬愛と追悼の念を霊前にささげたい。

（以上、『よみがえる九州王朝』角川書店一九八三年／ミネルヴァ書房二〇一四年、九六～一〇三ページ）

4 金石文としての銘文

隅田八幡神社所蔵人物画像鏡

金石文は、歴史の試金石である。なぜなら、高句麗好太王碑の項のはじめにもいったように、金石文は歴史の当の時点で記されている。まさに第一史料だ。

もし、ある人が〝わたしは、かくかくのように、日本の古代史を理解する〟といったら、すぐ〝では、その説に従えば、日本の古代史上の金石文をどのように解読できるか？〟――そういう反問を避けることはできない。だから、わたしは好太王碑や七支刀の問題に立ち向った。そして従来の近畿天皇家一元論の立場では、これらの金石文解読に、致命的な矛盾が生じることを立証した。代って「九州王朝先在」という、新しい立場に立つとき、きわめて明晰な理解が生じるのを見とどけたのである。では、今、これと並んで著名な金石文「隅田《すだ》八幡神社の人物画像（象とも書かれる）鏡」（和歌山県）に、同じ方法で立ち向ってみよう。ついで「江田船山古墳の太刀」（熊本県）についてもふれてみよう（注＝江田船山については省略）。

いずれも、直截《ちょくせつ》に批判と結論をのべることとする。

まず、いわゆる「人物画像鏡」として知られる、隅田八幡神社の古鏡に刻まれている銘文について、現在もっとも有力な学説とされている福山敏男の説を見よう。

福山氏の判読

まず、福山の判読。

「癸未年八月日十、大王年、男弟王、在意柴沙加宮時、斯麻、念長寿、遣開中費直穢人、今州利二人等、取白上同（銅）二百旱、作此竟（鏡）」。

図２－23　人物画像鏡銘文（部分）
（隅田八幡神社蔵）

図２－24　「日十大王」の箇所

これに対する福山の読解はつぎのようだ。〝この鏡の銘は大王《オホキミ》（仁賢天皇？）の御代の癸未年（五〇三）に、ヲホトの王（継体天皇）がオシサカの宮にました時に（恐らくその臣の）シマが、河内のアタヒの漢人、今州利の二人をしてこの鏡を作らしめたことをいってゐると思はれる〟（「江田発掘大刀及び隅田八幡神社鏡の製作年代について」昭和八年）。

福山の読解には、六つの問題点がある。

㈠「日十」問題

「八月日十」の「日十」の読み方が不明確である（福山は、のちの『書道全集』第九巻の解説〈昭和二十九年〉では「日十《ヒツ》大王」または「曰十《ヲツ》大王」と読み、「オホケ王」〈仁賢天皇〉にあてた。しかし、なぜ「オホケ」が「ヒソ」や「ヲソ」と書かれるのか、説明しえていない）。

(二)　音韻問題

「男弟王」を「ヲオトの王」と読み、「乎富等《ヲホト》王」（継体天皇）にあてる（「袁本杼《ヲホド》命」〈『古事記』〉、「男大迹《ヲオト》天皇」〈『日本書紀』〉、「雄大迹《ヲオト》天皇」〈『風土記』〉）。しかし、「ヲオト」と「ヲホト」とは別音である（この点、水野祐等も指摘）。

(三)　文字判読問題

福山が「念長寿」と読んだのは、他の金石文の慣用句、たとえば『陶斎吉金録』巻七の元興元年の鏡の銘の「命長寿」にあわせようとしたものだ。しかし、写真（本書一三三ページ図2－26）を見れば明瞭なように、「寿」と読むのは無理だ（この点も、水野等指摘）。

(四)　「穢人」問題

〝「穢人」はアヤヒトすなわち後世の漢人と書かれるものに当ると思われる〟として、〝開中費直穢人は河内直漢人を指すであろう〟といっているが、「アヤヒト」に「穢人」というような表記をした例は、他に全く存在しない。したがって、この読み方は恣意的というほかない。

(五)　地理的位置の問題

継体天皇の即位について、記紀はつぎのように伝える。

「天皇既に崩《かむあが》りまして、日続《ひつぎ》知らすべき王無かりき。故《かれ》、品太天皇の五世の孫、袁本杼《をほどの》命を近っ淡海の国より上り坐《ま》さしめて、手《た》白髪の命に合せて、天の下を授け奉りき」〈『古事記』武烈記〉。

「天皇（継体）、年五十七歳、八年の冬十二月の己亥に、小泊瀬《をはつせ》天皇（武烈）崩りましぬ。元より男女無くして、継嗣絶ゆべし。……丙寅に、臣連等を遣はして、節《しるし》を持ちて法駕《みこし》を備えて、三国に迎へ奉《まつ》る」〈『日本書紀』継体紀〉。

右の記紀に共通している一事。それは〝武烈天皇の死後、継嗣（子供）なく、ために近畿大和以外の地より継体天皇を招いて、天皇の位につかしめた〟という一点だ。これが「国内伝承」である。

これを一切無視するのが福山説だ。武烈天皇五年に当る癸未年（五〇三）――武烈天皇の死（五〇六）の三年前――の時点において、武烈天皇の先代に当る仁賢天皇（大王）と継体天皇（男弟王）とが、近畿大和の押坂宮に共在していた、というのだ。あまりにも無造作な記紀の「国内伝承」の否定である。わたしには納得することができない。

㈥「死者共在」問題

癸未年（五〇三）は武烈五年だ。そのときの「大王」は当然、武烈天皇でなければならぬ。しかるに、なぜ仁賢天皇が「大王」なのだろう。しかも、仁賢天皇はこの年の五年前、四九八年に没している。しかるに、死せる仁賢が生ける継体と共在する、とは、一体どうしたことだろう。〝書紀の紀年があやまっており、五〇三年は仁賢天皇の治世だ〟。もし、福山がそう主張するなら、その論証が必要だ。しかし、その論証はない（福山は、昭和八年論文では、「大王＝武烈」の可能性を保留していたが、昭和二十九年の『書道全集』では、「日十大王＝仁賢」説に帰した）。

水野――井上説

昭和二十九年、水野祐はこの人物画像鏡に対して新しい読解を提出した（注＝「隅田八幡神社所蔵鏡の銘文の一解釈」〔「古代」十三号六　一九五四年〕）。水野の判読。

「癸未年《ノ》八月、日十大王《ジジュウノオホキミ》、与㆓男弟王《イロトノキミ》ヲ㆒、在《シシ》㆓意《ヲ》柴《シ》沙《サ》加《カノ》宮《ニ》㆒時、斯麻《シマ》、念《ゼムガタメ》㆓長寿《ヲ》㆒、遣《シ》㆓開中《カフチ》費直《ノアタヒ》、穢人今州利二人等《ヲ》㆒、取《リテ》㆓白《キ》上同二百旱《ヲ》㆒、作《ル》㆓此《ノ》竟《ヲ》㆒」。

水野の理解はつぎのようだ。

〝本鏡は允恭天皇が皇后および諸部族連合体の族長たちの推戴によって、重病の身をもって登極されたので、その族長の一人である斯麻というものが、鏡鑑の有する呪力を信じ、天皇のために鏡鑑を仿製せしめて、病を根治し、天皇の長寿を祈念しようがため、その配下の、おそらく帰化人で文字に通じ、あるいは鏡鑑鋳造法を心得た手人であったであろう、河内直、および穢人の今州利の二人を差遣して、良質の白銅をもってこの鏡を鋳造したのである〟。

水野説の要点を箇条書きしよう。

(1)「日十大王」を「ジジュウ大王」と読む。『三国史記』に新羅第二代の王を「南解次次雄」（四〜二二）といい、金大問《きんだいもん》の注に「遂に尊長者を称して慈充と為す」とある点より、「次次雄＝慈充」とし、これを「呪師的司祭的王者」をあらわす尊号とする。一方、允恭天皇の名「雄朝津間稚子宿禰天皇」の「宿禰」も、同じ意義の呪的尊号とする（「宿禰」を新羅の呪的尊号Su-Suñよりの転訛と見なす）。

このようにして、「日十大王＝允恭」説を基点とする。

(2) 右の帰結から、癸未年は四四三年（允恭三十二年）とする。

(3)「大王年」の「年」を「与」と見なし、「日十大王与《ト》二男弟王一」（日十大王と男弟王と）と読解する。

(4)「男弟王」は、文字通り「弟の王」と解し、〝允恭天皇とその弟王〟と解する（弟王に「大草香皇子《おおくさかのみこ》」をあてる）。

(5)「穢人」を下の「今州利」の修飾とし、「百済系帰化人の今州利」と解する。

右の五点以外は、福山の判読に従うという。水野説の問題点は二つある。

(一)特定力の問題

水野によると、「素戔雄尊」（注＝日本書紀では「素戔鳴尊」、古事記では「速須佐男命」であるが水野氏の引用する藤貞幹の「衝口発」に「素戔雄尊」とあり、これを採用した）も元来「スサオ」または「スソオ」であり、新羅のSu-Suñと関連のある呪的王者の尊称だという。また「オホサザギ」（仁徳天皇）、「ヲハツセワカサザギ」（武烈天皇）の「ササギ」も、このSu-Suñより転訛した語だ、という（さらに『後漢書』倭伝、後漢の安帝に朝貢した〈一〇七年〉倭の「師升」もSeu-Sungであり、Su-Suñと関連があるという）。

図２－25　「斯麻念長泰……」の箇所

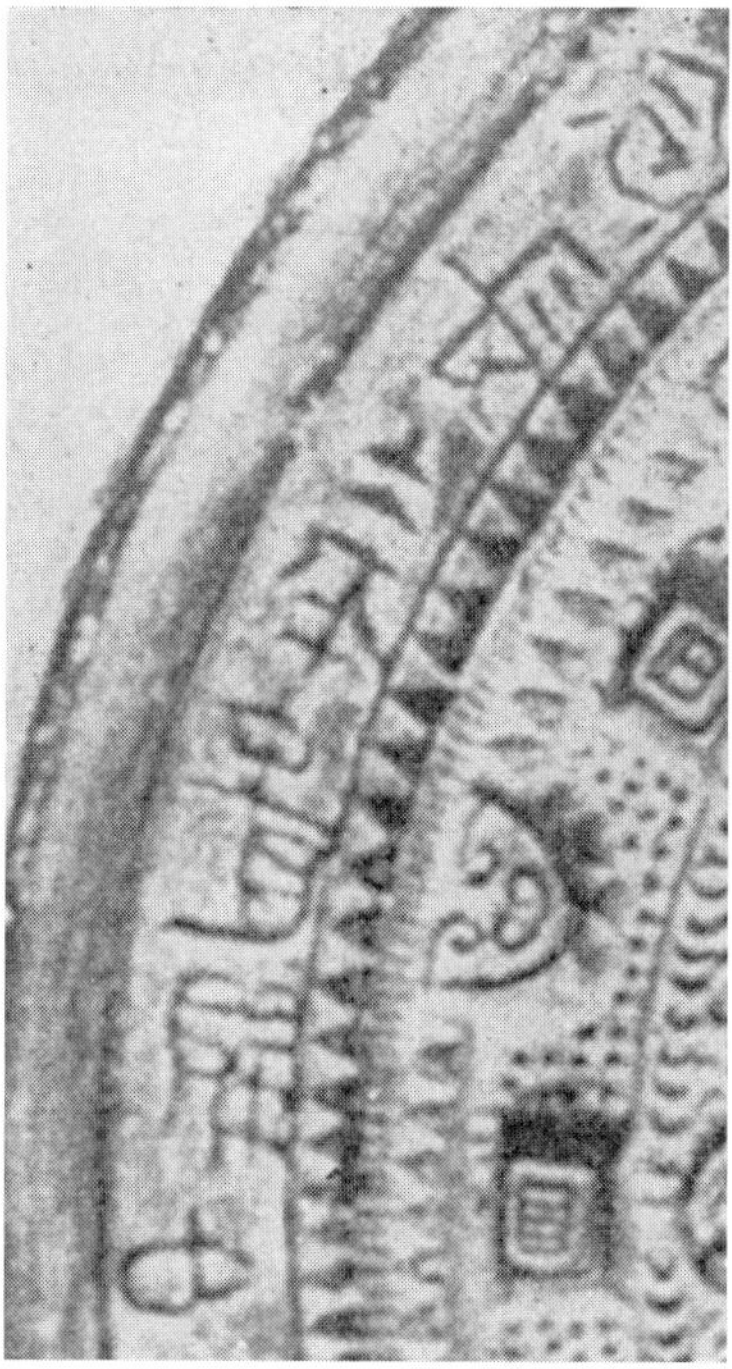

図２－26　「斯麻念長泰……」拡大写真

このような水野の広大な立論からすれば、たとえ「日十」を「ジジュウ」と読んだとしても、それは一般的な「呪的尊称」にすぎず、特定の「允恭天皇」を指定することはできない。したがって「日十大王＝允恭」という特定関係の論証は何等存在しないというほかない。福山の場合、「男弟王」を「ヲオト王」と読んだことが、これを継体天皇に特定する要とされた。しかし水野の場合、「男弟王」は単に「大王の弟」というだけだ。だから、「大王」「男弟王」、ともに特定力がないのである。それゆえ、癸未年をもまた、四四三年に特定することは不可能だ（癸未年は六十年ごとに来る）。

㈡字形判読の問題

「大王年」の「年」を「与」と判読することは、字形そのものからして無理である（一二九ページ写真）。

なお、井上光貞は、水野の「日十《ジジュウ》＝呪的王者」説を「付会」（こじつけ）としてしりぞけ、「私は従来通り八月、日は十日の意味にとっておきたい」という。だが、結論としては、水野の「大王＝允恭」「癸未年＝四四三年」説に賛同した。その理由はつぎの二点だ。

① 倭の五王の済が四四三年に南朝劉宋に遣使している。だから、允恭天皇がこの年に在位していたことはまちがいない。

② 允恭の妃が忍坂之《オシサカノ》太中津《オホナカツ》比売《ヒメ》命（『記』）、忍坂之大中姫（『紀』）であり、この銘文の「意柴沙加宮」と一致する、というにあった（この点も水野説の承述）。

井上説の問題点をのべよう。

右の第一の理由は、井上にとっては、〝中国史書による裏付け〟となるものであった。しかし、「済＝允恭」という比定が成立できないことはすでに明らかとなった。

第二に、「倭の五王」の「二倍年暦」項でのべたように、允恭天皇の実際の在位年代は四六九〜九〇年以降となる（次ページ、B表参照）。それゆえ、四四三年の癸未年を允恭天皇の治世に当てることは不可能である（「意柴沙加宮」問題は後述）。

この金石文に対する、わたしの論証をのべよう。

「寿」ではなく「泰」

(一) まず、字形判定の問題。福山によって「念長寿」と読まれた「寿」（これは水野も同調）だが、これは、「寿」よりは「奉」に近い（かつて高橋健自は「奉」と読んだ）。しかし、なお精視すると、これは「奉」でなく「泰」の左文である（「左文」は文字を裏返しに刻んだもの。左右逆になる。この銘文には左文が出現している。この直後の「遣」などは、その明白な例である〈前ページ図2-26〉）。

［B　表］

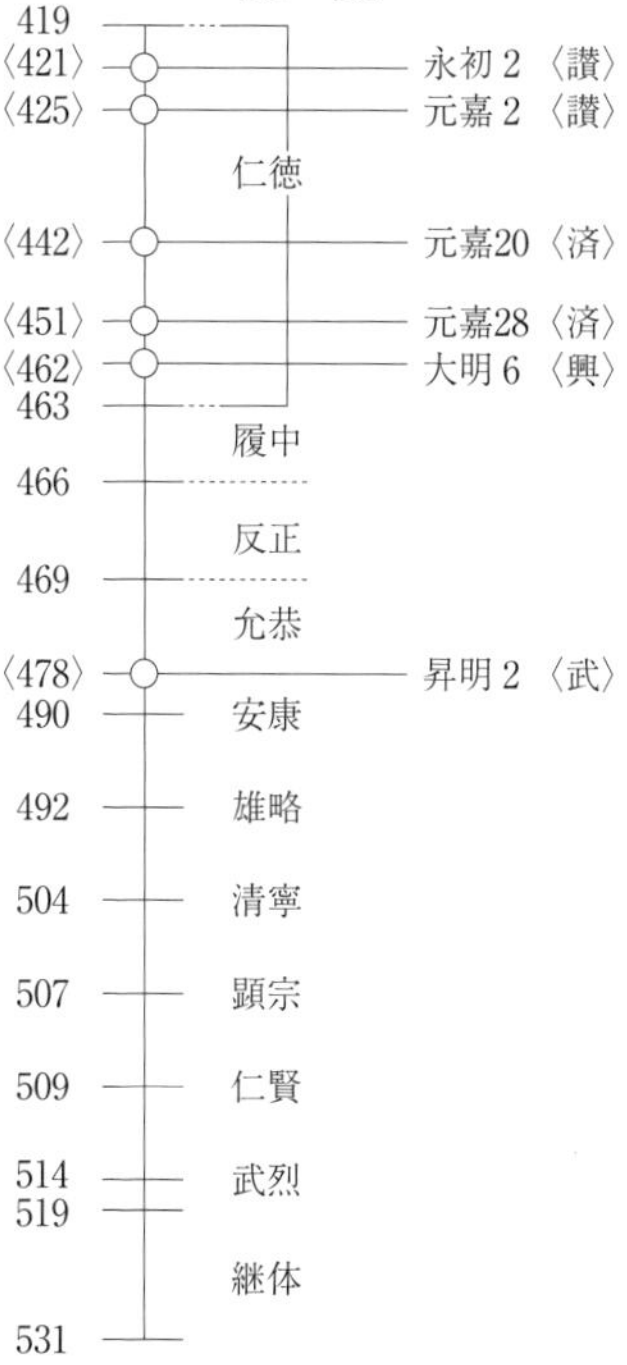

継体以前を二倍年暦とした場合の年代

［A　表］

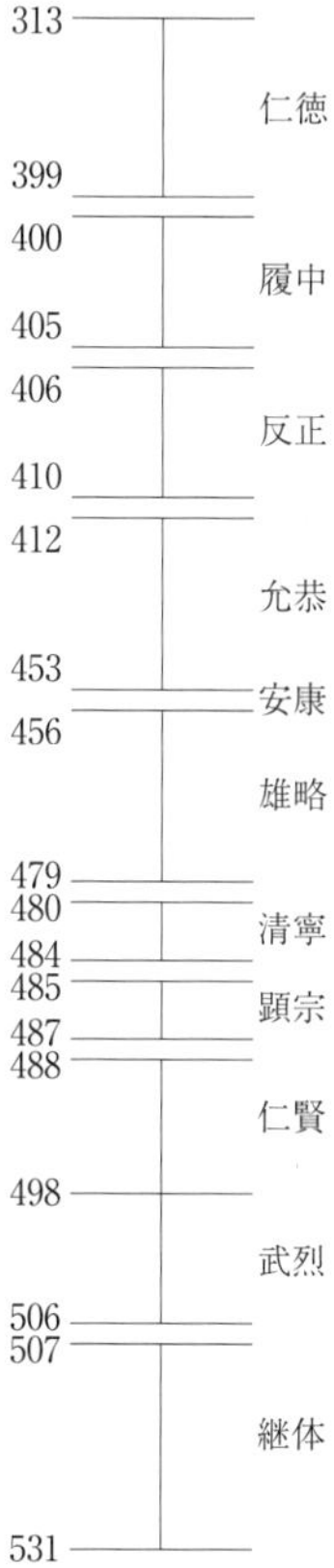

日本書紀年代

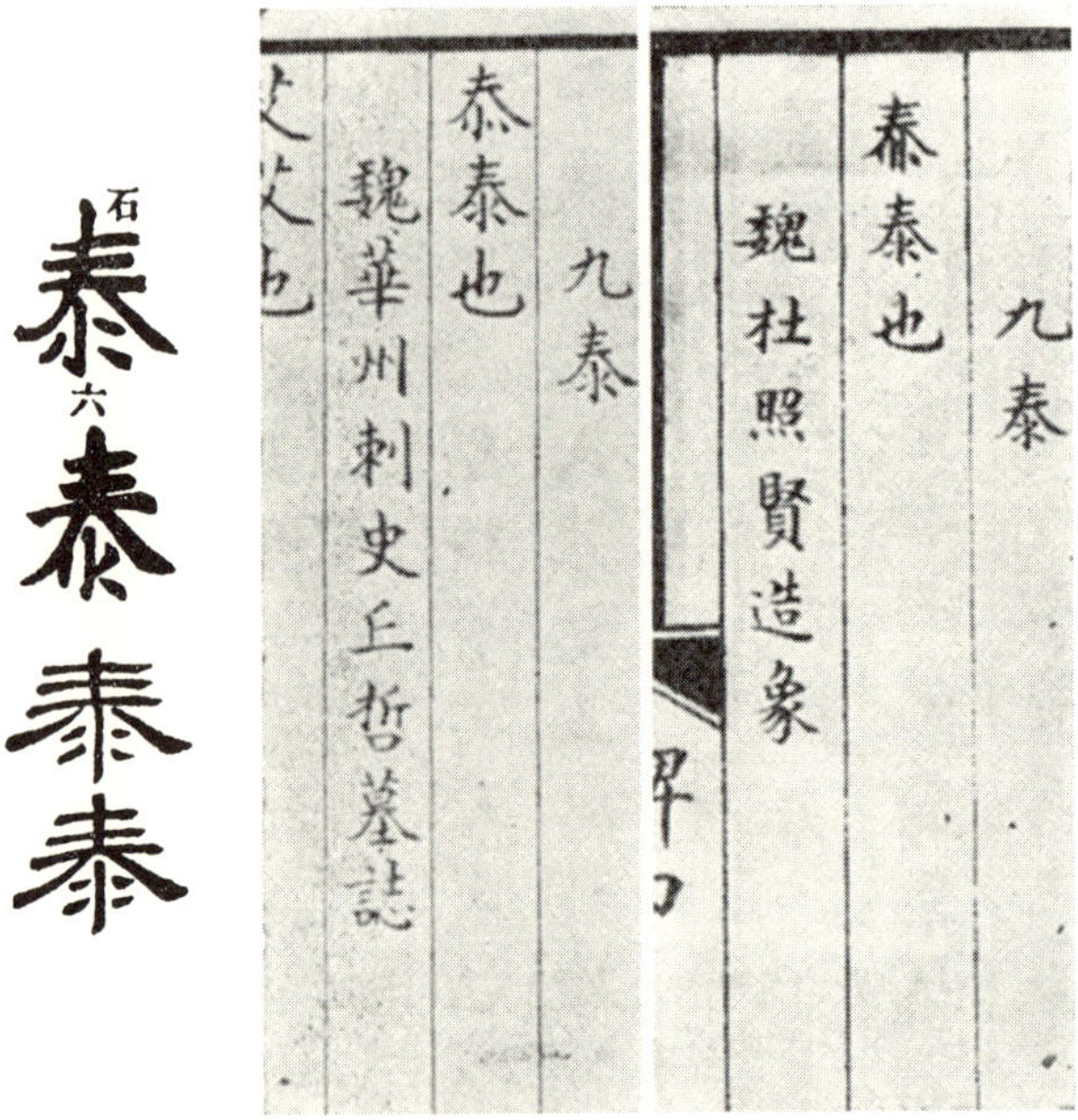

図2－27　「泰」の各種字体（右『碑別字』，中『碑別字拾遺』，左『五体字類』より）

なぜなら、この「𡗗」の下にある字画は「丰」のように左右均整ではない。縦棒の左側が「＝」となっているのに対し、右側は一点または一横棒である。

ところが「泰」の場合。「泰」と左右不均整にも書きうる。だが、「奉」は常に左右均整だ。それゆえ、ここは「奉」でなく、「泰」である。「念㆓長泰㆒」（長泰を念じ）であり、斯麻が相手（大王、男弟王）の〝長く泰《やす》らかなことを念じる〟意だ。

「泰」の用法を見よう。

①　〝おおきい〟

泰は、大之極なり。〈書経、泰誓、疏〉

泰は大なり。

〈左氏、哀、九、泰の需に之《ゆ》くに遇う。疏〉

②　〝ゆたか〟

西風、之を泰と謂う。〈疏〉西風、物を成す。物、豊泰なり。

〈爾雅、釈天、疏〉

③　〝やすらか〟
　泰、安なり。〈字彙〉
④　〝安らかにのびのびしていること〟
　君子、泰にして驕らず。〈論語、子路〉
「長泰」には、つぎの例がある。
　金、廃して臨潰・長泰の二県に入る。〈読史方輿紀要、直隷・附考、大良哈〉
　南唐、保大元年、升《あ》げて県と為す。改めて長泰と為す。〈読史方輿紀要、福建、漳州府〉
いずれも〝長く泰《やす》らか〟という意味から、県名に名づけられたものであろう。したがって、この三字は、斯麻が相手にこの鏡を贈るための吉祥句である。水野説のようにことさら当の「大王」が〝重病の中〟にあった、と考える必要はない。
㈡　「対等の論理」について。右の三氏の説には共通した重大な盲点がある。それは「大王・男弟王」と「斯麻」と、両者の身分関係だ。右の両説とも、「大王」を「天皇」に当てている。そして「斯麻」は、その天皇の臣下の一豪族だ、という（福山は「（恐らくその臣の）シマ」といい、水野は「族長の一人である斯麻」という）。
　では、なぜ、「奉」「献」等の用字（敬語表現）がないのだろうか。
①（甘露元年、前五三）冬、匈奴単于、左賢王を遣わして朝賀す。〈漢書八、宣紀〉
②（正始四年、二四三）冬十二月、倭国女王俾弥呼、使を遣わして朝賀す。〈三国志巻四、三少帝紀〉
③西南夷、訶羅陁国、元嘉七年（四三〇）、使を遣わして表を奉じて曰く、「……伏して惟《おもん》みるに、皇帝は是れ我が真主、臣は是、訶羅陁国王、名は堅鎧と名づく。……今故に使を遣わして此の丹誠を表す。遣わす所の二人、一の名は毗紐、一の名は婆田、天子の足下に到らしむ。……是の故に、今二人を遣わして此

の微心を表す。……今微物を奉ず。願わくは哀納を垂れんことを」〈宋書五十七、夷蛮伝、訶羅陁国〉

④（林邑国）（隋の）高祖、既に陳を平ぐ（五八九）。乃《すなわ》ち使を遣わして方物を献ず。

〈隋書八十二、南蛮伝、林邑〉

右の諸例のように、Aが自分の主（上位者）に使者を派遣する場合、

「A、遣二（使者）一＋《プラス》（敬語（奉・朝・献など）をともなう動詞）」（注＝③の場合「遣使奉表日」となる）

の形をとることは当然である。右の①～④のような例は数え切れないほどだ。ことに③の場合、二人の使者を派遣した当人（訶羅陁国王、堅鎧）の文章である。そこでも、当然、右の文形をとっている。

ところが、この人物画像鏡の場合、

「斯麻、遣二㋑㋺二人等一、取二白上同二百早一、作二此竟一」

とある。ここには「取」「作」という動詞に対して、敬語表現が一切存在しない（高橋健自は「念長泰」の「泰」を「奉」と判読して、「……を遣わし奉る」と読解した〈「在銘最古日本鏡」大正三年〉。先にのべたように、この「奉」という判読自体があやまりである上、このような文形は存在しない。敬語は、「遣」の下に来ること、右の諸例の示す通りである）。

両者は対等の位置

では、この文章は、両者のどんな身分関係を示しているだろうか。

（一）「斯麻」と「大王・男弟王」とは、支配と従属との関係にはない。根本的に対等だ。――これが、この文脈の示す不可避の帰結である（これにともなう「斯麻」の称号問題はのちに詳記する）。

（二）この銘文中の「大王」は、一つの王朝の中心権力者を示す語だ。『三国史記』では、新羅本紀・高句麗本紀・百済本紀とも、おのおの、その国王は「――大王」と呼ばれている。「寡君の、大王を徳とするや、量る可からざるなり」〈三国史記四十五、列伝、朴堤上、――前出〉。これは第四章の四の中の「珠玉の説話」中の文だ。新羅人たる堤上が自分の主君（百済国王）を「寡君」と呼び、相手国（高句麗）の国王を「大王」と

呼んでいる。つまり、「大王」は隣国王への敬称としても、用いうる用語なのである。

一方、人物画像鏡中の「大王・男弟王」が日本列島内の王朝の主であることは疑えない。なぜなら、「意柴沙加宮」という表記の傍点四字が〝倭語の表音表記〟であることは疑えない。その宮殿内に、この「大王・男弟王」はいる、というのであるから。

このように理路をたどってくると、「斯麻」の地位は、おのずから明瞭な輪郭の中に浮かび上がってくる。それは、日本列島内の王朝の隣国、すなわち朝鮮半島内の「国王」に相当する地位の人物だ。そのような地位にある人物として、わたしたちは「斯麻」と名乗る人を、ただ一人知っている。すなわち、武寧王、その人である。

(三) この「斯麻」が百済の国王である、という帰結は、斯麻の派遣した二名の使者の名称からも、証明しうる。「開中費直」と「穢人今州利」に分けてのべよう。

開中費直とは……

この「費直」という官名は『日本書紀』欽明紀中の『百済本記』に出現する。

「百済本記に云はく『加不至費直《かふちあたひ》・阿賢移那斯《あけいなし》・佐魯麻都《さろまつら》等』と。未だ詳《つまびらか》ならず」

(注＝欽明天皇二年秋七月の項、岩波日本書紀七二ページ)。この「加不至《かふち》」がすなわち「開中」である、という可能性もある。

唐朝は近畿天皇家の使者「小野妹子」を「蘇因高」と名づけた。

「唐国、妹子臣を号《なづ》けて蘇因高と曰ふ」〈『日本書紀』推古十六年〉。

この「因高《いんこう》」が日本名「妹子《いもこ》」にもとづいた造字であることは明白だ。これと同じく、倭名「加不至《かふち》」(河内)を、百済側で「開中」と造字したという可能性は十分ある。しかし、それ以上に確実なことは、「費直」という官名が両者に共通していることだ。

ところで、この「加不至費直」(河内直)という人物は「安羅日本府」の重要人物だ。

(A)（欽明二年）秋七月に、百済、安羅の日本府、新羅と計を通《かよは》すを聞きて、前部奈率鼻利莫古《ほうなそちびりまくこ》・奈率宣文《もん》・中部《ほう》奈率木劦眯淳《もくらまいじゅん》・紀臣《きのおみ》奈率弥麻沙《みまさ》等を遣して、（注略）安羅に使して、新羅に到れる任那の執事を召して、任那を建てむことを謨《はか》らしむ。別《こと》に安羅の日本府の河内直《あたひ》の、計を新羅に通すを以て、深く責め罵《の》る（この直後に、先の『百済本記』の引文「加不至費直……」を掲ぐ）。〈欽明紀〉

(B)（欽明五年二月）（百済）、別《こと》に河内直《かふちのあたひ》 百済本記に云はく、「河内直・移那斯・麻都」と。而るに語訛《よこなま》りて未だ其の正しきを詳《つまびら》かにせず。に謂はく、「昔より今に迄《いた》るまでに、唯汝が悪《あしきこと》をのみ聞く。……」〈欽明紀〉

「河内直」という表記は『日本書紀』の編者の造作ではない。それは、(B)に示されているように『百済本記』中に出現している。もちろん、これは倭国側の表記だ。これに対し、「加不至費直」の方は百済側の表記だ。

「〈倭国側〉河内直――加不至費直〈百済側〉」

それゆえ、人物画像鏡の表記は、この銘文の〝書き手〟が百済側であることを示しているのである。その上、この『百済本記』に出現する「河内直」は、安羅日本府の要人として、倭国王と百済国王との間にあって重要な役割を果していることが注目される。

穢人今州利

「穢人」について、次の用例がある。

「（真興王）九年（五四三）、春二月。高句麗、与㆓穢人㆒攻㆓百済ノ独山城㆒」（高句麗、穢人と、百済の独山城を攻む）。〈三国史記、新羅本紀、真興王〉

ここに「穢人」というのは、文字通り〝「穢（ワイ）」の人〟の意味だ。高句麗好太王碑文にも「韓穢」と「穢」字が用いられている。

「（陽原王）四年（五四八）、春正月。以㆓濊兵六千㆒攻㆓百済独山城㆒」（濊兵六千を以て百済の独山城を攻む）〈三国史記、高句麗本紀第七、陽原王〉。

この「濊」も、先の「穢」と同義である。

濊の南は辰韓と、北は高句麗・沃沮《よくそ》と接す。東は大海に窮まる。今、朝鮮の東、皆其の地なり。〈三国志三十、魏志東夷伝中の濊伝〉

国、鉄を出し、韓・濊・倭、皆従いて之を取る。〈三国志三十、魏志東夷伝中の弁辰伝〉

だから、人物画像鏡の「穢人」も、この「穢の人」ととるのが、もっとも直截な理解だ。

つぎに「今州利」の「州利」について見よう。

(A)〈継体〉七年〈五一三〈武寧王十三年に当る〉〉の夏六月に、百済、姐弥文貴将軍・州利即爾《そに》将軍を遣はして、穂積臣押山 百済本記に云はく、委の意斯移麻岐弥といふ。に副へて、五経博士段楊爾《だんように》を貢る。〈日本書紀、継体紀〉

(B)〈継体十年、五一六〈武寧王十六年に当る〉〉秋九月に、百済、州利即次将軍を遣はして、物部連に副へて来り、己汶の地賜ることを謝《かしこま》りまうす。別《こと》に五経博士漢安茂を貢《たてまつ》りて、博士段楊爾に代へむと請ふ。〈日本書紀、継体紀〉

右において、使者「州利即爾（次）将軍」・博士「段楊爾」の二名が(A)(B)に共通している。だから、一連の記事であることは明白だ。そして彼等を〝遣わした〟この時の百済の国王は、すなわち武寧王「斯麻」であった。(A)の「姐弥《さみ》」は百済の複姓（二字の姓）である、という（岩波古典文学大系、補注）。とすれば、「州利」も一応「複姓」と見なされよう。また、これはもと官名であって、のち「複姓」に転化したもの、とも考えられよう（たとえば「司馬」も、もと官名で、のち「司馬懿」「司馬達人」のように、「複姓」のように使われている）。

要は、右の(A)(B)とも、百済国王の武寧王「斯麻」が「州利――」という人物を使者として、倭国に派遣していることだ。このことは「州利」が百済における「官名」もしくは「複姓」の類であることを示している。それゆえ、この点も、人物画像鏡において、「穢人、今州利」を遣わした「斯麻」が武寧王その人であることを有力に示唆するものである。

使者の性格

(四)「使者二名」の内実について。右によって、「斯麻」の遣わした二名の使者は、

開中費直——安羅日本府の要人、

穢人、今州利——百済国内の官人、

という性格の差をもっていることが判明した。そこで、つぎの記事を見よう。

「（推古十八年、六一〇）秋七月に、新羅の使人・沙喙部奈末竹世士、任那の使人・喙部大舎首智買と、筑紫に到る」〈『日本書紀』推古紀〉。

ここでも、新羅の使者と任那の使者との二名が、同道して筑紫にいたっている（この筑紫が俀国多利思北孤の王朝の地であることは、いうまでもない）。また、先の(B)においても、百済の州利即次将軍は、倭の物部連にともなわれてきている。

右のいずれにおいても、共通の形式（新羅や百済の国の官人と、安羅・任那日本府や俀の官人との二名）をとっている。この点も、「斯麻」が百済国から倭国へ、使者を送った、という理解を裏づけするものだ。ただ、「斯麻」は「開中費直」に「副え」て「穢人、今州利」を遣わしたのでなく、二名とも「斯麻」が〝遣わした〟とされている。すなわち、「開中費直」は「河内直」とは別人であり、「百済の官人」そのものである、と見なすべきであるとも見えよう。なぜなら、倭国の官人たる「河内直」を百済王が〝遣わす〟はずはない、と一応考えられるからだ。けれども、この点に関してつぎの用例がある。

「（俀王）於レ是、設二宴享一以遣レ清。復令三使者随レ清来貢二方物一」（〈俀王〉是に於いて、宴享を設け、以て清を遣わす。復た、使者をして清に随い、来って方物を貢せしむ）〈『隋書』俀国伝〉。

右の文の主語は、当然、俀王多利思北孤である。しかるに、隋の官人（使者）裴世清《はいせいせい》に対して「遣」の文字が用いられている（この「遣」の目的地は近畿大和。〈第三章六の中の「二つの道」の項参照。ミネルヴァ書房版二

六六ページ〉)。

このような用例から見ると、「開中費直」を安羅日本府の官人である「河内直」その人であると見なすことは、依然、可能である。

大王と男弟王

㈤　「大王と男弟王」の属する王朝

以上の分析の行く手は、明白だ。「斯麻」が人物画像鏡をもたらした王朝は近畿天皇家ではない。九州王朝だ。──これが当然の到着点である。その理由を箇条書きしよう。

〔Ⅰ〕東アジアの情勢

①『宋書』倭国伝で、倭王武は「道、百済を遙《へ》て、船舫を装治す」とのべ、「倭──百済」両国間の密接な関係を示唆している。これは五世紀末（四七八年）の上表文だ。

②さらに『百済本記』は、磐井の王朝に対し「日本天皇……」の表記を行なっている。これは六世紀初頭（五三一年）である。

③継体天皇の磐井討伐の詔の中にも「高麗・百済・新羅・任那等の国の年《としごと》に職《みつぎもの》を貢る船を誘《おこつ》り致し」〈継体紀二十一年、前出〉とあり、百済と国交を結んでいたのが、磐井の王朝であることを示している。これが六世紀初頭の実情である。

④『隋書』俀国伝にも「新羅・百済・皆俀を以て大国にして珍物多しと為し、並びに之を敬仰し、恆《つね》に通使・往来す」（前出）とあり、これを裏書きしている。

右のような、東アジアの情勢から見れば、六世紀初頭（五〇三年）、「武寧王と倭国との通交」の、「倭国」とは、当然、九州王朝でなければならぬ。

〔Ⅱ〕「二人の使者」

このことは、「二人の使者」問題からも、裏づけされる。

ⓐ「加不至費直」（河内直）のことを記載する『百済本記』のえがく「日本」は、すべて九州王朝だ。

ⓑ武寧王が派遣した「州利即爾（次）将軍」の記事（『日本書紀』継体七、十年、本文）も、『百済本記』にもとづく、と見られるから、その派遣先は近畿天皇家でなく、九州王朝である。

ⓒ「開中費直」を「加不至費直」（河内直）と同じ安羅日本府の官人とする場合。安羅日本府の属した「日本」は、すなわち九州王朝だ。だから、彼が帰来した国はやはり九州王朝でなければならぬ（「河内」の地名は熊本ほか九州の各地に幾つも見られる）。

以上の三点は、ともに人物画像鏡の「二名の使者」派遣先が、九州王朝であることを示している。

兄弟王朝

〔Ⅲ〕「兄弟」王朝

人物画像鏡の銘文自体の示す、もっともきわだった特徴。それが右の帰結を一段と明確に確定している。それは、冒頭の「日十大王年男弟王」の表記だ。「王」字が二回出てくる。したがって、ここに二名の人物がいることは確実だ。しかし、考えてみると、これは奇妙だ。「大王」が天皇を指すなら、〝臣下たる〟斯麻は、その「大王」にこそ、この鏡を献ずべきだ。その「大王」の称号を出しておいてから、別人たる「男弟王」（継体――福山説）にこの鏡を〝献ずる〟など、不自然である。水野――井上説の場合もそうだ。「大王＝允恭」なら、その「大王」に向けてストレートに献上すればいい。そこに「男弟王」などの名を付加する必要はない。

これに対して、九州王朝はどうだろう。

乃ち共に一女子を立てて王と為す。名づけて卑弥呼と曰う。鬼道に事《つか》え、能く衆を惑わす。年已《すで》に長大なるも、夫壻《ふせい》無く、男弟有り。佐けて国を治む。　（三国志、魏志倭人伝）

使者言う。「俀王は天を以て兄と為し、日を以て弟と為す。天未だ明けざる時、出でて政を聴き、跏趺して坐し、日出ずれば便《すなわ》ち理務を停《とど》め、云う『我が弟に委ねん』と」と。〈隋書、俀国伝――前出〉

右のように、「姉――弟」「兄――弟」の共同執政という特異の政治形態が、九州王朝のきわだった特色をなしている。『三国志』の「男弟」の用語も、ズバリ一致する。

さらにこの特異の政治形態にもとづくと思われる九州年号のあることは、すでにのべた。

「兄弟元年（戊寅、五五八、欽明十九年）――兄弟二年（己卯、五五九、欽明二十年）」〈海東諸国記〉。

これは人物画像鏡の癸未年（五〇三）と同じ六世紀の例だ。この段階においても、九州王朝が「兄弟執政」の形態をとっていたことが察せられる。このような特異な政治形態をもとにすると、「大王」と「男弟王」の併記という「書式」はきわめて自然なのである。「斯麻」は相手の王朝の政治形態の実際に、よく対応した表記をとっているのである。

大王の名

(六)「日十大王年」

この「大王」の名称について考えよう。この部分について、従来、疑惑が多かった。

① 「日十」を「十日」の誤刻と見るのが、福山説以前の通説だった。しかし、版本、写本の類についてすら、自説に適合させるため、必要にして十分な論証なく、「誤写」説をとることの危険なことは、前の本以来、しばしばのべた。しかるに、金石文は第一史料だ。いわば〝自筆本〟である。これに対し、誤記説をとるには、どんなに慎重でも慎重すぎることはない（〝「左文」があるから、「誤記」もあるだろう〟といった、漠然たる類推では不十分である）。

② 福山は「年」について、〝大王の年〟と解した。しかし、そうすると〝癸未の年に、……大王の年に、意柴沙加宮に在る時に〟という風に、三回も時点を示す表現が連続して不自然である点、指摘された（水野祐）。その通りだ。

③ だが、これに代って、この「年」を「与」と見る水野説は、字画そのものの姿から無理だ（前述）。

これに対して、わたしの論証をのべよう。

（一）「日十大王」について

これは「ヒト大王」であると思われる。俀国王は「多利思北孤」だ。これは「タリシホコ」つまり「足《た》りし矛《ほこ》」の意だ（前述）。このうち、〝足りし〟は〝豊富にある〟という意味の美称であり、隋への国書の自署名である（前述）。だから、名前の実体は「矛」にある。つまり大王称号をつければ「ホコ大王」だ。これに対し、「ヒト大王」は、美称でよべば、〝タリシヒト〟となろう。「タリシホコ」が〝矛の豊富に存在する〟という意味で、〝筑紫矛〟の国の王者にふさわしかったのと同じく、〝満ち足りて豊富な人民を擁する〟ことは、王者にとって、誇るべき内容だったであろう。ただ、この場合、「日十」を「ヒト」と読む訓読の方法、逆にいえば、倭語の訓表記の方法が、可能か、という問題だ（水野の「ジジュウ」の場合は、音表記である）。

この点については、福山説において、「男弟王」を「ヲオト王」と読む時と同じだ。福山自身は〝六世紀初頭に、近畿天皇家において、すでに訓表記が使用されていた〟という論証をあげることはなかった。にもかかわらず、〝「訓表記」という方法は、まだありえなかったはずだ〟という形では、水野等も、特に異議を出していないようである。

しかし、それは、わたしにとっては、かかわりのないことだ。わたし自身は、論証の手続きとして、必ずつぎの命題を検証せねばならぬ。〝六世紀初頭、九州王朝において「訓表記」の方法はすでに成立していたか？〟と。これについて、一個の回答がある。

「東北の角に当りて、一別区有り。号して衙頭と曰ふ。衙頭、政所なり。其の中に一石人有り。縦容《しょうよう》として地に立つ。号して解部と曰ふ。前に一人有り。躶形、地に伏す。偸人と号す。生けりしとき、猪を偸《ぬす》むことを為す。仍りて罪を決するに擬す。側に石猪四頭有り。贓物と号す。贓物、盗物なり」〈筑後風土記――前出〉。

右の四つの傍点の語は、いずれも磐井時代の用語だ。「号二――一」（……と号す）という形と、注記の内容がそれを示している（「政所」「盗物」というのは、風土記成立時点の用語を用いて説明しているのである）。

このうち、「衙頭」が漢字使用の上に立った、中国語表記であることはすでにのべた。今の問題は「解部」だ。これは通常「トキベ」と読まれている。たしかに「解部」という、中国の成語はないから、「トキベ」という倭語をこのような形で漢字表記していたものと見なされる。すなわち、「倭語の訓表記」である。これは磐井の滅亡（五三一）以前だ。このような用語は一朝一夕に成立するものではない。従来の使用慣例がこの墓域に表現された、と見るのが自然であろう。とすると、六世紀初頭において、九州王朝においてはすでに「倭音の訓表記」が行なわれていた、と見てさしつかえない（「偸人」〈ヌスビト〉もこれに類するものであろう）。

さらにこの王朝に「――部」という表記の成立していた証拠は『百済本記』にもある。

「百済本記に云はく、『物部至至連《ちちのむらじ》』と」〈『日本書紀』継体九年（五一五）〉。この「物部」が「モノノベ」の訓表記であることは当然だ。「――部」という形である。しかも、この引文に対する本文はつぎのようだ。

「（継体）九年の春二月の甲戌の朔丁丑に、百済の使者文貴将軍等、罷《まか》らむと請《まう》す。仍《よ》りて勅して、物部連名を闕《もら》せりを副へて遣はし、罷り帰らしむ」〈『日本書紀』継体九年〉。

このときの百済国王は、武寧王であり、「文貴将軍」とは、先の「姐弥文貴将軍」だ。そして日本側がこの文貴将軍を百済へ送り帰すとき、「遣」の文字が用いられている。

『日本書紀』の編者は、これを継体天皇の事績として本文に記しながら、「物部連」について、「名を闕《もら》せり」として、該当者を見出していない。つまり、『百済本記』によって記事を書いたものの、近畿大和の天皇家内の「国内伝承」の中には、それに該当する人名を見出さなかったのである。以上は、五一三年の時点において、漢字の訓表記の用いられた証拠だ。

つぎに「日十」の字面について見よう。これを「人」というストレートな訓表記にせず、この二字を用いたのはなぜか。これは九州王朝側が実際に使用していた〝佳字〟であろう。『隋書』俀国伝に「天――兄、日――弟」という政治思想がのべられている。「日本」という自称も、「日の本は、天」というイメージを内蔵しているのではあるまいか。

「安羅人は日本府を以て天とす。唯、其の意にのみ従う。百済本記に云はく、『安羅を以て父とす。日本府を以て本とす』という」〈『日本書紀』欽明五年三月〉。右の本文も、当然『百済本記』にもとづいている。ここにあらわれた思惟様式は、「天――日」の密接な関連を根本としているようである。

右のような思想から、「人」をあえて「日十」と表記したのではあるまいか（九州古墳壁画に日輪状のものが数多く描かれていることも、興味深く思いおこされる）。それはちょうど、俀国の多利思北孤が「矛」を「北孤」として、天子にふさわしい字面で表記したのと同様である。ただちがうのは、つぎの点だけだ。「日十」の場合は、九州王朝固有の政治思想に立った「佳字表記」である。これに対し、「北孤」の方は、外来の中国思想にもとづく「佳字表記」だ。このちがいである。

（二）「年」について

この「年」は簡単だ。これは中国風一字名称だ。「與」「旨」「讃・珍・済・興・武」につづき、「年」と名乗っているのである。

大いに年有り。〈春秋伝〉
五穀、皆熟、年有りと為す。〈穀梁、桓、三〉
年有り、土を瘞す（注　年、穀なり）。〈呂覧、任地〉

このように「年」は〝みのる、みのり〟と読み、〝五穀が成熟する〟ことだ。穀物は年に一回熟するから、「一年」の義が生じたのである。漢の武帝のときにも「李延年」がいたように（『史記』一二五、『漢書』九十七）、人名にも不似合いな文字ではない。

㈢「日十大王年」の全形について

これについて、わたしたちはすでに先例を見た（前出）。

〔字〕　〔中国風一字名称〕
渉珪――開　〈宋書九十五、索虜伝〉
木末――嗣　〈宋書九十五、索虜伝〉
仏貍――燾　〈宋書九十五、索虜伝〉

また『漢書』には、つぎの例があった。

〔字〕　〔中国風一字名称〕
須卜居次――云　〈漢書匈奴伝下〉
烏累単于――咸　〈漢書匈奴伝下〉

ことに最後の場合、

烏累　単于　咸
日十　大王　年

と、全く同形であることが注目せられる。先の「與」「旨」や倭の五王の場合も、このような中国名称の他に当然、倭風名称をもっていたはずだ。ただ、倭風名称の方が中国史書に姿をあらわしていないだけなのである。その点、武寧王も「斯麻――隆」の二つをもっていたが、中国史書には「余隆」の方だけあらわれている。

ところが、今、百済側の表記により、はじめて「倭風名称」と「中国風一字名称」の両者を同時に知ることができたのであった。

オシサカか
イシサカか

(四)「意柴沙加宮」

この宮号は従来、自明のように「オシサカノミヤ」と読まれ、「忍坂宮」に当てられてきた。

福山は『記』『紀』の人名等の中から、左のような「オシサカ」を検出した。

(A)①忍坂大中比売（応神記）――応神天皇の皇女――
②忍坂大中姫命（允恭紀）、忍坂大中津比売（允恭記）――允恭天皇の皇后――

(B)①押坂彦人大兄皇子（敏達紀）、忍坂日子人太子（敏達記）――舒明天皇の父――
②押坂墓（延喜諸陵式）――田村皇女――右の皇子の妃
③押坂陵（皇極紀）、押坂内陵（延喜諸陵式――大和国、城上郡）――舒明天皇――

福山の推定した「男弟王＝継体」は、右の(A)と(B)の間の時期だ。だから、このころも「忍坂――押坂」という地名があり、その宮殿を「意柴沙加宮」といったものだろう、と推定したのである。一方、井上は(A)の②を「大王＝允恭」という推定の基礎とした。しかし、実はこのような「地名（宮名）比定」をする前に、あらかじめ吟味すべき不可欠の課題がある。それは、はたしてこれを「オシサカノ宮」と読んでいいのか、という問題だ。以下、順を追ってのべよう。

〔Ⅰ〕

「意」はたとえば、つぎの(A)の例において、「オ」と読まれている。

(A)①意能碁呂島（記――神代）（淤能碁呂島の注記）
②意富加牟豆美命（記――神代）
③意富加羅国（垂仁紀、一六年）

(B)百済本記に云はく、「委の意斯移麻岐弥」と。〈日本書紀、継体七年――前出〉

右の(A)においては、『記』『紀』の編者は「意＝オ」という表記を用いている、と見えよう。しかし、(B)は

『記』『紀』の編者でなく、『百済本記』内の表記だ。その『百済本記』は六世紀末か、七世紀初頭の成立である。ところがこの時期、中国側では「意＝イ」の音であった。

意　イ　於記切　（広韻）
（集韻）
於其切　（集韻）

右の唐代の『広韻』は、隋の陸法言等が仁寿元年（六〇一）に完成した『切韻』にもとづいたもの、とされている。

〈隋の仁寿元年、六〇一〉切韻 →〈唐の儀鳳二年、六七七〉長孫氏箋注本（長孫訥言、旧本の誤謬を正す）→〈唐の天宝十三年、七五四〉唐韻（孫愐の増修）→〈宋の大中祥符元年、一〇〇八〉広韻（陳彰年・邱雍等、更に重修）→〈宋の宝元二年、一〇三九〉集韻（丁度・司馬光等）

したがって、六世紀末、七世紀の場合、わたしたちは同時代の韻書の発音を知ることができる。それによると、「意＝イ」である。また、

移　イ　余支切　（集韻）
以鼓切　（集韻）
〔他に「シ」がある〕

であるから、「移＝イ」は、六世紀末・七世紀初の発音として、第一に考うべき音だ。そこで、右の『百済本記』の人名は、「委《ゐ》意《い》斯《し》移《い》麻《ま》岐《き》弥《み》」という読みが自然なのである。

〔Ⅱ〕

ところが、この人名は通常、「委《やまと》の意《お》斯《し》移《や》麻《ま》岐《き》弥《み》」と読まれている。それは、つぎの本文の中にあるからだ。

「〈継体〉七年の夏六月に、百済、姐弥文貴将軍・州利即爾将軍を遣はして、穂積臣押山〈先の『百済本記』引文注記〉に副《そ》へて、五経博士段楊爾を貢る」〈継体紀〉。

本文の「押山〈オシヤマ〉」と対比したため、右の読みが生れたのである。だが、よく注視すると、『百済本記』中の人名には、見のがしえぬ特徴がある。

①「――君」という形。これは「筑紫君、磐井」というように九州王朝の君主を指す語であった。

②「委」という形。これは、通例「委《やまと》の」と読まれている。「日本人の……」という意味だ。しかし、これはおかしい。なぜなら、『百済本記』中、他の日本人には、このような言葉がかぶせられていないからである。

「百済本記に云はく、『河内直・移那斯・麻都』と」〈欽明紀、五年〉。

だから、「やまとの」と読んで、「委」を〝無意味の字〟と化せしめるのは、フェアでない。

先にのべたように、「委＝倭」であり、「倭国」の意だ。「倭讃」「倭王倭済」のように、九州王朝の君主は、これを「姓」として用いていた。すると、右の人名は「倭――君」という形をとり、まさに九州王朝の君主の名となっている。つまり、「倭石の今君」である。――「今君」は「今上」の意かもしれぬ。

これに対し、「穂積臣押山」〈本文〉の方は、明らかに〝近畿大和の臣下の人名〟だ。これによってみると、両者は明らかに別人である。『日本書紀』の編者は、『百済本記』中の人名〈委意斯移麻岐弥〉と類似した発音の人名を、手もとの近畿大和天皇家内部の人名〈押山〉に見出し、この両者を「結合」した。それは、先にのべた「沙至比跪＝葛城襲津彦」の「結合」と、同じ手法であった。

〔Ⅲ〕

人物画像鏡に対し、わたしは〝百済の武寧王が九州王朝に対して贈ったもの〟と解した。とすれば、当然、「意」は『百済本記』と同じく、「イ」と読まねばならぬ〈『百済本記』も、「武寧王→九州王朝」の交渉を記した記事である)。すなわち、「意柴沙加宮《イシサカノミヤ》＝石坂宮」である。

つぎの『筑後風土記』の文を見よう（前出）。

「彼の処に、亦、石馬三疋・石殿三間・石蔵二間あり」（磐井君――先の「衙頭・解部・偸人・贓物」記事の直後に当る)。

ここでは、石造の宮殿が三つ、同じく石造の蔵が二つある、とのべられている。石人・石馬のおびただしく存在するのとあわせて、これはまさに「石造文化」の王朝である。したがって、右の石造の宮殿の一つが「石坂宮」と名づけられていた、としても、不思議はない。

『日本書紀』の「磐井」は『古事記』では「石井」と書かれてあり、これは文字通り「イシヰ」と発音したのかもしれぬ（九州王朝側の発音）。「磐」も「大石」のことであるから（「磐、大石なり」〈集韻〉）、「壮大な石」の意味で、「磐井」と記し、その訓はやはり「イシヰ」が原地音であったかもしれぬ。また、先の「倭石の今君」という人物も、人名の実体部分は「石」である。とすれば、この人物が、「筑紫君、磐井（石井)」その人である、という可能性もあろう。

この際、もっとも重要なことがある。人物画像鏡に「在二――宮一」（――の宮に在り）という時、それは、〝天皇がたまたま妃や弟の……宮にいたとき〟というのでは、無意味である。なぜなら、後代の歴史家の歴史記述なら、〝たまたま、天皇が……宮にいたとき、誰某が鏡を献上した〟でいい。だが、人物画像鏡は、全く性格がちがう。鏡の贈呈者本人からの贈呈の辞だ。だから、そこに書かれた「……宮」というのは、まさに〝その大王と男弟王の、天下を統治していた正殿〟そのものを指すのでなければならぬ。これは、たとえば「袁本杼命《をほどの》（継体天皇）坐二伊波礼之玉穂宮一、治二天下一也。」（袁本杼命、伊波礼之玉穂《いはれのたまほ》宮に坐《ま》して、天下を治むるなり)〈継体記〉のように、〝その天皇の統治の本拠としての正殿名〟を『古事記』に代々記しているのと同じ手法だ。

このようにしてみれば、人物画像鏡中の「石坂宮」は、「日十大王年・男弟王」の兄弟執政の中心地、九州王朝の当時の正殿の名を指していたのである。

無称号の理由

(五) 最後の問題は、「斯麻」無称号問題だ。

通例、癸未年（五〇三）は、武寧王三年に当るとされている。『三国史記』百済本紀では、百済東城王二十三年（五〇一）に王崩じ、その年に武寧王が即位した、とされているからである。だから、〝もし「斯麻」が武寧王だったら、「百済王」といった称号を欠くのは不可能だ〟――これが、この鏡の「斯麻＝武寧王」説に対する根本の疑惑点だ。これを解こう。

『日本書紀』武烈紀では、武烈四年（五〇二）の「是歳」項に、つぎの記事がある。

「是歳《ことし》、百済の末多王、無道にして、百姓に暴虐す。国人遂に除き、而して嶋王を立つ。是を武寧王とす。百済新撰に云はく、『末多王、無道にして百姓に暴虐す。国人共に除く。武寧王立つ。諱《いみな》は斯麻《しま》王。是、琨支《こしき》王子の子。則ち末多王の異母兄なり。琨支、倭に向ふ。時に筑紫嶋に至り、斯麻王を生む。嶋より還し送りて京に至らず。嶋に産る。故《かれ》、因りて名づく』と。今、各羅《かから》の海中に主嶋有り。王の産れし嶋なり。故《かれ》、百済人、号《なづ》けて主嶋とすという。今案ずるに、嶋王は是、蓋鹵《かふろ》王の子なり。末多王は、是れ、琨支王の子なり。此を異母兄と曰ふは、未だ詳《つまびら》かならず」。

右の本文では、一応、武烈四年（五〇二）に武寧王が即位したように見える（ただ「国人遂除。而立二嶋王一」の「遂に……而して……」という表現には、長期間難渋の経過が示されている。それが、いつからいつまでかは、明瞭でない）。けれども、肝心の『百済新撰』の引文には、即位の年次は記せられていない。

この点、さらに重要な記述が、中国側の史書、『梁書』に出現している。

(A)宋の元嘉中（四二四～五三）、王の余毗、並びに遣わして生口を献ず。余毗死して子の慶を立つ。慶死し、子の牟都立つ。都、死し、子の牟太を立つ。

斉の永明中（四八三～九三）、太を都督百済諸軍事鎮東大将軍百済王に除す。

(B)天監元年（五〇二）、太を征東将軍に進む。尋《つ》いで高句驪の為に破られ、衰弱する者《こと》、年を累《かさ》ね、居を南韓の地に遷す。

(C)普通二年（五二一）、王余隆（武寧王）、始めて復使《また》を遣わして表を奉じ、「累《かさ》ねて句驪を破り、今始めて与《とも》に通好す。而して百済、更に彊国為り」と称す。其の年、高祖詔して曰く、「行、都督、百済諸軍事鎮東大将軍百済王、余隆、藩を海外に守り、遠く貢職を脩む。廼《すなわ》ち誠款、到る。朕、嘉《よみ》する有り。宜《よろ》しく旧章に率《したが》い、玆《こ》の栄命を授く。使持節、都督、百済諸軍事、寧東大将軍、百済王なる可し」と。

(D)五年（五二四）、隆死し、詔して復其《また》の子明を以て、持節、都督百済諸軍事綏東将軍と為す。

〈梁書巻四十八、諸夷伝、百済〉

右において、焦点は(B)だ。天監元年（五〇二）から普通二年（五二一）までの、約二十年間の状況として、

(1)　百済は、高句麗に破られた。

(2)　そのため、敗戦下の「衰弱」状況のもとに、年を累ねた。

(3)　国都も保持できず、南韓の間の地に居を遷した。

このような異常状態が牟太（東城王）の授号記事（五〇二）の直後に、「尋《つ》いで」として、描写されているのである。しかし、その期間中、百済は一方的な勢力下降に終始したのではない。やがて斯麻（余隆、武寧王）は、宿敵高句麗を破り、普通二年（五二一）「今始めて」百済王として通好しうるに至ったのである。この「今始めて」の言は、斯麻自身の上表中の言であるだけに、第一史料として断然たる重みをもつ。これに比較すると、『三国史記』百済本紀は、後代の史書の編年の立場から、左のように〝キレイに〟整理されているにすぎない（東城王は五〇一年に授号しているのであるから、五〇一年を末年とすることはできない。『百済新撰』を見た『日本書紀』の編者が五〇一年を東城王の末年としている方が正しいであろう）。

この時点（約二十年間）の真相は、武寧王となった斯麻自身、上表の中に証言するごとく、いわば〝敗戦と再建の間〟の混迷のただ中にあったのである。大ざっぱにいえば、五〇二〜二一年間の前半は敗戦下の混迷、後半においてはじめて、斯麻を中心とする再建のめどがつきはじめた、と見なして大過ないであろう。これが同時代資料にもとづいた、と見られる『梁書』の記述だ。してみると、癸未年（五〇三）という時点は、〝斯麻が武寧王として公然と統治していた〟と、いうような時期ではない。今日の年表（『三国史記』による）は、この緊迫の時期の真相とは、はるかに遠くへだたっているのである。この真実《リアル》な時点であるゆえに、斯麻は「百済王」と名乗っていない。もしかりに、そう名乗っていたなら、かえって『梁書』の示す、同時代の真実から遠いのである。

わたしたちはこの点、もっともよき対照例を『日本書紀』天智紀に見出す。

天智「称制」の場合

斉明七年（六六一）七月、斉明天皇は朝倉宮に崩じた。時は唐・新羅連合軍との決戦のさ中であり、皇太子中大兄皇子《なかのおおえのおうじ》（天智）は、「天皇の位」にはつかなかった。有名な「称制」（即位の式を挙げずに政務を摂ること）である。この「称制」期間は「六六一〜六八年」の七年間つづいた。六六三年の八月には、白村江の大敗戦があり、「即位の儀式」どころではなかったのである。

六六八年の正月、やっと天智天皇の即位となり、「称制」は終った。だから、実際は右の七年間、天皇は存在しなかった。しかし、事実上、皇太子の中大兄皇子が〝天皇〟の執務を代行していたのであるから、『日本書紀』は史書としての体裁上、六六二年を天智元年としている。だから、天智七年（六六八）に〝はじめて〟正式に「天智天皇」は誕生したのである。この期間内においても、『日本書紀』の編者は、中大兄皇子を「天皇」と呼んでいる（天智三年二月項）。しかし、これは「天智三年」とした、史書の体裁上である。天智自身は、この期間中に、みずからは「天皇」としての自称を用いていない。

「（天智六年）皇太子、群臣に謂《かた》りて曰はく、『我、皇太后《おほきさきの》天皇の勅したまへる所を承りしより……』とのたまふ」。

ここでは亡き斉明を「皇太后天皇」と呼んでいる。そして自分のことを「朕」でなく、「我」といっている。これに対し、

「（天智十年十月）『朕、疾《やまひ》甚し。後事を以て汝に属す』と、云云」。

右のように、即位後は、他の天皇と同じく、「朕」の自称を用いている。だから、天智六年の「我」は偶然ではない。いまだ天皇でないから、「朕」といわないのである。「称制」期間中の表現だ。

このような例から見ると、「斯麻」はいわば「称制」に類した期間にあったのであろうと思われる。天智の場合以上に混迷の中にあったであろう（天智の場合は、直接の打撃は、九州王朝にあった。〈前述〉）。しかし、「斯麻」はあくまで、百済国の中枢にあって、再建の核心にあった。そして「百済王」の称号を付せず、九州王朝の「日十大王年と男弟王」に鏡を贈ったのである。しかし、それは決して斯麻の〝卑屈〟を示すものではなかった。それは、上には「日十大王」という敬称を冠しても、それを「年」という呼び捨て名称で結び、結局、みずからと対等の形式を堅持したからである。この「鏡贈与」という斯麻の行為の背後には、〝前門の高句麗と戦うために、まず、後門の倭国と結ぶ〟という、深謀遠慮の存したことは、察するにかたくないであろう。

男弟王の特定力

(六)「男弟王」の表記

称号の問題について、さらに探究しよう。「日十大王年」の場合と比べて、「男弟王」という表記は簡単すぎるのではないか。こういう疑いが生れるだろう。大王の方は、「倭風名称」と「中国風

一字名称」との二つを書いている。だのに、「男弟王」の方は、そのどちらもない。これはどうしたことだろう。ところが、この問題に対する絶好の例がある。武寧王陵の王妃の墓誌銘だ（武寧王のものと対照する）。

(A)寧東大将軍、百済斯麻王、年六十二歳。癸卯年五月丙戌朔七日壬辰、崩。（前出）

(B)丙午年十一月。百済国王大妃、寿終。
〈王妃の墓誌銘〉

右の(A)は、中国側称号（寧東大将軍）と百済側称号（百済王）の二つが記せられた上、「斯麻」という実名が書かれている。ところが、(B)の方は、「百済国王大妃」とだけあって、実名の類が一切ない（「寿終」は「崩」にあたる、〝死んだ〟という意味の表現である）。だが、〝百済王斯麻の「大妃」〟だから、人物特定性は必要にして十分なのである。これと同じ表記法を示すのが「男弟王」だ。実名の類、一切ないが、〝日十大王年の「男弟王」〟なのだから、人物特定性はこれもまた十分だ。右のように、表記法上の細部においても、人物画像鏡は武寧王陵墓誌銘と深い同一性をもっているのである。

(七)　無称号問題の論理性

称号問題の解決した今、一つの論点が浮かびあがってくる。なぜなら、「斯麻」無称号問題は、従来論議された形跡がないにもかかわらず、これは「斯麻」を〝近畿天皇の配下〟とする従来説にとって、致命的な欠陥だ。

〔天皇等〕	〔献上者〕	〔使者〕
大王 男弟王	――斯麻――	開中費直 穢人、今州利

右の系列で理解した場合、献上の当人（斯麻）の上位者（大王・男弟王）も下位者（開中費直・穢人、今州利）も、ともに称号をもっている（「費直」が称号であることについては、従来も一定していた）。それなのに、その中間者たる「斯麻」だけ、称号のないはずはない。それが〝自称〟にせよ、〝天皇から与えられた称号〟

にせよ、「献上」に際し、それを明記しないのは、全く不可解というほかない。

この一点によっても、従来のように、斯麻を〝近畿天皇家の臣下たる有力豪族〟と見なそうとする一切の説は、成立不可能なのである。いいかえれば、この鏡を「日本の鏡」と見なしてきた、すべての説は成り立ちえない。そういう論理性をこの「斯麻」無称号問題は、深く内蔵していたのである。

どのようにして伝来したのか

(八)　伝来の問題

この鏡の伝来について、考えてみよう。

①　この鏡には「神功皇后の将来」という社伝があるという（仁井田好古『紀伊続風土記』天保十年、高橋健自『在銘最古日本鏡』）。この結論自体は、後代の仮構にすぎぬことは、以上の論証が示すところだ。だが、見のがすことができないのは、この〝仮構〟の背景に、〝この鏡は朝鮮半島から伝来した鏡だ〟という、「真実の伝承」が横たわっていることだ。その「真実の伝承」は、当然、九州王朝の原地から、この鏡自身とともに伝えられたものであろう。

②　第二に注目すべきは、『古事記』『日本書紀』とも、一切この鏡について、記載していないことである。実は、このこと（無記載の事実）自体、この鏡の「被贈与者」が近畿天皇家内の天皇でなかったことの、〝沈黙〟の証言をなすものだ。それゆえ『古事記』『日本書紀』が成立したあとのある時期に、九州王朝の地から「贈与」され、もしくは「献上」せしめられて、隅田《すだ》八幡神社に入ったのであろう。隅田八幡神社への伝来時の事実は、〝神功皇后の影〟にかくされて、もはやわたしたちの目には見ることができない。

なお、ここで「斯麻＝武寧王」説の先蹤として、乙益重隆の「隅田八幡神社画像鏡銘文の一解釈」（『考古学研究』十一、一九六五年）をあげる。乙益の論旨は左のようだ。

「要するに私は本鏡の銘文を次のごとく読んだ。

癸未《ミヅノトヒツジ》年八月。日十《ハ》。大王年《オホキミノトシハ》。男《ヲ》弟王《オトノキミノ》在㆓意柴沙加宮《オシ(セサ)サカノミヤ》㆒時。斯麻《シマ》念㆓長奉《ナガクツカフルコト》㆒。遣㆓開中費直穢人《カフチエノアタヒアシヒト》。

今《コン》州利《リ》二人等㆒。取㆓白上同二百旱㆒。作㆓此竟㆒。（ふりがな原文のまま――古田）
その意味はくりかえすまでもないが、次のように解せられる。『癸未の年（西暦五〇三年）の八月、日を云うと十日のことであった。大王の年は、まだ継体天皇がオシサカ（オオサカ）（オセサカ）の宮に在した時のことである。百済の斯麻王が（何ものかに）長く奉《つか》うることを念じて、河内直穢人と今州利（百済の州利即爾将軍か?）の二人等を派遣し、極く上等の銅二百旱を取らしめたものを材料にして、この鏡を作った』というのである」（岡山大学考古学研究会発行『考古学研究』第一一巻第四号、昭和四十年三月）。

右のように、福山説の中に「斯麻＝武寧王」という観点を、いわば〝はめこんだ〟形である。けれども、わたしはいま、その先見に深い敬意を表させていただきたいと思う（なお、「斯麻――族長」説に属するものに、藪田嘉一郎・西田長男等の諸説がある）。

最後にわたしの判読と書き下しをあげる。

癸未年八月、日十大王年・男弟王、在意柴沙加宮、時斯麻、念長泰、遣開中費直・穢人今州利二人等、取白上同二百旱、作此竟（癸未年八月、日《ひ》十《と》大王年《ねん》・男弟王、意《い》柴《し》沙《さ》加《かの》宮に在り。時に斯麻 長泰を念じ、開中費直・穢《わい》人の今州利の二人等を遣わし、白上同〈銅〉二百旱を取り、此の竟〈鏡〉を作らしむ）。

以上の論証を要約しよう。

㈠　銘文中の「斯麻」は武寧王と認められる。無称号問題は、従来の〝国内族長説〟と決定的に矛盾する。対等の論理もこれを証する。

㈡　武寧王の交渉した相手の倭王は、九州王朝である。武寧王の時期は「倭の五王――俀王、多利思北孤」の中間に位置する。また、武寧王の時期をふくむ『百済新撰』『百済本記』の描く倭国の王朝は九州王朝である。

(三)　したがって、銘文冒頭の「日十《ひと》大王年・男弟王」は九州王朝の主権者である。
(四)　この記載様式が、「兄弟執政」という、特異な政治形態をとっていた九州王朝と、よく一致していることも、右の結論を裏付けする。
(五)　「癸未年」は、武寧王在世中であるから、五〇三年である。
右のように、隅田八幡神社の「人物画像鏡」は、まさに九州王朝と百済との交渉を証明する金石文であった。これによっても、わたしたちは、九州王朝の実在を疑うことはできない。
（以上、『失われた九州王朝』四二四〜四五七ページ）

5　伝世鏡理論

伝世鏡理論への疑い

いよいよ邪馬一国（従来の「邪馬台国」）論争史上に名高い「三角縁神獣鏡」を俎上にのぼらせるべき段階に立ち到った。

わたしははじめから不審だった。この鏡がなぜ「魏鏡」なのか、なぜ卑弥呼が魏朝から下賜された鏡にされているのか、と。

わたしの疑いの理由。その第一は、ほかでもない。中国や朝鮮半島（楽浪郡・帯方郡）から出土しないからだ。最初にかかげた、わたしの格率、

「一定の文化特徴をもった出土物が一定の領域に分布しているとき、それは一個の政治的・文化的な文明圏がその領域に成立していたことをしめす」

から言っても、事態は明白なのである。

理由の第二も、明白だ。古冢（弥生）時代の、いわゆる弥生遺跡から全く出土しないからである。全部四

～六世紀の古墳からだ。そこに「伝世鏡」という理論が用いられる。〝実際は、弥生時代、近畿大和なる卑弥呼の手にもたらされ、配布されたのだが、その時代にはすべて地上で保管しつづけ、古墳時代になってようやく埋めはじめた。――ある者は四世紀になって、ある者は五世紀になって、ある者は六世紀になって〟、こう説明するのだ。

しかし率直に言って、わたしのような一素人探究者、つまり通常の人間の理性には、このような説明は全くうなずけなかった。ハッキリ言って、このような論法が許されるなら、弥生遺跡の出土物と古墳時代の出土物と遺跡のとっかえ、もしくはずり上げが可能なのだ。いわば専門家の〝舌先三寸〟で。

科学とは、そのようなものではない。科学とは、一見むずかしそうに見えても、その論理の内容、道理のすすめ方は、普通の頭の、普通の人間なら、誰にでもなっとくできる。そういう性格のものだ。

その一点が中世の魔術と近代の科学を本質の上で峻別するところ。わたしはそう信ずる。

〝いろいろ高尚な理由があって、素人には簡単には説明できないが、この金は、実は、銅から出来たのだ〟。そのような錬金術。それはたしかに手法の上では近代科学の祖となったけれども、方法の本質において、科学とは似て非なるものだ。

ザックバランな、一つのたとえをもちだすことを許していただきたい。

AとBと二つの家がある。Aの家には、古文書・古印譜類がギッシリある。Bの家にはこんなものは全くない。ところが、Bが〝いやなに、あのAの家のおびただしい資料類は、すべてわたしのもちものです。全部わたしが貸してあるだけですよ〟――そう言ったとしよう。それにすぐうなずける人があるだろうか。けげんな顔をするか、しゃれっ気一杯の冗談とうけとるのが関の山であろう、それが普通の人間の神経だ。

これに対し、何もないBの家に、たまたま一束の古資料があった、とする。そのときBが、〝いや、これはAさんから借りたものでしてね〟と言えば、聞く人は「ああ、そうですか」とさほど不思議な顔もしないであろう。

「伝世鏡」の場合も同じだ。〝三角縁神獣鏡は普通弥生遺跡から出土する。ところが、たまたま例外的に古墳から出土した〟。そういうとき、〝これは伝世（弥生時代から古墳時代まで地上で伝え、のち、古墳に埋められる）したのですよ〟と言われれば、わたしには〝ああ、そうですか〟と納得できるのだ。

けれども、全部古墳時代の遺跡（いわゆる古墳）から出る三角縁神獣鏡を〝全部弥生時代から「伝世」したものですよ〟と言われたのでは、わたしはけげんな顔をして、その人の顔をまじまじと見かえすほかはない。無理やり、それをうけ入れたのでは、わたしの頭がこわれてしまうであろうから。

以上のような平明な道理から、わたしはなぜ考古学者なる人々が、これを「魏鏡」と称し、「卑弥呼のもらった鏡」と見てあやしまないのかを、あやしんだのである。

これは考古学の本にふれた当初からのことだ。さらに考古学者の資料を渉猟するうち、次のような問題にぶつかった。

第一、富岡謙蔵がはじめ、梅原末治がうけついで、考古学研究史上、貴重な標準としていわば記念塔をなしたものに、〝年号鏡（紀年鏡）の研究〟がある。たとえば、

富岡「漢代より六朝に至る年号銘ある古鏡に就いて」（大正六年）（『古鏡の研究』所収）
富岡「年号銘ある支那古鏡に就いて」（大正八年）（同右）
梅原「所謂王莽鏡に就いての疑問」（大正十四年）（『増補鑑鏡の研究』所収）
梅原「年号銘ある支那古鏡の新資料」（大正十三〜十四年）（同右）

などだ。これらが梅原によって集大成されたもの、それが『漢三国六朝紀年鏡図説』（一九八四年）だ。ここには、各代の年号鏡の写真が集大成され、銘文が解説され、簡要にして客観的な梅原の解説が付せられている。

ところが、〝客観的でない〟のは、次の二鏡だ。

正始元年三角縁神獣鏡

A □始元年陳。(下略)　(上野国群馬郡大類村芝崎古墳)

B □始元年。　(但馬国出石郡神美村大字森尾古墳)

これが「魏の紀年鏡」として標準鏡とされているのだ。けれども、この二鏡は「標準」と称するには明らかな欠陥がある。

第一、いずれも二字のうち一字が欠けていることだ。それを「正始」と読むのは、いずれも論者(梅原)の推定にすぎない。そのような推定鏡をもって「標準」とするのは、危険だ。「標準」の意義にも反しよう。〝いかなる論者の主観的解釈をも超えて、客観的にこうだ〟。そういうものだけが正当に「標準」の名に値するのではなかろうか。

第二、この欠字を「正始」と読むのは、これが魏鏡だ、という前提に立ってはじめてできることだ。「始」のつく年号は枚挙《まいきょ》にいとまがない(大始〈漢〉・泰始〈西晋および南朝劉宋〉・正始〈北魏〉等。『失われた九州王朝』本書三六ページ参照)。それらの中で「正始」、しかも魏のそれと断定できるのは、〝これは魏鏡〟という大前提からだ。そういう〝推定鏡〟を〝魏鏡の標準〟として年号鏡という名の「基準尺」とするとは、一種の同語反復ではないか。わたしは考古学の「基準尺」の〝もろい環〟を遺憾ながらここに見出さざるをえなかったのである。

富岡の論断

第二、では、なぜ、富岡―梅原は、三角縁神獣鏡を「魏鏡」と認定できたのだろうか。この点、『失われた九州王朝』ですでにのべたが、今、要点をのべよう。

富岡は三角縁神獣鏡中、「銅出徐州・師出洛陽」(銅は徐州に出で、師は洛陽に出づ)の一節をもつもののあることに注目した(のちにのべる、大阪府柏原、国分神社蔵など)。

富岡はまず、この字面に対し、次のような考証を行った。

(一) 漢代に「雒陽」と書かれていたのが「洛陽」と改められたのは、魏朝以降（二二〇年〜）である。

(二) 南朝劉宋の永初三（四二二）年以降、「徐州」は「彭城郡」と改められた。

(三) したがってこの文面はまず「二二〇〜四二二」間のものだ。

(四) ところが、晋朝（二六六〜四二〇年）では、「師」の文字を使わなかった。なぜなら、西晋の始祖の縁者に「司馬師」がおり、この「師」字は避けねばならなかったからである（中国には「避諱」といって、天子の名に当る文字の使用を避ける慣例がある）。

(五) したがってこの鏡は、(三)の期間から、晋朝をさしひいた残り、「魏朝」（二二〇〜二六五年）もしくは「南朝劉宋はじめの三年間」（四二〇〜四二二年）に作られたこととなる。

(六) ところが三角縁神獣鏡に多く描かれている「東王父・西王母」のような神仙思想は、六朝期つまり東晋から南朝劉宋あたりに流行した。したがってこの鏡は「南朝劉宋の初期」に作られたものだ。（富岡『古鏡の研究』二二六ページ）。

右のように論定したのである。

魏鏡の認定　ところが、このような旧論定をくつがえす新知見は、「中平□年鏡」によってもたらされた。羅振玉のもたらしたこの一片の拓本が、その後の日本の考古学の運命を左右することとなったのである。

富岡が注目したのは、この鏡の銘文中の次の一句だ。――「東王父・西王母」。

富岡は、「魏朝」（三世紀前半）か「南朝劉宋」（五世紀初）か、の二者択一の判定にこの「神仙思想」を使った。〝これが流行したのは後者だから〟といって、五世紀初に年代決定したのである。

ところが、今回は〝後漢の中平（一八四〜一八九年）の鏡にすでにこの語があるから〟という理由で、急遽《きょ》

「魏鏡」として〝認定変え〟するに至ったのだ。そして「此の新資料の出現により、既に漢代に鏡銘に現れたりしを明になし得て、先に論じたる所の当らざりしを知れり、こゝに是を訂正すべし」（同書一一四ページ）と明白に言い放ち、「三角縁神獣鏡＝魏鏡」説を〝確定〟したのである。

この論文を見ると、わたしは富岡の〝変身の速さ〟に驚嘆すると共に、なぜか、急ぎすぎて〝論理そのものを飛びこしていった〟ように思われる。

冷静に考えてみよう。〝三世紀前半と五世紀初頭と二つ可能性がある〟。これが第一前提だ。そして最初は「五世紀はじめ」しか、この神仙思想はない、と思っていた。ところが、〝後漢代（二世紀後半）にもすでにあったことが判った〟のだ。それなら、明確な答、それは〝この「神仙思想」問題からは、二者の一つのいずれかに確定することはできない〟そうなるだけではないか。

それに最初から富岡は〝五世紀初頭以外に「神仙思想」はない〟などとは言っていなかった。ただ〝この時代にこの思想は流行したから〟と言っていただけなのだ。それなのにこの「神仙思想」を銘文化した一片の拓影を頼りに、時代を大きく〝飛びこしてゆく〟とは。「一片」と「流行」とは、えらいちがいだ。それが「三角縁神獣鏡＝魏鏡」という、日本の考古学、否、日本の古代史学全体にあまりにも深刻な影響を刻みこむ大論断であっただけに、わたしは、あまりにも〝俊敏〟なりし富岡が、ここではあまりにも〝軽躁〟だったことを惜しまざるをえない。

大きな誤断

しかもこのさい、すでに富岡はもう一つの〝大きな誤断〟を犯していた。

右の㈣の「師の論証」だ。富岡の〝所信〟に反し、西晋朝では「師」の字を避諱してはいなかった。それは西晋朝に成立した正史たる『三国志』によって実証される。「師君」（魏志八）「師友」（呉志四）といった風に、「師」字は『三国志』に頻出する。陳寿は西晋朝の史官である上、彼の死後、この本は西晋朝の天子によって「正史」として公認された（『邪馬一国への道標』講談社刊、参照）。したがってその正史に避けられていない「師」字をもって、〝晋朝では使いえない避諱字〟と信じて論断基準に使った富岡は、大きな誤断の中にいたのである。

思うに、「避諱の法」は、時代によって異なる。天子だけか、皇后・王子もふくむか、など。天子でなく西晋第一代の天子の伯父であった司馬師の「師」を諱んだかどうか、富岡はそれを実際に西晋朝史料（たとえば『三国志』）によって検証すべきであった。しかるに富岡はそれを怠ったまま、あまりにも重大な論断に奔った。ために〝富岡の権威〟に追随したその後の考古学界の「基本をなす判断」に大きな歪みを与えることとなったのである。

不明を不明とすべし

以上、「東王父・西王母」問題によっても、「師」問題によっても、問題の銅鏡（「銅出徐州・師出洛陽」鏡）は「二二〇―四二二」年の約二百年間内にある、という以上の限定はできない。――これが新たな出発点となったのである。いいかえれば、〝三角縁神獣鏡は「魏鏡」と断定しえない〟という一事である。この一事が承認されるとき、直ちに生れるべき必然のテーマは次の一点であろう。〝全部古墳からのみ出土する、この三角縁神獣鏡は、やはり古墳時代（ほぼ四～六世紀とされる）の産物であろう〟と。

そのとき、全面伝世鏡論――一定の様式の、大量に出土するすべての鏡を、一切「伝世鏡」と称して処理し、該当年代を全体としてくり上げる方法――は崩壊し、日本の考古学は、その不自然な軛《くびき》からようやく解放されるであろう。

以上の論述から、直ちに読者が想起されるのは、いわゆる景初三年鏡であろう。大阪府黄金塚古墳出土のものと、島根県神原神社のものとあるが、いずれも「景□三年」（□は不分明）となっていて、肝心の個所に欠字もしくは不分明字がある。これを論者が補って「景初」と読み、「景初三年鏡」と称する。これも、あの梅原と同じ〝自ら不明字を補って自らこれを証拠とし、基準とする〟手法だ。あまりにも主観主義的な「自補自証主義」が、考古学研究史上の

〝伝統〟、いわば宿痾《しゅくあ》となっているようである。

〝不明を不明として、決して既明とせぬ〟。この姿勢こそ学問探究者の根本ではあるまいか。

（以上、『ここに古代王朝ありき』一三三〜一四〇ページ）

伝世鏡の理論

弥生遺跡から出土しないという問題に対しては、有名な伝世鏡の理論があります。小林氏の名を最も高からしめたものですが、これは梅原末治氏の伝世鏡に関する報告書がもとになっています。香川県高松市の石清尾山《いわせおやま》古墳群の中に猫塚古墳というのがあります。同古墳群の中で最大の規模を持っており、墳丘の長さが約九五メートルもある双方中円墳です。そこの近辺から見事な漢鏡が出てきた。ところがこの猫塚古墳は、四世紀の終わりから五世紀はじめくらいの古墳で、そこから漢鏡が出てきたということは、漢代に作られたものが伝世して三〇〇〜四〇〇年あとに日本列島の猫塚に現われたと考えざるをえない。こういう報告書です。こういう実例がもとになって、「鏡というものは伝世するものである」と考えられたわけです。すると弥生遺跡から出なくても不思議はない。実際は弥生時代に卑弥呼が中国からもらって家来に分配したものだけれども、もらった人たちはみな大事に使って伝世し、二〇〇年、三〇〇年たった古墳前期、中期、後期に埋めたのだ。だから出てくるのは、古墳時代の古墳からだけれども、実際は卑弥呼が弥生時代にもらったものである。鏡は伝世するという理論でした（この鏡は「姫塚古墳出土」の可能性〈梅原氏〉ありとされ、「山麓の養老院付近」〈小林行雄氏〉とされ、一九八一年三月の高松市教委の調査によって「鶴尾神社四号墳出土」であったことが確定した）。

確かに「部分伝世」というのはありえます。猫塚のような「部分伝世」は可能です。しかし小林氏がいわれたような「全面伝世」の考え方は不可能であるというのが、わたしの考え方です。「全部が伝世したのだ」ということを言い出したら、出土年代をすっかり机上で取り替えてしまうことができる。だからこの考え方は〝禁じ手〟であると、わたしは考えています。猫塚は、日本列島で伝世したか中国で伝世したかという問題はあるにしても、伝世であることにはまちがいはないでしょうけれども、これはあくまでも「部分伝世」の例で、これを拡大して、〝鏡は伝世するものだ、だから三角縁神獣鏡は全部伝世して古墳時代の古墳から出てくる〟という「全面伝世」に発展してはならないのです。

東京国立博物館に陳列してあるいわゆる「漢鏡」を見てみました。銅の質といい、字といい、漢鏡として何の文句もつけられないような立派な鏡です。しかしだからといって、これが中国で作られたとは断定できない。たとえば中国の非常に秀れた鏡作り工が日本へ来て作れば、立派な鏡が作られることだってあるのです。だから中国製だとは断定できない。しかし、ものそのものは中国製と考えて何の不思議もない鏡の作り、字の配置、字の描き方です。

余談ですが赤烏三年鏡というのがあります。これには二つあって、一つは兵庫県宝塚市に赤烏三年の年号が入ったもので、もう一つは山梨県西八代郡大塚村（現、三珠町）の鳥居原（狐塚）古墳（注＝『日本古墳大辞典』では五世紀中頃『日本古墳編年集成』では四世紀末とする）から出た赤烏元年の年号鏡です。ところが宝塚の赤烏年号鏡を見せてもらったところ、どうも赤烏とは読めない。これは、梅原末治氏が赤烏三年鏡だということで有名になったものですが、わたしにはどうしても赤烏とは読めませんでした。

それに対して東京国立博物館で見たものは、はっきり赤烏元年（二三八年）と読め、疑いのないものでした。ただそれが本当の中国製かということになると、日本列島内で中国の工人が作った可能性等も考えられ、はっきりしない。ただこれを「伝世」と考えた梅原氏の報告は正しいと感じられましたが、それはあくまでも「部分伝世」であって、それを「全面伝世」理論に発展させ、三角縁神獣鏡全般に適用したということは、わたしにはどうも肯定できない。

ところが、福岡県春日市須玖《すく》岡本《おかもと》の弥生墓とされているものから魏の夔鳳鏡《きほう》が出てきました。それを考古学者は、あれは誰かが紛れ込ませたものだろうということにして、依然一世紀の弥生墓だとしていましたが、梅原氏は、〝あの夔鳳鏡は須玖岡本から出たものだ。すると従来の私のやってきた発想は少し変えなければいけない〟と、非常に感動的な論文を残しておられます。

これに関連して五、六年前、博多の市立図書館の館長さんから次のような話を聞きました。

考古学界を憂う

市民講座で中堅の考古学者に講義をしてもらったとき、その考古学者に「あなたは三角縁神獣鏡は中国製と思われますか、それとも国産と思われますか」という質問をしたところ、約半数の人が「私はあれは国産だと思っています」と答えた。しかし、「私がこう言ったということは、決して他人に言ってもらっては困ります」と。約半数の方が国産の可能性があると言われ、あと半数の方が「やはり中国製だ」と言われた。そして館長さんの推測では、あとの半数の方もその言いぶりを見ていると、世間体を気にして本当にそう思っているのか、疑問に思われる人もあったというのです。「古田さんは反応がないと言っておられるけれども、実情はそういう状況ですよ」ということをお聞きしたことがあります。

ところが、そのあとに中国社会科学院考古学研究所長の王仲殊氏の「三角縁神獣鏡は中国製の鏡ではない」という論文が出て、日本の考古学界は衝撃を受けたのですが、現在の考古学では、やはり表向き伝世鏡の理論が信用されていて、それでないと具合が悪い。しかし、恐らく内向きは、王仲殊論文が出る前でも先ほど言ったような状況で、今ではそれ以上になっていると思われます。そういう苦しい状況の中に日本の考古学界はあるのでしょう。

わたしは、考古学者とそれ以外の人たちとを交え、意見の対立するもの同士がフランクに討論する場を設けて論議することが、問題の解決、学問の進展のために本当にプラスになるのではないかと、改めて痛感しています。

猫塚の荒廃

ところで、この問題の讃岐の石清尾山古墳群の猫塚古墳へ是非一度行ってみたいと思い、先日行ってきました。猫塚は、積石塚として有名ですが、行ってみて驚いたのは、高句麗の好太王輯安の石室とは全く別の様式であることです。そしてもう一つは、猫塚が大変荒らされていることでした。説明によると、明治期に盗掘団によって破壊されたというのですが、現在もそのまま放置された状態です。盗掘以後、梅原末治氏らによる調査がなされ、その報告書が出ているにもかかわらず、何の復旧もされず、見るも無残な姿のまま残されている。これでは、大正・昭和の人間も明治の盗掘団がやったことをそのまま受け継いだにすぎない、死者に対する礼を全くわきまえず、調査して、中の目ぼしい副葬品だけ抜き取ってあとはほっ散らかしたままである。いままでもこうしたことは何回も見てきたが、その最も著しい姿をわたしは石清尾山古墳で見ました。

このことについては今までに本に何回も書いてきましたが、何の反応もなく、その古墳のある市や町の教育委員会へ行っても誰も相手にしてくれない。文化財保存課があってもそれは保管するだけで、出土した跡地を復旧するという義務は全く負っていないのです。その意味では、考古学はあっても、「考古哲学、不在」といってよいでしょう。これが偽らざる現在の姿です。保存、跡地利用にはいくつか方法があると思われますが、いずれにしてもそこに葬られた死者に対する礼を失しない形で考えるべきであると考えます。

（以上、『倭人伝を徹底して読む』二五〇〜二五四ページ）

6　三角縁神獣鏡国産説の再展開

中国製か国産か

三角縁神獣鏡にとって、もう一つの重大な問題、それは産地だ。中国製か、国産か、この問題である。

最初にのべた、わたしの格率からすれば、〝これは中国・朝鮮半島にほとんど出土せず、ほぼ日本列島でだけ大量に出土する〟のであるから、国産（日本列島内の製品）にきまっている。

〝それなのに、なぜ〟。わたしはそう思ってこれを不審としてきた。ところがわたしは先の富岡四原則の存在を知るに及んで、この疑問がはじめて解けたのである。その第三項だ。〝「文字がチャンとある」から、それだけでもう「中国製」だ〟。この〝不動の〟太鼓判がピタリと押されていたのである。

このさい、注目すべきこと、それは富岡四原則には、優劣があることだ。第一〜第三項が優、第四項が劣なのである。「鋳上がりがよく、図様がハッキリし、文字がチャンとある」。これだけそろえば、もうまごうかたなく「中国製」なのだ。このさい出土分布図を問題にした第四項は、いわば例外規定なのだ。「鈴鏡」といった特殊な鏡に関する形で書かれているように。これは優先規定どころか、他の三項と対等な規定ですらないのだ。だからこそ、この第四項から言えば明白に難点のある（富岡も、この鏡は中国からあまり出土しない旨、記している）三角縁神獣鏡も、第一〜三項から見て、「文句ない中国鏡」——富岡の目にはそう見えていたのである。

しかしながら、すでに「弥生期」出土鏡についての分析を終え、この富岡四原則の「破産」が認識された今、ことの様相が一変しているのを読者は了解されるだろう。

新しい指針

では、新しい、わたしの見地からはどうか。

㈠ 出土分布図から見て、三角縁神獣鏡は当然国産（日本列島内での製作）である。

㈡ しかし、これが渡来人（中国人・朝鮮半島人）やその弟子の作品である可能性は十分ある。

㈢ 上質の銅で作られている場合、「輸入白銅」で作られた可能性もある。

㈣ 倭人伝から見ても、『記』『紀』の「王仁の『論語』『千字文』」伝来説話から見ても、四世紀の日本列島に「文字」が伝わっていたことは確実である。したがって〝文字がある〟という理由で三角縁神獣鏡を

「非国産」と見なすことはできない。

㈤　逆に四～五世紀の日本列島（近畿領域）に〝文字が知られていた〟ことは、この三角縁神獣鏡という「文字ある銅鏡」の大量出土自体が遺憾なく証明している。このように考えねばならぬ。

以上である。

海東鏡の「発見」

〝しかし、それは一般論だ。本当に三角縁神獣鏡の作り手が鋳鏡渡来者だったり、材料が輸入白銅だったりすることをしめす史料があるのか〟このように問う人があれば、わたしは答えよう。――〝ある〟と。

図2-28は国分神社（大阪府柏原市。南河内）の三蔵鏡（そのうち二つは三角縁神獣鏡。一つは盤龍鏡）の一つの銘文（部分）だ。

図2-28　海東鏡（部分）（国分神社蔵）

吾作明竟真大好、浮由天下□四海、
用青同至海東。

この銘文を紹介して富岡は次のようにのべた。

「文中に見ゆる至海東の句は、支那より本邦朝鮮へ寄贈すべき為に、特に此の銘を表はせるものと考へらる」（『古鏡の研究』二七ページ）。

わたしはこの文に接して、あっと思った。けげんに思っていた「三角縁神獣鏡特鋳説」の淵源がここにあったのだ。日中の民間交流が行われはじめてほどないころ、日本の考古学者が三角縁神獣鏡（写真か）を持して中国に渡ったという。そして中国各地の博物館を訪れるたびに、それを提示して同じものが中国側に存するか否かを問うたという。ところが――結局なかったのである（最近、岡崎敬が洛陽の博物館で見かけられたというのも、三角縁画像鏡――これは従来からその存在が知られていた。特に江南――であって、三角縁神獣鏡ではない）。

その結果、考古学者の間で〝ささやかれ〟はじめたのが右の特鋳説だという（〝ささやかれ〟というのは、明確な論文の形でないからである）。いわく、〝東南アジアの玩具店で売られている日本製の玩具がある。大阪で作られたものだ。ところがそれは東南アジアの子供の好みに合わせて作られてあり、日本の玩具店では売っていない。それと同じだ。三角縁神獣鏡も、倭国側（卑弥呼）の注文によって、中国内で「日本人好み」に作らせたものだ。だから中国からは出土しないのだろう〟と。

わたしは、ある考古学者からこの話を聞いたとき、首をかしげざるをえなかった。近代資本主義下の関西中小企業苦肉の商法を魏朝の公的鋳鏡所（尚方）に〝おしあてる〟とは。もしそうなら、それと同じ事例（大量特鋳例）が「西戎・北狄・南蛮」の各地に発見できるのだろうか。それなしにでは、〝中国製であるはずの三角縁神獣鏡が中国から出土しない〟ことを、机上の弁説で〝言いまるめる〟弁論術となろう。それはあくまで出土事実を重んじ、出土状況そのものに固執すべき考古学本来の面目に反しはしないか。――これが一素人探究者たる、わたしの率直な感想だった。〝何で考古学者ともあろう人々がそんな「詭弁」めいた説明に頼るのだろう〟と。

ところが、その淵源がここにあったのだ。富岡の言う「寄贈すべき為に、特に」の一句。倭国（卑弥呼）側の「特注」に答えて「特鋳」したのみか、銘文にまで〝特鋳に応じた旨〟を書いた、というのだ。ちょうど中小企業主の発行した証文のように。

この場合、富岡は「青銅を用ひ、海東に至らしむ」と読んだのだろうが、これは遺憾ながら誤読だ。なぜならこの一連の文脈で「主語」に当たるのは、冒頭の「吾」しかない。この「吾作……」の「吾」が鋳鏡者自身を指すことは、銅鏡銘文の常識だ。たとえば、

(A)　吾作明竟、幽湅三商、君宜侯王　（方形格の中）

(B)　永康元年正月丙午日、幽湅三商、□作尚方明竟、買者大富且昌、長宜子孫、□寿命長、上如東王父西王母、君宜高官、位至公侯、大吉利〈主銘〉（漢永康元年鏡、『古鏡の研究』五四ページ、図版第二十八の一）

において、「吾——君」が対語となり、「買者——君」となっていることは明白である。つまり「吾作」とは鋳鏡者をさし、「君」はこの鏡の購買者をさしているのである。

この「海東鏡」も同じだ。のちに詳述するように、「君宜高官」という主文と「吾作……」とが一連の銘帯に逆方向に銘刻されているのである。

さて、問題の文にかえろう。

この一連の文脈に「主語」に値する語は、この「吾＝鋳鏡者」しかない。したがって「至海東」の「至」という動詞の主語も、当然この「吾」以外にありえないのである。すなわち、「吾……至海東」という文脈なのであり、この鋳鏡者は「わたしは、この海東の地へやってきた」といっているのである。そして「（ここで）明鏡を作った。たいへんよいものだ」（この「作……大好」の表現は、銘文としての慣用句）とのべているのである。

これに対して、もし富岡のようにとろうとするなら、「吾」を〝魏の天子〟の意に解し、「吾、明竟を作らしめ……海東に至らしむ」と使役として読まねばならぬ。それ自体は、（銘文句の慣例はともかくとして）漢文としては不可能ではない。しかしながらそのとき決定的な障害は「用青同」（青同を用《もち》ひて、あるいは、青同を用《も》って）の一句だ。これが「青竟（鏡）を持して」なら、ともかく、この句では、文章として態《たい》をなさないのである（すでに「明竟」と言っているのであるから、なおさら、それを再び「青同」と表現することは、ありえない）。

せめて「詔作明竟……持此竟至海東」といった文形でなければ、富岡のように解することはできぬのである。この道理は、誰人もさえぎることはできぬ。

以上のようにして富岡読解は、〝漢文の読み〟として、ひっきょう無理だったことが明らかとなったのである。

だが、富岡はなぜ、こんな無理を〝犯した〟のだろう。彼とて漢文、ことに中国鏡銘文の解読については、当代一流の専門家だったはずだ。現今まで考古学者たちは、〝富岡先生の解読なら〟と尊崇し、これに依拠してきたのだから。

思うに富岡をあやまらしめたものは、彼の脳裏なる先入観であった。「三角縁神獣鏡は中国製」という信念がこれであった。なぜなら、それには「レッキとした文字があり、鋳上がりがよく、図様が鮮明」だったからである。すなわち、富岡の四原則中の優先三項目（第一〜三）が、彼をして敢えて〝文法を無視した、破格の漢文読解〟へと奔らせることとなったのである。

次に中間の句、「浮由天下□四海」にうつろう。これは銘文の〝きまり文句〟の一つだ。

A　尚方作竟真大好、上有仙人不知老、
渇汲玉泉飢食棗、浮游天下敖四海、
徘徊名山採芝草、年□金石国之保兮。
（楽浪出土、尚方作銘四神鏡『楽浪郡時代の遺蹟』より。後藤守一『古鏡聚英』図版第二四、其一の三）

B　尚方作竟真大好、上有山人不知老、
渇飲玉泉汎食棗、浮油天下敖四海
寿如金石為国保
（漢、尚方人物獣帯鏡『古鏡の研究』四九ページ）

これらはいずれも仙人（＝山人）が〝天下を浮游し、四海に敖《あそ》ぶ〟との意だ。「敖《ごう》」は〝あそぶ〟〝たわむれる〃の意。今、問題の「海東鏡」は、ここが欠損して見えにくいが、この「敖」字であると推定してあやまるまい（後藤守一も『古鏡聚英』でそのように処理）。

このようにこの句は通例、「仙人」が主語になるのが慣用の句だ。それがここでは鋳鏡者自身を指す「吾」が主語の文脈の中に換骨奪胎されているのだ。そしてそれにつづけて例の「用青同至海東」の句で結ばれる。〃仙人が青銅をたずさえて海東へゆく〃というのも、変なものだ。やはりこの一連の文脈の主語は、鋳鏡者たる「吾」以外にない。

図2-29　海東鏡の魚図

「浮由」の根源

なお、興味深い問題がある。この「海東鏡」の図がらを見ると、一匹の魚が描かれている。それも器物上の魚などではない。〃泳いでいる魚〃の印象なのである（富岡も「……及び魚を図せり」〈同書二六ページ〉と一言だけふれている）。これは銘文の「至海東」の文句とあるいは相応しているものではあるまいか（図2-29）。

もう一つ、興味深い問題がある。「浮游」は〃周流して遊ぶ。所定めず旅をする〃の意である。これに対し、「浮由」の「由」（＝油）は、〝よる〟〝ちなむ、固執する〟〝へる、経歴する〟の意だ。だから〝浮び、経歴して、よりどころとする〟の意となろう。

ところがわたしはこの「浮由」という字面を見たとき、次の有名な句を思い浮かべた。

子曰、道不行、乗桴浮於海、従我者其由与。　（『論語』公冶長篇、第五）

（道行はれずば、桴《いかだ》に乗じて海に浮ばん。我に従う者は、其れ由《ゆう》か）。

この「海東鏡」の作者が、仙人の慣用句を引用しながら、この一語だけ、いささか風変りな「浮由」の語にしたとき、右の有名な孔子の一句が念頭をかすめなかったろうか。これは孔子が中国を去って「海東」に向かうべき憧憬《あこがれ》をのべたときの言葉なのである（ここで孔子が念頭に描いていた国土が、現代の通説と反し、日本列島西北部であったことについては、古田『邪馬一国への道標』第一章参照）。

ここの「海東」について、念のため、一言しておこう。富岡も「本邦朝鮮」と言っているが、この語は中国から見た場合、たしかに朝鮮半島をも、日本列島をもさしうる（朝鮮半島から見た場合は、当然日本列島をさす）。しかし、今の場合、三角縁神獣鏡が朝鮮半島からほとんど出土せず、圧倒的に日本列島から出土している事実、そしてこの「海東鏡」自身も、日本列島中央部の南河内（大阪府柏原市茶臼山）から出土している事実、この二点から考えると、やはりこの「海東」は日本列島をさす、そう考えてあやまりないようである。

徐州・洛陽鏡

「海東鏡」の検証は意外な結論をもたらした。

〝中国の鋳鏡者が中国の銅をもって日本列島（南河内近辺）に渡来し、この三角縁神獣鏡（「海東鏡」）を作った〟と。

では、〝中国のどこから彼は来たのか。そしてそのような「海東鏡」の記述を裏づける、他の史料があるのか〟。このような問いに対して、幸いにも、わたしは再び答えることができる。――「ある」と。

それは三角縁神獣鏡の研究史上、もっとも有名な一鏡たる、あの「徐州・洛陽鏡」だ。これは、右の「海東鏡」と並んで共伴して出土したものなのである（大阪府、河内茶臼山古墳出土、国分神社現蔵）。

新作明竟　幽律三剛　銅出徐州　師出洛陽
彫文刻鏤　作文章　配徳君子　清而且明
左龍右虎　転世有名　師子辟邪　集会幷王
父王母　遊戯□□□宜子孫　（徐州銘四神四獣鏡、国分神社蔵。『古鏡聚英』図版第五五、神獣鏡其一一の二）

この中の問題の一句「銅は徐州に出で、師は洛陽に出づ」について考えよう。その意味は、〝この鏡の銅は徐州の産、この鏡の工人（師＝鋳鏡者）は、洛陽の出身だ〟というにある。

富岡自身の論文においては、この一句は、もっぱら三角縁神獣鏡の年代判定のために使われた。先述のように。

彼の死後、弟子の梅原末治のまとめた梗概「再び日本出土の支那古鏡に就いて」においては、三角縁神獣鏡について、次のようにのべている。

「其の或物の銘文に洛陽、徐州等北方の地名の現はるゝことよりして、是れまた北方の作品と思はれ、共に魏晋よりの将来品なるを推定して可なるが如し」（『古鏡の研究』三三二ページ）。

梅原も、のちにこの富岡発想を承述し、右の「徐州・洛陽鏡」の銘文を紹介した上で、「……のように、徐州の銅を使い洛陽で鋳成したことを明示する」（「中国古鏡概説」昭和四十五年『鑑鏡の研究』三〇九ページ）と説述した。

さらに小林行雄が『古鏡』（学生社刊）において〝三角縁神獣鏡を魏鏡に非ず〟とする論のあることをあげ（内藤晃や森浩一などをさすのであろうか）、「そういう議論が、近ごろも横行しているのは、あまりにも先学の研究を無視したものである」（四九ページ）と憤激の口吻をもらしている。そしてその「先学の研究」として、

図2－30　洛陽と徐州

先の富岡論定（この「銅出徐州、師出洛陽」の句から、「師」避諱説をてことして魏鏡である旨、のべた説）を紹介しているのだ。

以上によって、「富岡→梅原→小林」という、日本の鏡の研究の中心軸をなす専門家、同時に考古学の編年研究に「不動の基礎」を与えた人々が、いかにこの〝二地名入り〟対句銘文を〝大事な証拠〟として使ってきたかが知られよう。

しかしながら、今、既成の先入観を去り、ありのままにこの対句を見つめると、不審な点がある。

まず、「師は洛陽に出づ」の句。「師」という字が鏡の銘文において「工人＝鋳鏡者」の意に慣用されていることはよく知られている。たとえば、

黄龍元年大歳在己酉九月壬子十三日甲子、師陳世造、三湅明鏡其有服者、久富貴、宜□□□□□

（呉、黄龍元年鏡。『古鏡の研究』図版第三十一の二、六三ページ）

右が「この鏡は師（工人）の陳世の作品だ」とのべた一句をふくんでいることは明瞭である。

そこで今、問題の鏡は「この鏡の工人は洛陽の出身だ」とのべていることになる。その点は明白だ。ところが〝洛陽で作られた鏡〟に、本当にこんな銘文を刻するだろうか。洛陽の公的な工房（尚方）には、軒並み〝洛陽出身の工人〟がいるのに。まさか、〝他の連中は、今は洛陽にいても、もともと地方出身のもぐりだ。おれだけは、洛陽生れだ〟という意味にとるのも、変なものだ。

むしろ、この鏡の作者は、〝わたし（この鏡の鋳造者）は、もともと中国の公的工房たる「尚方」のある、あの鋳鏡の本場、洛陽の出身者だ〟ということを誇っているのではあるまいか。そうとったとき、はじめて

この文章はスムースに、かつ自然《ナチュラル》に理解できるのである。

「銅は徐州に出づ」も同じだ。徐州が中国本土でも屈指の銅の産地であることは有名だ。のちに清朝はここに徐州府をおいたが、その故治は「江蘇省銅山県」であった（『清史稿』地理志）。

しかも、ここは洛陽からほど遠からぬところ（図2-30）。当然洛陽なる「尚方」では、この「徐州銅」を使うことが多かったはずである。いいかえれば、夏―殷―周―前漢―新―後漢―魏―西晋と、連綿とつづいてきた銅器文明、世界史上にも比類を絶した、この黄河流域の一大銅器文明圏をささえてきた主軸中の一つ、それがこの「徐州銅」だったのではあるまいか。とすれば、ここ黄河流域の青銅器圏では、その材質としての銅に徐州銅が使われている。そのことは、あまりにも日常の常識、ことさら言いたてるほどのものではない。だからどの銅器にもそんなことは書かれていないのだ。そう見るのが〝常識〟というものではなかろうか。もしことさら、そんなことを特記すれば、あまりにも奇矯、もしくは常識をわきまえぬ〝田舎っ兵衛《べ》〟の所業に見えたのではなかろうか。

とすると、この対句は、実は、通例の徐州銅使用圏、通例の「尚方作鏡」の流布圏、つまり中国銅器文明圏を遠くはなれた、その圏外で作られたもの、と考えるべきではあるまいか。そう見たとき、この文章は、奇矯でもなく、常識はずれでもない。みずからの出身とここに使用した銅が中国文明の中枢地に淵源するものなること、それを自負した文面だ、そういう自然な理解へと到達するのである。

すなわち、茶臼山古墳から、この鏡と一対の形で出土した「海東鏡」の語るところ、〝わたし（鋳鏡者）は、中国の銅をたずさえて、はるばるとこの海東なる日本列島（南河内あたり）に至った〟。そう言っている述懐とまさに表裏をなすものだ。

このことから生まれる可能性の高い帰結――それは〝中国からたずさえてきたった銅〟こそ、この「徐州銅」だった、ということである。

この（昭和五十三年）七月、わたしは博多の古代史探究者、西俣康さんと共に、北九州資料館に館長の小田富士雄さんをお訪ねした。さすが九州考古学界きっての意欲あふれた小田さんらしい縦横のお話から、教えられるところが多かった。その中で小田さんは「最近、三角縁神獣鏡の成分分析を、向こう（中国）の典型的な中国鏡の成分分析と比べてみたそうです。そしたら、ほぼ一致し、対応したそうですよ」と言われた。小田さんは無論「三角縁神獣鏡＝中国鏡」説という、考古学上の「定説」を再確認する心証として受けとっておられたようであるが、以上の論証に到着しつつあったわたしは、莞爾《かんじ》たる思いをいだいて同館を辞したのである。

三鏡の実見

昭和五十三年八月はじめ、わたしは国分神社三鏡の現物を見た。現在、大阪市立美術館に保管されている（同神社数井宮司と学芸課長〈当時〉秋山進午さんの御好意に感謝する。その後、九月はじめにも再び熟視熟察の機会をえた）。

問題の「海東鏡」は、見事な出来ばえ、芸術品としても高度の作品、わたしにはそのように感ぜられた。はじめ、樋口隆康さんにこの「海東鏡」のことをお聞きしたとき、樋口さんが「あれ（国分神社蔵の二つの三角縁神獣鏡）は、三角縁神獣鏡の典型をなすものですよ」と教えて下さったが、それはまことにもっともだった。そしてこの鏡を実見した富岡以降、梅原・小林等、鏡の専門家が「文句なしの中国鏡」と直感したとしても、この出来ばえから見て無理からぬところ、と思われたのである。

文字の連なりも、自然《ナチユラル》であり、かつ精巧である。主銘（方形内）の「君宜高官」と副銘の「吾作……至海東」は、逆方向に配置されながら、見事な調和を保っている。

ことに内側の鋸歯文帯（銘文帯と図像との間）が、隆起し、その隆起部について、上から見えやすい内側と共に、見のがしやすい、急な勾配の外側にも、精巧な鋸歯文（状文様）をほどこしている（図2－31）。まさに〝隅から隅まで神経がゆきとどいている〟のである。

劣った徐州・洛陽鏡

これに対し、もう一つの三角縁神獣鏡たる「徐州・洛陽鏡」はちがっていた。大きさ、形状等こそ、一見右と同類であるにもかかわらず、作りの〝出来ばえ〟は、かなり落ちるのである。

研究史上、花形のように脚光を浴びてきたのは、こちらだっただけに、これは意外だった。銘文の文字も一方向のみの長文である。もちろん「下手」とは言えぬものの、右の「海東鏡」を見た目には、上出来とは言いがたい。今、銘文帯の約三分の一強が変色してかなり見えにくくなっているが、これも当初の〝作り〟が影響しているのではないかと疑われる。

また例の内部の隆起部。内側には確かに鋸歯文がほどこされているが、外側の急斜面の方には、ない。これも「海東鏡」の繊細きわまる技巧の心くばりを見た目には、何か物足りない。

このように比較してみると、両鏡の作者が同一人である可能性は、わたしにはないように思われる。銘文の文字の筆癖（筆跡）も、両者異なっている。

ことに「銅」は「同」と書かれるのが中国鏡銘の通例だ（前にあげた井原出土鏡は「銅」）。ところが、「海東鏡」は「同」と記しているのに、「徐州・洛陽鏡」は、「銅」と記している。両鏡別人の作らしいことは、この点からもうかがえよう。

以上の様相から見ると、洛陽から海東へやってきた工人（鋳鏡者）は、決して一人でなかったことがわかる。いわば〝工人集団の渡来〟であったのである。

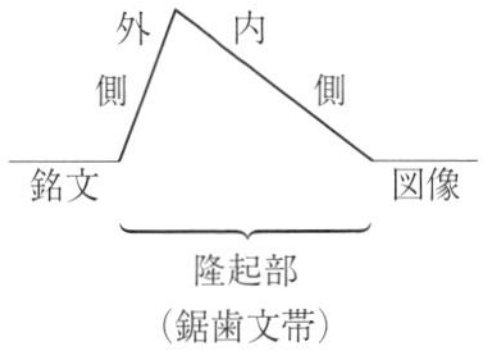

図2-31　海東鏡断面図（部分）

臆測と確認

〝では、それはいつか〟。こう問われれば、〝右のような銘文の記述内容という直接資料からは不明だ〟。こう答えるほかない。正確な答はこれに尽きよう。

けれども、今一歩をすすめて推測の領域に〝遊んで〟みよう。

中国を中心とする東アジアの歴史上から大観すれば、たとえば次の二つの時点が注目されよう。

㈠　呉　天紀四（二八〇）年……呉の滅亡
㈡　晋　建興四（三一六）年……西晋の滅亡
まず、あとの方の㈡について考えよう。

北方の〝蛮族〟が突如洛陽の都に侵入し、一夜にして西晋朝は滅亡した。暦の上では翌、建武元（三一七）年より、建康（今の南京）に東晋朝が元帝によって創建されたことになっているが、その史上の実際は、久しい混迷と混乱が中国本土をおおったこと、諸書の伝えるごとくであった。

たとえば、涼州の張軌は、右の三一六年の洛陽陥落以後も、建興の年号を改めなかった。自己の領国（涼州）においては〝未だ西晋朝亡びず〟という大義名分を守りつづけたからである。

そして建康なる東晋朝と相交通しえたのは、ようやく太興二（三一九）年、そのときも「建興七年」と称しつづける涼州の張軌と、もはや「太興」なりと、新たな年号と正朔を唱える東晋朝（明帝）との間に齟齬《そご》のあったことが真実《リアル》に伝えられている（晋書八十六、張軌伝）。

したがってその「天下大乱」の中で洛陽にいた官吏・将兵・工人・庶民らの運命は数奇を極めたものと思われる。洛陽にとどまって昨日までの「夷狄」の支配（北魏）に服する者、それをいさぎよしとせず自刃する者、建康の彼方に脱出しようとする者、それを果たした者、中途で斃れた者等々。

そして、もし海上に出て南下して江南の地（建康）へ至ろうとする者があれば、中途で思わざる風と海流に流され、対馬海流に乗ぜられて、一挙に東下した者もあったのではあるまいか。――そして中国史上、このような類の政変、変動はこのときのみにとどまらなかったのである。

暗示的な語句をもつ一鏡がある。

□始元年、陳是作鏡、自有経迷、本自地□杜地□出寿如金石、保子□
（上野国群馬郡大類村芝崎古墳出土。『古鏡の研究』二九ページ）

これに対し、富岡は「年号の最初の一字欠損し、劉宋の明帝泰始元年（A. D. 465）のものなりと考ふ」とのべている（大正五年十月「日本出土の支那古鏡」）。これがその後の「南朝劉宋→魏」への年代転換（本書一六四ページ参照）にともない、今は魏の「正始元年」（二四〇年）と認定されることとなったのである。

けれども、今はこのような〝年代あて〟の推論からはなれて、この字面を見つめると、「経迷」の二字が注目される。下文の「本自地……地出」といった文面から見ると、この工人（鋳鏡者）、陳是なる者が〝本来、（日本列島とは）別の土地の出身である〟ことを、みずから語っているように見える。思わずして現在地（日本列島）へ至った経緯を暗示したのが、この「自ら経迷する有り」の一句なのではあるまいか（「経」は〝ふる〟の意だが、ことに〝南北の道〟をしめすに用いられる）。

島根県加茂町神原神社古墳出土の「景□三年鏡」にも、同様の文面「陳是作竟、自有経迷、本是京師（師か）……出」がある。

けれども、今は推測の世界に羽ばたきすぎることをやめよう。

今、「推測」でなく、確認すべきこと、それは次のようだ。〝洛陽から「海東」なるこの日本列島に至った工人（鋳鏡者）集団のあったこと（またそれは彼等のみに限らなかったであろうこと）、彼等は時に「良質の銅」をたずさえきたったこと、そして彼等が日本列島内における三角縁神獣鏡作製の重要な導き手となったこと〟である。

もう一つの可能性

次に、右より早いチャンスがありえたことについてのべよう。それが一八四ページ㈠だ。呉は三国時代、中国における鋳鏡の一大センターだった。たとえば、梅原末治の

表2-1

王朝名	年号鏡の数
前　漢	1
新	2
後　漢	32
魏	8 （他に正始元年三角縁神獣鏡2）
呉	50
西　晋	13
東　晋	4
西　秦	1
南　斉	1

苦心の作『漢三国六朝紀年鏡図説』において、その年代鏡の数を見よう（表2-1参照）。

このように、呉の年号鏡は、魏（蜀も）を圧している。たまたま年号鏡のみ多い、ということも考えにくい。やはり呉が鋳鏡の一大センターであったことを証するものであろう。

では、その鋳鏡者集団は、呉の滅亡後、どうなったのだろう。もちろん、洛陽に行って、そこの「尚方」に加入せしめられた者もあろう。それが正道だ。けれども、呉を統一したあとの西晋朝に格別西晋年号鏡が激増しているわけではない点から見ると、あるいは鏡を重んずる東方の島国（たとえば九州の倭国）に新天地をえらんだ者もありえたのではあるまいか（あるいは倭人との接触による「技術の伝播」もありえよう）。

この仮説は、鏡の様式の面からも、一種の〝裏づけ〟めいたものをもつように見える。なぜなら、呉の年号鏡はほとんど「神獣鏡」であり、「三角縁」という方式も、江南に多い「三角縁画像鏡」に淵源をもつ、という可能性が考えられるからである（もちろん河北にも神獣鏡の伝統があり、三角縁画像鏡も存するから北からの影響もありえよう）。

いずれにせよ、問わるべきは、〝なぜ、この「三角縁神獣」という、中国にない新様式が日本列島内で誕生することになったのだろうか〟――これが新しい課題だ。

なぜ三角縁か

考古学的な「もの」や出土状態についての説明、それは一般に一つの仮説である。

たとえば「多鏡冢」や「多鏡墳」について。〝なぜこんなに鏡がたくさん埋められているのか〟。この質問に対する、直接的な解答はない。代わって一つの仮説がたてられる。〝太陽信仰の呪術的な装置、いわば儀式用だ〟と。それが本当かどうか。鏡は黙して語らない。しかし、右の仮説に立ったとき、多くの現象が自然《ナチュラル》にスムースに説明できるとしたら、この仮説は〝有効〟なのだ。

この点、今の三角縁神獣鏡の出現についても、同じだ。わたしは同じ（一連の）立場から説明できると考える。それは次のようだ。

〝戸外で儀式用に「太陽の顔」を映《うつ》すために使う場合、婦人の顔を映す化粧道具とちがって「大型なもの」が尊重された。ところがそのさい、外まわりが「平縁」だと、銅が多量に使用されるため、グンと重くなる。ところが戸外では木や壁などにしばしば懸けて使われるため、そのような「重さ」は不適切だ。したがって「大型でありながら、なるべく軽くする」その目的のために、この「三角縁」という、「三角縁画像鏡」の技術が輸入された。これに対し、「神獣鏡」という要素は、二～四世紀に中国（後漢―魏・呉―西晋）で流行した様式が導入されたものであろう〟と。

この点、国分神社の三鏡について、平縁《ひらぶち》の盤龍鏡と二つの三角縁神獣鏡とを比較し、計算してみたところ、上記のわたしの「仮説」にほぼ相応する数値がえられた（表2－2）（注＝体積の単純な比例から計算すると、24×24×1.2÷24÷24÷0.9＝3.6倍になるところ、重さの比は1360÷660=2.06倍である）。

すなわち、二つの三角縁神獣鏡は、その直径と厚さからみて、もしかりにこれが平縁鏡だった場合〝予想される重さ〟に比して、はるかに軽いのである（ただ、三鏡の銅質の異

表2－2

	直径（センチ）	厚さ（センチ）	重さ（グラム）
盤龍鏡（平縁）	14	0.9	660
海東鏡（三角縁）	22	1.0	940
徐州・洛陽鏡（三角縁）	23	1.2	1,360

（注）重さは通常測定器具のため，概数。厚さは測定法によって誤差生ず。

同によって、単位質量が変動させられることはもちろんである）。

（以上、『ここに古代王朝ありき』一四〇～一五七ページ）

本書で扱ったテーマの一つに三角縁神獣鏡の問題がある。本書では、当鏡の舶載（魏）鏡説に対し、史料批判を加え、その根拠とするところに幾多の疑点あることを論証した。この点、さらに論証を深めたもの、それが『ここに古代王朝ありき――邪馬一国の考古学』（朝日新聞社刊、昭和五十四年）であった。

海東鏡の論証

その中で国分神社（大阪府柏原市、南河内）の三蔵鏡の一つの銘文に、

吾作明意真大好、浮由天下□四海、用青同至海東

とあるものについて、富岡謙蔵がここから「寄贈」説を唱えていることを非とした。そして、「中国の鋳鏡者が中国の銅をもって日本列島（南河内近辺）に渡来し、この三角縁神獣鏡（「海東鏡」）を作った」（同書、一四九ページ）と解した。「工人渡来説」だ。

そしてその出発地、出発時期を考察し、同神社のもう一つの鏡（三角縁神獣鏡）の有名な銘文、

銅は徐州に出で、師は洛陽に出づ

について、その工人が「徐州銅」をたずさえて洛陽から渡来した、という可能性を認めた。そしてその時期として、

㈠　呉　天紀四年（二八〇）――呉の滅亡

㈡　晋　建興四年（三一六）――西晋の滅亡

の二つの時点に注目した。

そして㈠について、呉鏡を論じ、

「このように、呉の年号鏡は、魏（蜀も）を圧している。たまたま年号鏡のみ多い、ということも考えにくい。やはり呉が鋳鏡の一大センターであったことを証するものであろう」

とのべ、「呉の工人の渡来」の可能性を論じた。

「この仮説は、鏡の様式の面からも、一種〝裏づけ〟めいたものをもつように見える。なぜなら、呉の年号鏡はほとんど『神獣鏡』であり、『三角縁』という方式も、江南に多い『三角縁画像鏡』に淵源をもつ、という可能性が考えられるからである」（同書、一五八ページ。本書一八六ページ）

とのべている。

以上、みずからの文面を長文再引用したのは、他でもない。この本が刊行されて二年後（昭和五十六年）、中国の鏡の専門的研究者、王仲殊氏が、わたしと同じ銘文を重要な根拠の一つとして「呉の工人、渡来説」をのべられ、世間はこれを画期的な新説であるかのごとく、遇したのである。もちろんわたしは、王氏がわたしの立論に（基本的に）「同調」されたのを喜んだ。しかも、中国の出土鏡については、いかなる日本の考古学者よりも詳密に周知している研究者であるから、その「同調」の意義は大きい。もはや誰人も、わたしの立論をもって「非専門家の迂論」として扱うことは不可能となったからである。

しかしながら、一個の疑問がある。率直に記そう。王氏は、わたしの立論を知っておられたか、否か。この点だ。はじめ、わたしは、王氏がわたしの立説を知らず、偶然「同調」の結果を招いたのか、と察した。ところが、わたしが王氏へ右の著書をお送りしたにもかかわらず、御返事なき上、今回翻訳され、出版された『三角縁神獣鏡の研究』（学生社刊、平成四年六月）の中に、わたしの「徐州銅」理解への「反論」めいたものを、やはり実名抜きで見出して驚いた（奥野正男氏の「幢幡紋」〈笠松形文様〉の指摘をも、同じく、実名抜きで「借用」されたようである。奥野氏は昭和五十五年七月発表）。

願わくは、以上が王仲殊氏の〝一時の過失〟であり、気づいた時点で率直に「訂正」する。そういう万国共通の学問のルールに従われることを期待する（古田「考古学の方法――王仲殊論文をめぐって」『多元的古代の成立（下）』駸々堂／ミネルヴァ書房、参照）。

三角縁神獣鏡の科学

次は、馬淵久夫氏の「鉛の同位体」の検査による、三角縁神獣鏡の研究である。当初、この自然科学的研究は、当鏡「舶載説」を証明する、そのように（一般の古代史学界に）信ぜられていた。事実、わたしは最初、京都大学の樋口隆康氏の研究室で、氏から分厚い馬淵論文のコピーをいただいたとき、そのようなものとして、すこぶる緊張を覚えたのであった。ために、昭和五十九年、東京に赴任（昭和薬科大学）したとき、いち早く氏のもと（上野の国立文化財研究所）を訪れ、関連する研究論文を求めたところ、氏は快く多くの資料を与えられたのである。

そして昨年（一九九一）、信州の白樺湖の同大学諏訪校舎（本校は東京都町田市）で「『邪馬台国』徹底論争」のシンポジウムを行なったとき、とくに氏にお願いして「白樺湖～東京（富士通パソコンセンター）」間の「パソコン討論」の対論者（回答者）になっていただいた。当シンポジウムの立場「わたしの立論への反対者を重んずる」、その方針からであった。

けれども、討論の結果は意外な帰結を示した。なぜなら、「鉛の同位体」の検査から知ることのできるのは、その材料の産地にとどまり、その器物の製造地を示すものではないこと、それが明言されたからである。そして当初、当方（馬淵氏）の説明不足のせいか、「三角縁神獣鏡、舶載説」（中国製作説）を示すように誤解されたことも、率直にのべられたのであった。

さらに、日本列島出土の銅鐸や荒神谷出土の三五八本の「銅剣」（古田は「銅矛」と考える）も、共に「銅の同位体」の検査からすれば、中国産の材料によること、しかしその製作地は「日本」国内と考えうることをのべられた。ことに、後者（荒神谷）の場合、製作地を荒神谷近辺とされた。なぜなら、「鉛の同位体」の測定数値の微妙な変化が、出土した列（三列半）の順次通りの「数値変化」を示していたためである。すなわち、「材料産地」（中国）と「製品産地」（日本）と両者は全く別だったのである。これが、馬淵氏の立場だ。

だから、今や三角縁神獣鏡の「舶載鏡」説は、馬淵氏の場合、自然科学上の〝裏づけ〟を「失った」のである（馬淵氏の研究上の先蹤として、名古屋大学名誉教授の山崎一雄氏があるが、氏は「銅やスズ、鉛の合金比率は中国鏡に一致し、鉛の原鉱石も中国産」という結果を、椿井大塚山古墳の同鏡について出されたという〈『読売新聞』一九九二年十月四日〉。「材料産地」と「製品産地」の関係は、氏の場合、どのようであろうか）。

また「景初四年鏡」「『新』鏡、説」「西王母・東王父」問題等が当鏡に関して興味深い（『「邪馬台国」徹底論争――邪馬壹国問題を起点として』新泉社刊、『古代史徹底論争――「邪馬台国」シンポジウム以後』駸々堂刊、参照）。

（以上、『失われた九州王朝』五〇一〜五〇五ページ）

「誤読」論

『失われた九州王朝』の中の「キイ・ポイント」の一つ、

「考古学者たちの文献誤読」

問題にふれておきましょう。いまだにこの「誤読」問題は〝未解決〟のままなのです。

第一、「富岡・小林の誤読」問題。

樋口隆康さんの恩師（あるいは先々代）に当る富岡謙蔵（京都大学教授）は代表的な三角縁神獣鏡（河内国南河内郡国分出土）の銘文を解読しました。

「銅は徐州に出で、師は洛陽に出づ。」

の一句から、この鏡を「晋代」の作鏡と〝判定〟したのです。江戸の儒者、中村蘭林の説（『学山録』）に従ったのです。

そのさい、辞書（ハッキリ言えば「安《あん》チョコ」）代りに使った「学山録」を〝オーバー〟に解釈し、これ（「晋代には『師』の字を使わない」という「判定」）を、肝心の『三国志』全体に対して「検証」する、という、学問の基本作業を〝怠った〟のです。

わたしは『三国志』全体を「壹」と「臺」を求めて「目を皿のようにして」見つめる朝夕をすごしましたから、すぐこの富岡・小林「判定」の〝あやまち〟に気づきました。

けれども、この件に関する「魏晋鏡説」側（現在も、京都大学の考古学の主流）からの「弁明」は、今も一切「ナシ」のままです。

すなわち、「三角縁神獣鏡は『晋』ではなく、その直前の『魏』時代の製作である」という基本テーマは、実はすでに学問上〝破綻〟しているのです。

第二、「末永雅雄の誤読」問題。

末永雅雄さんは橿原考古学研究所の創立者として名高い方です。はじめ私費でこの研究所を設立し、やがて初代の所長となられました。

昭和二十九年刊の『和泉黄金塚古墳』は、いわゆる「景初三年鏡」についての正式の報告書として著名ですが、これもまた重大な「誤読」を基礎としています。

末永さんは羅振玉の『増訂碑別字』を文字判定の基礎資料とされました。そこに「魏」とされた文字群をもって「三世紀の魏の時代の文字」と〝錯覚〟されたのです。

ここに「魏」とあるのは、五世紀の「北魏」のことです。決して三世紀の「魏」のことではありません。しかも、この両世紀の間には、中国の文字史上、重大な激変がありました。鮮卑という北方の蛮族が南下して洛陽や西安を支配し、「北魏」を建設しました。四一六年、南北朝の開始です（建康〈南京〉に東晋が移り、南朝を開始）。

その結果、「発音」や「文字」に一大変化が起きました。その結果をしるしたのが、末永さんの依拠された「増訂、碑別字」です。ですからここに出てくる「魏」の時代の文字というのは、「三世紀の文字」ではない証拠にはなっても、「三世紀の文字」である証拠には全く〝使えない〟のです。この肝心の一点を、末永さんは全く「誤断」されたのです。

わたしはこれを本書『失われた九州王朝』で詳細に指摘したのです。

一方の富岡・小林、他方の末永さん、いずれも日本の考古学界の重鎮です。しかも、二つの「誤断」の基礎史料となったのは、いずれも、三角縁神獣鏡の「代表的な名鏡」です。ですが、これらの「誤断」について、京都大学からも、橿原考古学研究所からも、一言の「御挨拶」もない。ないどころか、あらゆるシンポジウムや学会から、わたしは「公的な討論」を排除されたままなのです。

日本の学界は、本当にこれでいいのでしょうか。

論より証拠、「魏の鏡」であれば、本家本元の中国から、質量ともにぞくぞく出土するはずの三角縁神獣鏡がいまだ一面も出土していないのです（逆に、「日本からの伝播」なら、中国からも若干は出るかもしれませんが、今のところ、それもないようです）。

（以上、『失われた九州王朝』五三四～五三六ページ）

日本の考古学界でこの鏡の占める「ポジション」は絶大です。しかし、わたしはだからこそ冷静に、次の三点をしるしたいと思います。

「三角縁神獣鏡」論

第一、前の「誤読」論にのべたように、基本的な「魏鏡としての証明」が学問的に「成立」できていないこと。

第二、同じく「銅鐸」論にのべたように、「近畿説の場合、この『倭人伝は銅鐸記述なし』」というテーマを〝避ける〟ことはできないこと。

第三、日本ではすでに「五百面を越える」出土があるのに、中国ではいまだに「出土なし」であること。

第四、「やがて出るだろう」というような立場は、学問上、不当です。「禁じ手」です。この〝やり方〟を認めれば、日本列島各地「皆、邪馬台国」の手法に〝反対〟できません。考古学は「ある」もの、出土しているものに立って、「立論」すべきです。学問として基本の立場です。

しかも、重要なことがあります。

第一、もし「国産」となれば、そこには「銘文」という「文字」があるのですから、これらの「金石文群に対する解読」を抜きにした日本考古学はもちろん、日本古代史も、成り立ちません。

この点、「文字のない」銅鐸のケースとは、大きなちがいです。

第二、もちろんこれが「舶載」つまり「中国産」であったとしても、そこにある「文字」や「思想」のもつ意義は重要です。

ですが、「国産」とすれば、その意義は絶大です。それなのに、そういう立場からの「三角縁神獣鏡」研究は、乏しい。少なくとも「大いに行われている」とは言えないのが現状です。

わたしは「三角縁神獣鏡の史料批判——三角人獣鏡論」（『新・古代学』第5集、新泉社、二〇〇一年三月刊）で論じました。

『東日流《つがる》外三郡誌』に対する、「偽書」であるとの中傷・攻撃が激烈を極めました。わたしとしては、あの「高句麗好太王碑、改ざん説への批判」で、同じく中傷・攻撃の嵐を経験していましたから、動じませんでした。そして二〇〇七年十一月の「寛政原本」の「発見」によって、これも事実上終結しました。今つづいている中傷・攻撃は、その「余波」にすぎません。

けれども、ふりかえってみると、そのような「あやまったキャンペーン」のために、人々（一般の研究者）が〝萎縮〟し、これに対する本格的な探求がおくれてきました。今回の「天皇記・国記」の「発見」も、もっと早くから「地道な研究や渉猟」が行なわれるべきところ、真作として一貫してきた、わたしたちもふくめてお互いに〝怠けてきた〟。後世の人々の「目」からは、そう見えるでしょう。

この「三角縁神獣鏡」問題にも、同様の問題点があります。

ＮＨＫの教育テレビ（二〇〇九年四月下旬）で「文字は百済からの伝来」という主旨の放送がありましたが、〝とんでもない〟ことです。

「日本の生きた歴史㈠」（『「邪馬台国」はなかった』ミネルヴァ書房復刊本に所収）の「難升米・都市」問題でも、ハッキリしている上、三国志の魏志倭人伝の「明帝の詔勅」や「俾弥呼・壱与の上表文」を見ても、疑いないように、倭国は弥生時代から立派に「文字文化」をもっていたのです。

平原遺跡出土の超大型鏡にも、まぎれもない「文字」が刻まれていました。「国産鏡」です。

隋書の俀《たい》（「倭」ではない）国伝の、

「百済において仏経を求得し、始めて文字あり。」

というのは、北朝（唐）側からの「目」による、イデオロギー的「判断」です。南朝系列の「詔勅も、上表文」も、「文字として認めない」立場です。あの堂々たる「倭王武の上表文」（南朝の劉宋の『宋書』倭国伝）は、〝公認の文字〟ではありません。ですから「北朝の目」からは、徹底して「文字なし」なのです。〝見事な〟イデオロギーの「目」ですが、それを日本や韓国の学者、またＮＨＫが「信奉」するのは、〝筋ちがい〟です。歴史事実に合致しないからです。

このような「公的な立場」が依然〝まかり通っている〟ところに、「自由な、真実の、（世界に恥かしからぬ）歴史学」は存在しません。

それはこれから、みなさんの手で築いて下さい。

（以上、『失われた九州王朝』五四二～五四四ページ）

7　古墳の編年と鏡の編年について

以上の「三角縁神獣鏡」に関する分析が、日本の古墳編年に与えるべき、新たな変動について、一つの示唆をのべておこう。

銚子塚古墳の探究

従来の考古学者は、いわゆる「船載三角縁神獣鏡」の出てくる巨大古墳をもって、古式古墳と称し、古墳時代の初頭（四世紀はじめ）においた。

近畿では、例の椿井大塚山古墳（京都府南端、三二面以上の「船載三角縁神獣鏡」を出土）などがそれだ。九州では福岡県石塚山古墳（七面）、大分県赤塚古墳（五面）などがそれだ。

これに対し、糸島郡で刮目すべき前方後円墳である銚子塚古墳などは、素環頭大刀の出土や「仿製三角縁神獣鏡をふくむ」等の理由のために、四世紀後半頃に下げられてしまった（共伴した二つの後漢式鏡——鍍金方格規矩四神鏡・長宜子孫内行花文鏡——は、〝伝世鏡〟と見なす。これも「八つの仿製鏡」との間に時間的落差あり、との立場から。小林行雄「福岡県糸島郡一貴山銚子塚古墳の研究」昭和二十七年〈注＝小林行雄考古学選集第二巻、真陽社刊〉）。

その結果、「弥生中期」にはあれほど王墓の陸続とつづいた糸島平野は、「弥生後期」にひきつづき、古墳時代初頭（四世紀前半）もまた、〝はかない（墓のない）時代〟とさせられてしまった。これは、

①　まず、大和の卑弥呼がもらったのが船載三角縁神獣鏡。
②　それを分配されたのが、石塚山や赤塚の被葬者。
③　それを下手に模倣したのが、銚子塚古墳の仿製三角縁神獣鏡。

右のような「物差し」から判断されたからである。

けれども、この「物差し」は——率直に言わせていただこう。——もはや「破産」した。先の鏡の判別の二原則（前述）でのべたように、上出来の鏡と出来の悪い鏡との関係は、決して単純なものではない。同じ〝洛陽から渡来〟の鋳鏡者でさえ、〝上手、下手〟のあること、国分神社蔵の二つの三角縁神獣鏡のしめすごとくであった。

まして〝倭国側の太陽信仰にもとづいて、最初に「三角縁神獣鏡」の様式を（三角縁画像鏡の模倣を通じて）独創した倭人たち（おそらくは筑前中域の倭の工人）〟が、やがてのちに近畿の河内等へ渡来していった本場職人（「海東鏡」の作者）に比べ、一段と技術が劣っていたとしても、それはおよそ当然のことではなかっただろうか。

また「素環頭大刀」も、すでに第一部でのべたように、〝この地方（筑前中域）は、弥生期における鉄刀において、日本列島中出色・抜群の集中地帯であった〟事実を思うとき、なぜこれを四〇〇年頃まで下げねばならないか、不審にたえない。

こう考えてみると、「鍍金の後漢式鏡」や「内行花文鏡」といった古冢（弥生）期出土品と同類の鏡をもち、その点でも、〝後漢鏡や仿製内行花文鏡をもつ平原遺跡〟の後継者たる性格をハッキリになう、この銚子塚古墳は、意外に早い時期（古墳時代初期）に作られていたのではあるまいか。

古墳の規模から見ても、この銚子塚古墳は一〇二メートルの前方後円墳だ。これに対し、二〇〇メートルもの巨大古墳たる椿井大塚山古墳の類を、いきなり古墳開始期の頃におき、近畿以外の前方後円墳を一切近畿の模倣と見なすような武断、そのような不自然な様相をうけいれて、再批判を行うことをしなかった従来の日本考古学、それをわたしは疑問とせざるをえない。

ここにも、文字ある仿製鏡

銚子塚古墳の中の八つの仿製三角縁神獣鏡、その中に二つの「文字ある仿製鏡」がある。

吾作明竟甚獨保子宜孫富無訾奇、

この文字が左文（裏がえし）で書かれている。これは、

吾作明竟甚獨奇、保子宜孫富無訾《し》

のまちがいだ。そう小林行雄は論断している。確かに脚韻を踏んだ七字二句の対句形とすれば、小林の指摘も、一応うなずけよう（注＝本件を解かりやすく拓本で示せば、左列が問題の一貴山銚子塚古墳出土の三角縁神獣鏡、中央が中国河北省易県出土の方格規矩鳥文鏡、右側が福永伸哉氏が魏鏡だと強く主張する静岡県松林山古墳出土の三角縁神獣鏡である。編者補足として図2－32を掲載）。

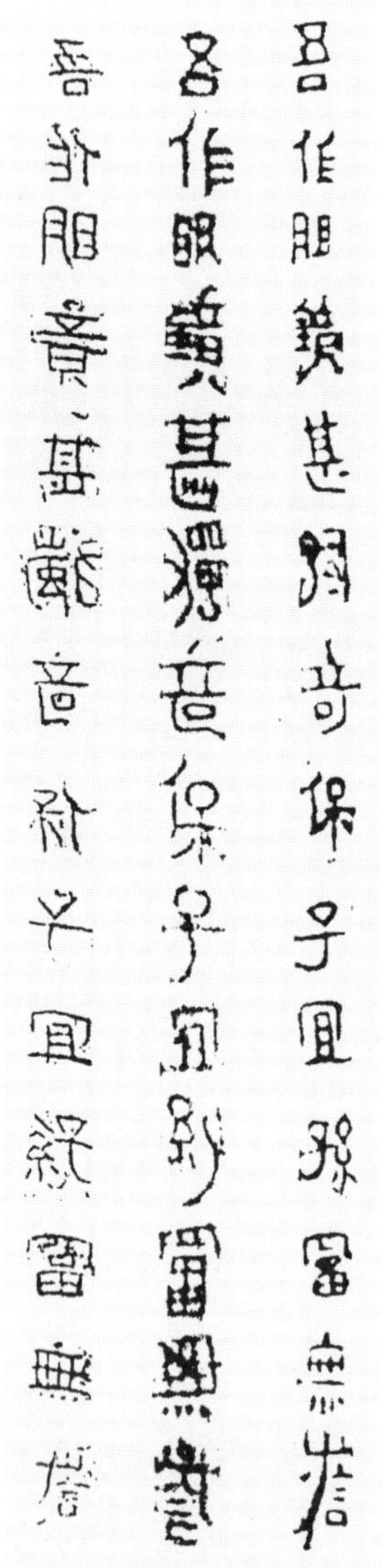

図2－32 『三角縁神獣鏡事典』引用。

ではなぜ、文字があるのに「日本製の鏡」として、これを指摘しえたのだろう。その理由は、第一に「左文」であること、第二に一字（「奇」）が移動して意味不明となっていると判断したこと、この二点だと思われる（また文字の字体も稚拙である――古田）。すなわち〝文字の形はしていても、本来の文字の用をなしていない〟こう判断したからである。

そして小林はその報告書で〝この模造鏡は九州内で作られたのでなく、近畿近辺で作られたものがここ

（糸島）に流入したものだ〟という命題を〝示唆〟しようとして努力している。

けれども、今やわたしたちは知っている。同じ九州の古冢時代、すでに立岩に同類（文章の態をなさぬ）の「仿製前漢式鏡」（一号鏡、二号鏡等）が存在したことを。またこの糸島郡内ですら井原に、文字の大きさの不揃いな「仿製後漢式鏡」が存在していたことを。さらに平原からも擬銘（文字を模して字や文章になっていない銘）をもつ内行花文四葉鏡（径約二七センチ）一面が出土した（原田大六『実在した神話』）。してみると、この地で「仿製三角縁神獣鏡」が作られたとしても、何の不思議もないのである。

これに対して、古冢時代の近畿には、「仿製鏡」も「船載鏡」も、ほとんど出土していない。少なくとも鏡に関しては〝後発地域〟なのである。しかるに〝その近畿で仿製鏡が作られ、ここ（糸島）に流入した〟という発想を強行しようとするならば、歴史の運行の大河を逆流させようとするもの、失礼ながら、わたしには率直に言ってそのように思われるのである。

また小林によって「船載」と認定された「長宜子孫、内行花文鏡」（後漢式鏡）。ここには文字があるとされている（けれども「正しい文字がある」ことと「船載」と、必ずしも結びつかぬことは、すでにのべた）。

これに対し、同じ糸島の弥生遺跡たる平原からは、見事な仿製の巨大な内行花文鏡と、同じく「長宜子孫内行花文鏡」（後漢式鏡）が出土している。また素環頭大刀（七五センチ）もすでに出土している。すなわち、銚子塚古墳は平原の後継者なのである（小林の報告書〈昭和二十七年〉が書かれたとき、平原遺跡は未だ発見〈昭和四十年〉されていなかった）。

次に、もっとも見事な鍍金の方格規矩四神鏡（後漢式鏡）。これについて、小林は考察を加え、

「ただ、従来知られてゐる鎏金方格規矩四神鏡の多くが、ユーモルホプロス氏所載の一鏡片を除いて、ほとんど十五糎以下の小鏡であることに対して、鏡形の大きいことが注意されるべきであらう。なほ、この種の方格規矩鏡の鍍金は、多くの場合鏡背の一部に施されて、白銅と金との対照の美を求める手法が行はれて

ゐるが、本鏡では鈕を除く全面に、すべて鍍金の形迹が認められる」とのべている。すなわちこの鍍金鏡は、類を見ぬ大型鍍金鏡なのだ。「径二一・二センチ」であり、先の三角縁神獣鏡の「海東鏡」（二二センチ）に近い大きさだ。

ここでわたしたちは、〝わが国では、鏡は太陽信仰のための儀式に用いられた。そのため、大型鏡が作られた〟という、先に提出した仮説を想起するであろう。あの最上の例は、これもまた平原遺跡の四つの仿製大型鏡だ。これに対し、この銚子塚では、金を鍍金し、黄金鏡としている。

わたしは平原遺跡を「一与式多鏡冢」として三世紀後半ないし四世紀初頭にあてて考えた。したがって四世紀前半ないし中葉に位すべき銚子塚古墳は、文字通り平原の、現地における後継者なのである。そしてこの銚子塚には、西晋滅亡（三一六年）後の東アジア戦乱期にふさわしく、平原以上に多くの鉄刀類を内蔵していたのである（平原は素環頭大刀〈鉄製〉一、鉄刀子一。銚子塚は素環頭大刀〈鉄製〉三、鉄製刀三、鉄製短刀一、鉄製剣六、鉄製剣形鎗身（石室外）一四〈計二七〉。鉄鏃一四）。

最後につけ加える。卑弥呼が魏の天子から下賜された品目の中に次の一語がある――「金八両」（二十四銖を一両とし、十六両を一斤とする〈『漢書』律歴志〉）と。

すなわち、この領域（筑前中域）には、すでに古冢時代（三世紀中葉）において「金材料」が送られてきていたのである。

左文鏡の謎

銚子塚古墳に内蔵されていた、二つの「文字をもつ仿製三角縁神獣鏡」（二面とも同文）について、もう一度吟味してみよう（図2-33）。

まず、「左文」問題。これは〝一字や二字が「左文」〟というのではなくて、文章全体が「左文」だ。これは何を意味するのだろう。この鋳鏡者は、文字の〝右と左の区別もつかなくて、うっかり逆向きに銘刻してしまった〟のだろうか。わたしには、考えられない。なぜなら、この地帯（筑前中域）には、おびただしい漢式鏡が前代（古冢＝弥生期）から存在し、その多くには文字がチャンと（右左をまちがえずに）存在していたからである。〝文字が読める、読めない〟の段階以前の、文字の右、左の区別さえ、この鋳鏡者や被葬者や周辺の人々がうっかり気付かなかった――そんな状況は、わたしには〝想像〟するのも、馬鹿げているようにさえ思われる。その上、この同じ銚子塚の中に、「長宜子孫」と正しく左右をまちがえず銘刻した鏡（内行花文鏡）があるのだ（小林の右の報告書による）。この報告に従えば、それとこれ（二つの仿製三角縁神獣鏡）とは、「宜」「子」「孫」の三字が共通していることとなるではないか。〝いや、そこまでよく読まなかったのだろう〟などと言う人があれば、わたしはもう、黙ってその人の顔を見つめるほかはない。

では、何か。わたしの仮説はこうだ。――〝これは「押印鏡」ではないか〟。

この左文鏡を鏡に写してみると、ピタリ正しい文字の正しい配列の図面が

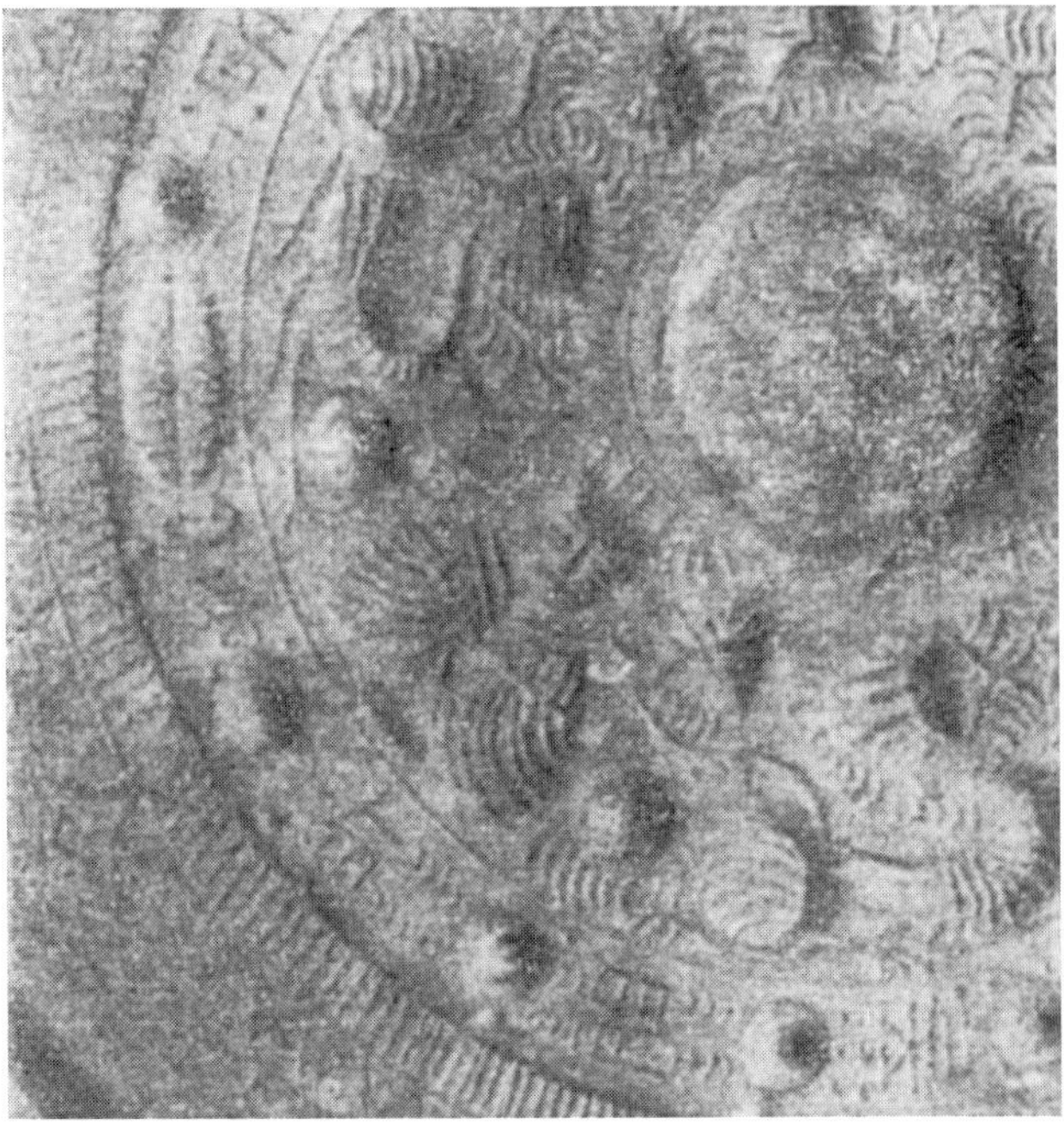

図2－33　銚子塚古墳の左文鏡（部分，京大考古学研究室蔵）

うつる。これは何を意味するだろう。もし、この鏡面に墨なり朱なりを塗布して布面（もしくは紙面）に押しつける。そのとき布面にはピタリ正しい文字の正しい配列の鏡面が印されることとなる。これは当然の道理だ。

この鏡の製作者はこの道理を知らずにこの左文鏡を作ったのだろうか。信じられない。なぜならこの筑前中域は、おびただしい正文字鏡（漢式鏡）の分布密集地帯であると共に、その中央にあの〝輝ける金石左文〟たる志賀島の金印の出土した地帯なのだ。ここの地の権力者や中枢工人が〝左文の存在を知らなかった〟とは、わたしには信じられないのである。

〝あの金印は布や紙に押すものだ。そして押せば布や紙に正しい字形があらわれるものだ〟――そのようなことも知らずに「委奴国王」がこの金印を所持していた、などと妄想する人はいないであろう。

第一、いかなる太古の人々と言え、川や湖の水面におのが顔をうつせば〝左様〟に見え、捕獲した魚が〝左様〟にうつる。そのような事実を知らなかったはずはない。いつも心忙しい現代人以上に、そのような〝自然の魔法〟に彼等は驚異の目を見張りつづけていたのではないだろうか。

まして一時代前の縄文時代、それは種々の形物を器面に〝押しつけて模様を作る〟文化だった。その彼等がこの「押しつけるもの――正模様」と「押しつけられるもの――左模様」の道理を知らなかったとは、到底信ぜられないのである。

そのような認識の真只中に典型的・技法的な「左文文化」たる志賀島の金印が送られてきた。彼等がこの「左文字」の機能を理解できなかった。そんなことがあろうか。

最後に次の点を見つめてみよう。

鏡の文字は通例右まわりだ。だから彼等（二つの仿製三角縁神獣鏡の製作者）が、〝右と左をまちがえてうっかり左文にしてしまった〟のなら、「左文で右まわり」になっていなければならぬ。しかしこれは「左文で左まわり」だ。つまり布などにうつしてみれば「正しい鏡面」になるようにピタリなっている。すなわち、この左文鏡は十二分に計算されているのである。

わたしはこのような結論に到着した。これをわたしの仮説として読者の前に提起したいと思う。

わたしの思考過程の中で生れた他のアイデアもまた、ここに参考としてしるしておきたい。

もう一つのアイデア

それは〝鋳鏡の鋳型を記念して作られた「記念鏡」〟という考えだ。〝左文で左まわり〟――当然土の鋳型はそうなっているはずだ。それを銅鏡の形で復元した、そういう考えである。

この考えの問題点は〝ではなぜ、文字も模様も凹型にしなかったのか〟という点だ。土の鋳型そのものは当然凹型だ。〝しかし記念鏡だから全部鋳型通りにする必要はない〟。そういう答えはできるものの、何か不徹底な感じは否めない。そこで一歩を進め、文字通り〝押印という実用のために作られた鏡〟という新しい仮説に立ち至ったのである。

要は、学問における根本の探究方法だ。『三国志』という文献に対するときも、〝この邪馬一（壹）国というのは、版刻者あたりがうっかりまちがえたのだろう〟。そう安易に推定し、論断する。そういう姿勢を、わたしはかつて非とした。今回も同じだ。〝無知な古代工人がまちがえてこんな珍妙な鏡を作ったままのこと〟。そういう推測の仕方に、わたしは安易に従えなかったのである。

他の「一、二字のみ左文」の場合も、単なるミスか、特別の配意（たとえば王名を「避諱」する）等があるのか、慎重に考慮する必要があろう。

第二は、「奇」の転字問題。小林はこれを「写し誤ったものであらう」と推定した。けれども、人間が眼前の文字を写すとき、このような形の写しあやまりが果たしておきうるであろうか。〝前句を「独」で切っ

て、句末の「奇」を次の先頭と考えた〟というようなのとは、わけがちがうから、とても考えがたい。やはりこれは、

吾作明竟甚独保、子宜孫富無訾奇。

吾、明竟（鏡）を作り、甚だ独り保つ。子宜《よろ》しく孫富み、訾《し》無くして奇《き》なり

（わたしは明鏡を作って、たった一人で保存している。〈そのおかげで〉子孫によき運命と富がもたらされ、やまいがなく、すばらしい）

という文（「訾」には〝そしる・やまい〟、「奇」には〝すばらしい・めずらしい〟の意）。

つまり、七字二句の〝韻を踏まぬ、日本的構文〟と見るべきではないだろうか。その証拠に、小林も気付いているように、二匹の魚が各句の先頭におかれ、七字ずつでの区切りを、鋳鏡者が明確にしめしているからである。

報告者たる小林にとっては、当然ながら、〝倭人が造文した文章〟というような概念は存在しなかった。なぜなら、あの富岡四原則が確固として彼と考古学界を支配していたからである。

しかし、今やわたしは、すでにその痕跡を井原の後漢式鏡に見た。すでに古冢（弥生）期の筑前中域を〝文字を知る領域〟として確認せざるをえなかったのである。

たしかにこれは、中国人の書いた文章として見れば〝破格〟あるいは〝未熟〟とも言えよう。しかし、逆に〝倭人の作文した文面〟として見れば、一応〝漢文として成り立っている〟のではあるまいか。たとえ稚拙ではあっても。——わたしにはそのように見えるのだ。

これに反し、やみくもに一字を飛ばして写し、あわてて再びその字を別句末にさしこんで、七字ずつに合わせた。そのように粗雑で酔狂な鋳鏡者の手を想像する、それはわたしには不可能なのである。

この銚子塚古墳出土鏡（および他の多くの考古学的文献、報告書等）について、樋口隆康氏と京大考古学研究室の方々の温い御配意をえたことにつき、その学問的寛容に深謝したい。

また、合わせて種々の考古学資料について岡崎敬氏と、九州大学考古学研究室の方々から親切なご教示をたまわったことを記したい。

河内の覚峰（一七二九―一八一五）は、国分三鏡の銘文の写しを見、〝前漢初頭、鋳鏡者渡来〟を示唆した（白井繁太郎著『阿闍梨覚峰の伝』昭和三十三年、大阪府立図書館刊、参照）。

（以上、『ここに古代王朝ありき』一五七〜一六六ページ）

鏡と前方後円墳

古墳時代においても鏡がたくさん出てくる古墳があります。これは、九州にも近畿などにもあって、そこではいずれも前方後円墳という形をとっています。

もともと弥生墓の場合は盛土墓でしたが、そこへ葬るとき、祭りを行いました。たぶん三〇面、四〇面と出てくる鏡は、そうした祭りに使われたものでしょう。鏡は祭祀にとって欠かせないものであったのです。それらの鏡で太陽の光を反射させ、キラキラ光り輝かせながら祭りを執り行っていたのではないか。民衆はそれを取り巻き、一種のシャーマン的な祭祀のムードに酔っていたのではなかったか。ところが、そうした権力者が強大になってくると、参加する民衆も多くなり、墳墓も平地にあったのでは光が反射する範囲が限られています。そこで高い前方部をもった、大きな墳墓が必要になり、その前方部で鏡による儀式が行われる。そうすると太陽の反射がはるかに広範囲に広がり、いっそう儀式が盛り上がった。このようにして円墳に前方部をともなった前方後円墳が出現してきたのではないかと考えています。

つまり前方後円墳と鏡は、本来は切っても切れない関係がある。これを別々に考えていては前方後円墳の謎は解けないでしょう。前方後円墳は、「アマテル信仰」の下に発生し、それも、筑紫の糸島・博多湾岸から、やがて九州、さらに近畿などに及んでいったということになります。

それに対して、これと異なる文明を持つ祭祀（信仰）圏も当然いくつかありました。その中で、もっとも筑紫と場所的に近い存在であったのが出雲で、そこには四隅突出型の古墳があり、吉備、能登半島などに広がったことが知られています。『出雲風土記』には宍道湖を取り巻く四つの神名火山が出ており、これがワンセットになって古代信仰圏を形成していたと見られます。これも、無関係ではないのではないか、と思います。

（以上、『倭人伝を徹底して読む』二四五～二四六ページ）

未明の謎がある。

わたしの目に、見事な論文として久しく眼底にとどまってきていたもの、それは梅原末治氏の「筑前須玖遺跡出土の夔《き》鳳鏡に就いて」（『古代学』第八巻増刊号、昭和三十四年四月、古代学協会刊）である。それは日本古代史上重要な里程標をしめす論文であるにもかかわらず、氏の後継者たち（及び一般の考古学界）から、つとめて〝無視〟されてきたものだ（以後、この鏡をK鏡と略記する）。

理論考古学の立場から

その要旨をのべよう。

第一に、須玖岡本《すくおかもと》の、D地点（いわゆる「王墓」とされるもの。前漢式鏡三十面前後が一甕棺《かめかん》から出土）から一個のK鏡が出土している。

第二に、その伝来はたしかである。

「最初に遺跡を訪れた八木（奘三郎）氏が上記の百乳星雲鏡片（前漢式鏡、同氏の『考古精説』所載）と共にもたらし帰ったものを昵懇《じっこん》の間柄だった野中完一氏の手を経て、同館（二条公爵家の銅駝坊陳列館。京都）の有に帰し、その際に須玖出土品であることが伝えられたとすべきであろう。その点からこの鏡が須玖出土品であることは、殆《ほとん》ど疑をのこさない」。

第三に、現物観察によっても、右は裏づけられる。

「いま出土地の所伝から離れて、これを鏡自体に就いて見ても、滑かな漆黒の色沢の面に青緑銹《せいりょくしゅう》を点じ、また鮮かな水銀朱の附着していた修補前の工合など、爾後《じご》和田千吉氏・中山平次郎博士などが遺跡地で親しく採集した多数の鏡片と全く趣を一にして、それが同一甕棺内に副葬されていたことがそのものからも認められる。これを大正5年に同じ須玖の甕棺の一つから発見され、もとの朝鮮総督府博物館の有に帰した方格規玖鏡や他の1面の鏡と較べると、同じ須玖の甕棺出土鏡でも、地点の相違に依って銅色を異にすることが判明する。このことはいよいよK鏡が多くの確実な出土鏡片と共存したことを裏書きするものである」

第四に、このK鏡は、内外に存在し、実際に観察した百面近い実例の比較からすると、二世紀後半期以降である。

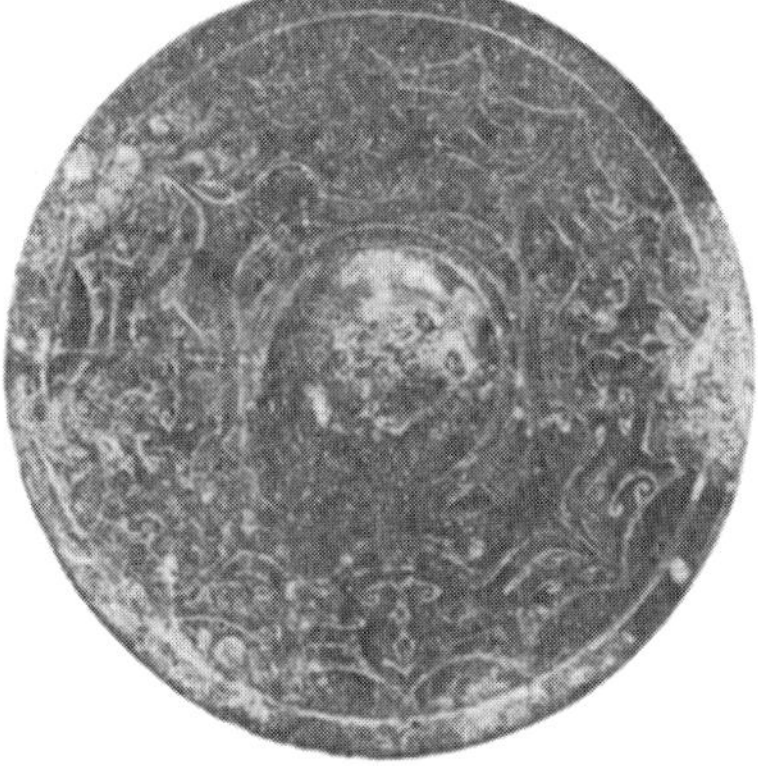

図2-34　須玖岡本D地点より出土の夔鳳鏡

「従って鋳造の実時代は当然後漢の後半、如何《いか》に古くとも2世紀の後半を遡《さかのぼ》り得ないことになるわけである」

このさい、ことに基準尺の一ポイントとなったのは、「印度支那のゴ・オケ遺跡出土品」であるという。第二次大戦後フランス学者が調査を行った、サイゴンに近い古の扶南《ふなん》国の海港だったと覚しいこの遺跡の出土品に一面のK鏡片がある。ところが、セデス博士（George Caedès）の記述によると、同じ遺跡から西紀二世紀中葉のローマ時代の貨幣が出ている、という。梅原氏はパリのギメー博物館（現・ギメ東洋美術館）で、これらの遺品を実地に確認し、「かくてこれが考古学上からするこの種鏡の年代を推すきめ手の一つになることが認められる」とのべられた。すなわち、今問題の須玖岡本の王墓出土のK鏡は、右

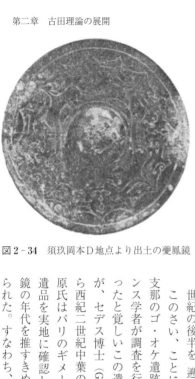

のK鏡より「退化」した様式に属し、右のK鏡以降のもの、とのべられたのである。*

＊最近、樋口隆康氏の『古鏡』（新潮社、昭和五十四年十月）でも、この須玖岡本D地点（福岡県春日市《かすが》）出土のK鏡は、次の解説のもとにあげられている。（図版六五の128）。

「B平素縁式。……（中略）……同じ平素縁鏡であるが、その幅が狭く、内行花文が著しくカーブの低いもので、鈕《ちゅう》が大きく、且つ扁平な類がある。安徽《あんき》省出土品が多く、魏晋代の作である」（一九〇ページ）

第五に、従って須玖岡本の王墓の実年代は三世紀前半以降である。

「これを要するに須玖遺跡の実年代は如何に早くても本K鏡の示す2世紀の後半を遡り得ず、寧《むし》ろ3世紀の前半に上限を置く可きことにもなろう。此《こ》の場合鏡の手なれている点がまた顧みられるのである」

第六に、以上の論証によって従来の鏡の年代観（自分――梅原氏――の提示し、一般の認めたもの）を一変させることとなろう。

「戦後、所謂《いわゆる》考古学の流行と共に、一般化した観のある須玖遺跡の甕棺の示す所謂『弥生式文化』に於《お》ける須玖期の実年代を、いまから凡《およ》そ二千年前であるとすることは、もと此の須玖遺跡とそれに近い三雲《みくも》遺跡の副葬鏡が前漢の鏡式とする吾々《われわれ》の既往の所論から導かれたものである。併《しか》し須玖出土鏡をすべて前漢の鏡式と見たのは事実ではなかった。この一文は云わばそれに就いての自からの補正である」

第七に、問題のK鏡を他よりの混入であるとするような見地はとりえず、やはり今後は「此の新たな須玖遺跡の年代観」（三世紀前半以降）によらねばならない。

「如上の新たなK鏡に関する所論は7・8年前に到着したもので、その後日本考古学界の総会に於いて講述したことであった。ただ当時にあっては、定説に異を立つるものとして、問題のK鏡を他よりの混入であろうと疑い、更に古代日本での鏡の伝世に就いてさえ《ママ》それを問題とする人士をさえ《ママ》見受けたのである」

以上がその要綱である。氏がいかに慎重に周密に論証の筆致を運んでおられるかが察せられるのである。

またこの所論が一朝一夕のものでなく、京都大学教授在任中（退官は昭和三十一年八月）から熟慮を重ねきたった末の懸案であったことも赤裸々に語られている。

ことに感動的なのは、自己が（師の富岡謙蔵氏を継承して）立案し、「定説」化されていった基準尺を自ら敢えて打ち破る、という、その気魄がここに鋭くこめられていることである。このような行為は学者にとっていかに困難であるか、わたしたちはその実例を幾多見得る（たとえば「邪馬台国」問題や王論文問題など）だけに、それを敢行された氏の学問的勇気を率直に賞讃させていただきたいと思う。

ことに注目すべきは、〝伝来の経緯〟について「殆ど疑をのこさない」とのべられた氏が、伝来の関係者と同時代人である上、立場上、きわめて確認のとりやすい位置にあったことである。たとえば京都の銅駝坊陳列館などは、いわば氏の「お膝元《ひざもと》」にあった（あるいは、氏が同館の「お膝元」にいた）。その上、他の関係者間の実体も、氏の知悉しておられたところに属すると思われる。このような立場にあった氏の証言は、後人の（確たる反証なしに）軽易にはくつがえし能《あた》わぬところ、といわねばならぬ。

この梅原論文への〝駁撃《ばくげき》〟は、十年後に現われた。

原田大六氏の『邪馬台国論争』（三一書房、昭和四十四年五月）がこれである。原田氏は先ず重要な指摘を行われた。

「半欠品であるが、後に再発掘し鏡片の研究に従事した九大教授中山平次郎の手元に、それに属する鏡片が一片もなかったことは重要である」

つまり明治三十二年の「発見」によるこの王墓に対し、大正初期から昭和初期にかけて、現地の再調査を綿密に行われた中山平次郎氏の厖大な収集品の中に、他の残欠部（補完部分）が見当らないから、梅原認定は疑うべきだ、といわれるのである。この「疑い」そのものは正しい。ただそれはあくまで「疑い」の発起点たるにとどまり、「論証」そのものでありえないことは明白である。

第一、もしかりに「二十〜三十面のK鏡が出土した」というなら、〝若干の残欠品（補完部分）があるはず〟というのも、一応はうなずけようが、たった一枚のK鏡の場合、その残欠部分（補完部分）が〝後年そこで発見される〟というのは、むしろ〝僥倖〟に属するケースではあるまいか。

第二に、事実、三雲遺跡の場合、文政五年（一八二二）に出土した前漢式鏡の残欠品（補完部分）が、奇しくも当の原田氏を団長とする、近年の調査団によって発見されたことは著名であるけれども、その半面、他の多くの前漢式鏡（三雲遺跡）や後漢式鏡（井原《いわら》遺跡）については、その残欠品（補完部分）は見出されていない。だからといって、これらの江戸期の発見報告（青柳種信等による）を〝架空の偽妄〟と言いたてる権利は、現代のどのような考古学者にも許されないであろう。もちろん、原田氏自身もそのようにはいっておられない。

以上によって判明するように、原田氏の〝疑い〟は、一つのアイデアの発起点としては、当然しかるべきものではあっても、肝心の「論証」にはなっていないのである。

では、原田氏の論証はどのようなものであろうか。氏は「検証の課題」として次の三点をあげ、みずから回答をしめされた。

(1)そのK鏡は須玖岡本の王墓出土ということに間違いはないか。
(2)他の鏡を副葬していた弥生墳墓でも梅原発言が証明されるか。
(3)弥生墳墓出土の鏡の編年に混乱が見受けられるか。

以上の三点である。このことが明らかにならないことには、奇怪な梅原発言は承認されないのである。

(1)の回答をしよう。須玖岡本の王墓出土の鏡復原に心血を注いだ中山平次郎の談話によると、そのK鏡が須玖岡本の王墓出土品ということには、はじめから疑問があったという。須玖の名前が有名になるのと同時に、骨董屋などが介入して、他の遺跡出土品をあたかも須玖から出土したように見せかけ、言葉巧みに二条家に売りこんだものらしい（注）。

（注）直接筆者が聞知した。〈原田氏の注〉

(2)の回答。現在まで北部九州の甕棺に鏡を副葬していたのは十八例知られている。これらのものは、前漢に属する鏡は中期（須玖式）の甕棺に、漢中期の鏡は後期前半（神在式）の甕棺に納まっていて、梅原発言のような混線は見受けない（表3―略、七三ページ〈引用書のページ〉参照）。ということは、梅原発言を他の例で証明することはできないと断言できる。

(3)の回答・洛陽焼溝で判明した鏡の編年と、北部九州の弥生墳墓副葬の鏡の編年はほぼ一致していて、いずれも秩序が保たれている。須玖岡本の王墓の、ただ一枚のK鏡だけが混入物であることはこのことでも証明される

(1)の問題と回答について検討しよう。

ここでは、中山平次郎氏の疑問が冒頭におかれている。「中山平次郎先生に墓はない、その墓はわたしの心の中にある」と、わたしが訪問したとき、明言された氏であるだけに、この〝随聞記〟は貴重である。「須玖の名前が……売りこんだものらしい」の部分が、中山氏の推測か、原田氏の推測か、文体上は必ずしもハッキリしないけれども、末尾の注として、「直接筆者が聞知した」としるされているから、〝中山氏の意のあるところを、原田氏が記した〟。そう考えるのが、一応の筋であろう。

さて、この問題について、次の二点が重要だ。

(一)中山氏自身、右のような「推測」をもちながら、論文の形でこれを明晰化していない。一般に、研究者は当然ながらさまざまの「推測」を、アイデア段階において有する。そして近習の〝心を許した〟若者たちに、あるいはこれを語ることもありえよう。けれども〝いざ、論文に書く〟というとき、一方では、それが

「裏付け」をえて明記できるものと、他方では、「推測」にとどまって明記しえぬもの（場合によっては、捨てるもの）のあることとは、人々のよく経験するところ、いわば当然の事態である。

この点、原田氏の「証言」をまつ外、中山氏自身が右の問題を「論文として明記」していない点から見れば、このケースは中山氏にとってやはり後者（客観的な裏付けのないため明記しなかったもの）に属したものではないかと思われる。

(二)この点、興味深いのは、右の問題の梅原論文が「中山平次郎追悼号」（『古代学』第八巻増刊号、昭和三十四年四月）に掲載されていることである。これは偶然の暗合であろうか。いいかえれば、ただ単に〝梅原氏がその問題を当時扱っていたから、偶然この号に掲載した〟のであろうか。この雑誌の目録は次のようである。

考古学上より見たる神武天皇東征の実年代　中山平次郎
遠賀《おんが》川遺蹟出土の小孔石庖丁　中山平次郎
無紋系弥生式土器の陽飾　中山平次郎
筑前須玖遺蹟出土のK鏡に就いて　梅原末治
中山平次郎博士　梅原末治
中山平次郎博士年譜
中山平次郎博士著作目録　梅原末治編

つまりこの雑誌のこの号全体が梅原氏の編集にかかるもので、当の中山氏の論文と梅原氏の論文のみで全体が構成されているのである。このような構成から見ると、右の論文は当然「故中山平次郎氏に捧ぐ」という追悼記念論文の意義をそなえている。そのように見なす他ないのである。

ところで、今中山氏の恩愛の弟子、原田氏によると、中山氏の内面に重大な「推測」ないし「疑惑」の存在していたことが「証言」された。ではこの「推測」や「疑惑」は、果して(イ)中山氏ひとりひそかに抱きえた疑問であろうか。(ロ)また中山氏は他にはこの「推測」や「疑惑」を決して洩《も》らさず、あたかも「中世」の秘儀・秘伝の類のように愛顧の弟子たる原田氏のみにもらされたのであろうか。

(イ)(ロ)とも、わたしには考えられない。なぜならことの性格上、この疑問は、中山氏ひとりのものではなく、ことに大学の学者にとって、何よりも先ず、〝疑わるべき問い〟であるはずだからである（京大からも現地〈須玖岡本〉へ調査団がおもむき、詳細な報告書が作られ、その中で鏡に関する報告を、当時気鋭〈三十代中葉〉の梅原氏が記したこと、著名の事実である〈「須玖岡本発見の古鏡に就いて」『京大考古学研究報告』一一、昭和五年〉）。

次に梅原氏が富岡謙蔵氏の「助手」として、再三中山平次郎氏に接触していたことは、右の雑誌の追悼文「中山平次郎博士」中に、梅原氏自身が「私が博士に始めてお目にかかったのは、大正五年十二月のことである。……」とのべられたごとくであり、中山氏の死の「三日前」にも、氏の宅を訪れ、病をかえりみぬ氏の考古学上の問題についての談論風発に接し、その学問への熱情に対し、いたく感銘させられたという。このような実情から見ると、梅原氏がこの中山氏の疑念を〝知っていた〟と考える方が、自然の理解と思われる。そうであったればこそ、梅原氏はこの中山氏追悼号に対して、ことさら、この論文を載せたのではないか、わたしにはそのように思われる。少なくとも、中山氏亡きあと、梅原氏が先ず世に問わんとしたところ、それがこの一文であったこと、その一点の事実をわたしたちは疑うことができないのである。

このようにしてみると、一見先に書いたように〝梅原論文の十年後に、原田氏が駁撃を行い、その第一石として中山疑問をおいた〟かのように見えたのであるけれども、その内実を探ってみると、実は逆に〝梅原論文はその中山疑問に答えんとして、中山氏の霊前に――追悼号の中に――おかれたもの〟そういう根本性格が浮かび上ってくるのである。

従って原田氏はこのK鏡について「二条家の銅駝坊陳列館に、須玖出土品といって収蔵されていたもので、誰の手を経過し、どうしてそこの所蔵品になったかは不明確である」（原田大六著『邪馬台国論争』一九六九年版、四六五ページ、注七二・37）と書かれたが、これは原田氏の「新発明」の見解ではなく、すなわち「中山疑問」を踏襲されたものであろう。ところが、この「中山疑問」に対する、梅原氏の〃調査報告〃が、すなわち先の梅原論文第二項の記述であったと思われる。*

*この点、〃中山氏が、京都在住で官学（京都大学）にあり、しかも再三自家に訪ねきたった、若き梅原氏に対して自己の疑問（右の注七二・37の内容）をのべて、実情調査を依頼したことがあり、それが一契機となって、梅原氏の銅駝坊博物館や関係者への調査となり、結局、この梅原追悼論文となって結実するに至ったのではないか〃。そのような推測も可能ではあるが、もはや当の梅原氏に実情を確認できぬことを遺憾とする。——現在、臥床《がしょう》され、家族の方々に対しても、応答されえぬ日々と、家族の方からお聞きした。

次に(2)の問題と回答について検討しよう。

原田氏の回答は、一言でいえば〃鏡の納まり方の統一性〃ということである。この命題に立って〃前漢式鏡と後漢後半以降鏡（K鏡）の混在〃（須玖岡本遺跡D地点）という梅原論文の立場を否定するのである。この自家の主張を裏づけるものとして、氏は「表3」（当該書七三ページ）をあげている。しかしそこには氏の主張と必ずしも一致しない様相が現われている（左は四王墓）。

A糸島郡

①三雲	㋑漢以前鏡	2
	㋺前漢鏡	33
②井原	後漢（前半）鏡	21
③平原	後漢（後半）鏡	37

B博多湾岸
須玖岡本――――㋑前漢鏡　32＋（プラス・アルファの意か――古田）
㋺後漢（後半）鏡　1？

右のAを見ると、㋑の「漢以前鏡」というのは、戦国鏡（もしくはその延長）と見られるもので、他の本（「大陸文化と青銅器」『古代史発掘5』講談社、一六九ページ）では、

『雷文鏡・重圏文鏡・連弧文銘帯鏡26・重圏銘帯鏡7』

とある、。部に当る。杉原荘介氏の『日本青銅器の研究』（中央公論美術出版、昭和四十七年）では、

「一つは重圏素文鏡であり、他は四乳雷文鏡である」（五二ページ）

と呼ばれている。そして重圏素文鏡については、

「王仲殊氏は線帯による重圏鏡を戦国時代とし、面帯による重圏鏡を、文鏡の多い戦国時代の鏡の省略されたものとしている」

とのべられ、今回日本考古学界に電撃を加えた王仲殊氏の説が紹介されているのが興味深い。そしてこの二者（重圏素文鏡と四乳雷文鏡）とも、「前漢代後半より古いもの」と見なしている。

これに対し、同じく三雲遺跡から出土した「重圏文清白鏡」については、「前漢代後半」としている。また別の「内行花文清白鏡」に属する鏡が福岡市の聖福寺《しょうふく》（京都国立博物館委託）に現存している（先にのべたように、この補完部が最近の発掘で発見された）。

このようにしてみると、同じ三雲遺跡でも、鏡は決して一様でなく、何種類かの鏡（時期を異にする）がまさに「混在」しているのである。

してみると、「戦国（式）鏡〈雷文鏡・重圏文鏡〉と前漢鏡」の「混在」は認めても、「前漢鏡と後漢（後半）鏡〈K鏡〉」との「混在」は認められない、というのでは、筋が通らないのではあるまいか。

また原田氏の表では「後漢（前半）鏡」一式であるかのように表示された井原遺跡の場合も、決してそうではないこと、すでに前著『ここに古代王朝ありき』（一二一ページ、ミネルヴァ書房版、一二〇ページ、本書九八ページ以下）でのべた。「王知日月光湧有善銅出……」の筆体は、何とも中国鏡のものとは認められない。*

＊この鏡の図が青柳種信の「模写」であるから、証拠として使えないように奥野正男氏は難ぜられたが（「銘文から仿製鏡説は証明できない――中国出土鏡の事実から古田説を批判する〈上〉」『東アジアの古代文化』二三、昭和五十五年春）、氏の認識のあやまりであること、「九州王朝の証言㈦」（同誌二五、昭和五十五年秋）で詳述した通りである。これはまさしく拓本である。

すなわち井原遺跡には「（α）後漢式鏡と（β）国産鏡」が「混在」しているのであり、（α）と（β）の生産時点が異なることは、当然可能性が大きい。

この点、実は一層明瞭《めいりょう》なのは、原田氏が主導して発掘された平原《ひらばる》遺跡そのものである。先の氏の表では「後漢（後半）鏡、37」として、あたかも「同式鏡」一色であるかのように「表示」されている。しかしながらこれは、〝正確〟ではない。なぜなら、同遺跡からは有名な大型の国産鏡その他が明白に出土しているからである。

「内行花文鏡　四面　ともに径約四六・五センチの同型同范《ママ》鏡、八葉座で大形であることが、とくに注目される。

内行花文四葉鏡　一面　径約二七センチ　擬銘（文字を模して字に《ママ》や文章になっていない銘）をもっている」

（原田大六『実在した神話』学生社、一〇三ページ）

要するに、ここでも「（α）後漢（式）鏡（三十七面）と（β）国産鏡（右の五面）」という、二つの〝異なった様式〟そして〝異なった生産時点〟をもつ鏡が「混在」しているのである。ことに平原遺跡の場合、国産鏡すら〝異なった様式〟のものをふくみ、それぞれが同一時期の生産か否か、必ずしも保しがたい。

氏の「表3」は、「国産鏡」を表から除外することによって、一見スッキリできた（ただし三雲遺跡を除く）かに見えたのであるけれども、〝同一遺跡内部の銅鏡〟という客観的な見地に立つ限り、〝異なった生産時点の銅鏡が共在している〟――これが、これら糸島・博多湾岸の王墓における、むしろ原則となっていたのである。こうしてみると、原田氏のように〝他（三雲・井原・平原等）は「混在」していないから、「梅原論文による須玖遺跡」のような「混在」はありえない〟という方式の論断は、思うにあまりにも〝独断的〟にすぎるといわざるをえないのではあるまいか（「表3」中の、王墓以外の「一～二面」程度出土の弥生墓の場合、「混在」していないのは、むしろ当然である）。

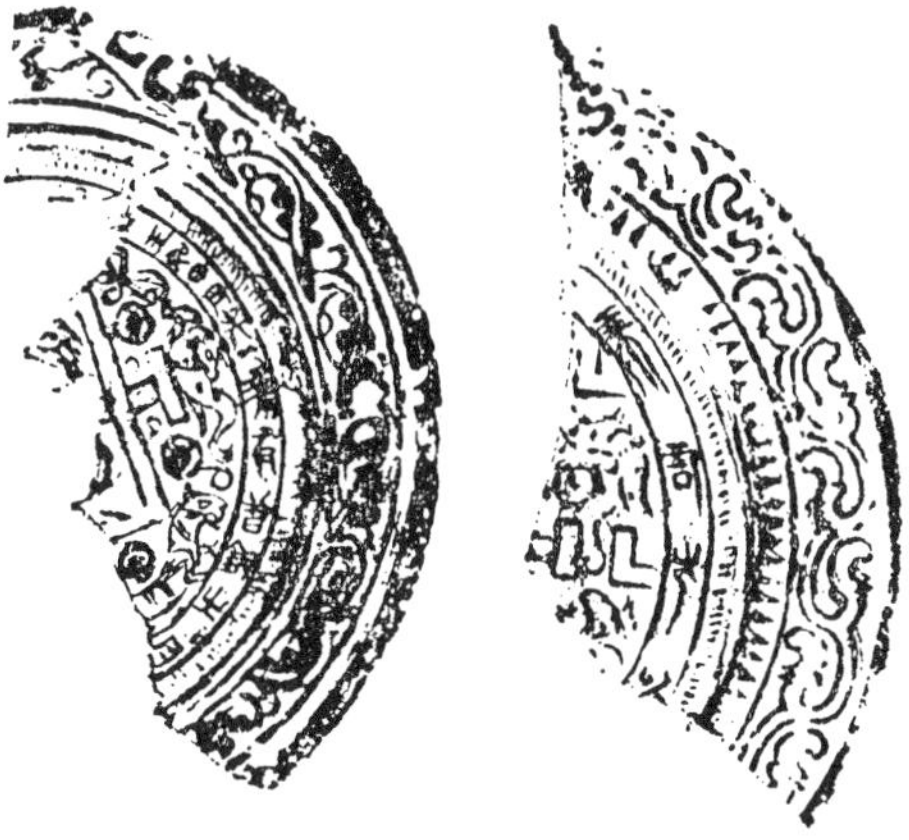

図2－35　井原遺跡出土鏡の拓本

この点、実は梅原氏が右の梅原論文の冒頭において、周到にもすでに指摘したところである。

「多数の須玖の出土鏡の中に時代の下る後漢後半の鏡を含むと云うこの事は、一方の三雲の出土鏡のうちに、時代の遡る戦国の鏡式の存する点をはじめ、三国時代の三角縁神獣鏡を主とする近畿を中心とした古式古墳の出土鏡に、四神鏡・内行花文鏡等が並び副葬されている場合の少くないことなどからあえて異とするに足りない」

原田氏の場合、この梅原氏の行文の用意を軽易に看過されたのではないかと思われる。

さらにわたしの立証を再確認するため、「銘文の字体」の方から、この問題を考えてみよう。青柳種信は、井原遺跡からの出土鏡について拓本を作ったさい、先の異体字鏡（「王知日月光……」）のほかに、上掲の、文字を有する鏡（の銘文）を拓出している。

上掲の字体と先の異体字の字体と全く異なっていることが認められる。

また、問題の須玖岡本の王墓中の前漢（式）鏡と一般に呼ばれている鏡の中においてすら、二種類（P群とQ群）の字体が認められる。

これら二様の字体が〝同一時期の生産〟とは、容易に断じえないことは当然であろう。すなわち糸島・博多湾岸の王墓群においては、〝一つの甕棺から二つ（以上）の字体が出てくる〟この事実が認識されねばならぬ。この点もまた、原田氏の「非混在説」にとって不利な史料事実というほかはない。

次に(3)の問題と回答について検討しよう。

原田氏によれば、(A)「洛陽焼溝で判明した鏡の編年」と(B)「北部九州の弥生墳墓副葬の鏡の編年」は「ほぼ一致していて、いずれも秩序が保たれている」という。本当だろうか。

実は(A)と(B)との間には、大きな性格上のちがいがある。

第一、(A)は通常一～二面の鏡が出土する。これに対して(B)は今考察したように、「異なった様式」と「異なった生産時点」と「中国製と国産」とを「混在」させた出土をしめす。この点、たとえば岡崎敬氏も、次のようにのべておられる。

「洛陽の焼溝は、前漢より後漢代にかけての洛陽中堅層の墓であるが、鏡の出土は、各墓ほとんど一面ずつで、数面以上出土することは稀である」（『柳園古器略考』「解題――三雲・井原遺跡とその時代」一二ページ）

そして左のような「洛陽市西北にある焼溝漢墓」（百三十四墓）の出土鏡の時代分類をあげておられる。

第一期　星雲文鏡（4）、草葉文鏡（1）
第二期　星雲文鏡3、日光鏡3、昭明鏡（挈清白鏡を含む）2
第三期前期　日光鏡8、昭明鏡11、変形四螭文鏡9、四乳鏡3
第三期後期　日光鏡6、昭明鏡6、変形四螭文鏡1、四乳鏡1、連弧文鏡1、規矩鏡4
第四期　四乳鏡2、規矩鏡3
第五期　雷文鏡（内行花文鏡）4、夔鳳文鏡1、長宜子孫鏡1、規矩鏡2
第六期　長宜子孫鏡5、変形四葉座鏡2、四鳳鏡1、人物画像鏡1、三獣像1、鉄鏡

調査者は、第一、第二期を前漢中期、およびそのや丶後、第三期（前期）を前漢晩期、第三期（後期）を王莽及びそのや丶後、第四期を後漢早期、第五期を後漢中期に、第六期を後漢晩期にあて丶いる。

従って〝原則として一面〟の中国出土鏡の場合、当然ながら「様式」も「生産時点」も、〝原則として同一〟となろう。これに対して日本（北九州の王墓）の場合、〝原則として二十〜四十面〟であり、（数量から見ても、当然ながら）「異なった様式」「異なった生産時点」「異なった生産地点（船載と国産等）」の異型鏡をふくんでいるのである。この事実の上に立って見ると、ただ〝須玖岡本の王墓からK鏡を排除する〟理由を洛陽焼溝漢墓群の「ほぼ一致」した「秩序」に求めるという、原田氏の論法は、遺憾ながら成立しがたいのではあるまいか。なぜなら〝前漢式鏡と後漢式鏡との組合せの例はないから〟などといってみても、それは四王墓中の須玖岡本の王墓を除く、三王墓の例しか基準となりうるものはない。その上、その三王墓自体においても、決してその出土鏡は「単一様式」ではなく、「異なった様式」をふくんでいるからである。

以上のような再検証からすると、折角の原田氏の(1)〜(3)の回答も、決して「適正な回答」とはいいがたい。わたしが原田氏の存在に対していだく敬意にもかかわらず、率直にいってそのように評せざるをえなかった

のである。

原田氏の梅原論文批判、それに対してわたしは賛成できなかった。できなかったけれども、反面、氏の批判は〝良心的〟だった、といっていいであろう。なぜなら、逐一、問題点をあげ、それに対する原田氏自身の回答が記してあったからである。あったからこそ、わたしはふたたび逐一、これに対する再検討を行いえたのである。この点、原田氏に対してふたたび率直に敬意を表したいと思う。

これに対して、三年後の昭和四十七年に出た杉原荘介氏の『日本青銅器の研究』（中央公論美術出版）の場合、論証は次のようだ。

「須玖遺跡出土と伝えるK鏡についても、おのずからその性格が分かってきたわけであるが、これについて梅原末治博士は、同鏡の時代を二世紀後半から三世紀前半に位置づけているのは正しいと思う。しかし、それによって、須玖遺跡の中心をなすD地点の諸遺物を、その時代まで下すわけにはいかない。その後、須玖遺跡においても、弥生時代後期の遺址《いし》が明らかになってきており、それとの関係も考えられる。さらに、この銅鏡の年代を下げるのであれば、もはや銅鏡自体の遺跡への混入とせねばならないであろう（梅原一九五九）」（八六〜八七ページ）

最後に（梅原一九五九）とあるのは、今問題とした梅原論文だ。だが、梅原氏の論証の周密さに比して、失礼ながらこれは何たる〝安易の行文〟であろう。要するに〝「定説化」しているD地点（王墓）の年代を三世紀前半以降に下すわけにはいかないから、同じ須玖の「弥生時代後期の遺址」に関したものか、あるいは「銅鏡自体の遺跡への混入」か、どちらかだろう〟というのだ。

これでは「定説基準尺を守る」のが、絶対の要請であり、理由は〝それに合わして適当に考えればいい〟という論法である。せっかくの梅原論文の周到な論理の運びなど、一顧だにされていない。一言でいえば〝当人（梅原氏）たちが一般（杉原氏等）に提起した基準尺を、折角便利に使っているのに、いまさら撤去されてはかなわない〟。ありていにいえば、そういうことに尽きよう。

梅原論文の裂帛《れっぱく》の気魄に対して、あまりにも不適切の筆致、そう評したら、氏に対して失礼であろうか。その上、この本の出る三年前に出て、同じ梅原論文に対して〝良心的〟な批判を行われて、杉原氏と同方向の帰結をしめしておられる原田氏の著述に対して、それこそ〝一顧だに〟はらわれていない。これはなぜであろうか（もちろん〝一般論〟としては、杉原氏が原田氏の右の本を知られなかった、ということもありえよう）。

わたし自身、杉原氏の右の本によって、常に考古学上の知識を学んできた。考古学上の〝古典的〟な編年観をうかがう上で、〝絶好の基準の書〟としてきたのである。それをここで明記させていただきたい。その学恩に対して深謝すると共に、ここにあらわれた問題点を率直に記して、杉原氏に対する「御恩返し」に代えさせていただきたい。


次にとりあげるべきは、岡崎敬氏の左の行文であろう。

「（須玖岡本D地点出土鏡について、中山博士の「33面もしくは35面以上」、梅原博士の「〈細片を除き〉30面以内」とする見解と鏡式の紹介のあと）この内、最初にあげている夔鳳鏡一面は、径一三・六センチ、扁平《へんぺい》大形の鈕のまわりに糸巻状図様の鈕座があり、その中に『位至三公』、内区を飾る夔鳳文の間に『君宜古市』の銘がある。この夔鳳鏡は扁平な四条の稜《りょう》ある銅剣とともに、もと二条公銅駝坊陳列館に入り、その後、東京帝室博物館（現在東京国立博物館）の蔵品となった。夔鳳鏡は後漢末期に盛行したものであり、この鏡だけ、他の鏡とは異質である。二条家に入る時に須玖岡本出土の所伝があり、これに加えられたのであろう。須玖岡本は弥生時代各時期の墓葬があり、かりに須玖岡本出土としても、地点を異にしているものだと思う。一八九九年に大石下より甕棺の出土した須玖岡本D地点以外の所より出土したものとする方が全体の矛盾がない。

須玖岡本のものには草葉文鏡三面、星雲鏡五面（もしくは六面）を含んでいる。これらは洛陽焼溝漢墓第一期のものである。しかし重圏精白鏡・同清白鏡・重圏日光鏡・連弧文清白鏡の類の焼溝第二期のものが大部分であり、これらは立岩《たていわ》の出土品と共通している。いずれも洛陽焼溝漢墓第二期のものであり、埋葬の年代は立岩とさほどかわるところがないと考える外はない」（「六章　鏡とその年代」『立岩遺蹟』河出書房新社、昭和五十二年、三七六ページ）

右には、問題の梅原論文はあげられていない。いないけれども、この〝慎重な〟いいまわしの相手（批判対象論文）が梅原論文であることは疑いない。岡崎氏は恩師の〝名前をあげる〟ことを避けた上で、これに反対されたのであろう。けれども、その論旨そのものは、原田氏の場合と大異ない。これも、ここでは原田氏の名前は〝出され〟ていないけれども。

もちろん「恩師の言を斥《しりぞ》ける」ことは、決して〝大それた所業〟などと呼ぶべきものではない。それどころか、本居宣長が「師の説にな、なづみそ」といったように、学問の真髄に属する、といっても、過言ではないであろう。

けれども、問題はそのような点にあるのではない。岡崎氏のあげられたポイントこそ、すでに梅原氏が顧慮して、その決して成り立ちえざることを、周到に論述された問題点なのである。もしそれらの点がまちっているというのであるならば、その反論の論証を逐一、それこそ必要にして十分に〝あげ尽くす〟ことこそ、〝師の説になずまざる〟後来の探究者の礼儀ではあるまいか。しかし、右の岡崎氏の行文には、遺憾ながら、それは見出しがたいように思われる。

ここで一言、わたしの学問の方法についてのべさせていただきたい。

わたしは二十代後半、親鸞《しんらん》研究関係の本を読んで、いつも右往左往の試行錯誤をくりかえしていた。そしてある日、ふと一つのことに気づいたのである。それは次のようだ。「その学者がその本に一つの結論を書いているとき、その結論に至る〝理由づけ〟について、そこに書かれてあることが、その学者にとっての、よき理由のすべてだ、そのように考えるべきではないか」と。

これを裏返してみよう。それまでは、次のように考えていた。〝ここに書いてある理由は簡単だ。しかしこれほどの大家だから、こんな簡単な理由で、この結論に至ったはずはない。けれども何らかの都合で（紙数の都合や関係者への配慮などで）これしか理由を書いてないのだろう〟と。いいかえれば、〝この大家は、実際はいだいている、たくさんの深遠な理由の中から、そのただ一端（きれはし）をここにおしめし下さっただけにちがいない〟。いわばこういった形でうけとっていたのである。

ところが、そのさい、こちらの思考は全くすすまない。すすまないはずだ。〝隠された大森林の中の一本の木だけしめされている〟のだったら、実際に知っている、眼前の「一本の木」をもとに、あれこれ言ってみても、土台、ことははじまらぬからである。当方がそのような心理状態におちいったとき、反論はもちろん、心からの納得も、ありうるはずはないのである。

これに対し、先のように考えた途端、まさに眼前の世界は一変した。〝こんな理由で、なぜこの結論が出るのか〟〝なるほどそうだ〟〝いや、とてもそこまで納得できない〟といった風に、自分の中の論理の歯車が歯切れよく回転しはじめ、激しく自動しつづけるのである。これがわたしの孤立の探究の出発点だった。

今思うに、やはりこのような受け取り方こそ、道理にかなっているのではあるまいか。なぜなら、その学者（執筆者）が本を書き、読者が本を買って（あるいは借りて）読む、そのとき、その執筆者の読者に対する礼儀は、何だろう。いうまでもない、〝自分のもっている最良の理由を提示した上で、その結論をしめす〟ことだ。これに反し、最良の理由、そして決め手をなす理由を秘匿して、第二・第三の、たいしたことのない理由、決め手にならない理由を、読者に提示する執筆者がありとすれば、それは執筆者として、いわば

〝落第〟であり、何より読者に対して、〝失礼この上ない〟こととなろう。

従って〝そこに書かれた理由は、その執筆者手もちのすべて、もしくは最良の理由である〟。そう考えるのが筋であろう。もしそう考えないならば、わたしたちはその執筆者をもって〝最低の礼儀をもわきまえぬ背徳の人〟として遇していることとなるであろうから。

以上がわたしの学問的思索の方法の出発点であった。


このような目で見るとき、現在の「定説」派の論者の文面には、あの気魄のこもった、周到な梅原論文をくつがえすに足る〝理由〟が果たして存在するであろうか。遺憾ながら、わたしには見当らない。

〝このK鏡は須玖岡本の王墓ならぬ別地点の出土ではないか〟。この疑いを先ず眼前において、梅原論文は、まさに書きはじめられた。わたしにはそのようにしか見えない。そしてその〝疑い〟が結局成立しえないことを〝手を尽くして〟氏は論証につとめられたのである。四十数年の考古学徒としての梅原氏の円熟の技法がここに凝集させられている。そういっても過言ではないであろう。

この梅原論文のあとに出た、杉原・岡崎の諸家の「認定」には、その「認定」（実は旧認定）を支える、実証的な〝新証拠〟が果たしてそこに提示されているか。わたしにはそれを見出すことができなかったのである*。


*右の『立岩遺蹟』――この本は岡崎敬氏に主導された、きわめてすぐれた考古学上の業績であるが――全体のテーマたる立岩遺蹟の場合、先の四王墓に比するとき、鏡の数等も格段に異なり（六面）、先の四王墓と同格の意味で「王墓」と称することはできぬ（ここで「王墓」といっているのは、〝倭国内に数多い諸国の諸王の墓の一つ〟という意味ではなく、〝倭国の中心的・統一的王者の墓〟の意である。この点からいえば、立岩遺蹟は「副王墓」格であろう）。

従って〝この立岩遺蹟出土鏡を基準とするとき、須玖岡本の王墓に夔鳳鏡のありえないことが分った〟などという論法もまた、遺蹟の性格上、無理であることを、念のため指摘しておきたい。しかも、この立岩遺蹟もまた、前漢（式）鏡と国産鏡とが「混在」している点について、『ここに古代王朝ありき』（朝日新聞社刊）ですでにのべた。

以上によって、梅原論文に対する原田・杉原・岡崎三氏の反論、それがいずれも成立できないことを論証した。しかし真の問題はその次にある。〝なぜ、三氏は梅原論文に反対するか〟。その真の理由だ。もちろん、直接あげられた理由についてはすでに論じた。しかし真の理由は別にある、そのようにわたしには思われた。その真の背景は、〝三角縁神獣鏡は魏鏡である〟という前提命題にある。梅原氏をふくむ右の四氏とも、右の大命題の肯定者であることは、隠れもないことだ。たとえば梅原氏は『考古学六十年』（平凡社、昭和四十八年）においても、「三国魏の時代の三角縁神獣鏡」（二三四ページ）といった表現を頻発しておられる。一方、杉原氏も「西暦二〇〇年代に大陸で作られたであろう三角縁神獣鏡」（『弥生時代の考古学』学生社、一六二ページ）とのべ、原田氏も「こうみてくると、三角縁神獣鏡こそが、魏の明帝が卑弥呼に詔書をもって下賜した百面の銅鏡であったということになる」（『邪馬台国論争』五九ページ）とのべておられる。岡崎敬氏も、その（指導による）貴重な労作「日本における古鏡、発見地名表、一九七六〜九」において、三角縁神獣鏡を「舶載鏡」と「仿製鏡《ぼうせいきょう》」という形で処理しておられる。「舶載鏡」とは、当然ながら「魏鏡」をさす用語である。

すなわちこの一点において、四氏は共通の土俵の上に立っている（なお、小林行雄氏が梅原氏の後を継いで登場し、「三角縁神獣鏡の分配」に関する、小林理論を形成され、これが考古学界の「定説」をなした、という事情は著名である）。

この「定説」派共通の土俵から見ると、問題の梅原論文はいかにも〝不斉合〟なのである。なぜなら二十数面以上の前漢（式）鏡（草葉文鏡三、星雲鏡五〜六、重圏銘帯鏡八、連弧文銘帯鏡四〜五、釧三以上、夔鳳鏡一――

『大陸文化と青銅器』一六八ページ）をふくむ、文字通りの王墓が、三世紀前半以降、つまり卑弥呼の墓の作られた時代に存在していたのでは、「邪馬台国」の存在は簡単に近畿へもってゆくわけにはいかなくなるであろうから。すなわち「三角縁神獣鏡、魏鏡説」（これは当然近畿中心説だ）とは、いかにも相矛盾するのである。

梅原氏がこの相矛盾する二つの主張点を共有していたのは、明らかに〝論理上の矛盾〟である。これは氏が個々の遺物・遺跡に対する周密な観察者・報告者ではあっても、必ずしも体系家・理論家ではなかった、という、その〝考古学者としての資質〟に関する問題であろうと思われる。

この点、体系家・理論家としての面を〝得意〟としていたのが、後を継いだ小林行雄氏であった。氏によって「三角縁神獣鏡分配の理論」すなわち近畿中心主義は、その極点まで「明確」化され、それが「定説」化されていった。いくにつけ、梅原認定の中の先の矛盾点は、いよいよあらわにならざるをえなくなった。その理論的帰結が、他ならぬ原田・杉原・岡崎氏等に共通する「須玖岡本遺跡からの夔鳳鏡の排除論」として、顕在化しているのである。――これが三氏の梅原論文排除の、隠れた、しかし真の背景である。わたしの目にはそのように見える。

ところが今、状況は一変した。王仲殊論文の電撃によって、〝三角縁神獣鏡、魏鏡説〟はまさに〝ふっ飛ん〟だ。いかに日本の考古学者たちが〝虚勢〟を張りつづけたとしても、中国の鏡の専門家から〝そのような鏡は中国からは出土していません。従って中国鏡ではありません。もちろん、魏鏡などではありません〟。そう明言された、この事実を万人の眼前から消し去ることはむずかしい。そういう状勢の中で「そのうちに出るにちがいない」といってみても、〝まだ出ないうちに中国鏡（魏鏡）ときめつけてきた〟という、肝心の事実、その背理は、もはや誰人《たれびと》の目にもハッキリしているのであるから。

筆を返そう。王論文によって永年日本考古学界の「定説」であった「三角縁神獣鏡、魏鏡説」の主張は崩壊した。今後、右説を依然のべつづける学者は、あるいは学問上の「勝ち組」の観を呈せざるをえないこととなるやもしれぬ。

では、その主柱なき今、右の問題はいかなる相貌《そうぼう》を呈してくるであろうか。他でもない、右説に立つ限り、矛盾としか見えなかった〝須玖岡本王墓内、夔鳳鏡存在説〟が、不死鳥のように〝矛盾の束縛〟から解き放たれて、鮮烈な光を帯びて輝くこととなったのである。

なぜなら、三角縁神獣鏡が〝魏鏡としての後光〟を失った今、残るものは、梅原論文によって〝三世紀前半以降の墓〟と認定された「須玖岡本の王墓」しかない。否、より十分にいえば、これをふくむ糸島・博多湾岸の四王墓こそ〝弥生の倭国の中心の王者たちの王墓〟として、新たに脚光を浴びてこざるをえない存在だからである。逆にいえば、「三角縁神獣鏡、魏鏡説」という旧説をバックにして、不十分な論拠をもって梅原論文を一蹴しえてきた、右の三氏（他、これに追随してきたほとんどすべての考古学者）の論説の非がここに明らかとなってきたのである。

このような道理に対し、たとえ全考古学者が相揃《あいそろ》って〝自己の目をみずからの両手でおおいつづけて〟いても、他の一般人はちがう。やがて子供たちが「あれは、裸の王様だ」。そのように叫びはじめる、その一瞬をむかえることであろう。

ここで一転して、梅原氏のお宅を訪ねたときのわたしの〝想い出〟をしるさせていただきたい。

わたしが同じ京都に住む、高名な、この考古学者のお宅をおたずねしたのは、例の高句麗好太王《こうたい》碑に関して李進熙《りじんひ》氏の衝撃的な仮説が登場したときのことであった。わたしは李氏のあげられた諸種の写真・拓本・史料（「高句麗好太王碑文の謎」『思想』五七五、昭和四十七年五月）を再検証すると共に、戦前この碑を実見された方々にお会いして、その実地の経験を語っていただくことを必要と考えたのである。たとえば、梅原末治氏や末松保和氏等である。

末松氏の場合、必ずしも実地の記憶は鮮明ではなかった。それは〝すでに今西竜さんなどが現碑に接し、詳細に研究され、報告されたあとだったから、もう自分などが見ても、たいしたことは見出せるはずはない〟と考えられたからだという。そして今西氏のそういうさいの執拗《しつよう》きわまる「研究の鬼」ぶりを詳しく語って下さった（『失われた九州王朝』第三章Ⅰ参照）。

これに対して梅原氏の場合はちがった。〝今西氏等の見落したところを一片でも発見したい〟。そういう野心をいだいて現地におもむかれたという。ことに現碑には〝拓工による、石灰仮構文字〟のあったことを「今西報告」で知っていたから、〝今西氏があやまってその仮構文字を石の字として採取した部分はないか〟と、いわば〝あら探し〟の目で臨んだ、というのである。これもまた若き「研究の鬼」と称すべきであろう。けれども、その野心は「挫折《ざせつ》」した。やはり「今西氏の執拗な目」に狂いはなかったのである（この点、今回、吉林《きつりん》省博物館の武国勛〈勲〉氏とお会いして、李仮説の成立できぬことを確認できた。〈「九州王朝の証言〈最終回〉」『東アジアの古代文化』三〇、昭和五十七年早春、参照。なお、詳しくは『市民の古代――古田武彦とともに』四、中谷書店〈大阪市北区堂島浜一、新大ビル〉刊、昭和五十七年、参照〉）。そしてそのさい採取された「倭以辛卯年来」の項の小拓本をわたしに托《たく》された。そして「これを東京の史学会の大会で発表し、榎一雄君など東京の学者に見せてほしい。必ずわたしの言うところのあやまりなきを知ってくれるであろう」といわれたのである。

わたしは喜んでこれに応じ昭和四十七年十一月十二日の東大における史学会第七十回大会の発表「高句麗好太王碑文の新事実――李進熙説への批判を中心として」のさい、自分の発見した新史料（酒匂《さこう》大尉の写真や自筆筆跡等）と共に、この梅原拓本を学会の参加者の面前に提示したのである。このあと、この小拓本を再び同氏宅に参上して、お返ししたのはいうまでもない（梅原「高句麗広開土王陵碑に関する既往の調査と李進熙氏の同碑の新説について――付、その王陵など」『日本歴史』三〇二、昭和四十八年七月、参照)。

このとき以来、わたしは何度か梅原さんのお宅を訪れた。それは梅原さんがわたしに対し、従来の学問上の経験を語ることを好まれ、わたしもこれを聞くことをこよなき喜びとしたからである。氏の豊富な経験は――多くの世の老人がそうであるように――無限の知識の宝庫であった。わたしのような〝若僧〟には、それはいくら聞いてもあきぬ〝宝〟の談話であった。また梅原氏の方も、延々、あるいは三～四時間、あるいは五～六時間もの間、語り来たり、語り去って倦《う》まれることがなかった。

氏の次のような言葉が鮮明に記憶に残っている。「今の大学の学者は、わたしのところへ来ても、学問の話をしようらん。誰々が教授になった、誰々はまだだとか、そんな話ばっかりじゃ」と。そしてまさに〝学問の話〟ばかり、何時間もひたすら連続するのである。その〝鬼気迫る話し魔ぶり〟は、わたしのように、久しく「亡師孤独」の中に歩き来たった者にとっては、まことに無上の〝快き時の流れ〟と思われたのである。

けれども、このような「蜜月」は、はからずも氏によって思いがけぬ形で〝破られる〟こととなった。昭和四十八年八月、京都の国立博物館で「中華人民共和国出土文物展」の開催記念パーティがもよおされたとき、わたしも招待をうけて、その席に加わった。広い博物館の中央広場も、招待客で一杯、といった混雑ぶりであった。

そのとき、向うの方から、人をかきわけ、かきわけ、わたしの方に近寄ってくる一人の老人があった。それが梅原氏だった。そしてわたしの前に息をはずませて近づくと、「あんたは、『邪馬台国』は九州じゃと言うとるそうじゃな」。そう叫ぶと、くるりと歩をかえして、再び来た方角へと人の波の中を消えていった。これが第一の鮮烈な思い出である。

第二は、その直後、わたしがいつものように梅原さんのお宅を訪れたとき、玄関に現われた梅原さんは、いつもなら待ちかねたように、わたしを中に招じ入れられるのであったが、その日はちがっていた。じっと玄関の前で立ちふさがったまま、「入れ」とは言わなかった。そして次のように言われたのである。

「あんたは、東大の榎一雄君と論争をしとるそうじゃな」

「ええ、そうです」とわたし（東京の『読売新聞』で榎氏が十五回にわたって「『邪馬台国はなかった』か」を掲載〈昭和四十八年五月二十九日〜六月十六日〉。全文、わたしに対する攻撃だった。その後わたしが「邪馬壹国論――榎一雄氏への再批判」を十回にわたって掲載〈同年九月十一〜二十九日。『邪馬壹国の論理』に収録〉。これに再批判を加えた。この梅原氏のお宅への訪問は、その間のことであった）。すると、梅原氏は力をこめて、次のように言った。

「榎君は大学の教授じゃ。あんたは高校の教師じゃ。どっちが正しいか、分っとる」

もうこのとき、わたしは高校の教師生活に別れを告げていたが、そんなことは問題の本質とは関係がない。わたしは静かにハッキリ答えた。「それは、ちがうと思います。学問は肩書きできまるものではなく、論証それ自身できまるものだと思います」。

梅原氏にとって、それはわたしの口から聞いた、はじめての反撃であったであろう。それまではいつも、わたしは、梅原氏の学的経験に敬意を有しつつ、それをいくらでも聞きたいと望む、一個の後学者として接してきたのであるから。〝自説開陳〟などのチャンスは全くなかった。いや、必要がなかったのである。ただひたすら全身を耳にして〝耳順《したが》って〟いたのであるから。

梅原氏は、たじたじとした姿で、後ずさりするように玄関内へ入り、やがてキチッと戸が閉じられてしまった。

わたしは一種の〝悲しみ〟の気を体内におぼえながら、梅原邸を去った。それが最後であった。

以上のような、いわば個人的経験をここに書かせていただいたのは、他意はない。そこには梅原さんの長短ふくめた個性が爛漫《らんまん》とあふれているからである。それが欠点であるにしろ、わたしにとってむしろ〝愛すべき〟ものに見えた、といっても過言にはならないであろう。

後日、ある考古学者から「古田さんの欠点は、梅原さんを信用しすぎることだ」と「忠告」された。好太王碑研究をめぐってである（今回の梅原論文などは、当然ながらまだ話題にはならなかった）。そのとき、わたしは答えた。

「いや、『信用する』とか『しない』とか、そういうことではありません。ただ好太王碑の実見者として、その経緯を直接聞きたかっただけです」と。

たしかに梅原氏の「考古遺物観察者」としての冴《さ》え、それをしめしたものが、この梅原論文であった。後年は、目もいささか不自由になられたことは周知のごとくであるけれども、それとは異なり、昭和二十六年秋の日本考古学協会公開講演につづく『古代学』所載の同論文（昭和三十四年）という、京都大学在任中をふくむ、氏のもっとも円熟した時期の論文が、考古学界の大半から一蹴されつづけてきたことの不当であったこと、それを明らかにする、この一文を氏の病床に捧げたいと思う。

（以上、『よみがえる九州王朝』六九〜九六ページ）

8　考古学的出土品との整合

シルク・プルーフ（絹の証明）

考古学的出土物に対する最近の研究中、ことに瞠目すべきものに、弥生期における「絹」の出土の問題がある。

京都において永年、古代絹に対する顕微鏡的・自然科学的研究に従事してこられた布目順郎氏の研究がこれである。氏によると、弥生期の日本列島における「絹」の出土は、筑前中域（わたしの命名。糸島・博多湾岸・朝倉を指す）に集中している。

この事実は、倭人伝のさししめすところ、「絹の女王国」としての著明の特色をもつ卑弥呼の国（邪馬一国）は、この地帯以外にない、という帰結を率直にしめしている。わたしにはそのように思われる。けれども、そのさいの問題点は「年代」問題だ。右の「絹」出土時間帯はすべて弥生中期に集中し、これは考古学者が従来〝一世紀前後〟に当ててきたところであった。

しかしながら人間の平明な理性に依拠して考える限り、中国文献に全く「絹の伝来」の記載のない〝一世紀前後〟に「倭国絹・中国絹」の出土が集中し、逆に、両国の絹の豊富な交流の明記された（倭人伝）三世紀の時期（考古学者は「弥生後期後半」をこれに当てる）には、全く絹の出土事実がない、これは不審である。後代の研究者は、必ずこの背理・矛盾を指摘するであろう。

そのさい肝心のポイント、それは「弥生期の絹の出土」は事実であるのに対し、その〝一世紀前後〟という「比定年代」は、一個の仮説に属する、という、この一点だ。仮説は、絶えず再検証をうけるにやぶさかであってはならぬ。これは学問上、根本の定則であろう。

従来「年代比定」の一根拠とされてきた、王莽の「貨泉」類についても、新たな視野（後漢代の非公式使用及び製造。菅谷文則氏、昭和五十七年、日本考古学協会大会発表）の提示された現在、心ある考古学者の虚心の再検証を願い、あえてこの短文を末尾に付することとした。

日本古代史界は、一種不透明な視界の中にある。いわゆる「邪馬台国」論争をめぐる、現今の姿がこれである。

昨年（昭和五十六年）、王仲殊論文（「考古」、第四期）によって、従来日本考古学界の「定説」のごとき位置を誇ってきた「三角縁神獣鏡、魏鏡説」に対して、中国の専門的な学者からの否認の声が投ぜられた。けれども反面、王氏は〝これこそわが見るところの魏鏡〟そういう新見地はこれを提示されなかったため、「邪馬台国」問題は解決するどころか、当惑と混迷が一段と増大したかの観さえ呈しているのである。そのような時期にあたって、朝日新聞昭和五十七年四月十二日に掲載された布目順郎氏の論稿「日本絹文化、その起源」は、まさに一服の清涼剤というべき観をもっていた。

その理由は、氏の提示されたところが、第一、魏鏡の何たるかに関せぬ、絹の問題であること。第二、ともすれば主観に奔りやすかった文献解釈でなく、顕微鏡による観測と写真撮影という、純粋に自然科学的方法による成果であること。第三、三国志の倭人伝にはひんぱんに〝絹の交流〟（卑弥呼の「倭錦」献上、一与の「異文雑錦」献上、魏帝からの多種・多様の中国絹下賜）の状況が書かれてあり、邪馬一国（いわゆる「邪馬台国」）の研究にとってこれは不可欠の課題であること。しかるに布目氏の研究以前、未開拓の分野であった。

さて氏の説かれるところでは、弥生期の絹の分布は次のようである。立岩（飯塚市）・門田（春日市）・須玖岡本（同上）・吉ヶ浦（太宰府町）〈以上、筑前〉、三会（南高来郡）〈肥前〉。

これによると、分布範囲はきわめて局限されている。そこで氏は「邪馬台国」の所在について「いまのところ九州説に傾かざるをえない。」といっておられるけれども、九州といっても北九州、それも右の分布のしめすところ、博多湾岸（博多駅――太宰府の間を中枢とする）を中心域とするものであることが注目されよう。決して筑後山門や宇佐、または甘木を中心とする分布にはなっていないのである。この点、奇しくもわたしが『「邪馬台国」はなかった』以来、『ここに古代王朝ありき』（布目説引用）に至るまで説ききたったところと一致している。

その上、この地帯（「筑前中域」と名づける。糸島・博多湾岸・朝倉）には、古墳時代になっても「日本絹」が出土している（銚子塚古墳〈糸島〉等）。しかも氏が「（古墳）前期においては北九州のものが上質である。」といわれるように、日本列島の〝先進絹文明の中枢〟としての姿をしめしている。してみれば、この地帯において「絹の王朝」は、まさに〝弥生から古墳へ〟と継続していたのである（この点、氏の推定とは逆に、「邪馬台国」という権力中枢の東遷説には無理があろう）。

最後に布目氏の論稿中の最大の問題点にふれよう。氏によれば、「筑前中域」において、弥生後期（二〜三世紀）のみが絹の「皆無」の時間帯となる。その前（弥生中期後半）とその後（古墳前期）には、各時代の（日本列島中）最上質のものがこの地帯に集中している旨、のべられた。ところがこの問題の「皆無」期こそ、倭人伝に豊富な絹の交流が描かれ、シルク・シー・ロード（絹の海上の道）の成立していた文献的証拠をもつ、まさにその時期に当っているのである。この不可解の矛盾は、一体なぜであろうか。

布目氏はいわゆる「倭国大乱」問題にその一因を求めようとされているが、これはことの道理において無理であろう。なぜなら当事件のあとにおいて卑弥呼の治政期に入り、そこで先のように中国との間で絹のけんらんたる交流期を迎えているのであるから、右の「大乱」期を断絶の原因としたのでは筋が通らないからである（「大乱」問題については、古田『邪馬一国への道標』参照）。

この点、実は氏が筆頭にあげられた「甕棺」問題の中にこそ、その真をうべき示唆があるようである。なぜならその甕棺の中には、問題の日本絹と共に、鏡（従来「漢鏡」とされたもの）が多量（王墓では三十面前後）収納されているからである。さらにその中には「中国絹」と目すべきものもまた存在していたこと、かつて氏の検証された通りである（須玖岡本の王墓。『立岩遺跡』参照）。

ところが、その鏡に対する判定によって、従来絶対年代（一世紀頃とする）の決定が行われてきた。これが研究史上の事実である。ところが、かつて森浩一氏も示唆されたように、これらの鏡を「漢鏡」と限定する見地は、先の三角縁神獣鏡を「魏鏡」とする見地と不可分のワン・セットであり、いわば一蓮托生の概念なのであった。しかるに「三角縁神獣鏡、魏鏡説」に疑惑が深まった今、このようなワン・セットの概念をいったん〝棚上げ〟してみるとき、倭人伝に描く〝絹と鏡と矛（女王の宮殿は儀仗矛によって「守衛」されていた旨、記されている）の集中する地帯〟それはどこか。中広・広矛の鋳型（これは二〜三世紀とされてきた）が百パーセント集中して出土している「筑前中域」をおいて、他にそれを求めがたい。それは誰人にも自明の帰結ではあるまいか。とすると、従来の考古学上の編年には、大きな問題点の存したことがクローズ・アップしてこざるをえない。布目氏の刻明な自然科学的な検証は、その透明性と即物性によって、この矛盾点をクリアーに映し出すこととなったのである。この点、考古学界・古代史学界各位の虚心の批判を待ちたい。

昭和五十七年四月二十一日稿

〈補〉この後、福岡県甘木市栗山遺跡（弥生中期前半）の甕棺からも、絹の付着した人骨の発見が報告された（昭和五十七年十一月四日、西日本新聞、毎日新聞等）。

（以上、『多元的古代の成立（下）』駸々堂出版一九八三年／ミネルヴァ書房二〇一二年、二八四〜二八七ページ）

東北における銅鐸の不在と前漢鏡の存在

学界や一般の反応に対し、別の面から反発をしめすのは、いわゆる「超古代史」の識者やファンであるかもしれぬ。なぜなら、彼等は、(B)型の見解に〝なずみ〟すぎた日々をすごしてきたからである。

けれども、スフィンクスの問いがある。この「神武天皇の敵対者」として、津軽（東日流）の安日彦・長髄彦を描きつづけたいと思う論者の眼前に立ちはだかる問いだ。

「津軽から大型銅鐸（中・後期）は出土しているか」と。

神武の敵対者たる長髄彦、すなわち旧来の近畿弥生の先住者（文明とその中枢）にとって、中心をなすシンボルが「銅鐸」であったこと、わたしには疑うことのできぬ帰結だ。その時期の銅鐸が、津軽の地から数多く出土したならば、わたしは喜んで「近畿の長髄彦→津軽の長髄彦」説に耳を傾けよう。しかし、現実は。

――否。

一部の〝いさぎよからぬ〟人々のごとく、「そのうち、出るかも」などと、言いたもうなかれ。大型銅鐸はおろか、銅鐸型土製品（近畿周辺に多い）すら、土器の王国、津軽にはほとんど出土しないのである。

秋田孝季は、出土物にも深い関心をしめした。一般出土品のみならず、遮光器土偶など、その描出は精細

図2-36　和田喜八郎氏所蔵の前漢式鏡

である。けれども、その中に、一つとして「大型銅鐸」を見ない。その理由は——簡単だ。津軽の土地から、一切出土していないからである（津軽の出土物として、孝季は「銅鐘」なるものを描いている。一方、彼は大和の三輪山で「銅鈴」を見て描写している。これはまぎれもない「銅鐸」そのものだ。だから、先の「銅鐘」の方は、やはり今問題の「銅鐸」ではない、と見るべきであろう）。

　これに対し、和田喜八郎氏の収蔵品（発掘物）中に、一個の前漢式鏡がある（図2-36。注＝なお銘文は本書一〇三ページ参照）。立岩出土のものと酷似している。学問的発掘でないため、その出土位置や出土状況が判明しないのは、残念であるけれど、「津軽——筑紫」のつながりを暗示するもの、として注目されよう。

　ここで一個の贅言《ぜいげん》をはさませていただきたい。

　世上、和田喜八郎氏をもって、一個の「詐偽漢」のごとく噂する人士が絶えないようである。氏の所持される「宝物類」を、あたかも、他よりもたらした（あるいは他で作らせた）「贋作《がんさく》」のように見なそうと欲するのである。では、その人士に聞こう。

「では、なぜ、氏は『銅鐸』の贋作を作らせなかったのか」と。

　氏の著述（たとえば『知られざる東日流日下王国』一九八七年刊）を見れば、直ちに判明するように、氏は、孝季流の、

「津軽の長髄彦＝近畿の長髄彦」説の忠実な祖述者である。その氏が、自己の立説を「物」で〝裏付け〟ようとされるなら、何よりも先ず、必要な「贋作」は「前漢鏡」ではなく、「銅鐸」であったこと、今は小学生にも分かる道理であろう。逆に氏の説が、孝季と共に〝あやまって〟いたことが、たとえ事実であったとしても、それは氏の光栄だ。逆にまちがっても、氏が〝忌むべき不道義漢〟などでないこと、この「銅鐸」問題に目を開けば、一目瞭然ではあるまいか。

以上を要するに、文献批判と出土物分布批判に耐えうるもの、それは「筑紫→津軽」の弥生一大交流だ。決して「近畿→津軽」のそれではなかったのである。

（以上、『真実の東北王朝』駸々堂出版一九九〇年／ミネルヴァ書房二〇一二年、一五三〜一五五ページ）

9　考古学編年について

邪馬壱国問題について注意すべき三点をあげよう。

第一は、考古学編年の問題。

考古学編年の問題

従来の考古学者は、次のような編年基準を使用してきた。

弥生前期―B・C三〇〇〜B・C一〇〇

弥生中期―B・C一〇〇〜A・D一〇〇

弥生後期―A・D一〇〇〜A・D三〇〇

これは、かつて富岡謙蔵・梅原末治氏ら、京都大学の考古学研究者が、前漢式鏡・後漢式鏡等の中国の銅鏡を「編年基準」として提案したものだ。いわば、試案である。

その後の考古学者はこれをもととし、これを一部〝手直し〟して使ってきた。たとえば、弥生前期を「B・C二〇〇～B・C一〇〇」としたり、弥生後期を「A・D一〇〇～A・D二〇〇」とする、といった風に。

けれども、この「考古学編年」には、中国側の文献（三国志等。同時代史料等）と一致せぬ、という「矛盾」が目立っているのだ。なぜなら、「鏡を倭国に贈った」という記事は、

史記―B・C二世紀～B・C一世紀
漢書―A・D一世紀
後漢書―A・D一世紀～A・D三世紀初頭、対象。成立は南朝劉宋（A・D五世紀）

には、全く現われない。

ところが、この時期に当る、と「考古学編年」のいう、

弥生中期―B・C一世紀～A・D一世紀

には、わが国の遺跡から「中国鏡（前漢式鏡・後漢式鏡等）」が大量出土しているのだ。この「矛盾」は、何か。

さらに、

弥生後期―A・D二世紀～A・D三世紀

には、「鏡類」は激減する。

しかるに、中国側の同時代史料（三国志、三世紀）には、周知のように、

「倭国に対する鏡の授与」（魏の天子から卑弥呼へ）

が特筆大書されているのである。

ところが、この点、注目すべき論文がある。梅原末治氏のものである。「筑前須玖遺跡出土の夔鳳鏡に就いて」（『古代学』第八巻増刊号、昭和三十四年四月、古代学協会刊。古田『よみがえる九州王朝』角川選書参照）。（ミネルヴァ書房版六九ページ以下／本書二〇六ページ以下）

これによると、従来の「編年基準」を撤回し、須玖岡本の王墓（春日市）を「三世紀以降」のもの、と見なすべし、というのだ。何しろ、従来の「編年基準」の基礎を提供してきた、当の本人（梅原氏）による「撤回」提議だから重要だ。だが、日本の考古学界はこれを「無視」してきたのである。

今回の吉野ヶ里出土の「甕棺」の大部分（七〜八割）は、この須玖岡本の王墓と同じ「須玖式甕棺」であった。すなわち、この王墓、「三種の神器」類のセットを豪勢にもつ、この墓と同時代なのであった。

いいかえれば、須玖岡本が「卑弥呼の時代」の墓となれば、吉野ヶ里の大部分もまた、その時代の墓となる。そしてその時代の「最中心」は、吉野ヶ里ではなく、須玖岡本、すなわち博多湾岸だったのである。

（以上、『日本古代新史　増補・邪馬一国の挑戦』新泉社一九九一年、一二四〜一二六ページ）

まえに、私は、「木佐《きさ》提言」によっていわゆる邪馬台国論争は実質的な終止符を打った、と述べました。ここでまず、「木佐提言」の趣旨を簡略に再論しておきます

絶対年代と相対年代

（注＝『「邪馬台国」シンポジウム――邪馬壹国問題を起点として』〈東方史学会編、新泉社刊〉）。

魏志倭人伝は、帯方郡から来て二十年間も倭国に滞在した軍司令官・張政による軍事報告にもとづいて書かれていた。軍事報告であるがゆえに、その内容は正確なものであり、記載された方角、たとえば東を南、南を東へと勝手に改定する「邪馬台国近畿説」は成立しがたい。また、倭人伝には帯方郡から倭国の都・邪馬壹国までの総里程が記載されていなければならない。なぜならば、食料の補給、応援部隊の派遣などの軍事上の目的に応じる必要があったからである。それが、「水行十日・陸行一月」である。これが、木佐さんの提言でした。

図2－37　前漢式鏡

私は、この提言は人間の理性に基づく考え方である、と思いました。この立場に立つと、幸いにも、私が昭和四十六年に発表した『「邪馬台国」はなかった』は正しかった。すなわち、「部分里程を全部足したら総里程になる」ということ、そして、邪馬壹国は博多湾岸およびその周辺にあった、ということでした。これは、二十一年前に到達していた私の論証でしたが、のちに考古学を勉強してみると、その地域はなんと三種の神器を出土する王墓群の眠る世界であった。つまり、文献上の論理的結論と考古学的遺物の一致をみたのです。

こうして、もう「邪馬台国」論争は終わったと私は考え、またその趣旨を述べたのです。だが、その結果、一つの大きな問題が浮かびあがったのです。それが、これからお話する考古学の「編年」の問題なのです。

編年は、日本の考古学の宿命といってよいかと思います。どういうことかといいますと、日本列島からは実に数多くの出土物が出てきますが、絶対年代が書かれた出土物はきわめて少ない。したがって、その出土物がいつの時代のものかと問われると答えようがないという宿命を持っていたのです。

そこで、日本の考古学者は出土物に前後関係をつけて判断した。それが編年だったのです。しかし、前後関係をつけることによって相対編年はできるが絶対編年はできない。そういう状況に対して、鏡というものが注目されてきたのです。

鏡にはデザインがあり、銘文があり、時には年号が書かれていたりする。それを参考にして、鏡の年代を判定した。それが、前漢《ぜんかん》式鏡、後漢《ごかん》式鏡と呼ばれるものです。先ほどの博多湾岸にある吉武高木遺跡の三号木棺からは、多鈕細文鏡《たちゅうさいもんきょう》という鏡が出土しています。これは、前漢式鏡よりひとつ前の時代の鏡です。この鏡を参考にして、相対年代に絶対年代をつけていったのです。

卑弥呼の鏡をめぐる論争

この作業を行なったのが、明治から大正、昭和の初めにかけての考古学者たちでした。とくにその中心を担ったのが富岡謙蔵でした。富岡謙蔵は画家・富岡鉄斎の子息で、考古学者であると同時に漢文にも造詣の深い学者でした。その助手を務めたのが、「考古学の鬼」と呼ばれた梅原末治《すえじ》さんだったのです。現地に足を運んだ梅原さんが富岡先生に報告する、という二人のコンビによって日本の考古学が形作られた結果、弥生時代のおおよその時代区分ができていったわけです。

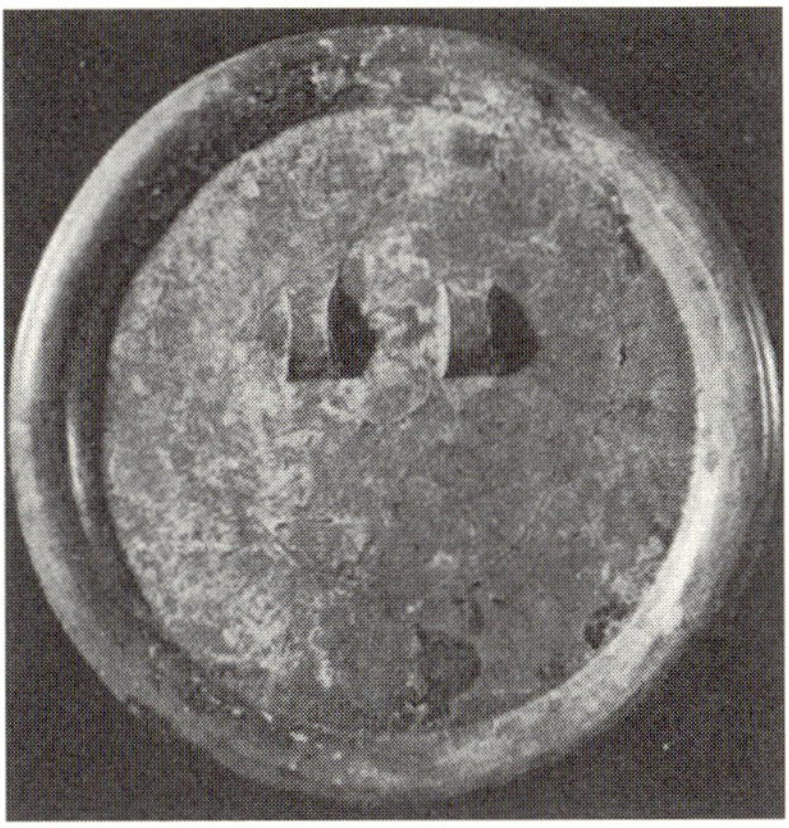
図2-38　多鈕細文鏡

その時代区分とは、弥生の前期が紀元前三〇〇年～紀元前一〇〇年、中期が紀元前一〇〇年～紀元一〇〇年、後期が一〇〇年～三〇〇年と、前・中・後を各二百年ずつに割り振ったものでした。そして、博多湾岸地域の五つの王墓で出土した「三種の神器」セット、前漢式鏡・後漢式鏡などはすべて弥生中期、すなわち紀元前一〇〇年―紀元後一〇〇年ごろのものという判定が行なわれたのです。こうして、こののち、日本中の考古学者は、京都大学の富岡・梅原コンビによって作られた編年にもとづいてすべての出土品を分類していくことになったわけです。

さて、ここで問題が生じてくるのです。いま、「三種の神器」セットはほぼ弥生中期前後のものであるといいました。

図2-39　福岡・石塚山古墳出土の三角縁神獣鏡（三神三獣）

ところが、卑弥呼は紀元三世紀の人物、すなわち、この時代区分によれば弥生後期の後半にあたります。そうすると、鏡がたくさん出土した中期と卑弥呼の時代とは百五十年ほどのズレが生じることになるのです。そのため、従来の学者は、この鏡と卑弥呼が魏の天子からもらった鏡（「銅鏡百枚」）とは別のものだ、といってきた。それでは、卑弥呼の鏡とはなにかというと、それは三角縁《さんかくぶち》神獣鏡《しんじゅうきょう》だとされてきたのです（注＝たとえば、樋口隆康「卑弥呼の銅鏡百枚」〈『邪馬台国基本論文集Ⅲ』創元社刊、所収〉参照）。

しかし、三角縁神獣鏡は古墳時代前期を中心とする古墳から出土するものです。したがって、当然ながら、これをもって卑弥呼の鏡だとするのは無理ではないかとの疑問が出てきます。その疑問に対しては、三角縁神獣鏡が中国から贈られたのは弥生時代後期の紀元三世紀、すなわち卑弥呼の時代である。鏡というものは貴重品だから簡単に墓に埋めたりせず、地上にあって子々孫々へと伝えられていき、墓に埋めるのは後世のことである。したがって、卑弥呼の鏡が古墳時代の古墳から出土しても不思議でない。こういう説明が行なわれたのです。これを「伝世鏡」理論と呼んでおります。

この説明に反対する森浩一さんや松本清張さんや私は、三角縁神獣鏡の国産説を唱えたのです。すなわち、三角縁神獣鏡は中国からもたらされた鏡ではないと述べたのですが、一般の考古学者からは無視されていました。ところが、昭和五十六年になって、中国の鏡の専門家・王仲殊さんが学術誌『考古』で「三角縁神獣鏡は中国のものではない、日本製である」と発表、「三角縁神獣鏡＝卑弥呼の鏡」説に立つ考古学者に一大ショックを与えたという有名なエピソードがありました（注＝王仲殊『三角縁神獣鏡』〈学生社刊〉）。

自説を訂正した梅原末治の良心

では、この問題について私はどう考えるのか、説明したいと思います。

まず、先に挙げた弥生時代の区分ですが、これは試みに二百年ごとに区切っただけの作業仮説だと考えています。もっとも大切な点は、次のことです。史記・漢書・三国志といった中国の文献の中で、鏡のことが頻繁に書かれているのは三国志の魏志倭人伝であり、また、出土例の一番多いのが前漢式鏡・後漢式鏡である。したがって、文献資料と考古学的出土物がイコールにならなければおかしいのです。中国からの鏡がほとんど出土していない「弥生後期」に倭人伝をあてる、という考えそのものがまちがっているといわざるをえません。

そこで、相対年代を絶対年代に合わせる際、本来は、もっとも多く鏡が出土する「弥生中期」をこそ、三世紀を含む時期にあてなければならなかった、というのが私の基本的な考え方なのです。実は、私と同じように考えたのが、弥生の時代区分そのものを作った梅原末治さん、その人でした。

梅原さんが円熟期にあった京大教授時代の晩年、「いままでの私の考えはまちがっていた」という論文を発表したのです。それが、昭和三十四年四月、『古代学』第八巻増刊号（財団法人古代学協会発行）の「筑前須玖遺跡出土の夔《き》鳳鏡に就いて」という論文です。

その趣旨は、「春日市の須玖岡本遺跡からの出土物の中

図2－40　熊野神社にある須玖岡本遺跡の記念碑（福岡県春日市）。実際の遺跡は，近くの記念館下になっている。

図2-41　夔《き》鳳鏡

に、夔《き》鳳鏡があった。この鏡を追跡調査するため、海外まで出かけていった。そして、いろんな夔鳳鏡同士の編年を行なってみた。その結果、須玖岡本遺跡出土の夔《き》鳳鏡は、二世紀の後半をさかのぼりえない鏡であった。したがって、須玖岡本遺跡を紀元前一世紀頃のものと見なした従来の年代は誤りで、三世紀前半以降の遺跡と訂正する」というものでした。

　自分の説を自分で訂正するという論文は、普通、なかなか書けるものではありません。すでに多くの学者が梅原さんの出した編年基準を信用し、それにもとづいた論文を発表していたのです。したがって、梅原さんご本人が自説を否定しても、だれも耳を貸そうとはしませんでした。このあたり、日本の考古学界はちょっと恥ずかしいのではないでしょうか。

　梅原さんが晩年にいたって訂正されたところによれば、要するに、弥生中期は紀元後三世紀を含む時代であるということです。であるならば、鏡がもっとも頻繁に出土する時期は三世紀、それは倭人伝の時期にあたる、これで初めて話が通ずる、というのが私の考えです。

　私は、この考え方は論理に適ったものであると思っており、また、これまで何度も書いてきました。昭和五十四年に出版した『ここに古代王朝ありき』（朝日新聞社刊、ミネルヴァ書房復刊本）も、その観点から書いたのですが、反論もなければ、新たな編年を作り出そうとする考古学者もいない。たいへん残念なことです。

　しかし、昨年、私は大いなる自信を持ちました。それが「木佐提言」でした。その提言によれば、人間の理性に基づくかぎり、邪馬壹国は博多湾岸およびその周辺にある。博多湾岸および糸島地域で出土する前漢式鏡・後漢式鏡・多鈕細文鏡は、弥生中期のものである。これの一部が、倭人伝に書かれた「銅鏡百枚」に含まれるものである。こう考えるのが、自然であります。

今後、こういう立場から編年をやり直す学者が現われることを切に望んでやみません（注＝第十三の扉の「吉野ケ里の仮想敵国」問題、参照）。

（以上、『古代史をひらく』原書房一九九二年／ミネルヴァ書房二〇一五年、一六五〜一七一ページ）

10　鏡と倭國

倭人伝の鏡

従来の「邪馬台国」論の物において「眼睛」のような位置を占めてきたもの、それは鏡だ。いわゆる「三角縁神獣鏡」問題が、「邪馬台国」の所在を物の面から決定する決め手のようにさえ見なされ、論ぜられてきたのである。

けれども今、冷静に「倭人伝の中の物証」という客観的な視野から見つめてみると、ことは、意外にも簡明だ。なぜなら、倭人伝には「鏡」だけが単記せられているのではない。先にあげた「矛」「絹」「勾玉」、また後にのべる「鉄」などとの共記である。それゆえ当然それらが「共在」することが必然の条件なのであるから。

そして、いったんそのような見地に立つとき、いわゆる「三角縁神獣鏡」は、直ちに資格を喪失する。なぜなら、この種の鏡は全体としてみれば、たとえば椿井大塚山古墳（京都府）出土の三十数面の三角縁神獣鏡がしめすように、明らかに近畿が中心だ。ところが、先の「矛の鋳型」や「中国絹と倭国絹の集中出土」や「巨大な勾玉の鋳型」などは、近畿には存在しない。したがってそれらと「共在」しない「三角縁神獣鏡」の場合、「倭人伝内の物」として見なすことは、不可能なのである。

図２－42　連弧文銘帯鏡
（飯塚市歴史資料館蔵）

では、他の種類の鏡があるか。それはただ一つ、いわゆる「漢式鏡」だ。

「又特に汝に……銅鏡百枚……を賜い、皆装封して難升米・牛利に付す。」　（本書二五〇ページ参照）

これだけの数下賜されているのだから、少量出土の鏡ではない。かなりの量の鏡の集中出土が期待される。特に倭人伝には、右の文（魏の明帝の詔書）につづいて、次のように書かれている。

還り到らば録受し、悉く以て汝が国中の人に示し、国家汝を哀れむを知らしむ可し。故に鄭重に汝に好物を賜うなり。

右では、倭王側の「録受」と、倭国の人々に対する「悉示」が指示されている。決して配下への分与など、命じられてはいないのである。

この点、有名な、小林行雄氏の「配布の理論」がしめすように、「三角縁神獣鏡」の分布状況の特徴は、分散と別有にある。前述の文面の指示状況とは全く一致していないのである。

この点「漢式鏡」の場合、全く分布状況が異っている。現在の出土数、約百五十面のうち、その九割の約百四十面が福岡県、そのさらに九割の約百三十面が筑前中域出土なのである。すなわち、全体の約八割がこの領域に集中出土しているのである。この点、前ページの文面の指示状況と一致している。少なくとも、矛盾しないのである（鏡の出土数はなお増加しているが、右の大勢に大異はない）。

その上、もっとも肝心なこと、それはこの鏡の集中領域が、先の「矛」「絹」「勾玉」等に関連した出土領域と一致していることだ。これが「倭人伝の物」として、もっとも重要な条件であることは、すでに縷述した通りである。

　しかも「三角縁神獣鏡」が古墳時代（ほぼ四〜六世紀）の古墳からしか出土しないのに対し、「漢式鏡」は弥生遺跡から出土している。この点、後者をもって「倭人伝内の物」と見なす立場を支持する。

　けれどもここに、重要な吟味点が存在する。それは、右の「漢式鏡」が、主として弥生中期を中心とした時期の出土物として、従来の考古学者によって、年代判定されてきたことである。弥生中期とは、通例、前一〜後一世紀を中心とする時期に当てられてきた。これに対し、三世紀は弥生後期後半に当てられてきた。ここに従来の「邪馬台国」論の混迷をきたした、その考古学的基礎原因があったのである（先の「細矛」や「中国絹と倭国絹の集中出土」も、共に従来は「弥生中期」に当てられてきていた）。

　ここで、問題の本質を掘り下げて考えてみよう。考古学の年代比定の問題だ。わが国の考古学的出土物は、古代においては、通例、絶対年代の記録がない。したがって、

㈠出土物の前後関係を形状その他の分類、また出土地層の新古などによって判定する。

㈡これに対して、それぞれの時期の絶対年代を比定する。

　以上の二段階の作業が少なくとも不可欠である。けれども、そのさい注意すべき肝心の点、それは右の二段階の作業とも、一個の作業仮説にすぎぬことである。

　たとえば「矛」の場合、考古学者は「細矛─中細矛─中広矛─広矛」の四段階に分類した。そして前二段階を弥生中期、後二段階を弥生後期に判定してきた。ところが、前二者と後二者とは、出土状況が根本的に異っている。すなわち、前二者は、通例甕棺などの墓の中から出土するのに対し、後二者は、通例、墓からではなく、工事現場などの土の中からいきなり出土する。このような異った出土状態の中の物を、同一系列の中の前後関係においていいかどうか、これが問題だ。もしこれに対して〝それでいい〟と考える論者（こ

の立場が、いわゆる考古学上の定説だ）があったとしても、それはあくまで一個の試案であり、作業仮説にすぎぬ。このことは、明白なのである。

ましてこれをそれぞれ「弥生中期＝前一〜後一世紀」「弥生後期＝二〜三世紀」に比定するなどというのは、右に対してもう一つ輪をかけた、いわば二重仮説なのである。

右の事実を確認したあとで、次の局面にすすもう。

わたしたち日本の研究者が、日本列島における古代の出土物に対して、その絶対年代を確認しうるのは、何によってであろうか。ことにそれが、中国からの直接ないし間接（伝来ののちの国産の場合）の渡来物である場合、中国側の史書記録、それがほとんど唯一の確かな基準となりうること、これは当然である。

たとえば、志賀島の金印の場合をとってみても、『後漢書』の倭伝の記載と相対比させてはじめて、その渡来（下賜）の絶対年代を知りえたのである。

この点から考えると、『後漢書』より二世紀近く早く成立した同時代史書である『三国志』、その倭人伝の記載が、日本列島出土物の絶対年代比定の基準となるべきは当然だ。もちろん、志賀島の金印のような特定物（たとえば「親魏倭王」の印）こそ出土していないけれど、代ってここには、幾種類もの物が記載され、その物の使用方法まで明示されているのだ。これらが絶対年代の基準尺として重要でないはずはない。

このような立場に立って見れば、次の事実が判明しよう。

㈠倭人伝に記載された物の各種が共在するところは、筑前中域しかないこと。

㈡同じく、これらの物の共在するときこそ、三世紀に比定さるべきこと。

この二点である。いいかえれば、従来、考古学で定説視されてきた年代比定の仮説はあやまっていた、そのように考えるべきなのだ。それが、人間の思考のおもむくべき、本来の筋道なのである。

これに対して、次のように考える論者があったとしよう（それが、現今の、ほぼすべての考古学者のようである)。

〝考古学上、三世紀に当る弥生後期後半には、「広矛」など以外には、倭人伝の物の記載に相当する出土物はほとんど存在しないから、倭人伝はあやまっていると見なさざるをえない〟と。

これは思考の逆立ちである。なぜなら、自分たちの立てた仮説が、一個の作業仮説であり、一試案であることを忘れ去っているからである。たとえば、志賀島の金印に対して、あらかじめこれを、たとえば「前漢代初頭のもの」とか「後漢代末葉のもの」とか論定しておいて、その論定という名の作業仮説を拠り所として、『後漢書』の倭伝の金印記事(建武中元二年、後漢の光武帝)をあやまりと称したとしたら、それこそ研究方法上の錯乱として、噴飯ものとされるのではあるまいか。ところが、実は史料性格としては、『後漢書』倭伝以上に信憑できる、『三国志』の倭人伝に対して、考古学界はそのような研究方法で、相対してきたのである。

なぜこのような背理が許されてきたのか。思うに、明治の白鳥・内藤論争以来、倭人伝の里程記事は誇張・虚大、それが両者間の定説となったため、「倭人伝の記事、信ずるに足らず」。これが学界共同の承認事項とされた。そのため、考古学者も、自分たちの立てた仮説の結果が、倭人伝の記載に合わざることを意に介せずに経過できたのではあるまいか。

しかしながら、その反面「鏡百枚」のみは、これを文面全体から抜き出して、その抽象結果に対比させて、小林行雄氏のいわゆる「三角縁神獣鏡配布の理論」は立てられた。そして他の物(たとえば、矛など)については、「倭人伝の記載は正確とは限らない」という不信論をもって、対したのである。文献に対する処理方法、または使用方法があまりにも恣意的、そういって果して過言であろうか。倭人伝に記載された物を、全体として扱う以上、近畿説は全く成立しえなかったのである。

成立しえなかったのは、むろん近畿説だけではない。九州説の中でも、島原説(宮崎康平氏)、筑後山門説

（星野恒・橋本進吉氏等）、筑後川北岸中心説（安本美典・奥野正男氏等）、宇佐説（富来隆氏等）、京都郡・田川郡説（重松明久・坂田隆氏等）等いずれをとっても、これらの物の最多集中中心領域とはなっていないのであった。

このような物証を欠いたままの「邪馬台国」論、それが従来の大勢であった。しかし、その背景には正確な文献処理法を無視したままの「鏡百枚」の文献利用、すなわち「三角縁神獣鏡＝魏鏡」論、それを定説化してきた考古学界に、その責任の一端はなかったであろうか、そしてその他端には、弥生期の各期（前・中・後期）の絶対年代比定の方法論上の背理、その問題が存在していたのである。

（以上、『古代は輝いていたⅠ』朝日新聞社一九八四年／ミネルヴァ書房二〇一四年、二三二〜二三八ページ）

『記』『紀』にない鏡

卑弥呼の好物とされる鏡というのは、実は、次に挙げる文の他に『三国志』には出てきません。ということは、出てこないことに意味があるわけです。つまりこの鏡は、中国の天子をめぐる風俗・習慣とは、別のものである、ということです。

今、絳地《こうち》交龍錦五匹・絳地縐粟罽《しゅうぞくけい》十張・蒨絳《せんこう》五十匹・紺青《こんじょう》五十匹を以て、汝が献ずる所の貢直に答う。又特に汝に紺地句交錦《こんじこうもんきん》三匹・細班華罽《さいはんかけい》五張・白絹五十匹・金八両・五尺刀二口・銅鏡百枚・真珠・鉛丹各五十斤を賜う。皆装封して難升米・牛利に付す。還り到らば録受し、悉く以て汝が国中の人に示し、国家汝を哀れむを知らしむ可し。故に鄭重に汝に好物を賜うなり。〈魏志倭人伝〉

「特に汝に」といってプラスしているものの中に、銅鏡百枚がふくまれています。鏡のことを語っているのは、実にこれだけです。これに対して、『古事記』や『日本書紀』には神宝の話がよく出てきます。たとえば『日本書紀』崇神紀に、

六十年の秋七月《あきふみづき》の丙申《ひのえさる》の朔《ついたち》己酉《つちのとのとり》に、群臣に詔《みことのり》して曰《のたま》はく、「武日照命《たけひなてるのみこと》一に云《い》はく、武夷鳥《たけひなとり》といふ。又云

はく、天夷鳥《あめひなとり》といふ。の、天《あめ》より将《も》ち来《きた》れる神宝《かむたから》を、出雲大神《いづものおほかみ》の宮《みや》に蔵《おさ》む。是《これ》を見欲《みまほ》し」とのたまふ。則ち矢田部造《やたべのみやつこ》の遠祖武諸隅《とほつおやたけもろすみ》一書に云《あるふみ》はく、一名《またのな》は大母隅《おほもろすみ》といふ。を遣《つかは》して献《たてまつ》らしむ。是《こ》の時《とき》に当《あた》りて、出雲臣《いづものおみ》の遠祖出雲振根《とほつおやいづものふるね》、神宝を主《つかさど》れり。是《ここ》に筑紫国《つくしのくに》に往《まか》りて、遇はず。其《そ》の弟《いろどい》飯入根《ひいりね》、則ち皇命《おほみこと》を被《うけたまは》りて、神宝を以て、弟甘美韓日狭《いろどうましからひさ》と子鸕濡渟《こうかづくぬ》とに付《さづ》けて貢《たてまつ》り上《あ》ぐ。既《すで》にして出雲振根、筑紫より還《かへ》り来《まう》きて、神宝を朝廷《みかど》に献《たてまつ》りつといふことを聞《き》きて、其の弟飯入根を責《せ》めて曰はく、「数日《しばしま》待たむ。何《なに》を恐《かしこ》みか、輙《たやす》く神宝を許しし」といふ。是《ここ》を以《も》て、既《すで》に年月《としつき》を経《ふ》れども、猶恨忿《なほうらみふつくむこと》を懐《うだ》きて、弟を殺《ころ》さむといふ志有《こころあ》り。仍《よ》りて弟を欺《あざむ》きて曰《い》はく、「頃者《このごろ》、止屋《やむや》の淵《ふち》に多《さは》に萋生《もお》ひたり。願《ねが》はくは共《とも》に行《ゆ》きて見欲《みまほ》し」といふ。則《すなは》ち兄《いろね》に随《したが》ひて往《ゆ》く。是《これ》より先《さき》に、兄窃《ひそか》に木刀《こだち》を作れり。形《かたち》真刀《またち》に似《に》る。

このように、よそから貴重な品物をもらったことを『記』『紀』ともに大変重視して書いています。それにもかかわらず『記』『紀』には直接、「神言」としての鏡の話は出てこない。これは大変なことです。天皇家のことが書かれている『記』『紀』に「神言としての鏡」が、直接的には一切姿を現わさない、ということは、すなわち卑弥呼は天皇家の先祖ではない、ということを率直にしめしています。特に戦後は『記』『紀』を架空だ、後世のつくりものだと一蹴してきました。そのため問題をあまり真剣に考えなかった。しかしこれだけすごい量の鏡が残されているのに、弥生期にあたると思われる「神武〜開化」の間に天皇家ではそれを何も記載していない、ということは、やはり無視できぬ問題です。

莫大な下賜品の背景

さてそこで、こうした錦などの貴重なものを大量に、なぜ卑弥呼がもらったのかということですが、これについて、従来よくいわれていたのは「公孫淵の問題」です。公孫氏と魏が戦っていた。その最中に倭の卑弥呼の使者が、魏の天子に朝見を求めてきた。そこで、魏は非常に喜んでこれを受け入れたという説です。事実、公孫氏との戦いの末期、景初二年に卑弥呼は使を送っています。

しかし、それ以上に重大なことは、「韓国滅亡の問題」です。辰韓・弁韓には王がいたが、最大の馬韓には王がいなかった。しかもそれは偶然ではなく、楽浪・帯方郡と戦って、最初は馬韓側が優勢であったが、やがて逆転されて滅亡してしまったからです。つまり韓の王朝が断絶し「亡国の韓国」になっていた。倭人伝を読む場合も、これを前提に読まなければなりませんが、中国としては滅ぼしてしまえばそれでいいというわけではなく、滅ぼしたそのあとが大事で、ちょうどそのときに倭国が使を送ってきたので喜んで手を結ぼうとしたわけです。だからこれは倭国にとって〝喜ばしい〟だけではなく、それ以上に魏にとっても非常に〝うれしい〟使であったのです。そのために莫大な下賜品を与えた。

中国には、周辺の国から奉献があると、それに倍するものを返礼するという慣習があります。魏と西域との間でもこれに似たようなことがあって、西域から使がくるとそれ以上のものを中国が返すので、西域の国々は非常に喜んだという話があります。持っていくものよりもらって帰るものの方が多かった。だからそれを商売のタネにして利益をねらっている、けしからんという話もあるほどです。確かにそうした傾向もあった。しかし倭国の場合は、それどころか貧弱な奉献に対し、ケタ外れに多かった。というのは、「韓国滅亡」という状況下にあったため、特別待遇になったのではないかと思われます。

鏡を望んだ卑弥呼

①……又晋文（晋の文公）に命じて登りて侯伯と為らしめ、錫するに二輅・虎賁・鉄鉞・秬鬯・弓矢を以てす。大いに南陽（地名）を啓《ひら》き、世に盟主と作《な》る。故に周室の不壊……

〈建安十八年五月、後漢の献帝、魏公と為す。魏志、武帝紀〉

これは、後漢の献帝が、武帝を魏公にするときに、周代の前例をのべているところに出てくる文章です。

②更に匈奴の南単于、呼廚泉に魏の璽綬を授け、青蓋車・乗輿・宝剣・玉玦を賜う。

鉄鉞（まさかり）が見えます。

匈奴の南単于に魏が授けた品物です。

〈黄初元年十一月。魏志、文帝紀〉

③魏使、馬を以て珠璣《しゅき》・翡翠《ひすい》・瑇瑁《たいまい》に易えんことを求む。

〈嘉禾四年秋七月。呉志、呉主伝〉

魏の使者が、馬と交換で、珠璣（円い玉と四角な玉）や翡翠や瑇瑁（海に産する亀の一種）などの珍物を得ようとしているところです。魏が、そうしたものを欲しがっている様子がわかります。

④大銭を鋳《い》る。一、五百に当る。詔して吏民をして銅を輸し、銅の畀直を計らしむ。

〈嘉禾五年春。呉志、呉主伝〉

銅の質を調べさせているところです。

⑤貴は遠珍の名珠・香薬・象牙・犀角・瑇瑁・珊瑚・琉璃・鸚鵡・翡翠・孔雀・奇物を致し、宝玩を充備す。

〈呂岱、交州。呉志、第八、薛綜伝〉

南海・交州の産物が出ています。これらを見ると、鏡は贈った側にももらった側にも一切出てこない。倭人伝に「銅鏡百枚」を贈ったというのが出てくるだけです。ただし「銅鏡百枚」は、その前の錦とか絹、金、五尺刀、真珠、鉛丹といったもののもふくめてその中の一つであるという、そのバランスも忘れてはなりませんが、しかし、何といってもこれは注目に値します。重さからいっても、持ってくるのは大変だったにちがいない。けれどもそれを運んできた。それはなぜかといえば、卑弥呼にとって「好物」であったからです。卑弥呼がそれを望んだと文面から考えざるをえない。

では、なぜ卑弥呼が望んだかというと、太陽信仰が卑弥呼の呪術の源泉であって、太陽神とは天照大神、つまりアマテル大神であった。だから卑弥呼は、アマテル大神の信仰をバックにした神がかり的な呪術でもって民を治めようとしていたわけです。そうした儀式のさいに鏡は必須であったと考えられます。弥生期に鏡がたくさん出てくるのはそのためで、しかもその八割が博多湾岸に集中している。したがってそこが卑弥

図2-43　大型仿製内行花文鏡の出土状態
（橿原考古学研究所編『下池山古墳、中山大塚古墳』より）

呼の中心地であったということができます。
（以上、『倭人伝を徹底して読む』二四一〜二四五ページ）

銅鏡百枚　倭人伝に、

「銅鏡百枚」（魏の明帝の詔書）

とある。たった四字だ。銅鏡の種類や名称も書かれていない。中国側にとって、いわば「貴族の身辺の化粧道具」にすぎぬ銅鏡など、特筆に値せぬものであったのであろう。

けれども倭国側にとってはちがった。後述するように、太陽信仰の祭器として、もっとも貴重な器物として用いられていた。そのため、「倭国側の要望」もあったのかもしれないけれど、もしそうであったとしても、「要望」さえすれば、もらえる。そんなものではあるまい。やはり、中国（魏朝）側が「倭国の女王側の尊重するもの」を調べ、その〝好み〟に応じようとしている「配意」を感ぜざるをえない。すなわち「倭国の女王の歓心」をえようとしているのである。

形式の上では「中国が上位（天子）、倭国は臣下（王）」の形をとっている。漢王朝が、あの大ローマ帝国の皇帝に対して、この同じ形式を守り、これを〝押し通した〟ことは著名である。

しかしながら、それは「形式」であり、格式上の問題にすぎない。その実質は、中国側が心を砕いて、細心に配意し、倭国の女王の「歓心」をえようとしていること、この事実を見のがすべきではあるまい。

では、その鏡の日本列島における分布は、いかに。ここで有名な、「二つの選択」の問題が現れる。

（A）前漢式、後漢式の銅鏡——「博多湾岸と周辺」を中心に分布。
（B）三角縁神獣鏡——近畿地方を中心に分布。

右のいずれが、倭人伝にいう「銅鏡百枚」に当るか、いつも新聞の話題になり、甲論乙駁がくりかえされている。

イギリスでは、紅茶を飲むとき、その前提作業として「紅茶を先にそそぐか、それともミルクを先にそそぐか」甲論乙駁、際限もない「論争」を楽しむならわしあり、と聞く。ちょうど、それを思わせるものがある。もっとも、「鏡論争」の場合は、「近畿の天皇家」中心へと引き寄せよう、という、一種の「イデオロギー」が片方の近畿説の〝見えざる後見役〟となっている点、「無邪気な紅茶論争」とは、いささか異なっているのであるけれども。

それはともあれ、わたしの目には、この「鏡論争」は、あの「紅茶論争」とは異なり、答はすでに明白だと思われる。

なぜなら、倭人伝に書かれているのは、「鏡」だけではない。そっけなく書かれた「銅鏡百枚」とは異なり、豪華絢爛と書かれているのが、先述の「錦」であり、刮目すべきものが「鉄本位制」めいた「鉄」の存在なのである。さらに先述の「矛」が肝要だ。

図2－44　漢式鏡（弥生時代）の出土分布図（県別）

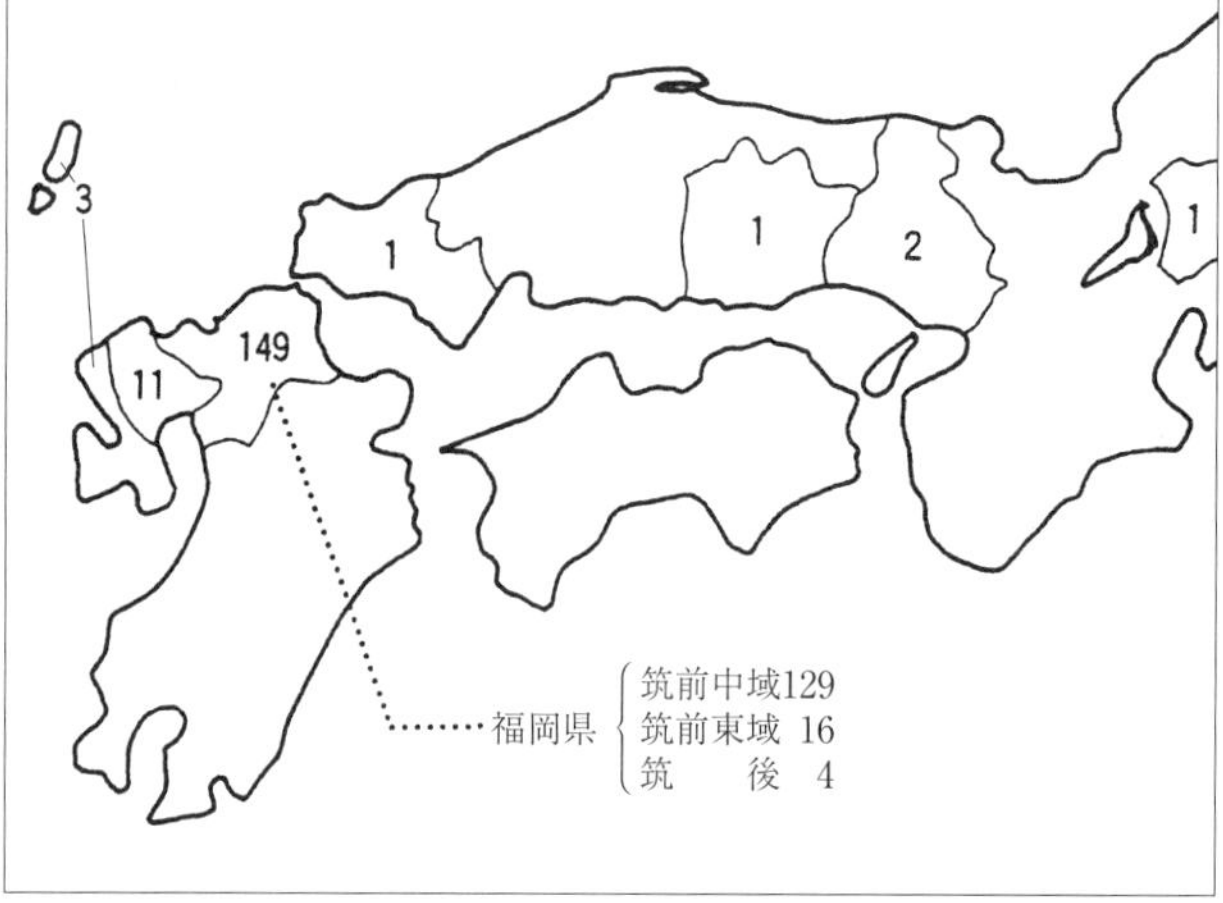

図2－45　三角縁神獣鏡（古墳時代）の出土分布図

（小林行雄『古墳時代の研究』参照。
主要39古墳から出土した鏡の数）

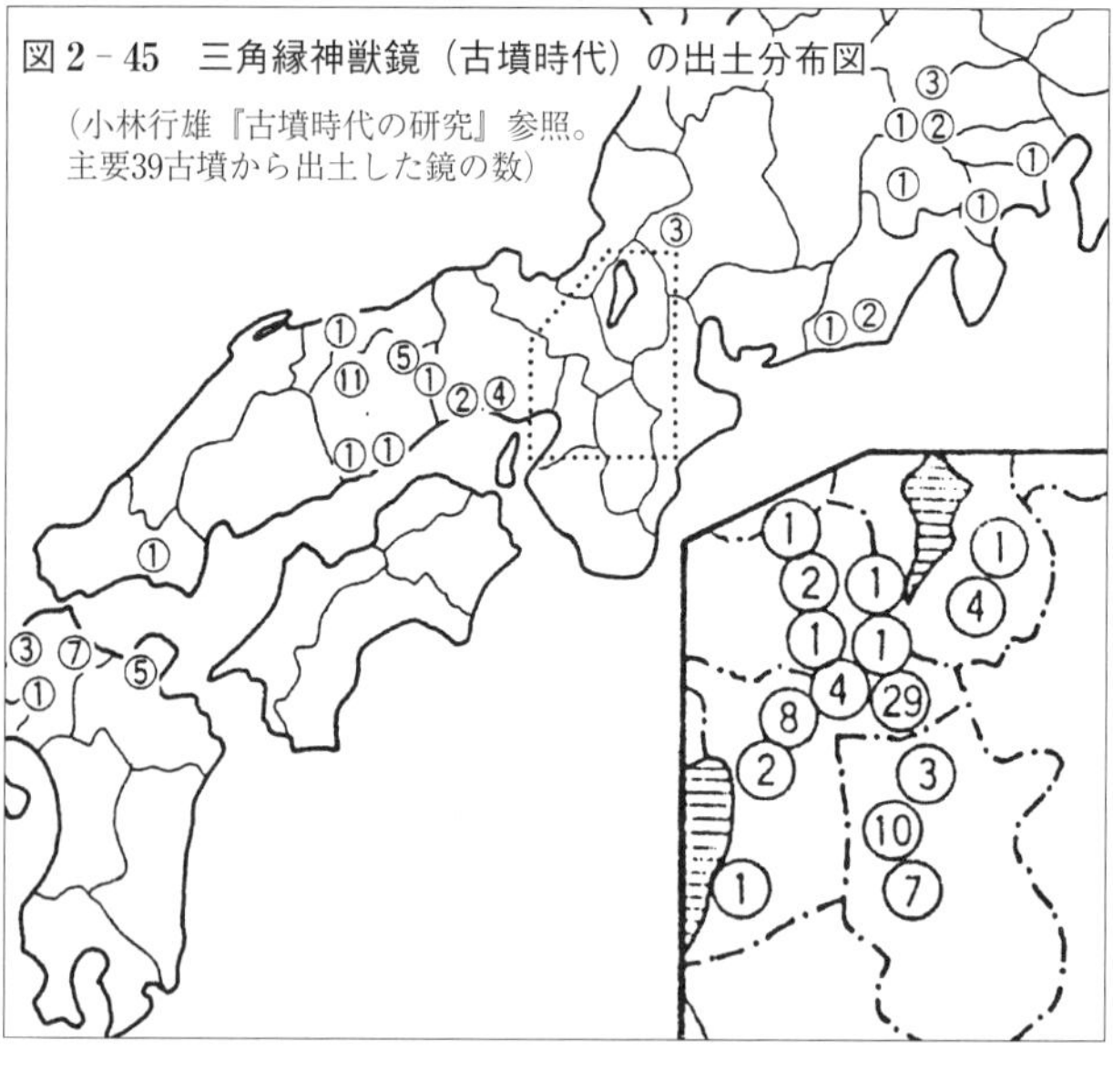

これらと「共存する、鏡」、これが倭人伝の「鏡」の本質だ。これなしに、勝手気ままに、「鏡であればいい」そんなものではないのである。

こういった、当然の道理に立つ限り、この「鏡論争」には、およそ「論争」としての魅力がない。答は、はじめからきまっている。そう思うのは、わたしの〝ひが目〟だろうか。

これに対し、次の段階の「三角縁神獣鏡」は、右のような、「博多湾岸と周辺」を中心にした「太陽信仰の祭器」として銅鏡を使用する勢力の一派が、東方の近畿地方へその勢力を拡大していった、その事実を証言するものだ。その一派（「博多湾と周辺」の勢力の分派）は、右のような九州の「博多湾と周辺」勢力に対する「畏敬」と「継承」の立場に立つ勢力であった。そしてそれ以前の近畿地方を支配していた勢力、すなわち「銅鐸」を祭器とする勢力、もっと率直にいえば、銅鐸を〝神のよりしろ〟もしくは〝分身〟と見なす勢力を打ちこわし、「反銅鐸」と「九州畏敬」のシンボルとして、「三角縁神獣鏡」その他の大量の銅鏡を製作し、流布した。その「分派」が今や近畿地方に「侵出」し、「侵略」し、その地方を中心とする新勢力へと成長するに至った。それをしめすものが、「三角縁神獣鏡」の分布図なのである。

このような「銅器製作の手法」は、「銅鐸から銅鏡へ」と受け継がれたものであり、その淵源はもちろん、中国と韓半島にあるけれど、他方、その根本において「縄文時代以来の土器の大量製作の技法と組織」が〝前提〟になっていたことを見のがしてはならないであろう。

たとえば、勾玉。倭人伝では、

「青大句珠《こうしゅ》（＝勾玉）二枚」（壱与の贈物）

とあり、日本列島独特の（後代には、韓半島へ伝播）勾玉の巨大な、色美しいものが中国へ贈られたようである（壱与の場合は、すでに魏朝でなく、西晋朝が対象）。

もっとも見事な勾玉は、当時最高の工業製品であった玻璃《はり》（ガラス）で製作されていた。その鋳型《いがた》の出土

図2-46　ガラス勾玉（弥生時代）の出土分布図

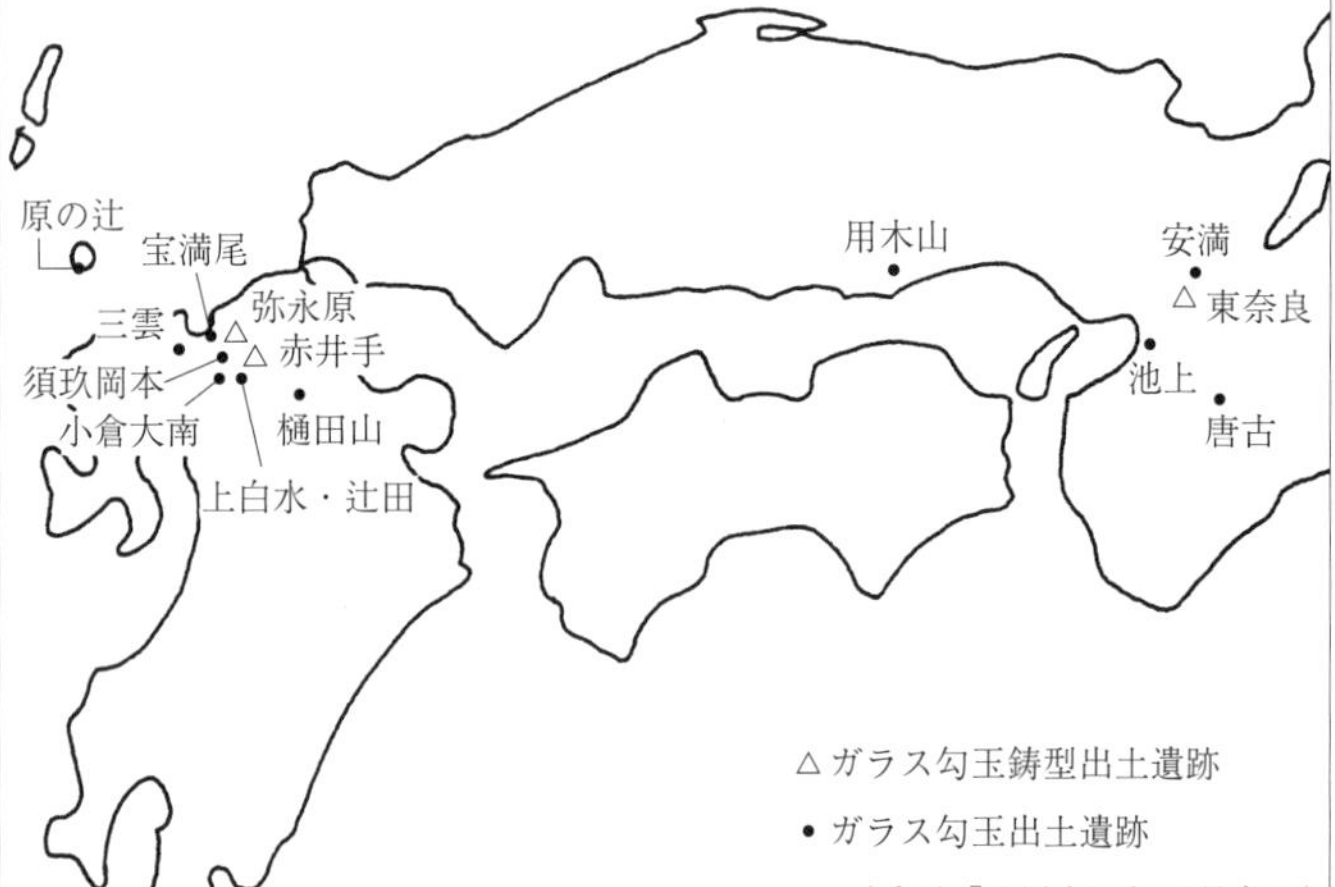

（季刊『邪馬台国』29号参照）

分布は、これもまた「博多湾岸と周辺」である。

さらに、「鏡」と「剣」と「勾玉」という、この三種は「三種の宝物」あるいは「三種の神器」とされている〈日本側の後代〈八世紀〉の歴史書である、古事記と日本書紀〉。

この「三つ一セット」の宝物をもつ王墓もまた、「博多湾岸と周辺」に分布している。

以上、いずれから観察しても、倭人伝にいう「女王国」のありか、それは「博多湾岸と周辺」しかありえない。そのただ一つの真実は、通常の理性をもつ人ならば、否定することは不可能であるとわたしには思われる。

しかし、「近畿天皇家中心主義」という、八世紀以来の〝権力者の作り出した歴史観〟は、十九世紀後半、「明治維新」という天皇家中心の国家制度の中で増幅させられ、強調された。学者も、教育者も、それを中心に宣布させられ、浸透させられた。従って人々は自由に論理によって考え、人間の理性によって歴史を見る、そのような「正常な思考の方法」を失ってしまった。わたしにはそのように見えるのである。

（以上、『失われた日本』原書房一九九八年／ミネルヴァ書房二〇一三年、五七～六三ページ）

黒塚古墳の発掘

最近、二つの喜ばしい発見が相次いだ。

一つは、周知（一九九八年一月十日公表）の「黒塚古墳」（奈良県天理市）の発掘。三十三面の銅鏡が未盗掘のまま、すなわち「原位置」保存のままで発見された。この点、考古学上の意義は大きい。しかも、三十一面は、問題の三角縁神獣鏡。石棺内ではあるけれど、木棺の外、その両側に十五面と十六面、「傍置」されていた。より大型の一面、三角縁波文帯盤竜鏡が、同じく木棺の外側ながら、北側中央に置かれていた。広い分類では、三角縁神獣鏡に入れられるものの、大きさも、置かれた位置も、別格であり、別種の様式である。そして木棺の中には一面だけ。画文帯神獣鏡である。

以上の配置が明晰にしめしているように、従来、多くの考古学者によって「魏鏡」すなわち、景初二年（二三八）に卑弥呼が魏朝からプレゼントされたという「銅鏡百枚」（三国志、倭人伝）に当る、と断定的にのべられていた「三角縁神獣鏡、魏鏡」説は、ほぼ成り立ち難い。その事実が明瞭に浮かび上ってきたのである。

この「魏鏡」説の失われたとき、女王の都、邪馬壱《いち》国の行方はどこか。すでに本書の読者にとって周知のところ、多鈕細文鏡（吉武高木）、前漢式鏡（三雲・須玖岡本・立岩）、後漢式鏡（井原・平原）と、集中出土する黄金地帯、「糸島・博多湾岸」しかありえないのである。

たとえば、「非、三角縁神獣鏡」説の論者は、「後漢式鏡」をこれに当てようとする。だが、右にしめす通り、その集中出土地は前原市の「井原・平原」だ。その「井原」の隣、〝溝一つへだてて〟といいたいような近所に「三雲」がある。前漢式鏡の集中出土地だ。「倭国の首都圏」すなわち女王の都を論ずる場合、「井原・平原」を入れて「三雲」をはずすわけにはいかないのである。

前漢式鏡となれば、「須玖岡本」（春日市）、「立岩」（飯塚市）も、同じだ。そのうえ、忘れてはならないのが、あの「吉武高木」（福岡市）の多鈕細文鏡だ。多鏡墓の原点である。

結局、本書が力説したところの「糸島・博多湾岸」すなわち〝博多湾岸周辺〟説へと帰着せざるをえないのである。「博多＝奴《な》国」説や「人造」の考古編年（二～三世紀を「中国鏡」の空白期とする）という名の仮説に「目をおおわれ」ず、出土分布図の大局を通観すれば、右以外の帰着点はありえないのである。

今回の黒塚古墳では、絹布（筑紫からの伝播か）や鉄剣は出たけれど、「玉」類は出なかった。「三種の神器」ではない。もちろん倭人伝で女王の宮殿を「守衛」したとされる、矛が近辺にない。「銅矛の鋳型」も「鉄矛の製造場」も大和（奈良県）からは出土していない。ところが本書でしめした通り、博多湾岸は「銅矛の鋳型」の圧倒的な集中地なのである。

こだわらぬ「目」をもつ人には、やはり女王の都のありかは明らかだ。今回の黒塚古墳の発掘は、本書の指ししめすところ「博多湾岸周辺説」を強力に〝裏づける〟結果となったようである。

（以上、『失われた日本』二六二～二六五ページ）

「銅鏡百枚」が、特に目をひくのは、数が非常に多いということと、鏡というのは腐らずにいつまでも残りうるという二つの点です。これらの点で考古学者が非常に注目しました。

三角縁神獣鏡説

ところがこれに対して、三角縁神獣鏡がこの銅鏡であるという説が考古学界から出てきます。その代表をなすのが、京大名誉教授の小林行雄氏で、考古学上の資料を精密に用い、理論的に体系付け、以後、「定説」として考古学界を支配してきました。

三角縁というのは、鏡の縁が三角形になっていることから呼ばれたもので、神獣鏡というのは、鏡の裏に神人や神獣の像を鋳込んであるのでつけられた名称です。直径が四〇センチ前後もある大きな鏡で、これがたくさん出土することで注目されました。ところがこの説を受け入れると「邪馬台国」は非常に場所がはっ

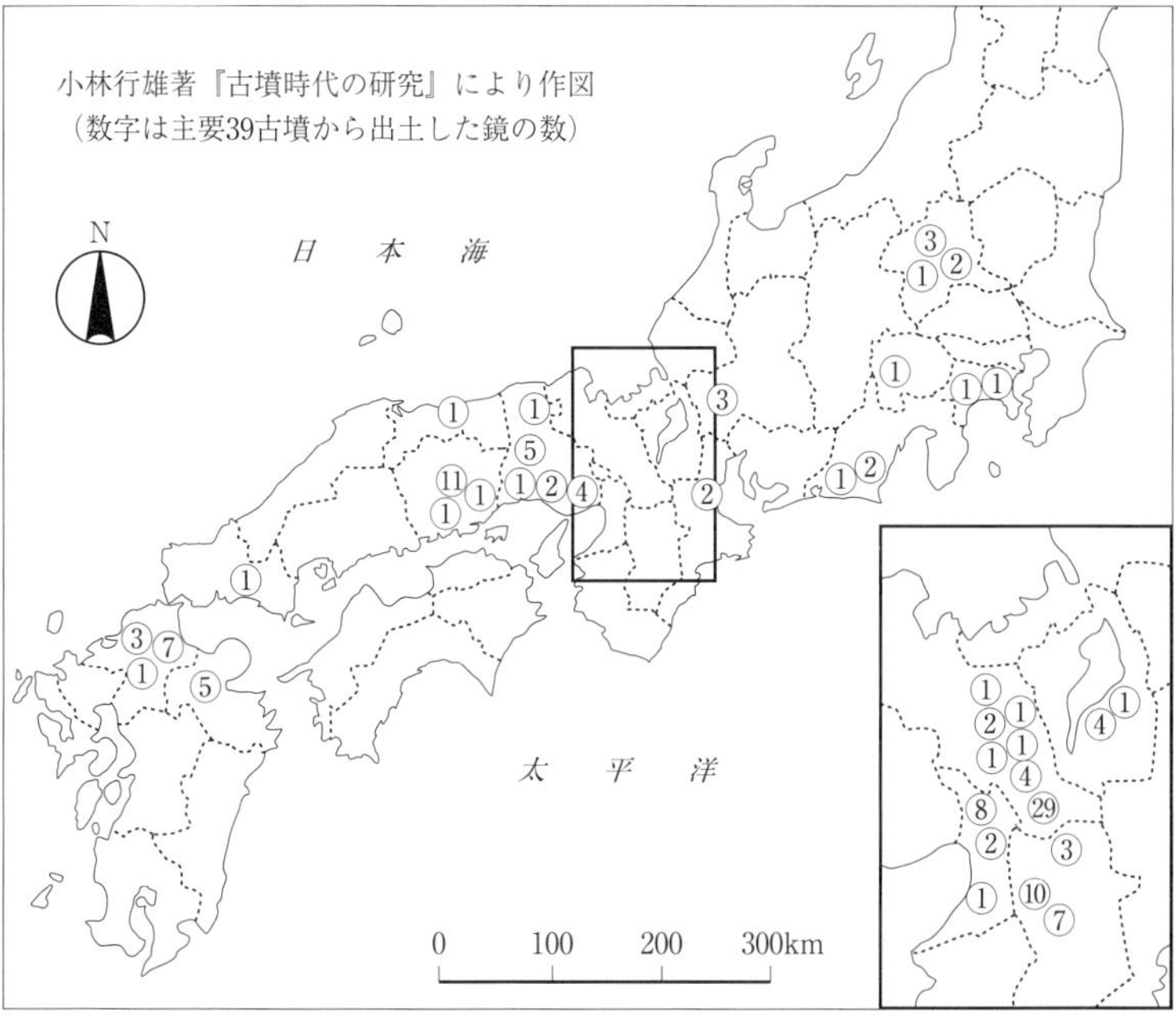

図２－47　三角縁神獣鏡の分布

きりしてきます。つまり近畿以外にないということになるのです。

図２－47に見るように三角縁神獣鏡は東西に広がっているけれども、近畿に集中し、濃密に存在していることがわかります。しかもその中で京都の椿井大塚山古墳から三十余面出てきた。実際は四〇面前後出ていて、そのうち三十余面が三角縁神獣鏡であったわけです。これが一つの大きな根拠になって、三角縁神獣鏡は近畿が中心であるということになっていました。ですから三角縁神獣鏡が魏の鏡であるとすれば、もう「邪馬台国」は決まりということになった。事実、昭和二十～三十年代にかけて「邪馬台国」論争は、学問的には、学問的にはっきりしていました。「学問的には、近畿に決まっている」といわれていたのです。

それがやがて昭和三十年代の終わりから四十年代のはじめ頃になって、松本清張氏や宮崎康平氏といった学界以外の人たちが「邪馬台国」を論じはじめたことで、様子が変わってきたのです。

二つの疑問

この三角縁神獣鏡に対して、わたしのような第三者の立場からは非常に不思議を感じました。一つは、三角縁神獣鏡は中国に出土しないということ。二つには、弥生遺跡に出土しないということ。この二つの疑問です。中国から送られてきたものであるならば、当然中国でもなければならない。日本では三〇〇面ないし五〇〇面出ているのに中国からは全く出てきていない。三〇〇面ないし五〇〇面というのは、変な言い方ですが、要するに公的な登録されたものと、好事家、骨董屋さんなどを通じて買い、ひそかに持っているもの、そういうものを合わせれば五〇〇面を超えているのではないかということです。事実、確認されているものだけでも四〇〇面近くあるといわれています。それだけ出てきているにもかかわらず、中国からは全く出てきていない。そして卑弥呼は三世紀、弥生時代の人物なのに、弥生遺跡からは三角縁神獣鏡が全く出土していない。こうした点から見て、わたしはどうもこれはおかしいのではないかということを、昭和四十年代のはじめ、古代史に入って間もなく感じました。

わたしのような第三者の考えでは、事柄は非常にはっきりしています。要するに、中国で出土しないということは、つまり中国製ではないことを意味します。日本列島でしか出てこないということは、日本列島で作られたと考えなければならない。そしてさらに弥生遺跡から出ずに古墳時代の、古墳からしか出ないということは、古墳時代に作られたものと考えなければならない。したがって答えは、「日本列島で古墳時代に作られたものである」ということになります。

倭国特注説

ところが、小林氏は、〝中国に出土しないということは、倭国で特注したものである。中国側は、注文されて作って送ったものだから、中国自身には全然残っていない、それが当たり前だ〟という理論をのべました。富岡謙蔵氏あたりが、そういうことにふれられ、それを梅原末治氏が受け継ぎ、小林行雄、樋口隆康氏らが強調した。こういう、いわば三代、四代にわたる理論です。

この特注論は、その後さらに発展して、水野正好氏などは、今度出雲から出た三五八本の銅剣についても、あれは大和で作られたものだ、大和朝廷が作ってそれを出雲へ持っていって埋めたものだとし、大和から出土しないのは地方へ分配するために作ったものだから当たり前だとのべました。そしてこれは、小林氏の三角縁神獣鏡の理論と全く同じだ、とはっきりおっしゃっておられます。さらにまた出雲から出てきた筑紫型の矛一六本も、その鋳型はほとんど博多湾岸から出てきたものですが、これについても同じ説明がされています。つまり「これも大和で作ったものだ」と。ではなぜ大和側で作ったその鋳型が博多湾岸から出てくるのかというと、それは「大和から使が博多へ行ってそこで作らせ、出雲へ運ばせたものだから、鋳型は博多にあってもおかしくないし、実物が出雲から出てきても何らおかしくない」というわけです。「小林先生の説に従えばそういうことになる」というコメントが出ました。このように、理論というのは怖いもので、一種の〝自己進化〟を遂げていくわけですし、しかもその中にいると、こうした理論が通るのでしょうが、しかし、わたしのような第三者から見るとそれは理解できない。中国に出土しないものは中国製の鏡ではない、日本で作られたもの、ということになる。

（以上、『倭人伝を徹底して読む』二四六～二五〇ページ）

11　邪馬壹国の実証

邪馬壹国の原点

「倭国の都」に対する、空間的な位置措定に成功したとき、直ちに〝連動〟するもの、それは「時間軸の変動」である。

なぜなら、従来、右の「漢式鏡」は「弥生中期」を中心とする、その前後に〝当て〟られてきた。これを

「前一～後一世紀」前後と見なしたのである。

　これに対し、近畿を中心にして、古墳時代（後四～六世紀前後）の遺跡から出土する三角縁神獣鏡を、〝その実質は、弥生後期の存在〟と見なして処理してきた。いわゆる「伝世鏡の理論」である。

　しかし、今、これを否定し、九州の中の筑紫、それも「筑前中域」に集中する「漢式鏡」をもって〝卑弥呼に送られた百枚の鏡〟に当てるとすれば、当然、今問題の三世紀は、かつて「三角縁神獣鏡の時代」とされていたものが、新たに「漢式鏡の時代」とならざるをえない。

　この一大変化は、次の事態を意味しよう。

「弥生中期」として分類されてきた出土物群（先述の鏡・錦・ガラス製品・鉄鏃等）は、実は「三世紀」をふくむ時間帯の存在であった、という、この帰結である。

　この点、いかに従来の考古学者が、「弥生前期・中期・後期」等の分類に親しみ、かつ、それと絶対年代との比定（それぞれ、前三～二世紀、前一～後一世紀、後二～三世紀前後）に馴れてきていたにせよ、その「時間軸」の見直しなしに、ただ問題を「三角縁神獣鏡か、漢式鏡か」という選択のみに、局限してすますこと、それは絶対に不可能なのである。

　なお、付言する。漢式鏡の中で、「後漢式鏡のみ」を三世紀に下げようとする試み（たとえば奥野正男氏等）、これも妥当ではない。なぜなら、たとえば問題の須玖岡本の王墓、ここからは、一方では前漢式鏡が多数出ていると同時に、他方では、魏晋鏡とされる夔鳳鏡が出土している（本書二〇六ページ）。その上、前漢式鏡の中にも、異種の様式の文字群が検出されているからである（本書九四ページ以下）。従来、これらの指摘に〝目をつむってきた〟のは、〝漢式鏡は弥生中期（前一～後一世紀）、三角縁神獣鏡（の本来の時期）は弥生後期（後二～三世紀）〟という「定式」を守らんがためだったのである。

　その「定式」からいったん自由になったとき、それ以前と同じく、眼前の事実に〝目をつむりつづける〟

図 2 - 48　弥生遺跡出土，全漢式鏡（県別―総計168）

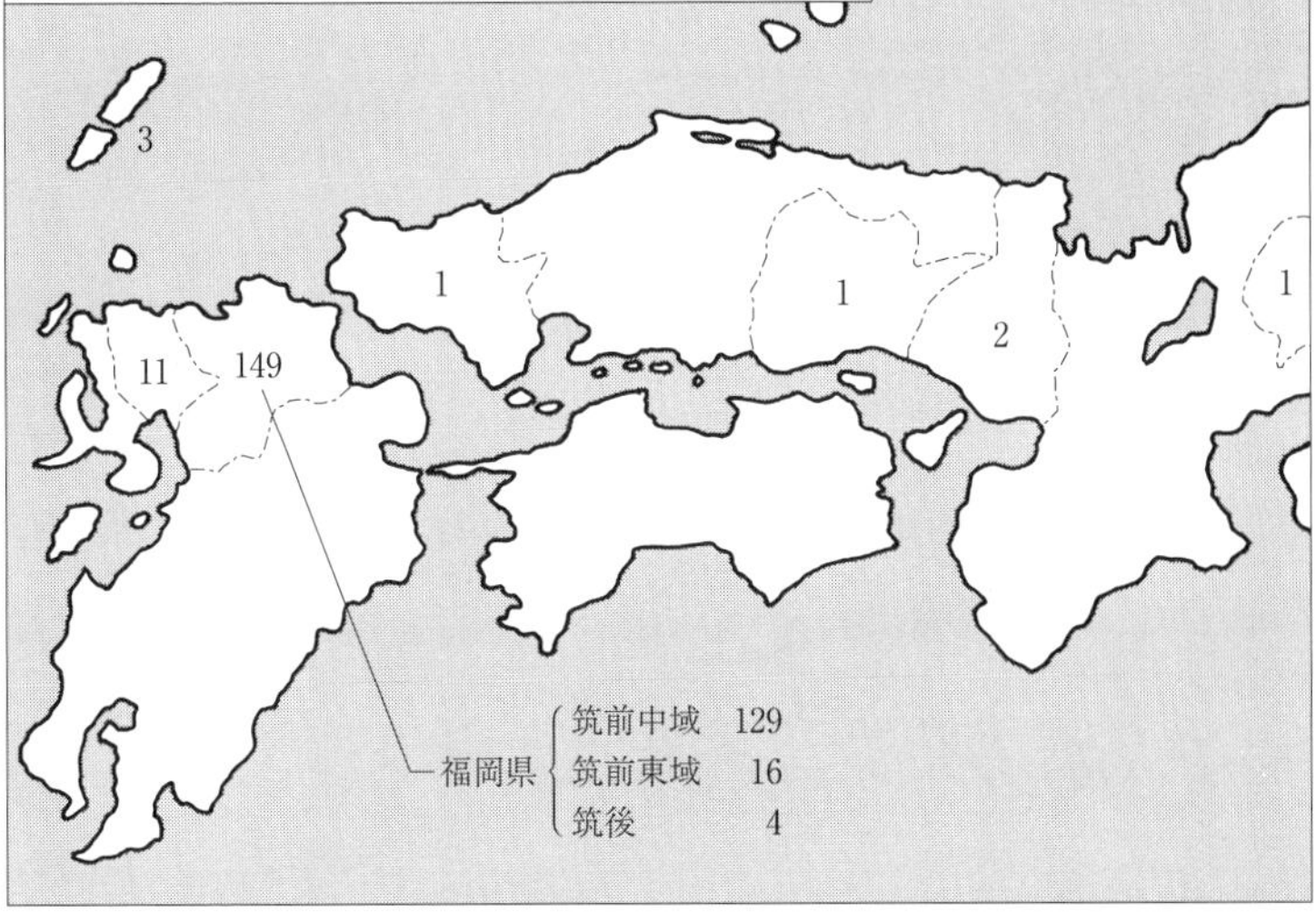

図 2 - 49　三角縁神獣鏡「船載」とされたものの分布

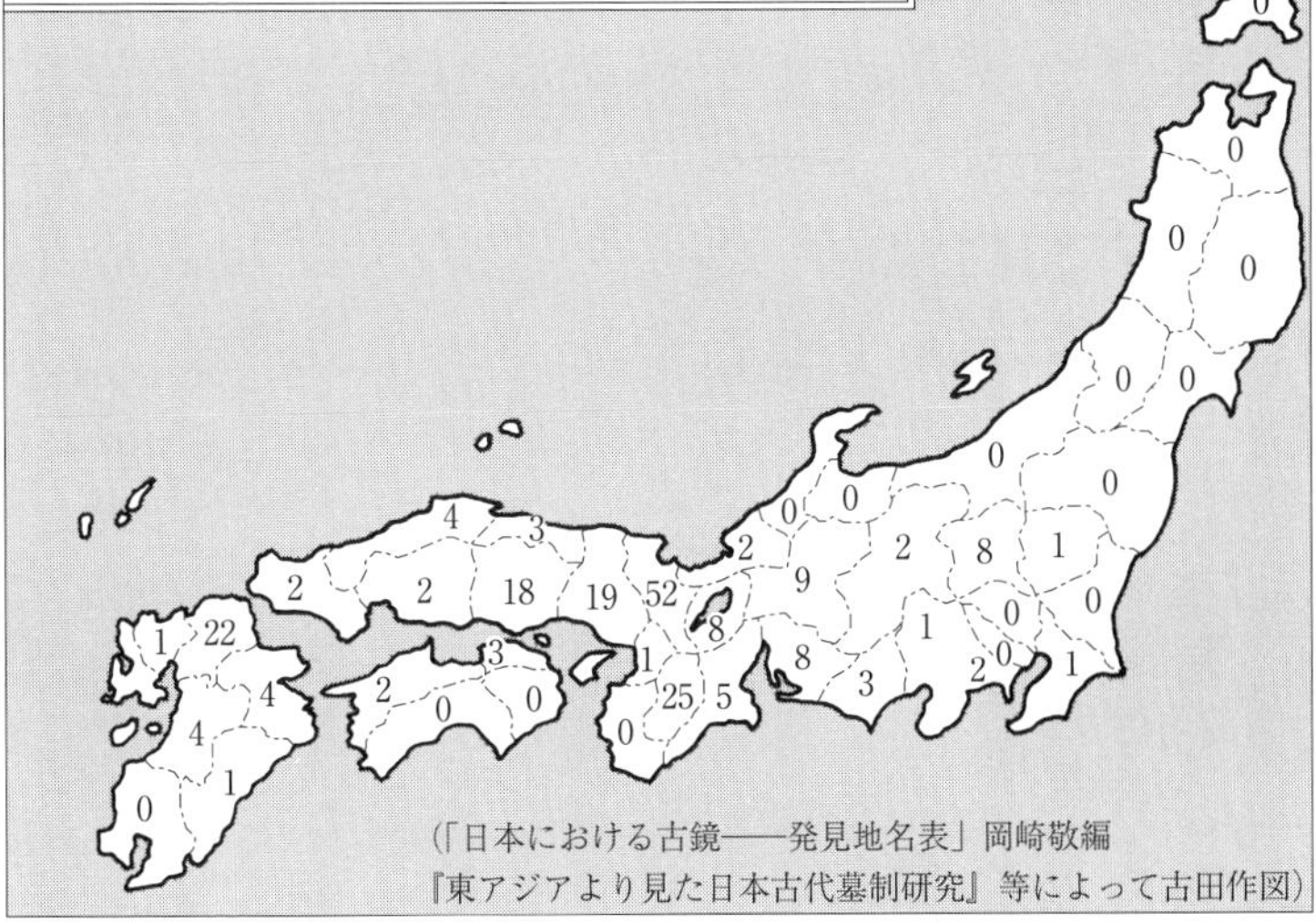

（「日本における古鏡――発見地名表」岡崎敬編
『東アジアより見た日本古代墓制研究』等によって古田作図）

図2－50　弥生時代中期の絹出土墳墓分布図
（布目順郎氏作図。『季刊邪馬台国』29号より）

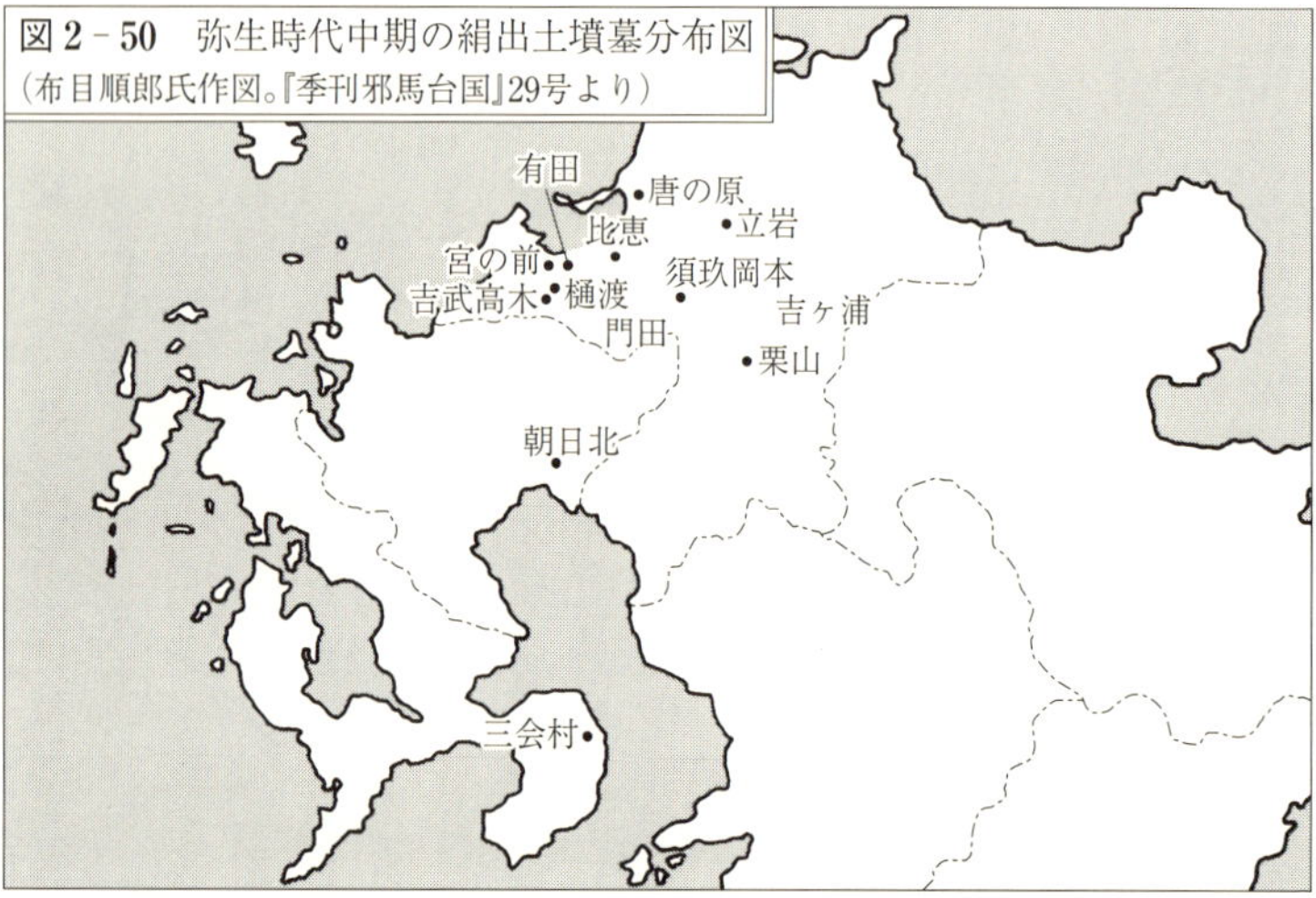

図2－51　銅矛・銅戈・銅剣鋳型出土図

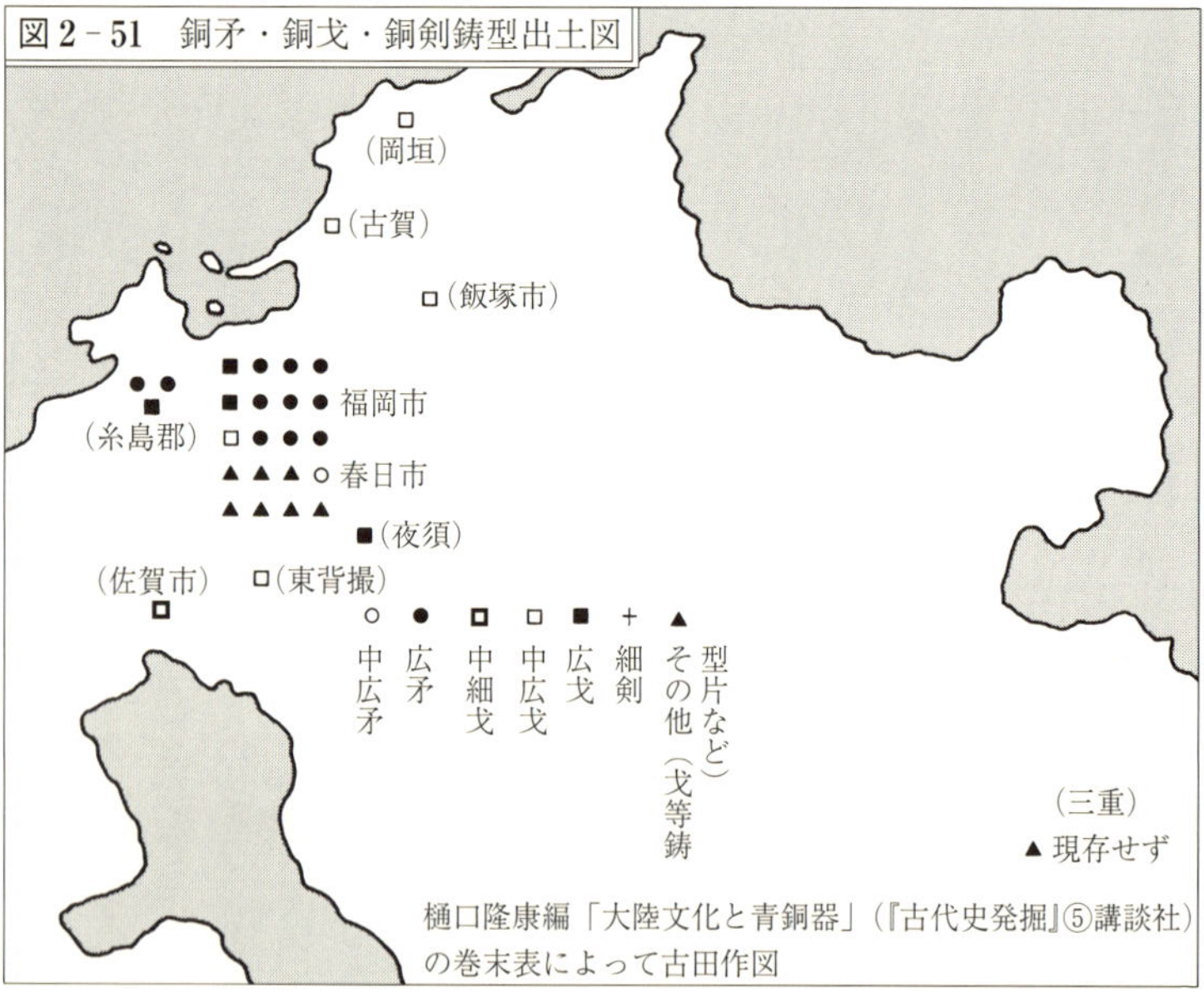

樋口隆康編「大陸文化と青銅器」（『古代史発掘』⑤講談社）の巻末表によって古田作図

図２－52　弥生時代のガラス勾玉出土遺跡とガラス勾玉鋳型出土遺跡

（安本美典氏の図により古田作図。『季刊邪馬台国』29号より）

図２－53　璧の分布

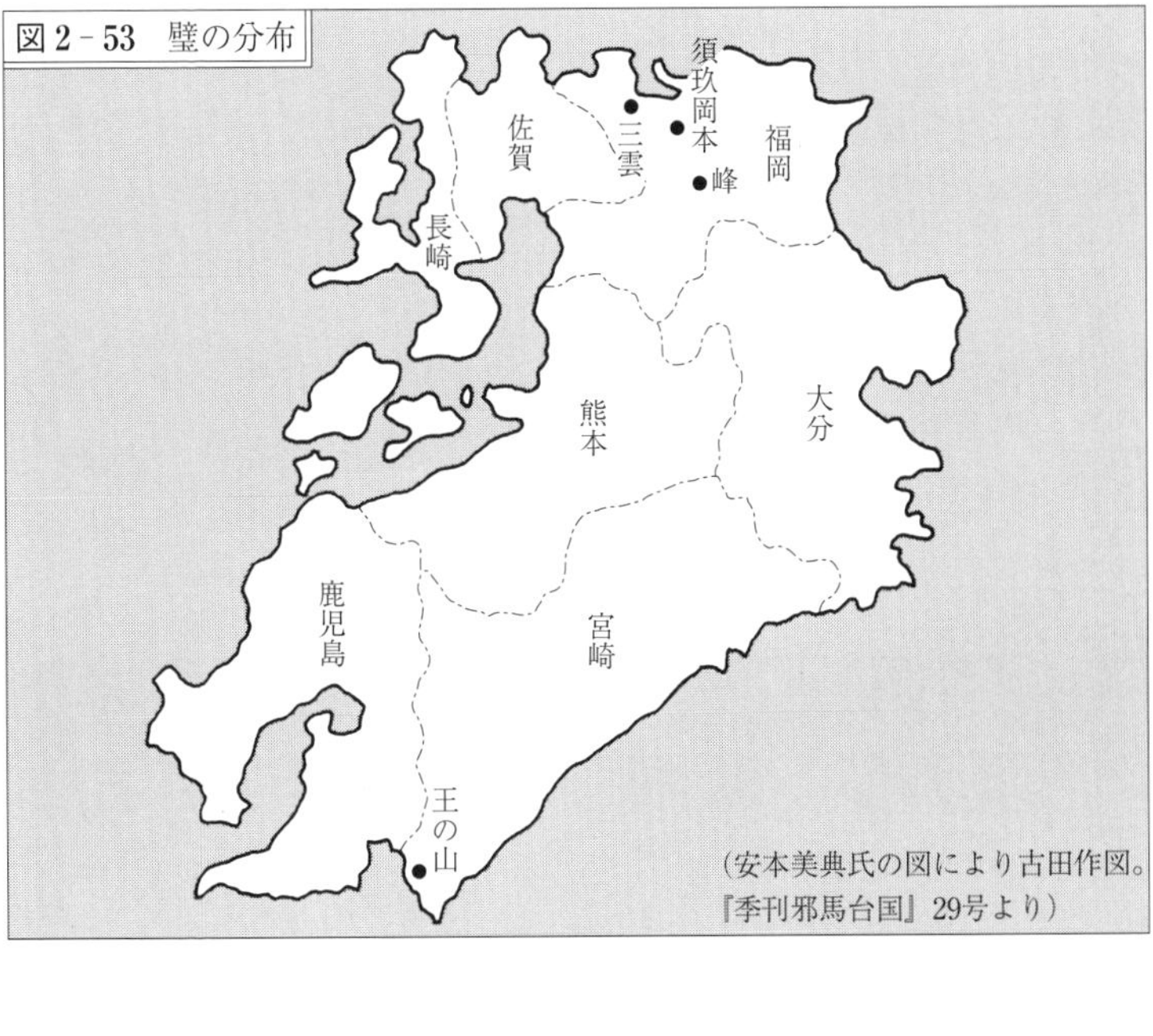

（安本美典氏の図により古田作図。『季刊邪馬台国』29号より）

こと、それは不可解という他ないのである。

さらに「小型仿製鏡」の類が筑後川流域にかなり分布している事実をもって、この地帯が「邪馬台国」の中枢に当りうる証拠であるかに論ずる論者があるようであるが（安本美典氏等『邪馬台国ハンドブック』）、非である。なぜならこの小鏡の多くは（従来「小型仿製鏡」とされているものの中にも、実際は中国製のものもありうるかも知れぬ。なぜなら中国でも、所持用・旅行用の鏡は製作されうるからである〈西域等から出土〉。）「仿製」すなわち「日本製」なのであるから、〝卑弥呼に贈られた鏡〟に擬することは不可能である。やはり「筑前中域」に集中する「漢式鏡」、ここに焦点を向けざるをえないのである。

以上を要するに、従来の考古学界が「弥生中期」と呼んできた出土物群、この比定年代を大きく移動させ、三世紀をふくむ時間帯に属するものと見なす、これ以外の解決法はありえないのである。

（以上、『よみがえる卑弥呼』駸々堂出版一九八七年／ミネルヴァ書房二〇一一年、二〇七〜二一一ページ）

吉武高木遺跡から、「最古の三種の神器」セットの出土した意味は、限りなく大きく、限りなく深い。ところは、福岡市西区。室見川の中流域である。

吉武高木遺跡

「三種の神器」―ところが、それは、いうまでもなく、近畿天皇家が〝自己の権力と権威の源泉はここにあり〟と称してきたもの。天皇位継承の証拠としてきたシンボルだった。

これに対する疑惑が、津田左右吉から出されていた。「神璽之鏡剣」（令集解所引の古記）という表現から見ても、「剣と鏡」の二種が本来。とすれば、古事記・日本書紀の神代巻に現われる「三種の神器」、天照大神にまつわるこれらの記述は架空、「後世の造作」による証拠。――左右吉はそのように論じたのだった。

ところが出土した。当の「三種の神器」が。糸島郡の三雲・井原・平原。春日市の須玖岡本と、福岡県の「筑前中域」から続々と出土していたのだ。

そしてこの、吉武高木。三号木棺から、多鈕細文鏡・碧玉製管玉九十五個・硬玉製勾玉・細形銅剣（二本）・細形銅戈（一本）・細形銅矛（一本）と、見事な「三種の神器」類のセットが出土したのだ（一九八一〜八五調査）。

とすれば、左右吉の批判はあやまっていた。記・紀の神代巻は正しかった。正しい歴史的事実と対応していた。それを疑問の余地なく確証したのが、吉武高木であった。

とすれば、論理は逆に回転しはじめる。「もし、左右吉が指摘したように、天皇位の授受のシンボルが『完璧な三種の神器』セットではない、とすれば、なぜか」と。その答は、次のようだ。「近畿天皇家は、弥生期の中心王家にとって、『支脈』であり、『分流』ではあっても、決して『本流』ではなかったからであろう」と。（近くの吉武樋波にも「剣と鏡」副葬墓がある）この遺跡ははじめ、飯盛遺跡と呼ばれた。「貝祭」の古儀を今に伝える飯盛神社に近い。この神社にも上宮・外宮がある。由緒深い古跡だ。

一方、日本書紀神代巻では、天照大神の孫ニニギノミコトの墳墓について

筑紫日向可愛之山陵

と記している。「可愛」を「エ」と読むには無理があり、むしろ「川合（カハアヒ）」の佳字表記と見るべきだ。（この点、古田『歴史学の成立』昭和薬科大学紀要二三参照）。吉武高

図２－54　吉武高木遺跡３号木棺墓
（福岡市埋蔵文化センター）

木の王墓集団は、室見川に合流する日向川の「川合」にある。――ここにも、古代の霧を辿る、一原点があろう。

豪華絢爛　驚異の王墓
――三雲・井原遺跡

志賀島の金印と並ぶ江戸時代における重要な考古学的発見。それは文政五年（一八二二、三雲）及び天明年間（一七八一～一七八八、井原）、同じく黒田藩の農民によってなされた。

ところは、福岡県糸島郡前原町。三雲南小路及び井原鑓溝遺跡の出土だ。直ちに藩に報告されたものの、現物はほとんど遺存せず、ただ一部（鏡と剣）が聖福寺（福岡市博多区）に蔵されるのみである（京都国立博物館へ寄託）。ただ、幸いにも、当時の藩の碩学、青柳種信が詳細にこれを記録した（『柳園古器略考』〈拓本については本書九七ページ参照〉）。これによって、その大体をうかがうことができる。

「三雲南小路」

〈A甕棺〉重圏彩画鏡一・四乳雷文鏡一・重圏斜角雷文帯「精白」銘鏡一・重圏「精白」銘鏡一・連弧文銘帯鏡二十六以上。中細銅戈一・有柄中細銅剣一〈棺外〉中細銅矛二・金銅四葉座飾金具八。ガラス璧八・ガラス勾玉三・ガラス管玉六十以上。朱大小壺一。

〈B甕棺〉連弧文「昭明」銘鏡四・重圏「昭明」銘鏡一・連弧文「日光」銘鏡十六以上・星雲文鏡一。ガラス製垂飾一・硬玉製勾玉一・ガラス勾玉一二。

「井原鑓溝」

方格規矩鏡片数十枚。巴型銅器、刀剣類。鎧の板の如きもの。〈『早良王墓とその時代』福岡市立歴史資料館による〉

豪華絢爛、この言葉よ、これらの王墓のためにあるとすらいえよう。今日の学術発掘の報告書ではないから、出土状況は不分明ながら、ウルトラ・トップ級の「中心王墓」であること疑いがない。ことに、三雲南小路A甕棺（A・Bは古田）など「三種の神器」セット出土の代表格といえよう。

ということは、何を意味するか。これこそ「倭国王墓」であり、それ以外の何物でもない。この一事だ。これが通例「伊都国王墓」と呼ばれているが、率直にいって、ミス・ネーミングだ。これはどの超豪華王墓が、伊都国という一地域の「地域王」にすぎぬ、とすれば、他の何墓をもって「中心王墓」に当てうるであろうか。考えられない。

また、井原鑓溝、通説とは異なり、この後漢式鏡の場合、「日本製の鏡」であり、「日本製の文章」がふくまれているようだ（この点、古田『ここに古代王朝ありき』朝日新聞社刊本書九八ページ以下、参照）。それにつけても、出土遺物の実物が失われたのが惜しまれる。

実在の神話――王家の谷、平原遺跡

昭和四十年二月、三雲・井原と同じ、前原町の一果樹園で果樹の植え変え作業中、大きな発見があった。平原遺跡が出土したのである。

園主井手勇祐さんは、糸島高校の社会科教師の犬神邦博氏にこの変を告げた。氏は、日常私淑していた、前原町在住の在野の考古学者、原田大六氏にこれを報じたのである。

この時から、原田氏の超人的活躍が開始された。永年、地をはうような努力の結果、『実在した神話』（学生社刊）の中に、その内容が報告された。

Ⅰ　鏡　四二面

①方格規矩四神鏡　三五面

②四螭鏡　一面

③内行花文鏡　一面

④内行花文八葉鏡四面（径約四六・五センチ）

⑤内行花文四葉鏡　一面

図2－55　変形内行花文八葉鏡（伊都歴史資料館蔵）

Ⅱ　武器（素環頭大刀　一本　約七五センチ）
Ⅲ　玉類（ガラス製〈勾玉三、管玉三〇以上、小連玉多数、小玉六〇〇以上〉、璃瑞製〈管玉一二、小玉一〉、琥珀製〈丸玉一〇〇〇以上、管玉一〉）

以上、日本列島弥生墓中、最大の副葬品をもつ「中心王墓」だ。決して一地域王たる「伊都国王墓」ではない。この発掘によって、糸島郡の領域が、中心王墓群の地、すなわち倭国王家にとっての「王家の谷」であったことが確かめられたのである。

この「王家の谷」の性格は少なくとも銚子塚古墳（四世紀後半から五世紀とされる）まで続いている。銚子塚では、平原ほどの〝多鏡埋蔵〟はないものの、代って黄金鏡一面がある。また武具数の多い点も、朝鮮半島側との対決色を強めつつあった時代性を反映している（ただ、年代については、若干再考の余地があろう）。

この点、原田氏が、平原を「弥生中期末」におき、その直後、〝平原から大和へ〟の「中心権力の移動」を、いわゆる「神武東遷」になぞらえて唱えられたのは、賛成しがたい。なぜなら、記・紀の説くところ、「神武の出発点」は、「日向国（宮崎）」であって、平原ではないからである。

なお、平原の年代を「古墳初」かと見なす考古学者も少なくない（たとえば、先の『早良王墓とその時代』）

たこととなろう。
が、とすれば、いよいよ、「倭国の中心王墓」は、古墳期になっても、九州の地、王家の谷に存在しつづけ

邪馬壹国の中心
──須玖岡本遺跡

明治三十二年、福岡県春日市の農家の庭先でその「事件」はおこった。小屋の建て替えのさい、その下から見つかった一個の甕棺。これがその後の考古学界にとって、一つの重大な灯台となった。

今は、博多のベッド・タウンとなっている春日市の須玖岡本。ここから発見された甕棺は、大きなドルメン（支石墓）の下にあった（このドルメンは今、そばの熊野神社の境内〈中腹〉におかれている）。

その〝内わけ〟は、次のようだ。

〈須玖岡本遺跡群D地点〉

夔鳳鏡二・星雲鏡一・重圏四乳葉文鏡二・方格四乳葉文鏡一・重圏精白鏡三・連弧文清白鏡四～五・重圏日光鏡三・連弧文星雲鏡五～六・清白鏡系鏡四以上、連弧文鏡片・草葉文鏡片・蟠螭連弧文系鏡片。銅矛五・銅戈一・異形銅剣・銅剣残欠三。鹿角製管玉十三・ガラス勾玉一・ガラス璧残欠二。

これも、三雲・井原・平原と並ぶ、超豪華級王墓、すなわち「倭国中心王墓」であること確実だ。

だが、それだけではない。中国絹と倭国絹とが共に内蔵されていた、現在のところ、唯一の弥生墓である。あの倭人伝に「中国の天子→卑弥呼」（中国の錦）「卑弥呼→中国の天子」（倭国の錦）「壱与→中国の天子」（倭国の錦）と、日中両国間に「錦（飾り絹）」の交換のあったことが明記されていることは有名だ。その「中国・倭国、双方の絹」が、ここひとつの甕棺から出土したのである（布目順郎氏による）。

さらに、それだけではない。

右の先頭にあげられた「夔鳳鏡」これこそ、梅原末治氏が、少なくとも「二世紀後半」をさかのぼり得ぬ鏡「魏・西晋鏡」と認定された、問題の鏡なのだ（本書二〇七ページ写真参照）。

かえすがえすも、残念なことがある。今回の吉野ヶ里を見て、さて、ふりかえってみれば、先の三雲・井原・平原、また吉武高木南風と共に、この須玖岡本もまた、墳丘墓をもち、一層壮大な二重環濠にとりまかれていたであろうということだ。三雲・三原や吉武高木は一面の「水田下」に、おそらく〝削平〟されている。この須玖岡本も、今は一面の〝新興住宅群の大海の中〟にある。明治期には、そうではなかったであろうけれど。

幸いに、京都大学や福岡県教委による調査によって、甕棺墓の各集団、弥生集落周濠の一言など各断片の報告が残されている。

（以上、『古代史60の証言』駸々堂出版一九九一年、一二～一五ページ）

金印の旗

驚くべき「新発見」がその次にやってきました。その入口は「黄幢」と「黄憧」問題です。三国志の魏志倭人伝の中に「黄幢」の二字があることは、有名でした。すでに早く、奥野正男氏がこの問題をとりあげ、「三角縁神獣鏡、日本製説」の根拠とされたからです。

わたしが今までこの問題に、あえて「ふれなかった」のは、「奥野氏の創唱テーマ」に〝手をふれない〟ことを、いわば研究上のエチケットのように「感じ」ていたからでした。

しかし、今考えれば、それは「まちがって」いました。ここには、いわば「奥野説を〝超え〟たテーマ」がひそめられていたからです。奥野氏の「創唱」の価値は、もちろん〝光り輝く〟ものですが、その上に立ってこの「奥野説、未踏の世界」へと踏みこむこと、それこそが本当の「学問の面目」だったのです。

まず、奥野氏の『邪馬台国発掘』（ＰＨＰ研究所、一九八三年刊）の論述を、やや長文ですが引用しましょう。

「私が指摘した三角縁神獣鏡の非中国的意匠とは、鏡の直径や鏡紋を構成するすべての単位図形を中国鏡と比較するなかから導き出したもので、その内容は多岐にわたる。そのうちの典型的な例として『傘松形』

図形をとりあげよう。」

「三角縁神獣鏡の神像や獣形の間には、日本の学会で一般に『傘松形』と呼ばれてきた図形（図30）がある。これと同じものは、中国で実際に出土した漢代・三国時代、さらにそれ以後の鏡にも見出すことができない。三角縁神獣鏡がもし、通説のように中国製だった場合、この種の図形が他の中国鏡にも当然見出されるはずであろう。ところが、三角縁神獣鏡の内区の神像や獣形のモデルとなった中国の画文帯神獣鏡系のあらゆる図像には、このような『傘松形』図形が存在しないのである。それだけではなく、魏代より後の六朝時代の鏡紋にもまた、そのような図形は見出せないのである。」（一三五ページ）

右の「奥野命題」に対して、正面から「反論」した研究者（専門的な「銅鏡の研究者」を含む）を、わたしはいまだに「見た」ことがないのです。

新たな問題の入り口は、倭人伝の「原文」の史料批判でした。

Ａ「其六年詔賜倭難升米黄幢付郡假授」

（「其の六年、詔して倭の難升米に黄幢を賜い、郡に付して假綬せしむ。」）

Ｂ「（其八年）遺塞曹掾史張政等因齎詔書黄憧拜假難升米為檄告喩之」

（「（其の八年）塞曹掾史張政等を遣わし、詔書を齎し、黄憧《こうとう》せるに因りて、難升米に假して檄を為し、之を告喩す。」）

問題は、Ｂのケースです。

これは従来は「黄幢」と〝解され〟てきました。事実、「紹興本」（南宋刊本）や「紹熙本」（廿四史百衲本）など、いずれも「黄幢」です。〝黄色の旗〟です。

ところが、宮内庁書陵部の「紹熙本」では、明確に、

「黄憧」

なのです。「黄幢」ではありません。『俾弥呼』の末尾の写真版が、それです（三七五ページ。末尾に「二十四史百衲本」とあるのは、宮内庁書陵部本の誤記）。

この場合、「黄憧」の「憧」は、

「こころが定まらない」「往来の絶えぬさま」「あこがれ」「にぶい」

といった意味です（諸橋大漢和辞典）。要するに「忄（りっしんべん）」がしめしているように、「不安定な、心の状態」をしめす文字なのです。

では、その場合、上の「黄」は何でしょう。「きいろ」では、意味をなしません。

「やむ。やまひ。やみつかれるさま。」

「玄黄、病也。」（爾雅、釋詁）郭云、皆人病之通名（疏）。

とあり、すでに「詩経の小雅」にも、同類の用法があります。古い用例です。したがってこの「黄憧」とは、「病気で、こころが定まらない」の意味ではないでしょうか。

これは「誰」の話でしょうか。そうです、はじめは例の「明帝の病臥」かと考えました。しかし、あれは「景初二年から三年正月にかけて」の時間帯です。今回は「正始八年」から十年近く〝あと〟の話です。ですからこの〝トラブル〟は、魏側の問題ではなく、倭国側、すなわち「俾弥呼の方のトラブル」が生じていたこと、それを指しているのではないでしょうか。

例の「東日流［内外］三郡誌」の中の物部蔵人の寛政六年七月一日の一文（『北斗抄』三の十三、『卑弥呼』巻末資料6）にも示唆されていたような、俾弥呼末期のトラブルです。

従来は、いきなり「俾弥呼の死」が突出した形で書かれていたように見えていたもの、その「空白部」に当る一語、それが今回「発見」された「黄憧」の二字だったのではないでしょうか（「黄」字の方も、正始六年は「黄幢」であり正始八年の「黄憧」とは「別字形」ですが、ここでは論じません）。

この点、これを「黄幢」と誤記した、他の版本の及びえぬ理解でした。

右のような新しい視点から見ると、ここには思いがけない〝光景〟が現れます。その出発点、それは「黄幢」の二字が一回しか現われていないことです。その意義は何でしょうか。この二字のもつ「意味」を考えてみましょう。

考えてみれば、「黄色い旗」というのは〝変〟です。倭国の女王側が狗奴国側と「対立」しているとき、なぜ「黄色い旗」を与えるのでしょう。東アジアでは「黄色い旗」というのに、何か「マジカルな（魔法的な）意味」があるのでしょうか。聞いたことがありません。奥野氏の立論でも、この「黄色い」という形容語は「問題」にされず、もっぱら「幢（はた）」の方に〝力点〟がおかれているのです。

ズバリ「キイ・ポイント」にふれましょう。

「黄」には「黄金」の意義があります。

「銀黄を懐《おも》い、三組に垂《なんなん》とす。（漢書、酷吏、楊僕伝）

注、師古曰く、黄は金印なり。」

「黄金」の中でも、「金印」を指す用法がある、というのです。

この倭人伝の「黄幢」も、単なる「黄色い旗」ではなく、「黄金の旗」であり、それは、

「魏が女王俾弥呼に『親魏倭王』の金印を与えた」

こと、それを「女王国の敵側（狗奴国）にしめす」ための「幡（はた）」だったのではないでしょうか。いわゆる「錦の御旗」です。それだからこそ（女王国の「敵」に対して）〝有効〟だったのです。

「金印授与」をしめす「黄金の幢」を「二回」与える、というのでは、〝しまり〟がありません。「一回」記すれば、それで十分なのです。従来の「訓み」が、この問題の〝理解〟に対し、微妙な、しかし「重大な

影響」を与えてきたようです。

このように考えてみれば、中国側の諸種の銅鏡に、この「黄幢」が現われないのは、当然です。「親魏倭王」の「金印」とは、無関係の世界の産物なのですから。

「では、なぜ、三角縁神獣鏡に、この『黄幢』が現われるのか。」

この肝要の問いに対して、今は簡明に〝答える〟ことが可能です。

「倭国の百余国の中で、『反魏倭国』や『魏・呉中間派の国々』に対して、これらの三角縁神獣鏡が『配布』された。」

と。『俾弥呼』で論じたように、最初から「親魏倭王」の立場に拠っていた「三十国」より、この「三十国以外の国々」に対してこそ「より多く」この三角縁神獣鏡は配布されてゆき、「魏と西晋の時代」の到来を知らしめたのです。それが「三世紀の前半から後半にかけて」の時間帯の「作鏡」だったのです。

それまで「呉」から渡来して銅鐸生産に〝力を貸していた〟工人たちが、この「作鏡」の中心、あるいは「下ささえ」となったのです。

これらの点、あらためて詳しく述べさせていただきます。

（以上、『古代は沈黙せず』ミネルヴァ書房二〇一二年、四〇九～四一四ページ。注＝駸々堂出版本一九八八年には本稿は掲載されていない）

「舶載」三角縁神獣鏡論

二〇一一年は、わたしにとって〝画期〟をなす年でした。「畢生の書」としての『俾弥呼』（日本評伝選）が上梓されたからです。「この本を書き終えるまで生きていたい。」そう思いつづけながら執筆した本なのです。〝画期〟どころか、わたしの人生の〝the end〟となって、全く悔いない。そういう本だったのです。

ところが、この本を書き終えた「五月末」以降、より正確には、ミネルヴァ書房に第三校のゲラを送り終わった直後の八月下旬、「異変」が生じました。〝新しいテーマ〟が続出しはじめたのです。その「異変」は、翌年（二〇一二）の「今」までつづいています。

意外ですが、考えてみれば、あるいは「当然」なのかもしれません。『俾弥呼』成立時点を「出発点」として、今後の研究の視界が大きく拡がってきたからです。

たとえば、小林行雄の「（舶載）三角縁神獣鏡の分布図」です。一九六一年（昭和三十六）に出版された『古墳時代の研究』の第六章「初期大和政権の勢力圏」（二二〇ページ、本書次ページ）に掲載されている、有名な分布図です。

そこではこの「（舶載）三角縁神獣鏡」と呼ばれる銅鏡が、椿井大塚山古墳（京都府）の二十九面を筆頭に、西は九州の原口古墳（筑紫郡筑紫野町武蔵原口、現筑紫野市）に至る分布が描かれています。三面の出土です（同じく、現筑紫野市の御陵古墳〈筑紫郡大野町御陵の唐人池畔〉から一面出土とされるが、詳細不明）。

以上の分布図は、現在でも「邪馬台国近畿説」を〝裏づける〟決定的な証拠と見なされているようです（たとえば、二〇一〇年十一月に講談社から出された『神話から歴史へ』〈天皇の歴史　第一巻〉、参照。東大教授の大津透氏による「近畿説」への〝同調〟です。同書、四三～四四ページ）。

けれども、この分布図には、重大な疑問があります。

第一に、小林さんが「舶載」とされるのは、当然「中国（魏朝）からの賜与鏡」の意ですが、その中国から〝近い〟「対馬」と「壱岐」からは、「出土数、ゼロ」である点です。

第二に、次いで〝近い〟筑前（福岡県）からの「出土」が少ない点です。〝途中〟の豊前国（福岡県）の方が〝多い〟のですから、何か〝変〟です。

このような、分布の「不公平さ」は、現在に至るまで、大きな変動はありません。

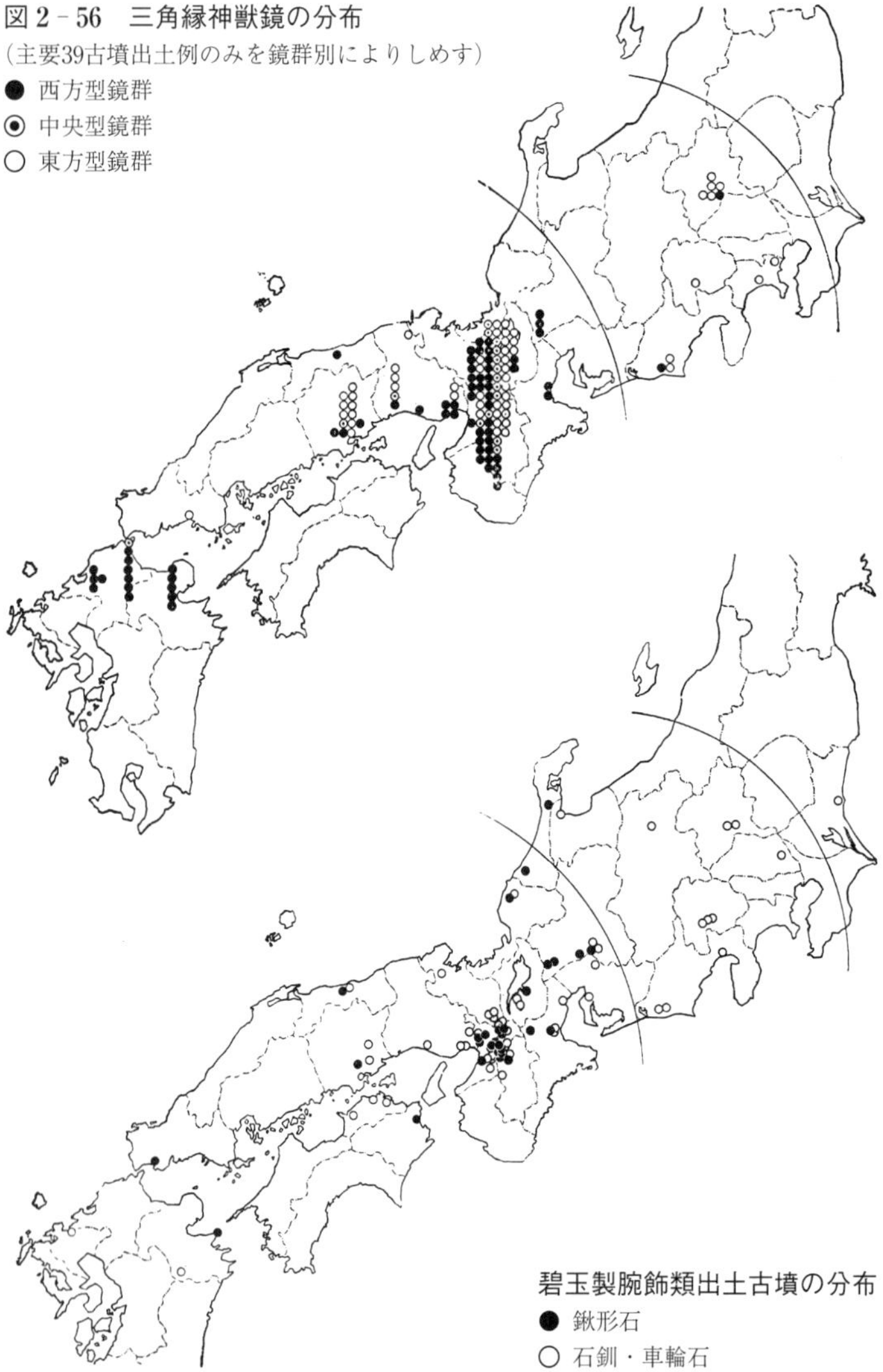

（主要39古墳出土例のみを鏡群別によりしめす）

図2-56　三角縁神獣鏡の分布

小林行雄『古墳時代の研究』（青木書店，1961年（昭和36）刊）第6章より。

第三に、もちろん、一番の根本問題は、この〝いわゆる舶載鏡〟が、結局現在に至るまで「中国本土」内で一切出土していない——この点です。

この点をそのままにして、現在もなおこの「舶載」説が〝通用〟しているのは、不思議です。ですが、今まで必ずしも「注目」されずにきた、右の第一・第二のテーマにも、大きな疑問があったのです。

実は、この小林論稿の「分布図の真相」は、この分布図の下に「併置」された、もう一つの分布図によって、〝しめされ〟ていたのです。それは「碧玉製腕飾類出土古墳の分布」です。「鍬形石」と「石釧・車輪石」の分布がしめされています。

先の「(舶載)三角縁神獣鏡」の分布図は、今ではあまりにも〝有名〟ですが、こちらの図がなぜ「併置」されているのか「判らない」のが、大部分の読者(古代史ファン)だと思います。

図2-57　碧玉製腕飾類　鍬形石(上)と車輪石(下左)と石釧(下右)(三重県上野市才良石山古墳出土)(小林行雄『古墳時代の研究』第5章より)

その理由は、次の一点です。

「(舶載)三角縁神獣鏡」の分布図は「新出」であり、若き小林さんの〝独断〟にすぎず、と見られることを恐れ、これと同類の(考古学界に知られた)分布図としての「碧玉製腕飾類の出土」と〝同型〟もしくは〝同類型〟のものをしめし、その「裏付け」としたのではないでしょうか。

今、わたしの「目」から見ると、ここには、いわゆる「(舶載)三角縁神獣鏡」の分布図のもつ「真

図 2-58　立岩遺跡の貝釧をもつ人物
（堀田34号甕棺）

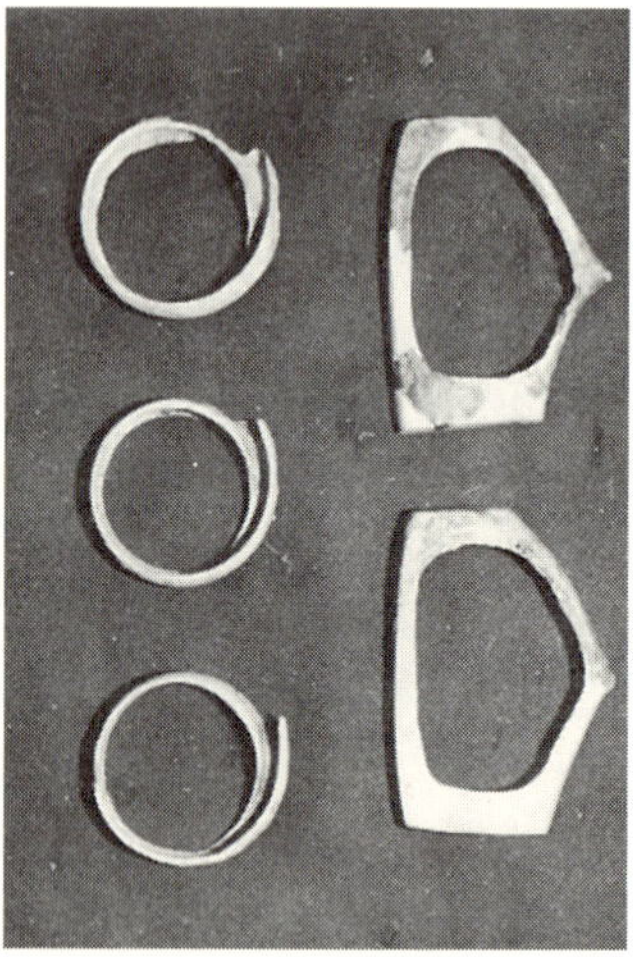

図 2-59　イモ貝横切り貝釧（左）と
ゴホウラ貝縦切り貝釧（右）
（飯塚市立岩）

相」がしめされているのです。

なぜなら、いわゆる「碧玉製腕飾類」とは、いずれも「模倣物」であり、「第二次製品」である点です。

その「独創物」そして「第一次製品」となっているのは、当然「貝そのもの」です。

森貞次郎の『北部九州の古代文化』（明文社、一九七六年刊）の「貝の道」では、

「わが国古代の装身具のうち、石製・銅製・鉄製などの腕輪と並び、北部九州の弥生時代を飾る遺物として、貝製腕輪がある。縄文時代にも、アカ貝・ベンケイ貝・サルボウなど、九州沿海性の二枚貝を用いた腕輪が普遍的にみられたが、それとはまったく異なった、九州沿海では採れない大形巻貝を用いた貝製腕輪（貝釧《かいくしろ》）が人骨に着装されたまま、甕棺《かめかん》や箱式石棺のなかからしばしば発見されることがある。」（一六六～一六七ページ）

さらに南島産のゴホウラ貝であることが、九州大学解剖学研究室の永井昌文教授によって証

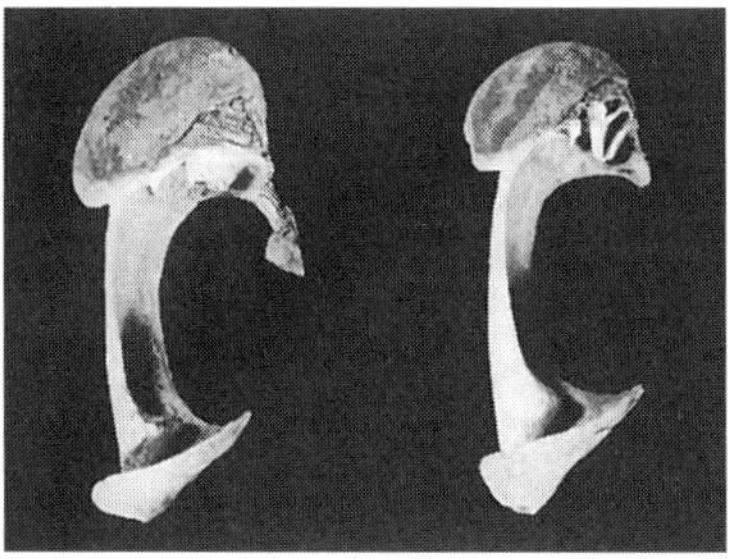

図 2 - 60　ゴホウラ製貝釧（福岡市金隈）

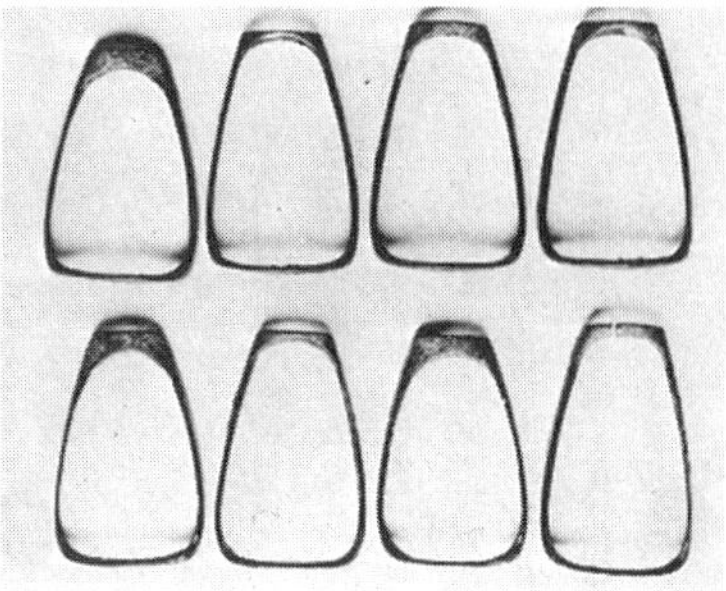

図 2 - 61　銅釧（唐津市千々賀）

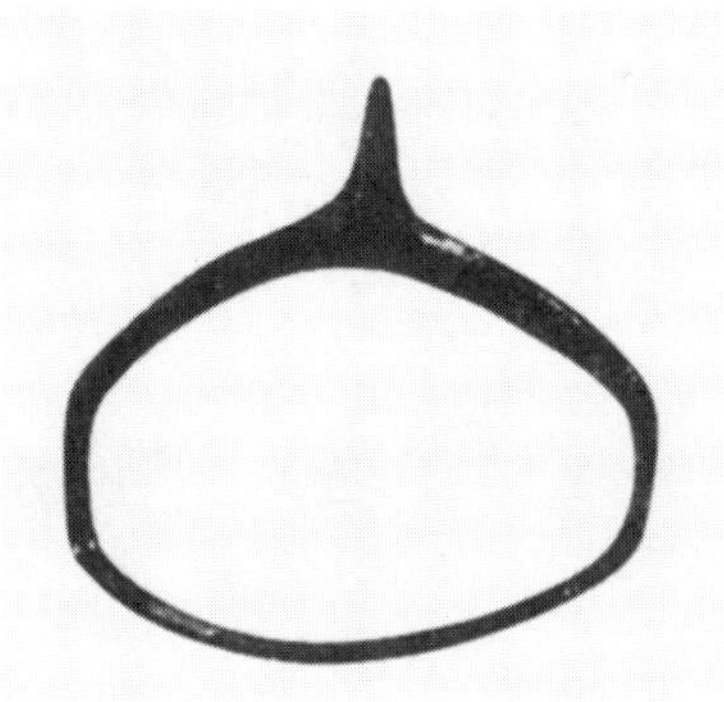

図 2 - 62　有鈎銅釧（対馬上県町白岳）

森貞次郎『北部九州の古代文化』（明文社，1976年（昭和51）刊）より。

明されましたが、この貝は沖縄からニュージーランドに及ぶ「半孤形」の領域からの出土であることが知られています。

これらの分布は、九州周辺であり、漢式鏡（前漢式鏡・後漢式鏡）の分布図と〝重なって〟いるのです。

これらが「第一次製品」であるのに対し、小林さんが〝対照〟させた「碧玉製腕飾類」が「模倣品」であり、「第二次製品」であること、これは、今問題の「三角縁神獣鏡」が、「舶載」ではなく「漢式鏡の模造鏡」であり、「第二次製品」だったことの「証し」となっているのではないでしょうか。


『俾弥呼』の到達した地点から、「小林理論」の謎が解けました。

（その一）倭人伝には「欠落の三十一年間」（『俾弥呼』二九七ページ）があります。壱与の貢献の「泰始二年（二六六）」から陳寿の死の「元康七年（二九七）」に至る期間です。

（その二）その前後（三世紀前半の中の後半期から四世紀末まで）が崇神天皇の活躍期に当っています。

（その三）倭国内の「旧、百余国」は倭人伝の時代、左の三種類に「分裂」していました（同、二八七ページ）。


第一、「親魏倭国」派。三十国。

第二、「親呉倭国」派。若干の国々。

第三、「中立倭国」派。大多数。


崇神天皇の軍団の「近畿への進撃」後、第二の近畿（京都府、奈良県、大阪府）を「中心」として、第二・第三の地帯へと「配布」された銅鏡、それがあの「三角縁神獣鏡」だったのです。

「すでに、魏朝は〝魏・呉・蜀の三国間の戦〟に勝利した。その証拠が、この鏡（三角縁神獣鏡）である。」と。第一の「親魏倭国」派の三十国における銅鏡（前漢式鏡・後漢式鏡）とは〝似て非なる〟この鏡を「配布」したのです。

その「銅材料」は、あの銅鐸と共通した「銅材料」を使用していたのです。

この新たな「視野」から、「三角縁神獣鏡」の新たな研究は始まる。わたしはそう思っています。

（以上、『真実の東北王朝』三六四〜三七一ページ）

真実の三角縁神獣鏡

永年の疑問が解けた。

二〇一一年（平成二十三）の六月以来、「嵐」のように私を襲ってきた研究上の新問題があった。と同時に本来古代史の研究者、日本の考古学者が、当然取り組むべき「？・」が放置されてきていた。永年のその「？・」の真相が見えてきたのである。同年九月に上梓された『俾弥呼』（日本評伝選、ミネルヴァ書房刊）の〝余波〟として、後生の新しい時代への出発点をしめすもの、そういう研究史上の位置に、余命少なきわたしが立たされているのかもしれない。


小林行雄氏が一九五七年（昭和三十二）七月に発表した「周知」の論文がある。いわゆる「三角縁神獣鏡」の全国分布状況を核心としている（本書二八〇ページ図参照）。

最初「初期大和政権の勢力圏」として、京大の『史林』第四〇巻第四号に掲載された。これを基《もと》として、氏の代表作『古墳時代の研究』（青木書店、一九六一年刊）の一二〇ページに収録され、爾来、考古学界において「悉皆周知」ともいうべき〝基礎図表〟となったのである。

爾来、五十年を経て、この図表は数奇の運命をこうむった。その変換点をあげれば、次のようだ。

第一、右の五・六十年の間、ついに当鏡（三角縁神獣鏡）は肝心の中国内部では「発見」されることがなかった。この点樋口隆康氏の『三角縁神獣鏡綜鑑』（新潮社、一九九二年刊）及び王仲殊・樋口隆康・西谷正著『三角縁神獣鏡と邪馬台国』（梓書院、一九九七年刊）の両著作等がこれを証言している。ことに後者では中国に於ける鏡の専門的研究者としての王仲殊氏が中国内部の各博物館の担当者を通じて検索した結果、すべて「ナシ」の回答を得た旨、語られている。さらに現在の中心的支持者である樋口隆康氏もまた、中国各地の博物館の内部の専門家（担当者）に「確認」した結果、やはり「ナシ」の帰結に至った旨、報告された。ご自分の「期待」に反していたのである。この報告は氏の「学的誠実さ」の偽らぬ反映であろう。

第二、以上のような実情が明らかになったにもかかわらず、依然として小林行雄・樋口隆康氏等を継ぐ、京都大学中心の考古学者の「三角縁神獣鏡、中国鏡説」は、考古学会全体の「風潮」を今も支配しつづけているのが現状である。

その上、二〇一〇年（平成二十二）の十一月には東京大学の大津透教授による『神話から歴史へ』（『天皇の歴史』講談社刊、第一巻）もまた、この小林・樋口説を支持するに至った。東大の白鳥庫吉の九州説、京大の内藤湖南の近畿説の対立が学界の「世評」を〝区切って〟きてすでに久しかったけれど、この二〇一〇年に至ってようやく東大・京大共に近畿説となり得たのである。その大津氏の論拠とするところは、他でもない、小林・樋口氏の理論を継承する、京大系の考古学者の諸論文だったのである。

小林氏はかつて一九五二年（昭和二十七）六月の『ヒストリア』第四号に「邪馬台国の所在論について」を発表し、それが右の著作の第二章として、編入されている。その論文の末尾は、

「世に喧伝せられる邪馬台国九州説なるものが、何らかの考古学的な傍証を有するかの如くにいわれることについては、厳重なる抗議を呈したいと想うのである。」

と結ばれている。氏の本懐は六十年後の今日、ようやく〝達せられた〟といいうるのかもしれない。

わたしの『俾弥呼』（日本評伝選）は二〇一一年九月に刊行された。右の大津透氏の著作の約一年近くあと

だった。そしてわたしの著書では、女王国の中心の邪馬壹国《いち》が「博多湾岸と周辺山地」（筑前中域）にあり、とする結論が「文献」と「考古学的分布」（「三種の神器」と「絹・錦」）によって証明されているのである。それは四十年前の第一書『「邪馬台国」はなかった』（朝日新聞社、一九七一年刊）において明示したところ、その再確認であった。

現在のわたしの「目」では、この小林図表の問題点は、次の一点にある。

「二十九面の出土をみた、京都府の椿井《つばい》大塚山古墳を中心とする『三角縁神獣鏡』が九州にはわずかしかその出土が及んでいないのは、なぜか。」

と。ことに、

（その一）中国・朝鮮半島に近い「対馬」と「壱岐」から、全く出土していない。

（その二）福岡県は原口（筑紫野郡筑紫野町武蔵字原口〈三面〉――現、筑紫野市、旧「筑前国」）、御陵（筑紫郡大野町の唐人池畔〈一面〉――現、筑紫野市。同上。ただ詳細は不明）、石塚山（京都郡苅田町南原の前方後円墳〈七面〉――「豊前国」に属す）各古墳。筑前国として「確認」されるものは、原口古墳の三面のみ。

右はこれらの「三角縁神獣鏡」が、もし洛陽→対馬・壱岐→福岡県→京都・大阪方面へという「伝播経路」をもったとすれば、その重要経過地としての「筑前」（福岡県）の〝乏しさ〟は異常だ。

しかも、その傾向は、小林氏の発表された一九五六年（昭和三十一）から、今日までの五十数年間、ほとんど変ることがないのである。

直言すれば、中国でも日本内部でも、「三角縁神獣鏡、中国製説」と右の当鏡出土の分布とが「対応」せず、「解説しにくい」状況が変らずつづいてきていたのであった。

次の問題に進もう。

先掲のように、右の論文の、同じ二二〇ページには二つの分布図が掲載されている。第十一図として「三角縁神獣鏡の分布」が上半分にあり、第十二図として「碧玉製腕飾類出土古墳の分布」が下半分に掲載されている（本書二八〇ページ参照）。

専門の考古学者は別として、一般の古代史に関心のある人々にとっては、なぜこの「碧玉製腕飾類」が「三角縁神獣鏡」と「同じレベル」で「同時掲載」されたか、必ずしも「理解」しにくいところであるかもしれない。

しかし、この点、次の視点に光を当てれば、理解は容易であろう。

「小林氏は、自分が新たに発表すべき『三角縁神獣鏡の分布図』が、決して〝己れひとり〟の『独断』に非ることを、〝裏書き〟する必要があった」のだ。だからこそすでに考古学界に知られた「碧玉製腕飾類」との〝対比〟を必要としたのである。

右の論文に先立つ「第五章　前記古墳の副葬品に現れた文化の二相」において、「4　碧玉製腕飾類の問題」と題する一章を設け、

「碧玉製腕飾類、鍬形石（上）と石釧（下右）、三重県上野市（現、伊賀市）才良石山古墳出土」の写真が掲載されているのである（本書二八一ページ）。

現在の、わたしの「目」では、この〝対比〟は興味深い。

なぜなら、右の「鍬形石」や「車輪石」や「石釧」は一種の〝模造品〟だ。その「原型」は、当然ながら、「貝」そのものなのである。

たとえば、森貞次郎氏の『北部九州の古代文化』（明文社、一九七六年刊）には「貝釧」の記事が多い。「19. 166-181」などだ（本書二八二ページ参照）。

「貝の道」と題する一章があり、

「わが国古代の装身具のうち、石製、銅製、鉄製などの腕輪と並び、北部九州の弥生時代を飾る遺物として、貝製腕輪がある。縄文時代にも、アカ貝、ベンケイ貝、サルボウなど、九州沿海性の二枚貝を用いた腕輪が普遍的にみられたが、それとはまったく異なった、九州沿海では採れない大形巻貝を用いた貝製腕輪（貝釧）が人骨に装着されたまま、甕棺《かめかん》や箱式石棺の中からしばしば発見されることがある。」（同書一六七ページ）

この貝釧が沖縄を北端とし、ニュージーランド方面を（弧状に）南端とする「ゴホウラの貝」であることが、現在は確認されている。これらが「原型」であり、「第一次製品」だ。それに対する「模造品」であり、「第二次製品」に当たるのが、小林氏の提示された、いわゆる「碧玉製腕飾類」なのである。

右のように考察してくれば、次のような〝対比の真の意義〟が浮かび上がってこよう。

「貝釧の『現物』の分布と〝対応〟しているのは、福岡県とその周辺を『分布中枢』とする、いわゆる『漢式鏡』（前漢式鏡と後漢式鏡）の分布である。――第一次分布」

換言すれば、いわゆる「三角縁神獣鏡」の方は「第二次的分布」の実情を反映している。決して「弥生時代の第一時的分布」の原型を〝証言〟するものではなかったのである。

小林氏の「分布対比」からすれば、その「中枢」が〝筑紫とその周辺〟にはなく、〝京都や大阪〟を〝中枢〟としていることは、極めて「真実《リアル》な分布状況」を反映していたこととなろう。

そして小林氏の研究の「想定外」となっていた、次の一事がこれを明確に証言する。

「魏朝から俾弥呼に送られた『中心的遺品』である『絹と錦』の出土分布は、いずれも『京都や大阪』中心ではなく、『博多湾岸と周辺山地』を中枢として分布している。」

この一事である（『俾弥呼』参照）。

さらに、一歩を進めよう。

わたしは『俾弥呼』の中で、倭国の内部を「三種」に分類した。

第一、「親魏倭国」派―三十国

第二、「親呉倭国」派―若干の国々

第三、「中立倭国」派―大多数（『俾弥呼』二八七ページ）

第一は、当然「九州中心」の国々が多かったであろう。

これに対し、第二は「銅鐸圏」の「狗奴国」なども、その筆頭にあったと見なした。その地帯の中心部分は、たとえば大阪府茨木市の東奈良遺跡等を囲む一帯の広域であろう。

第三は、魏・呉いずれに与するか決定できずにいた。中には「魏・呉間に変動していた国々」もあったかもしれない。古事記の崇神記前後に「～王」と表記されている人々は「呉朝輩下の王」だったのではないか。わたしはそう考えた。

崇神天皇の〝活躍期〟である「三世紀前半の中の後半分（二二五年頃からあと）と三世紀後半（呉の滅亡は天紀四年、二八〇年）」の前後の時期に属しよう。

小林氏の発表以来、注目を浴びてきた「三角縁神獣鏡の分布図」は、右の第二と第三の地帯を中心として〝配布〟された、その痕跡だったのである。

第一に属する地帯、北部九州に〝乏しかった〟のは当然だった。なぜなら、この地帯は「魏朝から親魏倭王の金印を与えられた女王国とその友好国」だったからである。

北部九州に「乏しかった」のは、まさに〝故あるところ〟だったのだ。

「三角縁神獣鏡は、〝非、親魏倭王国〟だった地帯に対して配布されていた。」

のである（詳細は別記。『古代は沈黙せず』復刊本、ミネルヴァ書房、「日本の生きた歴史」（九）四一三ページ。本書二七八ページ参照)。

本編の最後に、『俾弥呼』における「誤記」について、(この場を借りて)述べよう。

その一は吉武高木遺跡(福岡市)を「絹の出土」を〝なし〟かのように記した点である(二六六ページ)。

その二は、「郡支」(三十国の一つ)の〝訓み〟。「ぐき」と解したが、「くし」が正しい。「ちくし・つくし」の「くし」である(「支」には「し」と「く」の二音あり)。帯方郡の分国を意味する国名表記である。現、筑紫野市近辺(筑紫郡)に当たろう(二二五ページ等)。

その三は、「黄憧」問題。三国志の魏志倭人伝の「其(正始)四年」の項は「黄幢(こうとう)」であり、「天子の旗」すなわち(魏の天子のシンボルとしての)金印を示した「はた」である。「俾弥呼を敵とする者は、魏朝に敵するやから」と見なす、その大義名分をしめす。この「黄」は単なる「きいろ」ではない。「黄金」をしめし、「金印」をしめすものである。

これに対して「黄憧」(其の〈正始〉八年の項)は「やまい」をしめす「黄」(爾雅・詩経・小雅等)と「憧」は「こころが定まらない」(説文)の意(いずれも諸橋、大漢和辞典)。

この「黄憧」は〝俾弥呼がやまいの中で、心が定まらぬ〟さまの描写だった。この点、「紹熙本」(宮内庁書陵部本)では「明確」である(「廿四史百衲本」は誤記。『俾弥呼』初刷、二刷共誤記)。

俾弥呼の「死」の前に(魏朝にとって)応答不十分の時期が存在していたのである(「黄幢」と「黄憧」、「黄」と「黄」、「幢」と「憧」の字に〝異同〟がある)。

〝訓み〟は『漫画「邪馬台国」はなかった』(福與《ふくよ》篤《あつし》著、古田解説)の一六五ページ参照。この部分は、「詔書を齎(もたら)し黄憧(こうとう)するに因りて」

となる。

二〇一一年十二月二十四日　記了

補

(一)右以後の「筑前国」(福岡県)出土の三角縁神獣鏡(いわゆる「船載」)は香椎ヶ丘〈一面〉(福岡市香椎)の他に老司《ろうじ》〈一面〉(福岡市南区老司四丁目)がある(インターネット検索による)。

(二)一貴山銚子塚古墳(福岡県糸島郡二丈町字一貴山)からは黄金鏡(後漢式)と共に三角縁神獣鏡の「左文鏡」(鋳型鏡)等出土(小林行雄氏は五世紀初頭と判定)。別述する。

二〇一一年十二月二十八日　記了

(「学問論」第三〇回、『東京古田会ニュース』第一四二号)

一問一答

問「三角縁神獣鏡」を製作したのはどこの勢力なのか。「第一の親魏倭国―九州」の人々が製作したのか。それがなぜ「近畿(京都)」中心に分布しているのか。明確にしてほしい。

答　大切なご質問です。「三角縁神獣鏡」の〝作り手〟は、当然「椿井大塚山古墳の被葬者」(京都府)です。彼は「近畿の銅鐸圏に対する征服者」なのです。

征服された方は、「大和」や「摂津」の銅鐸圏です。古事記の垂仁記の説話はその史実の表現です(『盗まれた神話』等に記述)。

二〇一一年十二月三十日　記

(「閑中月記」第七五回『東京古田会ニュース』第一四二号)

(以上、『卑弥呼の真実』ミネルヴァ書房二〇一三年、二四三〜二五三ページ)

第三章　中国人による三角縁神獣鏡日本製説

1　王仲殊論文の出現

未見の〝邂逅〟は、王仲殊さんの論文「関于日本三角縁神獣鏡的問題」（「考古」、一九八一、第四期〈字形は日本字方式〉）です。すでに今年九月中旬、各新聞で報道されましたから周知のところと思いますが、この王論文の意義をまとめてみますと、先ず

㈠日本の考古学界の「定説」の中で、ながらく「中国製」と称されてきた三角縁神獣鏡に関し、当の中国側の考古学者からはじめて出された詳細な論文であること。

㈡そこで〝中国内部に当鏡の出土がない〟事実が確認されたこと。

㈢したがって当鏡は魏鏡（魏から卑弥呼に下賜された鏡）ではありえないことが明確に論断されたこと。

この三点が重要です。そして当鏡の成立について

(A)河内、茶臼山古墳出土三鏡の一の「銅出徐州、師出洛陽」の文言は中国鏡の通例にはなく、必ずしも「中国製」の証拠となしえないこと（注、中国側に「銅出徐州」は一例あり。「師出洛陽」はなし）。

(B)同じく、他の一鏡の「至海東」の文言から見て、中国から鋳鏡者が日本列島に来て、列島内で鋳鏡したと見られること（注、江戸時代の河内の学問僧、覚峰〈一七二九～一八一五〉の論述〈前漢代初頭の到来とする〉あり。森浩一氏『古墳』保育社刊、昭和四十五年、に紹介）。

(C)当鏡の祖形たる「神獣鏡」と「三角縁画像鏡」は、ともに呉鏡に多い。したがって呉の鋳鏡者の到来、作鏡が考えられること（注、この点高坂好氏「三角縁神獣鏡は魏の鏡にあらず」「日本歴史」二四〇号、昭和四十三年五月、が注目される）。

(D)神獣鏡の文様についても、〝笠松形〟と呼ばれる、中国鏡にはない文様が現われていること。

以上の中で、(A)(B)(C)の三個条は、ともにわたしが『ここに古代王朝ありき』（朝日新聞社刊、昭和五十四年）ですでに考察し、詳述したところです（朝日新聞、昭和五十四年五月二十四日にも報道）。

また(D)は、その後奥野正男氏の論ぜられたところです（注、氏は「幢幡紋」と呼ばれる。奥野「邪馬台国九州論――鉄と鏡による検証」「季刊邪馬台国」五号、昭和五十五年七月）。

ここで研究史上の先行者をふりかえってみますと、先ず内藤晃さんの論文（「古墳文化の成立――いわゆる伝世鏡の理論を中心として」「歴史学研究」、第二三六号、昭和三十四年）が注目されます。小林行雄さんの（その後「定説」化された）伝世鏡理論を明確に批判されたものです。次いで森浩一さんの若き日の論文（「日本の古代文化――古墳の成立と発展の諸問題」『古代史講座3』学生社刊、昭和三十七年）が出色です。ただ森さんはその後〝公孫淵の遼東を三角縁神獣鏡の母鏡の製作地〟に擬するという特異の説を提出され（『シンポジウム古墳時代の考古学』学生社刊、昭和四十五年、『古墳』保育社刊、昭和四十五年等）、当初からの「三角縁神獣鏡、大半日本製」説（逆に言えば「一部、舶載」説）と共に、その立論には一種の不透明さを蔵しておられるようです（『鏡』社会思想社刊、昭和五十三年でも、右の遼東製作地説等については、特にふれられていません）。

この点、松本清張さんが『遊古疑考』（新潮社刊、昭和四十八年、「芸術新潮」昭和四十六年連載）や『清張通史1、邪馬台国』（講談社刊、昭和五十一年）の中で、全面国産説を明確にのべておられるのは、さすがです（「楽浪郡・帯方郡の中国系工人、渡来・案出」説もあり）。

したがっていずれも王氏の「創見」というわけではありませんが、日本側のほとんどの考古学者がいずれも〝黙殺〟してきたところを、中国鏡の本場たる中国の専門家によって追認された、ここに〝画期的〟な意味があるようです。

以上、いずれも、日本列島内では〝孤立〟していたかに見えていたわたしの立論、それが実は東アジア的視野から見れば、逆。いわば〝井の中の蛙〟のように〝孤立〟していたのは、日本古代史学界・考古学界の「定説」派そのものの方だった。――この自明の実状況をしめす、それがわたしの今年前半期に経験した三つの〝邂逅〟のもつ意味だったようです。まぎれもなく、新しい古代史学の時代は、まさに幕を明けようとしているのです。旧い時代の、〝時の滑車〟のガラガラと廻転する音が、耳ある人には聞えていることでしょう。

真の問題は、これからです。

たとえば「好太王碑に現われている、九つの『倭』の字。その『倭』とは、果して大和朝廷の軍を指すか。」、また、たとえば「三角縁神獣鏡が『魏鏡』、つまり魏の天子から卑弥呼に賜わった鏡でありえないのなら、真の魏鏡とは、どれか。そしてその最多集中地、つまり卑弥呼の都はどこか。」そういった、すぐ継起すべきテーマがあります。

また右の王論文自体も、〝残された問題点〟を内蔵しています。それについても、是非わたしの立場から論じなければならない、と思っています。

こんな問題まで、いちいち他国（中国等）の学者の発言を聞いて、はじめて〝ショックをうける〟というのは、あまりにも不見識、ここでこそ日本内部の発言（たとえそれがわたしのような在野の研究者の発言であったにしても）に対して正面からうけとめ、そして真剣に検討する、そのような時、換言すれば〝学問がまさに学問の様相を呈しはじめる〟その時機がまさに到来しつつある。――この一事をわたしは信ずるのです。

（以上、『多元的古代の成立（下）』一九八～二〇一ページ）

2　王仲殊論文をめぐって

日本古代史に対する学的研究の中に、中国側の考古学者の本格的な論作が加わるに至ったこと、その喜びを先ず特記したい。

王仲殊論文の反響

それは昭和五十六年の秋、日本側の各新聞に報ぜられ、大きな衝撃を考古学界・古代史学界に対して与えた王仲殊氏の「関于日本三角縁神獣鏡的問題」（「考古」第四期）である。

氏は中国における古鏡の専門家としてつとにわが国に知られていた。その氏が今回、直接日本側の問題の鏡「三角縁神獣鏡」に対して直截な研究を発表されたことの意義は大きい。しかもその内容は、第一に「当鏡は中国鏡（魏鏡）に非ず。」という明確な論断を含んでいたから、これが衝撃の最大の原因となった。ところが反面、当論文自身がしめし、かつ後ほど週刊誌・テレビ等で報ぜられたように、氏自身は依然「邪馬台国、近畿説」に立つことを明言せられたから、わが国の考古学界は、これに対し〝朝に憂いを迎え、夕に喜びに遭う〟かのごとき観を呈すると共に、混迷は一段と深まる様相を濃くしているのである。

従来も、朝鮮半島側の学者側から日本古代史学界に対する批判があった（「分国論」等）。けれども、わが国の学的研究者の反応は必ずしも活発であったとはいいがたい。従って今回も、一喜一憂するに非ず、王氏の論点に対する検証を十二分に深めること、これが何よりの肝要事と思われる。

実は日本列島内でも、王説と同一の提言（三角縁神獣鏡、非中国鏡説）が再三行われてきたにもかかわらず、考古学界の大勢はこれに対して〝目をおおうて〟黙殺しつづけてきた。

今後この通弊をくりかえすことなきことこそ、日本の古代史学界・考古学界にとって、何よりも肝要であろうと思われる。

わたしは本稿をもって王氏の机下に呈し、貴重な論文をわれわれのために公にされた、氏に対する謝辞に代えたいと思う。

昭和五十六年の秋、わが国の考古学界・古代史学界に対して激震を与える論文が出現した。王仲殊氏の「関于日本三角縁神獣鏡的問題」（『考古』第四期）がこれである。

その論旨は、従来考古学界の「定説」の観を呈していた「三角縁神獣鏡、魏鏡説」を正面から否定し、当鏡は中国に一切出土せず、それゆえ中国鏡に非ず、とされたのである。従って当然〝魏の天子から卑弥呼に送付した魏鏡〟などではありえない、とされる。これが右の論文を貫く、基本の骨格であった。ためにこれに対する賛否の反響の、新聞紙上、雑誌上に増幅されていったこと[1]、周知の通りであったけれども、今改めて王氏の立論の次第に再検討を加え、もって将来の当問題の進展に資したいと思う。

先行研究

この問題を考察する上で、先ず注意しておかなければならぬ一事がある。それは王氏の所論が必ずしも「新説」に非ず、わが国において相当に研究史上の先行研究を辿ることができる、という事実である。

その筆頭にあぐべきは、森浩一氏の「日本の古代文化――古墳文化の成立と発展の諸問題」（『古代史講座3、古代文明の形成』、学生社刊、昭和三十七年）であろう。ようやく「定説」化しつつあった小林行雄氏の「三角縁神獣鏡、分与の理論」に対し、鋭く批判の刃を向けた内藤晃氏の「古墳文化の成立」（『歴史学研究』、二三六号、昭和三十四年）等の先行研究をあげながら、森氏独自の直観と論理をもって、三角縁神獣鏡の「大半」を国産と目する、大胆な所説を展開された。

「小林氏も、鏡そのものの説明から魏鏡としたのではなく、この鏡が大和を中心に分布する実態を魏鏡であることの傍証としているが、これは大和が邪馬台国であるとの先入観にたってのことであり、三角縁神獣鏡が魏鏡であることについては何の証明にもなっていない。……（中略）……以上のように私は三角縁神獣鏡の大部分は仿製鏡であり、国内での鏡製作の当初には帰化系工人が製作を担当したから、三角縁神獣鏡に限らず一般に仿製鏡としては優秀なものを製作できたであろうと考えている。」

今回、王論文に森氏の所論があげられていることからも判明するように、明らかに王氏にとって先行研究者の位置に森氏があったことが知られる。ただ森説が「大半、国産（仿製）説」であったのに対し、王説は「全面、国産説」であるから、そこにはおのずから差異があり、しかもその差異の意義は、学問の方法上、必ずしも小に非ずというべきであろう。

なぜなら森説の場合、少数の三角縁神獣鏡（たとえば、「重層式」の神獣鏡たる、正始元年鏡〈群馬県高崎市出土・兵庫県豊岡市出土〉や山口県宮洲古墳出土鏡等）に対しては、これを「舶載鏡」として認めているわけであるから、これを翻してみれば、〝三角縁神獣鏡は先ず中国で少量作られ、やがて日本で大量に作られるに至った。〟というのが（当時の）[2]氏の立場である。すなわち右の「舶載、三角縁神獣鏡」に対する認定は、その根拠をなす〝中国内部出土の三角縁神獣鏡〟という挙証をあげることのないまま行われているわけであるから、この点、「定説」流の論者と学問の方法上、あるいは五十歩・百歩の立場に近しと、これを評しうるかもしれぬ。なぜなら〝中国側に母鏡の出土事実を見ないまま、舶載と認定する〟というこの一点において、両者はまさに共通しているからである。

このような森氏の方法は、いわゆる〝遼東の公孫淵の地をもって三角縁神獣鏡の優品の母域と見なす〟という、独自の立論にも、同じく現われている。なぜなら、この場合にも、〝当の遼東出土の三角縁神獣鏡〟なるものの実例を提示しえぬままで、右の説がのべられているからである。

王氏はこの森氏の遼東母域説にふれながら、あえて論評を加えておられないのであるけれども、〝中国に出土せぬ鏡は中国鏡と認めがたし。〟という格率に立つ王氏にとって、右のような遼東母域説の採用しがたかったことは、むしろ当然というべきであろう。

以上、すぐれた先見をしめされた森氏と中国現地からの反応としての王説、この両者は、先行研究と後発研究という相互関係に立ちつつも、実は学問の方法上、見のがしえぬ差異点の認められることに先ず注目しておきたい。

しかしながら、王氏の「全面、国産鏡説」にもまた、わが国に先行研究者の存在したことをここにのべさせていただくことは、思うに不当ではあるまい。

その一は松本清張氏である。昭和四十八年に出た『遊古戯考』（昭和四十六年、「芸術新潮」所載）において、

「わたしは、この鏡（三角縁神獣鏡をさす――古田）が大半ではなく、全部が日本製作であるという考えに立ってこの稿を書いた。」

とのべ、全面国産説を明瞭に叙述された。そしてその当初の製作者を中国からの渡来工人に擬されたのである。この立場は昭和五十一年の『清張通史1、邪馬台国』においてものべられている。

その二は、わたしの著作である。昭和四十六年の『「邪馬台国」はなかった』や昭和四十八年の『失われた九州王朝』や昭和五十四年の『ここに古代王朝ありき』でその立場をのべた。

第一書では〝魏帝からの卑弥呼への銅鏡百枚授与〟の時点は、三国志原文（現版本）では「景初二年」であり、その時点で「装封」されたものであるから、「景初三年鏡」がそこに入ることは困難である旨をのべた。次いで第二書では、従来「景初三年鏡」（和泉黄金塚古墳の画文帯神獣鏡・島根県神原神社古墳の三角縁神獣鏡）「[正]始元年鏡」（先記）と読んで疑われなかった年号鏡に対し、そのような〝読み取り〟が字形上必ずしも客観的・実証的でないことを指摘し、この両者とも「景□三年鏡」「□始元年鏡」として処理すべきこと、従って絶対年代の判明した年号鏡としてこれを基準尺視することは、学問の方法上適正ならず、と論証した

のである。この〝読み取り〟に関しては、王氏が日本側の「定説」に依拠されたため、新たに重大な問題点を生むに至ったこと、後述のごとくである。

次いで、従来「定説」側の論者によって「舶載鏡」説の端的な根拠とされてきた[3]「銅出徐州、師出洛陽」(河内、国分神社蔵鏡)の一句に関し、王氏は、この表現は通例の中国鏡には存在せず、従って「舶載鏡」説の証拠となりがたい、と論ぜられたけれども、これは、わたしの右の二著において、すでに力説したところなのであった[4]。

また王氏が「国産鏡」説の重要な〝決め手〟の一つとして提示された「海東鏡」(古田命名。河内、茶臼山古墳出土、国分神社蔵)に関する省察も、右の第三書においてすでに詳細に分析・立論したところであった、という事実をのべさせていただきたいと思う。

この問題に関する先覚は、すでに江戸時代にあった。河内の僧、覚峰(一七二九〜一八一五)がこれである。「然者御持参被遊候古鏡扨々珍奇好古之悦候。鏡字御写とくと見極拝考候処、前漢の物と被存候。文字読かね申候処有之候へども、『銅出徐州、師出洛陽』と有之候へば決而漢代の物と覚候。一面の方には『用青銅至海東』と有之候へば、鋳工銅を持して我国にて鋳たるもしるべからず。漢土にては日本をも海東諸国の中に入申也。年号の見えざるも却て古き証なり。年号は漢第六主孝武に建元と始て年号をたてたり。然ば六主以前の物と定候てもよろしきか。猶追々考見申度もの也云々」(国分町、西尾良一氏所蔵書簡による。白井繁太郎『阿闍梨覚峰の伝』昭和三十三年、大阪府立図書館刊、八五ページ参照)

とのべ、「至海東」の一句から渡来鋳鏡者の存在を推定されたのである[5]。

また、この三角縁神獣鏡に関し、呉の鋳鏡者の渡来を説かれた点、王論文の力説点の一つであったけれども、この点に関してもまた、右のわたしの第三書の指摘するところであった。

さらにこの点も、すでにわが国に研究史上の経歴を辿りうることをのべねばならぬであろう。すなわち先の森説のほかに、高坂好氏の「三角縁神獣鏡は魏の鏡にあらず」（『日本歴史』二四〇号、昭和四十三年五月）、新野直吉氏の「初期大和国家と邪馬台、およびその地方制度をめぐる若干の考察」（『日本歴史』二八八号、昭和四十七年五月）等がこれである。高坂氏は三角縁神獣鏡が呉鏡に多い三角縁画像鏡と神獣鏡にその祖形をもつことに着目して非魏鏡説を力説され、新野氏はこの高坂論文をうけて呉と畿内との密接な関係を説かれたのである。

また、王氏は三角縁神獣鏡に笠松形の文様のあることを指摘し、このような文様は中国出土鏡に存在しないことをのべ、当鏡の中国鏡に非ざる一証とされた。しかしながら、この論点もすでに奥野正男氏が「邪馬台国九州論――鉄と鏡による検証」（『季刊邪馬台国』五号、昭和五十五年七月）において「幢幡紋」として力説されたところであった。

以上のごとく、王論文の各論点は、その各条において、すでにわが国において相当の先行者を見ているのである。従ってたとえば樋口隆康氏が、

「そして『師出洛陽』の銘がおかしいこと、また日本へ渡ったことを示す『至海東』の銘があることは、古田氏が主張しておられ、とくに、中国の工人が日本へやってきて作った鏡であるという結論も古田氏の主張と同じである。

古田氏がこれらの説を発表したときには、あまり問題としないで、中国の学者が書くと、それで結論が出たように大騒ぎするのはどうしたことであろうか。日本人は外人に弱いという通弊がまたここでも出たのかもしれない。」（「中国・王仲殊氏の論文を読んで」サンケイ新聞、昭和五十六年十一月十六日）

とのべられたのも、必ずしも肯綮《こうけい》を失ったものとはなしがたいであろう。

しかしながら反面、王論文独自の価値は決して見失わるべきではない。わたしはその点を強調したいと思う。なぜなら、

第一に、顧慮すべき点は、当の王氏が、異国なるわが国における右の諸研究に対しておそらくは精通しておられなかったものと思われることである。右の諸研究はいずれもわが国一般にかなり知られた書籍、また日本歴史の専門誌に掲載されたものであり、わが国で古代史に関心を有する人士の多くがつとに熟知していたところであったにもかかわらず、わが国の考古学界は右のような（ことに在野の）「異説」に対しては正面から相対することなく、「黙殺」にうちすぎようとする傾向にとじこもっていたため、王氏は（日本の考古学界の人士を歴訪されながらも）右の諸研究の存在を看過されたのではないかと思われる。

第二に、積極的に強調すべきは、次の一点である。〝中国に三角縁神獣鏡の出土なし〟という声は、国交回復前の考古学者の中国訪問当時からしばしばわが国の学界内外に伝聞されながらも、必ずしも十分な、現地側の確認をえざることを遺憾としてきた。その点、歴年の古鏡の専門的研究者である上、その研究上の職務（社会科学院考古学研究所副所長）からしても、中国各地出土の鏡に関して十二分に情報と渉猟力を有せられる氏によって〝当鏡の出土例なき事実〟の率直な確認をえたこと、その上、〝それゆえ、これを中国鏡とは認めがたい。〟と明言されたこと、その意義は、これをいかに過小評価しようとしても、到底不可能であろう。

王仲殊論文の検証

以上のように研究史上、画期的意義を有すべき王論文であるけれども、当の三角縁神獣鏡の、わが国における作製時点をめぐる状況考察に入られたとき、にわかにその行論に首肯しがたい様相を認めざるをえないことを遺憾とする。以下、それについてのべよう。

氏がこの問題を解明される上で、方法上の〝要具〟とされたもの、それは年号鏡の特殊なケースからえられた成果であった。すなわち鄂城出土の呉鏡に「揚州会稽山陰師唐豫命作竟」とありながら、「黄初二年十一月丁卯朔廿七日癸巳」という魏の年号の銘刻されている事例につき、これは呉の孫権が魏の大義名分を承認していた期間に当っているから、〝呉において、呉の側が魏の年号を銘刻した〟ケースとして認定されたのである。そして他にも「紹興出土」とされる「黄初三年銘の呉鏡」など、同種の事例群の存在することを挙証された。

これはまことに興味深い指摘であり、〝魏の年号があれば、疑いなき魏鏡〟そのように判断してきたわたしたちに対し、大きな啓発を与えるところである。[7]

氏はこの成果を持し、転じてわが国で製作された年号鏡の理解に使用されんとした。すなわち〝呉の鋳鏡者は日本列島にきたり、そこで三角縁神獣鏡を製作した。ところが当時（三世紀前半）、この地においては呉ではなく、魏の勢威がはなはだ盛んであったから、呉の年号でなく、魏の年号（景初三年や正始元年）をもって自己の製作した鏡（三角縁神獣鏡や画文帯神獣鏡）に銘刻した〟そのように考えられたのである。

これはまことに巧妙な解説であり、一見大陸における作為年号鏡の成果の見事な転用とも見えよう。けれども子細にこれを検するとき、一種解きがたい疑惑の生ずるのを避けることができないのである。

王氏のような思惟に対し、生起すべき疑問は次の三点である。

第一、呉の鋳鏡者は右の時点（景初三年、正始元年）以前からすでに日本列島にきたり、三角縁神獣鏡の製作を開始していたこととなる。すなわち卑弥呼以前にすでに三角縁神獣鏡はわが国内で製作中だったこととなろう。このような想定は、いまだわが国において誰人も思い描かなかったところであるが、このような見地の内包すべき困難点につき、後に詳述しよう。

第二、従ってこの点、わが国の研究史上、考えられてきた呉の鋳鏡者の渡来の仕方（たとえば古田『ここに古代王朝ありき』一五五ページ）と全く異る渡来時点が考えられていることとなろう。わたしの場合、その渡来時点を呉の滅亡期（天紀四年、二八〇）をもって可能性の大なるケースのひとつと目したのであるけれども、王氏の場合はさに非ず、卑弥呼以前の呉人渡来説、すなわち呉の孫権の勢威きわめて盛んなりし時期を渡来時点として想定されることとなるのである。

第三、三角縁神獣鏡の最多出土中心地が近畿（たとえば山城、椿井大塚山古墳）にあることは、よく知られたところである。従って右のような見地に立つとき、当然〝魏の勢威が盛んであり、魏の年号を呉人（鋳鏡者）に銘刻せしめた〟その土地もまた、近畿近辺である可能性が大であることとなる。とすると、「親魏倭王」の印を授けられた卑弥呼は、当然〝近畿の女王〟である可能性が濃密ならざるをえないであろう。

王論文の末尾は、

「邪馬台国の所在地が九州か、はたまた畿内かは、当然、今後の継続的な研究をまつべきである。しかし、私は三角縁神獣鏡が東渡の中国工匠の手で日本でつくったものだといっても、このことによって、『畿内説』が不利な立場にはならないと思っている。」（杉本憲司氏訳、『歴史と人物』昭和五十六年十二月号）

と結ばれている。当初これを王氏のリップ・サービスのごとく解するむきもあった(8)けれども、右の論旨によって見れば、さに非ず、王氏は〝三角縁神獣鏡、魏鏡説を否定してのち、近畿「邪馬台国」説へとおもむくべき〟、いわば必然の運命を蔵しておられた、その経緯が了解せられるであろう。

思うに、王氏が近畿説をとられること、それはよい。また「卑弥呼以前」の呉の鋳鏡者渡来説をとられることも、またよいであろう。けれどもそのさい、看過すべからざる矛盾が確乎として横たわっている。それは次の一点である。

王氏の立場からは、〝三世紀前半において、すなわち「弥生後期」において、すでに年号鏡をふくむ三角縁神獣鏡が近畿近辺で作られていた〟こととなる。しかしながらわが国では、周知のように〝近畿はもちろん、日本列島のいかなる弥生遺跡からも、いまだ一面の三角縁神獣鏡も出土していない。〟これが、問題の基本をなす出土事実である。いいかえれば、三角縁神獣鏡はすべて古墳期、すなわちほぼ四世紀以降の遺跡（古墳）からしか出土していないのである。

この困難を救うために〝案出〟されたのが、あの「伝世鏡の理論」であった。富岡謙蔵氏をうけた梅原末治氏にはじまり、小林行雄氏が大成された著名の議論であるが、その骨子は次のようだ。〝三角縁神獣鏡は、三世紀前半、近畿なる卑弥呼へと下賜された。しかるにこれを彼女から分与された配下の豪族たちは、自己の墓（弥生墓）にはこれらを一切埋納せしめず、もっぱら次代、次々代へと地上で「伝世」せしめ、四世紀以降（五〜六世紀に至る）の古墳期において、はじめて墓（古墳）の中に埋納することとなった。〟と。

ここで注目すべきは、この梅原—小林説には〝一定の論理的整合性〟の存することである。なぜならこの場合、

㈠三角縁神獣鏡を魏鏡と認定する（鋳上り、文様の鮮明さ、文字による。それにともなう「年号鏡」問題は後述）。

㈡従ってその空間上の母域（製作地）を中国本土と認定する（現実の出土例無きことを支障視せず。——「特注鏡」の理論[9]）。

㈢従ってまた、時間上の母域（当初の舶載時点）を弥生時代（三世紀前半）とする（現実の出土例が弥生遺跡になきことを支障視せず。——「伝世鏡」の理論）。

このように論理は進行している。すなわち㈡㈢は㈠という大前提の必然的帰結であり、そのいずれにおいても「母域になし」という事実に、頓着せぬ立場である。いいかえれば、㈡㈢は帰納的方法の帰結ではなく、もっぱら演繹の論理にもとづくものなのである。すなわち、それなりに〝一貫した論理の整合性がある。〟そのようにこれを評しうるであろう。

しかるに王論文の場合、第一命題としては〝三角縁神獣鏡は中国に出土せぬゆえ、中国鏡（魏鏡）に非ず。〟の立場、すなわち母域実証主義というべき立場に立ちながら、第二命題では、〝当鏡は弥生期（三世紀前半）に日本で製作された。しかし、その時期の遺跡（弥生遺跡）には現われず、（伝世されて）次の古墳時代に至って出現した。〟という立場に立たざるをえない。すなわちここでは、〝弥生という、出土事実において皆無の時間領域を母域（製作時点）とし、それが別の時間帯（古墳期）に大量に出現した〟とする、母域皆無

説、すなわち非母域実証主義に立っておられるのである。(10) すなわち、この両命題、全く相矛盾している、そのように見なさざるをえない。

　これをわたしの立場から分析しよう。わたしはこれを横軸（空間軸）と縦軸（時間軸）の問題として認識する。すなわち「その存在（ここでは三角縁神獣鏡の出土事実）の空無なる領域をその『物』の母域と見なしてはならぬ。」これが根本の格率である。従って横軸の場合は〝当鏡の出土例のない中国（遼東半島もふくむ）を当鏡の製作中枢地と考えてはならない。〟のであり、同じく縦軸の場合は、〝当鏡の出土例のない弥生遺跡の時代を、製作期ないし当初の分布時点のごとく見なしてはならない。〟のである。すなわち両者とも同一の格率、同一の論理構造にもとづくものであって、全く異なるところはない。

　このように一貫した視点から見ると、王説の場合、横軸問題と縦軸問題と、全く相背反した原理に立っている。遺憾ながらそのようにいわざるをえない。いいかえれば、一方では梅原・小林氏の「三角縁神獣鏡、魏鏡説」を一刀両断に斥けながら、他方では両氏の、右と同じ原理に立つ「伝世鏡論」の背面に依拠する、そういう矛盾に陥っておられるのである。

　以上のような王説の逢着した矛盾、それは一体いかなる原由によるものであろうか。

王仲殊論文の矛盾の原因

　その核心は先にあげた年号鏡の問題にある、とわたしには思われる。すなわち「景初三年鏡・正始元年鏡」という形で表記した上、王氏は従来のわが国の「定説」流の見解のままに、〝その両者とも、魏の年号である。〟という基本認識をうけつがれた。そしてこれを先にのべた「作為年号」として処理されたのである。

　ところが、右の年号鏡（三角縁神獣鏡三、画文帯神獣鏡一）は、いずれも明確な字体をもつものではない。「景□三年」の第一字は不分明であり、これを〝魏鏡である。〟という前提に立ったとき、はじめて第二字を

「初」として推認しうるのにすぎない。しかるに〝三角縁神獣鏡は魏鏡に非ず〟とし、〝画文帯神獣鏡（和泉黄金塚の「景□三年鏡」の場合）をも魏鏡として認定しているわけではない〟その王氏が、これを「景初三年鏡」として処理されるのは、明白な論理矛盾なのである。

次の「□始元年鏡」についても同様である。高崎・豊岡の二鏡とも、第一字は完全に欠失している。従ってこの場合も、これを〝魏鏡である〟という前提に立ったとき、「正始」と推読しうるのであって、決してその逆ではない。また最近、山口県の新南陽市竹島の御家老屋敷古墳出土の破片鏡（五十九片）について、それを集積した結果、（第一字の字画不分明であったけれども）〝「泰」ではなく、「正」であろう〟という判読をえた旨の報告があったが（西田守夫氏「竹島御家老屋敷古墳出土の正始元年三角縁階段式神獣鏡と三面の鏡」「MUSEUM」三五七号、昭和五十五年十二月号）、これも判読者側に〝この鏡は魏晋鏡である〟という前提があり、ならば、この「〜始」の場合、〝魏の「正始」と西晋の「泰始」といずれが妥当するか〟という設問を立て、その結果、〝後者とは読みがたし〟という判断から、反転して前者へと判断を帰結されたようである。すなわちこのさいも「魏晋鏡」説が「論証以前」の前提とされているのである（この点、『失われた九州王朝』第一章Ⅲ本書二八ページ以下参照）。従って当鏡について、魏晋鏡はおろか、一切の中国鏡であること自体を拒否された王氏が、右の類の年号認定に従わるべき論理性は全くない。

このように吟味を加えてくると、王氏がわが国の「定説」者流の「景初三年、正始元年」鏡説の下地に依拠したまま、その上に自家のアイデアたる「作為年号の理論」を上のせして理解しようとされたことは、学問としての方法論上、根本の論理において、厳格性を欠くものであったこと、それが遺憾ながら判明しよう。

王仲殊論文をふまえた従来説の再検討

以上によって王論文自体に対する再吟味を終えた。次にその地点から出発すべき、二つのテーマについて論及しよう。

その発端は、〝魏朝から卑弥呼に送られた鏡は、日本列島出土のどの型式の（あるいはいくつかの型式の）鏡と対応するか。〟という問題設定である。

倭人伝に「銅鏡百枚」の下賜が明記されている。これを〝実数ならず〟とする論者[11]があるけれども、もし〝実体は一〜二面か数面、それを誇大に「百面」と記したもの。〟と見なした上、〝だから日本列島出土の「この（型式の）鏡」という特定はできない。〟という不定論へと問題を帰せしめようとするならば、それはあまりにも恣意の立論といわざるをえないであろう。なぜなら㋑〝中国（ことに魏朝）の天子の詔書には数面前後を百面と虚偽記載する慣例あり〟とするような、具体的な実証を欠く上、㋺何よりも、同じ魏帝の詔書中の下賜物に「金八両・五尺刀二口」などとあり、これらの数値を「金百両・五尺刀百口」などと誇大表示した形跡は見当らないからである。以上のような史料事実から見ると、「銅鏡百枚」は、やはり実数（たとえ大約であったとしても）と見なすのが当然である。

従ってこのような〝大量の日本列島への正式かつ一括した流入〟が同時代史書（三国志）に明記されている以上、それがわが国の考古学的な出土事実として、全くその痕跡（大量の銅鏡の集中のあと）が存在しないとしたら、不可解。そのように見なすのがきわめて自然な思考の導くべきところであろう。

この点は、多くの論者、また一般の古代史に関心のある人々にとっても、むしろ常識をなしてきた見地[12]であろうけれども、実は反面、従来ながく盲点をなしてきた問題もまた、存在することを見出したのである。

それは魏帝（明帝）の詔書中の、次の一節である。

「……銅鏡百枚・真珠・鉛丹各〻五十斤を賜い、皆装封して難升米・牛利に付す。還り到らば録受し、悉く以て汝が国中の人に示し、国家汝を哀れむを知らしむ可し。故に鄭重に汝に好物を賜うなり。」

ここには、この「銅鏡百枚」をふくむ下賜物に対する受領方法及び使用方法が明示されている。すなわち第一に、倭国側で記録をとった上で受け取る（録受）こと（その記録は中国側に送られると共に、倭国側にもその控えがおかれていることと思われる）、第二に、これらの下賜物は「国中の人に示す」ために使ってほしい、というのである。いいかえれば〝倭国が魏朝に対する臣属国であること〟のPR用といえよう。

このように使用目的まで明示してあるのであるから、倭国の女王側は当然これに従ったことと思われる。すなわちこれは〝倭国の統一の王者（卑弥呼）が記録と共に厳重に保管し、その悉くをもって倭国人に展示する〟ことの命令もしくは要求である。決して〝倭国王が各地域国の各豪族に分与して彼等の使用にまかせよ。〟といった要求ではない。いいかえれば〝卑弥呼による悉示〟が求められているのであって、決して〝地方豪族への分配〟ではないのである。

論じてここに至れば、三角縁神獣鏡の広汎な分布状況（西は九州より、東は東海地方に至る）、それにもとづいた小林氏の「分与の理論」が、この倭人伝の明記する実態と一致していない、という簡明な事実に気づかざるをえないであろう。

もちろん、これに対して〝なるほど中国側は、都における「集中展示」を期待したかもしれないけれど、倭国内の実情（統一権力と地域権力の相互関係）から、「分与形式」に転換したのであろう。〟というような解釈もなしうるであろう。けれども、それはいわば原文面を〝自分の立場〟の側にずらして合わせる手法であって、文献理解上、厳正な方法ではない。率直にいって、倭人伝の「銅鏡百枚」をふくむ文脈と三角縁神獣鏡の出土分布図とは、一致していない。――それが事実であった。ことに〝「古墳」への埋蔵〟という場合、完全な、地域権力者の〝私有化〟もしくは〝死有化〟を意味していることを考えれば、この背反は一段と見すごしがたいところなのではなかろうか。

この点、従来の考古学界における「銅鏡百枚」論は、いわば単語のみ抽出して〝勝手に使う〟という使用方法であって、その単語をふくむ文脈をかえりみなかった、そのように評されても、やむをえないのではあるまいか。これを「集中保管・集中展示」の原則と名づける。

その第二。さらに歩をすすめて、今後の論者にとって決して回避すべからざる盲点についてのべよう。

「考古学の編年」問題である。

わが国では従来、Ⓐ漢鏡（前漢鏡・後漢鏡）とⒷ魏鏡（三角縁神獣鏡）といった命名が行われてきた。ところが今、王論文の出現によって、このいわゆる「魏鏡」なるものに重大な疑惑が投げられた。というより、もう一歩遠慮なくいえば、中国側（鏡の専門家）で「魏鏡ではない。」あるいは「魏鏡とはいえない。」といっている以上、これをわが国の側でいつまでも「魏鏡扱い」しつづけることは、（いわゆる「勝ち組」主義に堕すると共に）、道理の上において無理、礼の上において失礼。これが率直にいって、今後の実状況となるのではあるまいか。

ということはすなわち、右のⒶの「漢鏡」という呼称もまた、再検討を迫られている、ということに他ならぬであろう。なぜならⒶとⒷは一連の概念として、わが国の考古学上の編年基準尺となってきたものだからである。従ってⒷが崩壊して、Ⓐ（の概念）のみ無傷、そういうわけにはいかない。これがことの道理の上において、自明の理である。

このさい、注意すべきことがある。それは〝「漢鏡」説の再検討〟ということは、もちろん〝この型式の鏡が漢朝において作られていなかった〟ことを意味するものではない。重圏清白鏡・連弧文清白鏡・方格規矩鏡など、漢代に盛行したことはあまりにも著明の事実だからである。では、問題はどこにあるか。それはこれらの鏡が〝漢朝においてのみ作られ、廃棄されて、その後は作られも使用されもしなかった〟鏡か、また〝魏朝は漢朝から継受した厖大な「漢鏡」を、すべて無用視して廃棄した〟と見なしていいのか、またこの型式の鏡は〝漢朝から倭国への下賜鏡〟たることを意味するものか、といった問題である。これに対し、その実体は〝漢朝に淵源し、魏晋朝にも所有ないし製作が及んだ〟ものではないのか、いいかえれば〝魏朝からの下賜鏡〟でありうることをさまたげる、何があるか。――これが問題のポイントである。

そしてもし、後者の場合、「漢鏡」よりも「漢式鏡」（周知のごとく、後藤守一氏にこの名の書がある）の名が適切であろうと思われる。

しかしながら近年の考古学者の中には「漢式鏡」でなく、「漢鏡」の名で呼ぶ者の多いのは、「漢鏡＝漢朝下作製の鏡」「魏鏡＝魏朝下作製の鏡」という整然たる概念体系（小林理論と対応）を好んだからである。[13]

これに対してわたしは、ことの道理を基本から考え直すとき、

㈠弥生遺跡出土鏡（従来の「漢鏡」や「多鈕細文鏡」など）

㈡古墳出土鏡（従来の「魏鏡」たる、三角縁神獣鏡や画文帯神獣鏡など）

として処理しはじめるのが妥当であると考える。

そしてこの㈠の弥生遺跡出土鏡（漢式鏡など）に対して〝紀元一世紀前後〟をあててきた基準尺は、㈡の古墳出土鏡（三角縁神獣鏡）に対し、〝三世紀前後〟にあててきた基準尺と一連のものであるから、これをともに〝廃棄〟もしくは〝棚上げ〟しておいて、新たに、慎重に考えはじめるのが、学問のすじ道であると考えるのである。

以上のような留意に立って、問題の〝魏帝下賜の銅鏡百枚〟が何物であるかを考えてみよう。

その第一条件は、それが弥生遺跡出土鏡である、ということである。――これは「全面伝世鏡の理論」[14]というような、奇道をとらざる限り、当然学問の正道に属すべき理解である。

その第二条件は、先にのべた通り、一中心にその型式の銅鏡が集中して埋蔵されていることである。――それが倭国の統一権力者の墓域であることを意味する。

その第三条件は、その鏡の型式が中国側にもまた存在する型式の銅鏡群であることである。――これは「魏帝からの下賜」である以上、当然である。

右の三条件を満たすべき出土鏡は存在するか。――然り。わが国の考古学界に周知の通り、糸島・博多湾岸を中心とする「漢式鏡」群が、そしてこれのみが、これに妥当する。すなわち全体で約百五十面、その約

九割が福岡県、さらにその九割、つまり全体の約八割が糸島・博多湾岸という、狭小の地帯に集中している。従ってこの地域を邪馬一国（従来の「邪馬台国」）の都域（と倭王の王墓域）に当てること、そしてその時期をもって三世紀をふくむ時間帯と見なすこと、これ以外の見地は存在しえないのである。(15)

さらにこの問題を考察する上に、学問の方法上看過しえぬ点を指摘しておきたい。それは倭人伝中の「物」を問題にするさい、「銅鏡百枚」のみを抽出し、これが〝日本列島出土のどの鏡に当るか。〟といった目から対応関係を想定する、というやり方は、決して〝公正な方法〟とはなしがたいことである。なぜなら、倭人伝に記されている「物」は、鏡に限らない。魏帝の詔書中にも、

A、今、絳地交竜錦五匹・絳地縐粟罽十張・蒨絳五十匹・紺青五十匹を以て、汝が献ずる所の貢直に答う。又特に汝に紺地句文錦三匹・細班華罽五張・白絹五十匹・金八両・五尺刀二口・銅鏡百枚・真珠・鉛丹各ゝ五十斤を賜い、……。

とあり、倭国側にも「矛」や「鉄鏃」がある。

B、兵には矛・楯・木弓を用う。木弓は下を短く上を長くし、竹箭は或は鉄鏃、或は骨鏃なり。

C、宮室・楼観・城柵、厳かに設け、常に大有り、兵を持して守衛す。

もとより、ここに現われたるもののすべてが現在までに「出土」してわたしたちの眼前に姿を現わしているとは限らない。けれども、「銅鏡百枚」と同じく、数量のおびただしいものの場合、それらの出土の痕跡が全くないとは考えられないこと、当然である。

このような見地から見るとき、Aでは「錦（材質的には絹）」（この点、本書二三一ページ以下「シルク・プルーフ〈絹の証明〉」参照）、Bでは「矛」がことに注目されよう。後者は、倭国の兵士が「儀仗」のごとく持して宮殿を「守衛」している、というのであるから、当然大陸からの、貴重な船載品（王者の所有であろう）では

なく、「倭国産」の矛であることが考えられる。またその材質は、通例頻出物たる「銅矛」であろうと思われる。とすると、その銅矛を製産した鋳型が日本列島内に出土することが当然期待される。[16]

右のような次第であるから、倭人伝の中の「物」を扱うさいは、特定の一物（たとえば鏡）のみ抽出するのではなく、これら「絹」や「矛」等と複合した形で処理し、もって日本列島の弥生期のこれら出土物との対応を考えるべきであろう。いいかえれば、「一物対応主義」を非とし、「複合対応主義」を是とする。これが対応判定上の正道である。この点、考古学上の方法として肝要の一点に属する、とわたしには考えられる。そしてまた世界の考古学界に通有の定則であろう、と思われる。たとえば、アメリカの考古学界において、このような〝出土物の処理と対応証明のルール〟が、学者間の論争の中で求められ、使用されているのを見るのである（C・L・ライリー他編、古田訳著『倭人も太平洋を渡った』創世記刊、参照）。

以上のように、客観的な、考古学の方法によるとき、ここでもまた、銅矛の鋳型を百パーセント産出する「筑前中域」（糸島・博多湾岸・朝倉。博多駅～太宰府間を中心とする）が、そしてそこのみが三世紀倭国の都邑の中枢域として妥当している、そういう端的な帰結を見出さざるをえないのである。[17]

三角縁神獣鏡の史的性格　最後に問題の三角縁神獣鏡の史的性格について、二・三の問題点をのべておこう。

㈠当鏡が四～六世紀の古墳から出土している以上、その時代（古墳期）の文明の所産と見るべきであること。

㈡当鏡がわが国のみに出土している以上、わが国の古代文明の所産と見るべきであること。

㈢従来は、当鏡（の優品）を「舶載」と考えたため、その大量出土古墳（たとえば椿井大塚山古墳）をもって古墳期冒頭（四世紀初）の成立と考えやすい傾向があった。従って逆に、当鏡の「仿製」と考えられたものをもつ古墳（たとえば、糸島の銚子塚古墳）の場合は、時期を下げて考える傾向と、これは表裏していたのである。けれども、「舶載」説そのものの斥けられた場合においては、このような〝画一的な判断傾向〟に対しては、さらに再考を加えるべきであろう。すなわち新たな前後関係を、鏡以外の副葬品等に注目しつつ、再考慮を加えねばならぬこととなるであろう。

㈣〝墓の中に鏡を好んで埋納する習慣〟これがわが国の古代（弥生遺跡・古墳）を貫く、注目すべき出土傾向であることに異論をとなえる人はあるまい（わたしはこれを「多鏡墓文明」と名づけた。『ここに古代王朝ありき』参照）。そしてその傾向が弥生期の「筑前中域」に発祥したこともまた、万人の首肯するところであろう(18)。

この点、重要なことは、九州の古墳期もまた原則としてこの傾向を継承していることが認められる事実である。たとえば「銚子塚古墳」（糸島、二丈町）「老司古墳」（福岡市）「江田船山古墳」（玉名郡菊水町）等がこれである。すなわち〝鏡を（宗教上）尊重し、愛好する独自の文明は、九州の地において「弥生〜古墳」と継承されている。〟これが、わたしの「九州王朝」として規定したところのもの、その考古学的な一反映である。

ところが、古墳期に入ると、この九州多鏡墓文明の一派生勢力が近畿に波及（侵入）し、豊富な、日本列島中央部の産銅を背景にしていた、銅鐸文明の産銅と銅技術を母胎とした一大銅文明（銅鏡等）を開花させることとなった。そしてこの土壌の上に立ってこそ、中国の鋳鏡技術者が迎え入れられたものと思われる。

しかも九州の方が、中国を中心とする東アジア中枢の大勢に影響されてか、かつてのような莫大（三〜四十面）の多鏡墓を見なくなったのに対し、近畿は、九州の弥生期に次いで、莫大な鏡をもつ古墳文明へと、遅れて到着したもの、と見なされるのである。そしてその中で、問題の三角縁神獣鏡の分布状況が生じているのである。すなわち当鏡は、九州に淵源し、近畿に波及した古墳期文明の所産なのである。

従って一方、倭人伝の「卑弥呼の鏡」とは、当然ながら右の型式の鏡ではなく、九州弥生期における、多鏡墓文明源流域（筑前中域）に埋蔵された銅鏡（漢式鏡）でなければならなかったのである。

＊　　＊

以上が、銅鏡を通じて見た、わたしの日本古代文明の（九州と近畿の関係に対する）展望であるけれども、このような重大なテーマを検証する上で、――周知のことながら――最大の障害の存在することを遺憾とする。それは近畿の古墳期文明の中枢をなすべき巨大古墳（いわゆる「天皇陵」古墳）の実体（埋蔵鏡等）が、ほとんど全く不明のまま、久しく〝禁地〟とされてきていることである。

次々と古代遺跡を発掘し、調査し、その成果を世界の学界の面前に提供している中国考古学界の代表的研究者の一たる王仲殊氏に対し、わたしたちはいたずらにその論文における〝不十分さ〟を論ずるをもって足れりとなしえないこと、かえってわが国の学問的用意の〝未開〟なること、それを最後に深謝し、遺憾の意を表して本稿を結びたいと思う。(19)

註

(1)　初報は共同通信（杉山庸夫氏）。たとえば新潟日報、九月十三日。

(2)　森氏の立場は、年号鏡（景初三年鏡・正始元年鏡）に対する判断をめぐって、再三変転している（最近では、「季刊邪馬台国」十一号、「王仲殊論文をめぐるQ＆A」参照）。

(3)　「銅出徐州」のみ、一例ありとする（遼寧省遼陽の魏晋墓出土の方格規矩鏡）。

(4)　ただ王氏はこの一連の句を「虚詞」と見なす説を提出された（わたしの場合は、字義通りの実体視説）。

(5)　森浩一『古墳』保育社刊、昭和四十五年、一二六ページに紹介。

(6)　梅原末治『漢三国六朝紀年鏡図説』参照。

(7)　しかしながら、ここに一個の、王氏に対する問いがある。それは〝呉地で作られたにせよ、魏の年号（正朔）を奉じている以上、大義名分上、やはり「魏鏡」ではないか。〃という問題である（先掲の樋口論文でも、この点にふれておられる）。

（8）たとえば註（1）の報道。

（9）富岡謙蔵『古鏡の研究』二七ページ、「日本出土の支那古鏡」参照。

（10）もし王氏が、わが国の考古学界における、「三世紀、弥生期」説を否定し、年号鏡出土の各古墳をもって「三世紀遺跡」と見なされる、としたならば、そのための具体的な物証（鏡以外の副葬品をふくめて）が当然必要であろう。

（11）たとえば松本清張氏。『論争邪馬台国』平凡社刊、四五ページ、参照。

（12）森浩一氏は、現在の出現数を「せいぜい五面か十面」と見ておられる（右著、三一ページ）。

（13）たとえば田中琢『古鏡』（日本の原始美術⑧）、講談社刊参照。

（14）これに対し、〃多数が同時代遺跡埋蔵、一部が後代への伝世。〃という、「部分伝世」こそ自然のケースである。

（15）また、この「魏帝より卑弥呼への下賜鏡」が〃魏朝新作鏡〃とは限らないこと、かえって漢朝からの正統の禅譲を証明すべき〃前代（漢代）の古鏡〃である可能性について、『ここに古代王朝ありき』で詳述した（本書一六三ページ以下）。

（16）これに対し、鉄矛は弥生期において貴重物であり、「守衛」者の持ち物（儀仗）として、ふさわしくない。また石矛も、銅矛の分布と矛盾しない。

（17）『ここに古代王朝ありき』第一部参照。

（18）これはおそらく太陽信仰の宗教と関連するものと思われる（右著第二部参照）。

（19）最後に、看過すべからぬ重要な指摘を付させていただきたい。それは将来もしかりに中国本土や遼東半島や朝鮮半島から一面もしくは数面等の三角縁神獣鏡が出土したとしても、それは必ずしもこの型式の鏡が本来中国製や遼東半島製や朝鮮半島製であることを証明するものとはなしがたい、という一点である。なぜなら〃日本列島（大量の原産）から大陸・半島側への流出（献上・交流等）〃というケースの可能性があるからである。〃量の多寡〃という相対関係から見て、そのような方向の理解が（年代上の「新・古」の明白ならざる限り）、むしろ学問上の正道でなければならぬ。この点の注意を特に喚起させていただきたい。

（以上、『多元的古代の成立（下）』駸々堂出版一九八三年／ミネルヴァ書房版二五八～二八一ページ）

3　王仲殊論文への批判

王仲殊論文の意義

昭和五十六年の秋は収穫の季節だった。わたしの生涯にとって記念すべき論文の一つとなるであろう、「多元的古代の成立」を『史学雑誌』に寄稿すべく浄書中の、九月はじめのことである（当論文は『史学雑誌』九一―七、昭和五十七年七月。また同名の論文集中に所載）。そのとき霹靂《へきれき》のように現われた隣国（中国）の論文があった。王仲殊氏の「日本の三角縁神獣鏡の問題について」（「関于日本三角縁神獣鏡的問題」『考古』一九八一年、第四期）である。

あれは、わたしが三年越し（間、一年間休み）つづけてきていた「みんなに語る、わたしの古代史」（大阪、朝日カルチャー講座）後期の第十回（九月十二日）の、もう最終回（第十一回）に近い頃だった。いつものように講演を終え、聴講者の質問をうけ終ったあと、さっとわたしに近づいてきた一人の方があった。共同通信の杉山庸夫さんである。

「こんな論文が出ましたが」といって見せて下さったのが、問題の王論文のコピーだった。杉山さんの説明に加え、そのコピーを一覧させていただいたあと、わたしはその内実が日本の学界を震撼《しんかん》させるに足るものであることを感じとった。それと共に、これがすでに過熱化している日本の「邪馬台国」問題の渦中にあって、一種感情的な非難や中傷の波にさらされることを恐れた。王氏はわたしにとって畏敬《いけい》すべき研究者と見えたからである。わたしはすでにそのような渦中にあり、法外な中傷をも十分に経験してきていたけれども、この隣国の敬すべき研究者までその渦中におく、それは忍びなかったからである。そこでわたしは次のようにのべた。

「九州説・近畿説の立場から、この王論文の評価をあせってはならない。そうではなくて、この、王論文の提出している論点そのものを一つ一つ検討し、煮つめていくことが必要です。御承知のように『邪馬台国』論争は過熱していますが、その対立をそのまま王論文への評価にもちこむのは、学問の問題としてまちがいだし、第一、相手の王さんに失礼です」と。

幸いに、わたしの趣意は、正確に掲載された（たとえば、『新潟日報』九月十三日）。

わたしには王さんの名前に記憶があった。たとえば、考古学界の「定説」の基準尺をのべた「名著」というべき杉原荘介氏の『日本青銅器の研究』（中央公論美術出版）、その中にも、王さんの名前があった。つまり従来から、日本の専門家によって〝依拠〟されてきた中国側の「鏡」の専門家だったのである。

わたしは王論文を求めに京大へ行った。いつも親切に資料をお見せいただく考古学研究室へ行ったけれど、「寄贈」誌は未到着だった。ところが意外にも、建築学科の研究室（「購入」分）には来ていたのである（その後、わたしのところへも東方書店から送付していただいた）。早速熟読した。そしてはじめの印象通り、これは日本の考古学界の「定説」派の根本の依拠点を否定する、画期的な論文であることを知ったのである。

王仲殊論文の核心

王論文の核心は次の一点にあった。

「三角縁神獣鏡は中国からは出土しない。すなわちこの鏡は中国製の鏡ではなく、日本製である。従って卑弥呼が魏朝から贈られた魏鏡ではありえない」と。

もちろん従来から、この型式の鏡が中国や朝鮮半島から出土しないことは、〝知られて〟いた。ことに敗戦後、中国との正式の国交の開始される前、いわゆる民間外交の時代、日本の考古学者たちの調査団が中国へ渡り、各地の博物館を見て廻《まわ》った。そのとき当方の三角縁神獣鏡を提示して、これと同型の鏡がないか、否かをくりかえし問いただしてまわったという。ところが、結局それに遭うことができなかった。また「イエス」の答えにも遭えなかった。この頃から〝やはり中国にはないらしい〟。そういう噂《うわさ》が口《くち》コミ等を通じて学界内に伝わりはじめたのである。

けれども、まだ「確認」は十分ではなかった、といっていい。なぜなら中国の博物館には、鏡自体があまり展示されていないからだ。昭和五十六年の春（三〜四月）と夏（八月末）と二回、中国へ行ってそのことをわたしは痛感した。展示されていても、その一隅に多くて十面前後、たいていは二、三面にすぎず、全く展示されていない場合の方がむしろ多い。これは鏡の出土自体が少ないのではない。逆だ。婦人などの身の廻り品だから、その出土はむしろありふれている、といっていい。だからこそ〝限りある〟博物館の陳列場になかなか〝場を与えて〟もらえないのだ。何しろ天子や王侯のシンボルである、豪勢な銅製品（鼎《かなえ》など）がめじろ押しに場をとっているのだから。この点、鏡が考古学的出土物の中でも、ピカ一の座を与えられている、日本の場合とは、大分様相を異にしているのである。

そこで、一介の外国からの見学者には、なかなか中国で〝鏡の顔をおがむ〟のがむずかしい。日本の「大学教授」などの肩書きをもった考古学者でも、中国ではいちいち倉庫の中まで子細に調べるわけにはいかないであろう。また中国の博物館の学芸員に聞いてみても（わたし自身も何回か聞いてみた）、それほどズバリ、という回答には接しられない。なぜなら学芸員の方々の中にも、「鏡の専門家」などは、ほとんどおられない。それも無理はない。何しろ、日本とはちがって「鏡の研究」など、必ずしも〝日のあたる〟中枢のテーマではないのだから。

というわけで、従来の知見、つまり〝中国には三角縁神獣鏡は出土していないらしい〟という噂にも、もう一つ、靴をへだててかゆきを掻《か》く観を禁じえなかった。逆にいえば、〝もっとよく調べれば、あるかもしれない〟。そういう一抹の〝期待〟を抱かせていたわけである。

ところが、今回の王仲殊氏。鏡の専門的研究者である上、北京の社会科学院の考古学研究所の副所長である。当然、各大学や博物館の所蔵カードはもとより〝収納庫の奥〟までのぞきうる立場だ。だから他のいかなる、日本側の考古学者や鏡の専門家より、中国出土の鏡に関しては、その認識には格段の信憑性があろう。しかも、「三角縁神獣鏡」問題の探究という問題意識をもって日本にきたり、各地（東京・京都・奈良・大阪・福岡・宮崎等）の大学や博物館を歴訪した。そして日本の「三角縁神獣鏡」なるものを実見し、その上で「この型式の鏡は中国にはない」と断言されたのだ。この「確認」をくつがえす力は、日本のいかなる考古学者にも存在しないであろう。そういう、断然たる重味をもつ。ここに王論文が、日本の古代史学界・考古学界に対して投げかけた、画期性があった。

けれども反面、王論文の具体的な挙証点を見つめてみるとき、わたしには深い感慨があった。そこには――少なくともわたしにとっては――〝新たなもの〟はほとんど見当らなかったのである。そのポイントをあげよう。

古田説との相違点

第一に、「銅出徐州、師出洛陽」の句について、従来の日本の考古学者（梅原末治・小林行雄氏等）は、これをもって〝中国製の証拠〟としてきた。しかし王氏は言われる。〝この句は、中国出土の鏡には存在しない（前半のみ一例）。従って「中国製の証拠」にはならない〟と。

これはわたしが『ここに古代王朝ありき』（朝日新聞社）で明確に指摘したところだ。ただ王氏はこれ（「師出洛陽」）を「虚詞」と解される。〝実質をともなわぬ、単なる飾り言葉〟だというのだ。しかしこのような言い方で、一個の字句の意義を消し去ってしまう手法、それはわたしには、〝便利〟すぎて、失礼ながらあまり〝フェアー〟なものとは思えない。やはりこの鏡（河内《かわち》の茶臼山《ちゃうすやま》古墳出土三鏡の一、国分《こくぶ》神社蔵）の作者が洛陽出身であり、渡来して日本に来ていた証拠。わたしにはそのように解するのが妥当だと思われる。

ともあれ、この句は「中国製の証拠となしえず」という、その「結論」においては、王氏はわたしと意見を同じうされたのである。

第二に、「吾……至海東」の句（同じく茶臼山古墳出土三鏡の一にある）について、〝「海東」とは朝鮮や日本を指す言葉であるが、ここでは日本のことである。すなわち中国の鋳鏡者が日本へ渡来したことをしめす〟と解された。これこそわたしが王論文の二年前の『ここに古代王朝ありき』で強調した、肝心のテーマだ。この本の表紙にも、この鏡（「海東鏡」とわたしは名づけた）の拡大写真が使われている。

わたしのこの「海東鏡」についての考察に対して、日本人たるわたしの「恣意的な解釈」であるかのように論難した論者（奥野正男氏「銘文から伝製鏡説は証明できない――中国出土鏡の事実から古田説を批判する〈下〉」『東アジアの古代文化』二四、昭和五十五年夏）が現われたけれども、当の中国側の専門家が、わたしの解読に〝相和した〟形となったのである。

第三に、〝三角縁神獣鏡とは、呉鏡に多い神獣鏡と三角縁画像鏡のモチーフを組み合わせたものだ〟という指摘、そこから王氏は呉の鋳鏡者の日本渡来を推定される。

この点もまた、わたしが『ここに古代王朝ありき』（一五七ページ／ミネルヴァ書房版、一五六ページ）で指摘したテーマであった。第四に、笠松形の模様の出現。〝この笠松形の模様は中国鏡には出現しない。従って日本製の証拠である〟と。この点に関しては、奥野正男氏（「邪馬台国九州論――鉄と鏡による検証」『季刊邪馬台国』五、昭和五十五年七月、等。氏は「幢幡紋《とうはんもん》」と呼ばれる）の卓見がある。

以上、いずれの点をとっても、すべてすでに日本側で指摘され、強調されていた点なのである（第一〜三点については、森浩一氏・松本清張氏等のすぐれた先行研究がある。後述）。

このように王論文の各論点は、必ずしも〝創見〟とはいいがたいかもしれないけれど、日本側の主として民間側の論者（森氏を除く）の提起に対して「黙殺」しつづけてきた、日本の考古学界に対して〝否応なく〟再検討を迫るものであったといえよう。その点、樋口隆康氏が次のようにのべられたのが、わたしには印象深かった。

「そして『師出洛陽』の銘がおかしいこと、また日本へ渡ったことを示す『至海東』の銘があることは、古田氏がすでに主張しておられ、とくに、中国の工人が日本へやってきて作った鏡であるという結論も古田氏の主張と同じである。

古田氏がこれらの説を発表したときには、あまり問題としないで、中国の学者が書くと、それで結論がでたように大騒ぎするのはどうしたことであろうか。日本人は外人に弱いという通弊がまたここでも出たのかもしれない」（「中国・王仲殊氏の論文を読んで」『サンケイ新聞』昭和五十六年十一月十六日）

わたしとは対立した学説上の立場にありながら、京大の研究室に訪ねると、いつも快く資料を提示して下さる樋口さん、そのお人柄そのままの文章だった。

王仲殊論文の問題点

このように中国側の専門家による魏鏡否認、という点で画期的、その上で日本側のわたしたちの「異説」の正当性を〝追認〟した、研究史上そのような意義をもつ、この王論文であったけれども、精読の中で大きな問題点の存在を見出すこととなった。

ことの発端は、この論文の末尾にあった。

「邪馬台国の所在地が九州か、はたまた畿内かは、当然、今後の継続的な研究をまつべきである。しかし、私は三角縁神獣鏡が東渡の中国工匠の手で日本でつくったものだといっても、このことによって、『畿内説』が不利な立場にはならないと思っている」

この一節について、杉山さんは〝王さんのリップ・サービス〟と解しておられたようである。スクープ記事（九月十三日）の末尾にも、右の趣旨の文が引かれ、「――と日本の考古学者への配慮もしている」と結ばれている。

たしかに「三角縁神獣鏡は魏鏡に非ず」という、王氏の論断は、直ちに「邪馬台国」近畿説の命脈を断つ。

これが日本側の、いわば〝常識〟だ。なぜなら〝近畿説最大の依り処は、今やこの三角縁神獣鏡問題〟――これが日本古代史界の近来の通念となっていたからである。

たとえば直木孝次郎氏の『日本の歴史1　倭国の誕生』（小学館）を見てみよう。氏は本来、文献学者としての近畿論者であった。ところがここでは、肝心の里程・方角論などの、倭人伝の文献的読解を基本とする論述は、むしろ研究史上の回顧にとどまり、その〝決め手〟のような位置におかれているのは、実に「鏡からみた邪馬台国」の一節であった。すなわち小林行雄氏による三角縁神獣鏡配布の理論である。これによっても、現況は察せられよう。

従って〝その肝心の三角縁神獣鏡が魏鏡ではない〟となったら、近畿説そのもののピンチは必至、これが古代史に関心ある人々の常識だったのである。それゆえ、王論文末尾の一文が、王氏の論証によって危殆《きたい》に瀕《ひん》した「邪馬台国」近畿説論者への心やさしき〝思いやり〟、そのようにうけとられたのも、無理はないであろう。

しかしながら実は、王論文全体の論理構造のさししめしているところ、それは意外にも近畿説だった。つまり王さん自身の立場は「邪馬台国」近畿説である。それをわたしは、王論文そのものによって確認した。以下、その論述の骨子を辿ってみよう。

㈠〝中国出土の神獣鏡に「黄初―年」といった、魏朝の年号の銘されたものがある。これは魏鏡ではなく、呉鏡である。しかるにこれに「魏の年号」を銘刻した理由は次のようだ。魏朝の草創期、呉の孫権は魏朝の「天子」たる存在を認め、これに「臣従」を誓っていた。その時期に作られたのが、この鏡であろう〟というのである。王氏のこの論断を読んで、わたしは「あっ」と思った。梅原末治氏の『漢三国六朝紀念鏡図説』等によって、「この黄初鏡が魏鏡であることは、自明」。そう思ってきた。何しろ「黄初（二二〇～二二七）」という年号は、魏朝にしかないのであるから。王氏の右の判断は、若干の問題点（年号の大義名分論等）

をふくむものの、まことに興味深い問題提起（仮説）だ。わたしにはそのように見えた。

ところが、このさいこの黄初鏡問題は、次の「三角縁神獣鏡の年号鏡」問題に対する前提だった。つまり左のような〝王氏独自の判断〟それへと導く伏線をなすものだったのである。
(二)〝三角縁神獣鏡の中には、年号鏡がある。景初三年鏡・(正)始元年鏡がそれである。魏の年号鏡だ。呉の鋳鏡者が日本に来たとき、日本では魏の勢威が盛んだった。そのため彼等は自分たちの作った三角縁神獣鏡に魏の年号を銘刻した。これが右の年号鏡である〟と。
先の黄初鏡に対する判断を背景にした、一見〝見事な絵解き〟のように見えよう。しかしながらさらに精思すると、そこには意外な問題点、深い矛盾の様相が見られるのである。それを分析しよう。
〔その一〕
王氏の説の場合、呉の鋳鏡者は、魏の景初（二三七〜二四〇）・正始（二四〇〜二四九）年間以前に、日本へ渡来してきていたこととなる。いいかえれば、あの「卑弥呼以前の渡来」だ。そして彼等は、日本列島のどこかで、三角縁神獣鏡大量作製作業の〝火ぶた〟をすでに切っていた。――そういうこととなるのである（いわゆる「景初三年鏡」の中で、一は三角縁神獣鏡〈島根県、神原神社古墳〉、他は画文帯神獣鏡〈大阪府、和泉黄金塚古墳〉である）。
これに反し、わたしが『ここに古代王朝ありき』で〝呉の鋳鏡者渡来〟を説いたとき、その時期は〝呉朝の滅亡期〟（二八〇）をメルク・マールとしたものだった。この点、同じ「呉の鋳鏡者渡来」といっても、王氏の思い描かれたところと、わたしの想定（ただし、可能性あるケースの一つとしてのべたもの）とは、大きく実体があいへだたっているようである。
〔その二〕
王氏の説によれば、卑弥呼当時、三角縁神獣鏡、ことにその年号鏡類が作りつづけられていたという。そのさい、三角縁神獣鏡の出土分布からいえば、当然全体としては、近畿が中心だ。その近畿において、呉人が、(しかも中国では、孫権がまさに勢威をふるいつづけていた、その時代〈呉の年号は「赤烏《せきう》」〉に)敢えて「魏の年号」を刻んだ、というのだから、これを裏返せば、三世紀前半の卑弥呼当時、日本列島で〝魏が勢威をふるっていた地帯〟は、近畿中心だ、ということを指示しよう。とすれば、魏朝から景初年間、「親魏倭王」の称号をもらった卑弥呼、彼女の居城は、同じく近畿の可能性が大。当然そういう〝りくつ〟となってしまう。とすれば、先の王論文末尾の一節は、リップ・サービスどころか、氏の立論の帰趨《きすう》点、つまり本音だ。そのように見なすべき筋合いのものだったのである。

〔その三〕

けれども同時に、王氏の立論には大きな弱点が新たに現われる。それは肝心の〝魏朝から卑弥呼のもらった、百枚の銅鏡〟、それがどの型式の鏡とも、特定できないことだ。

「魏が鏡を贈ったことは、歴史的事実である。贈られたところの鏡がいかなる種類に属するかについては、三角縁神獣鏡を除く各種の、同時期の、本当の舶載鏡を考えるべきで、基本的に神獣鏡と画像鏡をふくむべきでない」

という、具体的な鏡の型式を特定しえず、抽象論に終ったこの一節は、王氏の現在の〝迷《まど》い〟をありありと告白している。わたしにはそのように思われた。この点、樋口氏も先の論文の末尾で、

「最後に、三角縁神獣鏡のすべてが、もし日本で作られたとすれば、卑弥呼が魏王からもらった銅鏡百面とは、どの種の鏡とするのか、それを納得のいくように説明する必要がある。その実証ができない点が、この説の最大の弱点ではなかろうか」

と結び、王論文における問題の所在を鋭く突いておられる。

たしかに論文の大半においては論旨明晰《めいせき》だった王論文は、末尾に近づくにつれて、〝晦渋《かいじゅう》〟の筆致を帯び

てきていたのである。それはなぜか。

ここで筆を一転して、わたしの三角縁神獣鏡問題に対する基本視点、それをのべておこう。それはおのずから王論文の内蔵する問題点に対する、わたしの根本の立場を明らかにするであろうから。わたしの視点には、横軸と縦軸の二方向がある。

王仲殊論文反論の視点

先ず、横軸。これは空間軸だ。三角縁神獣鏡の出土分布図を東アジア全域について描いてみよう。三百〜五百面、日本列島だけに近畿を中心に濃密だ。ところが、中国や朝鮮半島には一切ない。その「ない」地域を生産中心と見なし、濃密出土領域（日本列島）へ送られた「下賜物」と見なす、これはいかにも異常だ。せめてその鏡の実物はなくても、「鋳型」群でも集中出土するならともかく、むろんそれもない（通例、鏡は砂型で作るため、鋳型は見出されにくい）。実物もない、「鋳型」もない、そのないない尽くしの、その領域を生産原点と見なす、ここに「三角縁神獣鏡、中国製」説の致命的な欠陥があった。たしかに〝中国には、やはり出土していない〟ことが確認されたのは、今回の王論文によってである。しかしそれ以前の問題として、「この鏡こそ中国出土の三角縁神獣鏡だ。」という一点の認識も全くなしに、富岡謙蔵—梅原末治—小林行雄氏等の「中国製」説が論断し、「定説」化されていた。ここに日本考古学「定説」派の根本的な弱点、方法上の欠落が存在していたのである。

〝東南アジアに輸出された日本製の特注玩具が日本内では売られていない現象〟を範とした、例の特注説（『ここに古代王朝ありき』一四四ページ／ミネルヴァ書房版、一四二ページ参照）の場合でも、もし「遺跡」の問題として考えてみれば、大阪周辺の玩具工場や倉庫等には、その玩具を作る機械があり、失敗したり、送り残した、その特注玩具類はかなり遺存するはずではなかろうか。その点、三角縁神獣鏡のケースとは、やはり比較にならないのである。

以上を要するに〝物的出土物の存在しない領域（中国・朝鮮半島）をもって「本来存在した原領域」である

かのごとく、言いなしてはならない〟――これがわたしの横軸の論理だ。万人の首肯するところ、と信ずる。

第二の縦軸問題。これは時間軸の方だ。三角縁神獣鏡は弥生《やよい》遺跡から全く出土しない。すべて古墳期の遺跡だ。つまり古墳からの出土なのである。それなのに、これをもって〝本来は、弥生時代（三世紀前半）に魏朝から卑弥呼に与えられたものだ。しかし彼女から鏡を分与された配下の豪族たちは、自己の墳墓や同時代の生活遺跡にはこの鏡の残片すら、一切遺存させなかった。そして次代もしくは次々代の子孫たちへと伝えた。そして古墳期の子孫たちが、あるいは四世紀、あるいは五世紀、あるいは六世紀になって、その墳墓、つまり古墳にこの鏡を埋蔵した〟。そのように考えるのである。これが有名な「伝世鏡の理論」だ（梅原末治氏をうけついで、小林行雄氏の完成されたところ、とされる）。

しかしこの理論は、たとえそれが「専門」の考古学者の頭を納得させえたとしても、人間の平明な理性に依拠する、わたしのような一介の素人を納得させる力はなかった。なぜなら〝弥生遺跡（A′）には皆無。古墳にすべて（B′）〟が基本の事実なのに、「A′→B′」の形の「時間移動」を仮定する、これは思考の平明なルールを越えるものだからである。これはちょうど、先の横軸問題で、「定説」派が〝中国・朝鮮半島（A）には皆無。日本列島にすべて（B）〟が事実であるのに、「A→B」の「空間移動」を仮定し、皆無領域を〝原存在点〟とみなしていたのと全く同一の論法だ。人間の理性から見て、いわば〝逆立ちした論法〟である。わたしには、このような論法に従うことができない。やはりすべてが古墳から出土する出土物は、これを古墳期の産物と考えるほかはない。これが縦軸の論理だ。

以上の横と縦の「両軸の論理」からすれば、〝三角縁神獣鏡は、古墳期における、日本列島内の産物である〟――わたしにはこのように理解するほかなかったのである。

王氏にとって「躓《つまず》きの石」となったのは、年号鏡（「景初」「正始」）の問題だ。わたしはすでにこの問題を論じたことがある。第二書『失われた九州王朝』の「年号鏡の吟味」（角川文庫版、九三ページ、ミネルヴァ書房版、八〇ページ／本書三五ページ参照）だ。以下に要約しよう。

先ず、「景初三年」鏡（和泉黄金塚古墳出土、画文帯神獣鏡）と呼ばれるものを吟味したところ、第二字を「初」とは読めない。末永雅雄氏の報告書でこの異体字に当る「魏」の字形とされたものは、実は「魏」は「魏」でも三世紀ではなく、四〜六世紀の「後魏」（北魏・東魏）の字形だった。その後、学界に報告された島根県神原神社古墳出土の「景初三年」鏡（これは文字通り三角縁神獣鏡）もまた、第二字が不分明であった。少なくとも、字体そのものからは、決して素直に「初」と読める〝代物《しろもの》〟ではなかったのである。

次に、「正始元年」鏡に至っては、二面とも、第一字が〝見事に〟欠如していた。

以上の事実に対し、わたしの立場は次のようだった。「読めぬものは、読めぬとする。これが学問の根本である」と。

もちろん自分流の推測によって、いろいろの文字をその欠損・不分明個所に当ててみる。これは心楽しい試みであろう。親しい友人同志の談論の間でそれを語ったり、随筆にしるしとどめてみるのも、あるいはよかろう。しかし、その自分の推量で補った文字に基づく推論を、重大な根本的論定の柱として使ってはならぬ。――これがわたしの立場だった。否、人間の理性が万人に命ずるところ、わたしはそう信ずる。しかし日本の考古学界はちがった。〝この年号鏡こそ三角縁神獣鏡が魏鏡であることの動かせぬ証拠〟。そのようにのべる人々が、従来の「定説」派を形造ってきたのである。

他の例をあげよう。江田《えた》船山《ふなやま》古墳出土の大刀の銘文読解のさい、原文面の「獲□□□鹵大王」に対して「蝮之宮瑞歯大王」と補い（。字）かつ訂正（、字）して読んで反正《はんぜい》天皇に当て（福山敏男説）、次には「獲加多支鹵大王」と補って、雄略《ゆうりやく》天皇に当て（岸俊男説）、第二回目の「定説」を〝形造っ〟た、いわば「自補自証主義」と呼ぶべき主観主義。それが日本古代史学を支配していた。わたしはこれを非としたのである

（「獲」も正確には「獶」に近い）。

問題の本質はこうだ。〝「三角縁神獣鏡は魏鏡である」という前提に立てば、これらの欠損年号はそれぞれ「景初」「正始」と読める〟ということであって、決してその逆ではない。この一点である。従って〝この欠損年号鏡をもって文句なく「魏の年号」をあらわしたもの〟と見なす、それははなはだ危険だ。学問の方法論上、決して基準や前提とすることはできない。すなわち、あくまで「景□三年鏡、□始元年鏡」として処理すべし、これがわたしの立場である（山口県新南陽《しんなんよう》市竹島出土の三角縁神獣鏡に「正始」の文字が見出されたと報ぜられた〈『毎日新聞』昭和五十六年三月九日〉が、それは五十九個の破片である上、「正」の文字自体も必ずしも明断ではなく、「泰よりは正」という判断にもとづくようである〈西田守夫氏〉。なお「□始」の形の年号は多い〈第二書第一章Ⅲ参照〉〈西田守夫「竹島御家老屋敷古墳出土の正始元年三角縁階段式神獣鏡と三面の鏡――三角縁神獣鏡の同笵関係資料（五）」『MUSEUM』No. 357参照〉）。

静かに以上の道理を見すえてみれば、王氏の不幸にも陥られた「欠損年号鏡の陥穽《かんせい》」が明らかとなろう。なぜなら王氏は「景初三年鏡・（正）始元年鏡」として、第二字の「初」をあたかも「自明の文字」であるかのように表記しておられるからである。こうなれば、文句なく〝両者とも魏の年号〟ということにならざるをえない。とすると、必然的にこれら年号鏡をふくむ相当量の三角縁神獣鏡が、すでに三世紀前半に日本列島内で作られていたことを認めざるをえぬ。しかるに一方、弥生期（三世紀は弥生後期とされる）には、三角縁神獣鏡は全く出土しない。となると、果然、王氏もまた、ここではあの「伝世鏡の理論」の双肩にどっかりと依拠し、依存しなければならぬこととなってしまうであろう。

しかしこれは明白に背理だ。なぜなら先にのべたように、この横軸問題と縦軸問題とは、論理的に全く同一である。ただ空間軸と時間軸という、現われ方のちがいにすぎない。要は〝空白領域（A）を原域と見なし、現実の分布領域（B）を派生領域と見なす〟ことを非とする、という、人間の理性の通理にもとづくものだ。だから空間軸では、人間の理性に従って「定説」派の見地を断乎《だんこ》斥《しりぞ》けられた王氏が、時間軸では、人間の理性に反して、いわゆる「定説」派の見地に追従する、というのでは、これは明確な背理だ。自己矛盾というほかはないからである。そのため結局、王氏は先のように、真の「魏鏡」、すなわち〝魏朝から卑弥呼へと贈られた鏡の形式〟を特定できないという結果に陥られるほかなかったのである。

　このような矛盾した状況の中に王氏が不幸にも陥られた理由、それはもはやいうまでもあるまい。「景初三年鏡・（正）始元年鏡」という形でこれを「魏の年代」そのものとして、〝疑わずに〟うけとられたからである。これは〝日本の考古学界の自補自証主義的「判読」に対し、王氏が十分に批判的に立ち向われなかったがため〟。そのように評することは、果して過言であろうか。

　要は〝そのすべてが日本列島の古墳から出土する三角縁神獣鏡は、日本列島における古墳期（四〜六世紀）の産物である〟という、この自明の帰結以外に、万人を首肯させうる理解、それは結局ありえないのである。

　視点を前進させよう。

　卑弥呼が魏朝から贈られた銅鏡百枚とは何か。王氏にとって晦冥《かいめい》の難所と見えた、この問題も、人間の理性の平明な視点に立てば、意外にも解答は簡明である。そのための問いは次のようだ。〝日本列島弥生期の遺跡から出土する銅鏡の分布中心はどこか〟と。

　その答えはすでに『ここに古代王朝ありき』でしめした。

　全体が約百七十面、その九割が福岡県、そのさらに約九割が筑前中域（糸島・博多湾岸・朝倉）。つまり全体の約八割が筑前中域だ。このように極端な分布の偏在を眼前にするとき、わたしたちはその中心領域の所在について迷おうとしても、およそ迷うことは不可能だ。然《しか》り、卑弥呼の都城の存在した領域、それはこの

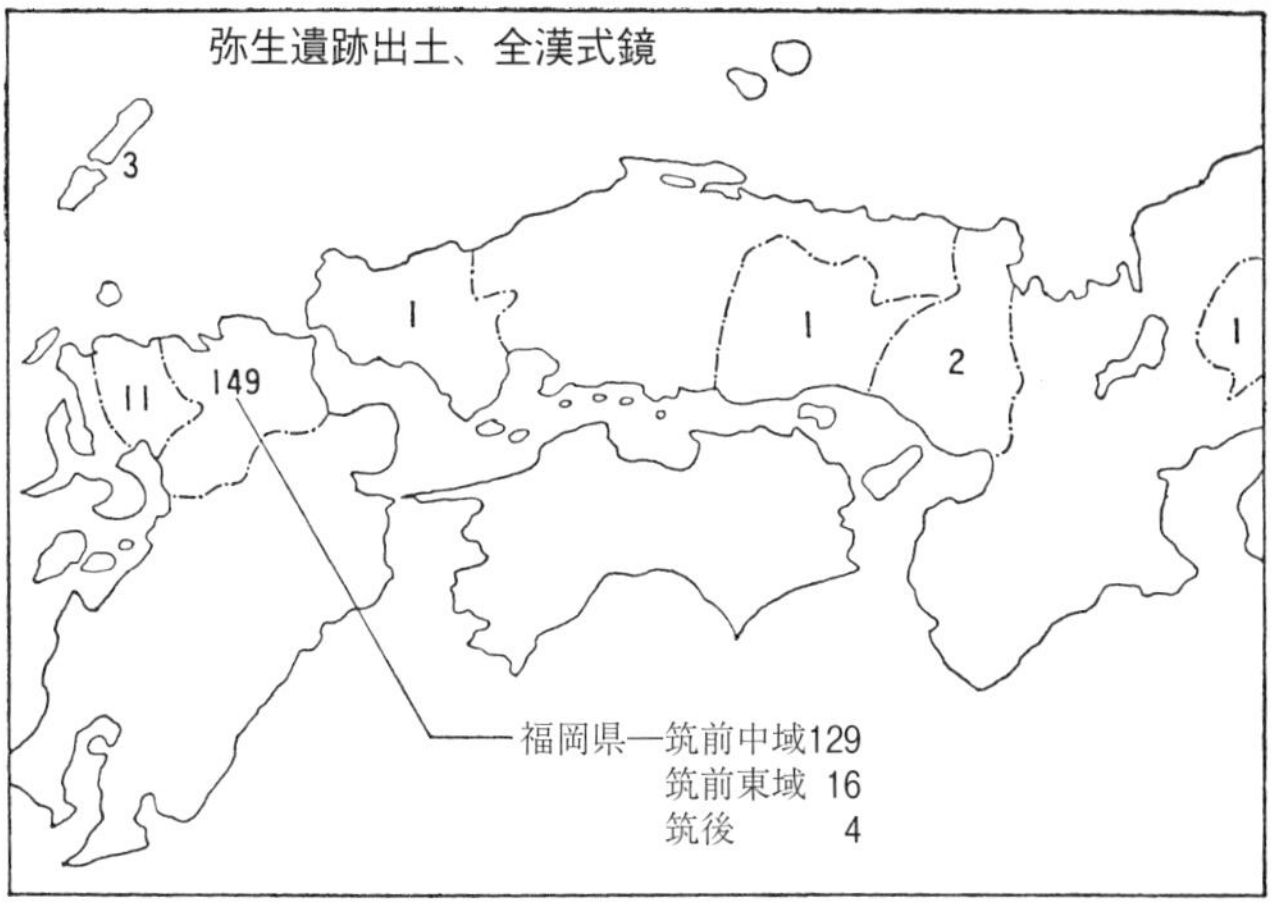

図3-1　弥生期銅鏡分布図

筑前中域を除いて他に求めえないのである。

王仲殊論文のしめした「三角縁神獣鏡は魏鏡に非《あら》ず」の論断は、王氏自身の躊躇《ちゅうちょ》に反して、まさに「邪馬台国」近畿説に対して根源的な打撃を下すものであった。その点、この説に依拠してきた、いわゆる「京大学派」（日本古代史・考古学）が最大の激震をこうむったもの、とも称しうるであろう。

では、一方でこれと対峙していた、いわゆる「東大学派」（同右）、すなわち筑後《ちくご》山門（もしくは肥後《ひご》山門）を拠点とする論者は、〝己が提説の正当性〟を果して誇りうるであろうか。――否。なぜなら先の日本列島弥生期の銅鏡分布図がしめすように、筑後は四面、肥後は零だ。このような極少領域がなぜ倭都であると誇称できるか。もしそれができるなら、大和でも――そこで弥生期の銅鏡（いわゆる「漢式鏡」）出土は零――堂々と三世紀の倭都であることを主張できることとなってしまうであろう。しかしそれはおよそ物（鏡という出土物）に立つ議論ではない。

かつて倭都鹿児島説をのべた論者があった。いわく〝銅鏡はおびただしく（鹿児島の地に）存在したが、桜島《さくらじま》の噴火によって、すべて地下に埋没し去ったのであろう〟と（高津道昭『邪馬台国に雪は降らない』）。この論旨に対してあるいは〝一笑〟に付される方もあるかもしれぬ。しかし何人にもそれは許されないであろう。なぜなら筑後山門論者も、〝かつて筑後山門に多くの銅鏡が埋蔵されていた。しかし「邪馬台国」東遷のさい、すべて持ち去ったのだ。だから今はほとんど何も出てこないのである〟。そのようにのべているのであるから（江上波夫氏「東アジアの古代文化」大阪講演）。そしてすべての筑後山門論者もまた、氏と大同小異の論法に依存しなければならないこと、自明である（一九八〇年大和の見田・大沢四号墳に四獣鏡一面出土）。

それだけではない。もしいったん、このような論法が許容されるなら、日本列島中、いかなる「邪馬台国」候補地の論者も全く〝困らない〟であろう。なぜならそれぞれいずれかの理由（天災・人為移動・未発掘等）をもって自家の候補地の〝出土皆無〟もしくは〝出土寡少《かしょう》〟の現況に対し、まさに十分な〝机上の解明〟を与えうるであろうから。けれどもそのような〝恣意の論法〟がいったん許されるとき、「邪馬台国」論争はいかなる〝決め手〟をも失い、むしろ学問としての本質を喪失してしまうこととなるであろう。そして遺憾ながら、それが現況だ。

さわやかな弁舌をもっていかに論ずるとも、それはよい。しかしながら事実は頑固である。「物に立つ議論」を無視しない限り、「邪馬台国」をあちこちに勝手に擬定しようとも、それは所詮《しょせん》無駄だ。先の分布図のしめすところ、その自然の帰着を拒みうる、いかなる学界の権威も、在野の研究者も、すべて存在しえないようにわたしには思われる。

王論文出現以後

昨今、一種〝不可解〟な現象が見える。王論文の出現以後、にわかに〝「邪馬台国」は分からない。今後当分分からないだろう〟という類の声が、ジャーナリズムや学界の一部に目立ってきたことである。

この現象のおきた理由の一つは、王論文の衝撃をそういうクッションでうけとめるためであろう。近畿説と九州説との間でながらく保たれてきた〝学界内のバランス〟の崩れるのを恐れる向きもあろうから。けれども、これらと異なる立場の人々がある。それは早くから「三角縁神獣鏡魏鏡説」に対し、疑惑を投じてきた、先見ある方々の場合である。

先ず森浩一氏。若き日（昭和三十七年）に物された論文「日本古代文化――古墳文化の成立と発展の諸問題」（『古代史講座3　古代文明の形成』学生社、所収）によって、今日の問題を早々と予言された俊秀であった。その点、（年齢はわたしに次いでおられるけれども）研究上、わたしたちの貴重な先達ということができよう。氏の論点には当初以来、微妙な変動（年号鏡の処理の仕方など）があるようであるけれども、その中で注目すべき問題点をあげてみよう。

㈠〝三角縁神獣鏡の大半は魏鏡ではない。〟というのが氏の立場のようである。従って「ぼくは、必ずしも全部日本製だという説は一度もとってないのです」（『古墳時代の考古学』学生社、一四一ページ）と力説しておられる。この点、現在の氏は、いずれの立場（全面国産説と一部舶載説）に立っておられるのか、その帰趨を注目したい。

㈡氏の特異の説として「公孫淵《こうそんえん》の遼東《りょうとう》をもって三角縁神獣鏡の優品の母域」とする立場がある（同右書、森氏『古墳』保育社、等）。王論文にも、この説の存在がふれられている。この説の場合、〝遼東半島にも、三角縁神獣鏡の出土がないではないか〟という問題が、的確な反論として、早くから出されていたのである（三上次男氏。前掲『古墳時代の考古学』一四六ページ）。森氏の明確な追論が待たれる。これらの点が不明のため、『ここに古代王朝ありき』においては、右の若き日の出色の論文名をあげさせていただくにとどめた。

次に松本清張氏。昭和四十六年、『芸術新潮』に連載されたものが、四十八年『遊古戯考』（新潮社）として刊行された。この中にすでに「三角縁神獣鏡国産説」を堂々とのべ、さらに〝楽浪郡《らくろう》からの中国人鋳鏡者渡来〟などにふれておられる。すぐれた直観力である。さらに『清張通史1　邪馬台国』（講談社）でも、その説は明確にのべられている。

ところが、この両氏とも、最近一段と「邪馬台国不明説」を唱えておられるように見える。いわく〝邪馬台国は分らない〟〝五十年や百年は分らないでしょう〟〝いや永遠に分らないかもしれませんよ〟などと。これはどうしたことであろうか。

わたしの目から見ると、その根本の原因は次の二点にあるように思われる。

第一、「博多湾岸奴国説」という、本居宣長以来の通説を、両氏とも先入観としてうけ入れておられること（森氏は一時これへの保留をしめされた〈『邪馬台国九十九の謎』産報、昭和五十年十月、一七九ページ〉が、また最近では通説に立つ解説〈たとえば「広陵王印」『アサヒグラフ』昭和五十六年八月七日〉をくりかえしておられる）。

第二、糸島郡の大半を「伊都国」と考えておられること（これも原田大六氏他の通説であるけれども、実は戸数問題等の疑点が多い）。

以上によって、そのいずれをも両氏には「邪馬台国」の中枢に当てることができないのである。いいかえれば、先の日本列島弥生期の銅鏡分布図のしめすところ、全体の約八割を占める「筑前中域」は、両氏にとってもまた、思考の「前提条件」として〝「邪馬台国」ではありえない〟こととなろう。とすると、あとの二割は集中せず、漫然と分散するにすぎぬ。「物」に立つ論者がその中のどこに「邪馬台国」を探せるものだろう。そこに〝分らない、分らない〟という歎きが生ずるのは、いわば不可避の帰結ではあるまいか。

ハッキリと問題のポイントをのべよう。〝弥生期の日本列島の銅鏡分布図において、各地にまんべんなく銅鏡が（たとえば二、三面ずつ）分布している、このような現況なら、それこそ「分らない」という一言こそ、学問的である。しかし事実は逆だ。全体の約八割という極端な集中度がしめされているとき、この事実に背を向けて、「分らない」といいつづけること、それこそ言葉の正確な意味において、非学問的である〟と。

わたしがこのようにつめよるとき、考古学者たちのつぶやく声が聞えるような気がする。〝弥生遺跡の漢鏡は、弥生中期（ほぼ前一～後一世紀）後半か、弥生後期（二～三世紀）初頭、もしくは前半とされてきた。従っていきなり弥生後期後半（三世紀―卑弥呼当時）に当てるわけにはいかない〟と。

その通りだ、もし従来の考古学者の立てた年代観が正しければ。しかしそのとき〝従来の年代観自身、実は「三角縁神獣鏡は魏鏡である」という基本命題の上に築かれている〟そのことが忘れられてはならない。その証拠に、考えてもみよう。もしいわゆる「漢式鏡」（弥生期出土の銅鏡）が二～三世紀をふくむ時期のものとされていたら、右の基本認識自体がナンセンスとなろう。なぜなら〝卑弥呼当時のもの〟と明確に指定された銅鏡群が「三世紀の遺構」にれっきと分布し、存在しているのに、次の時代（古墳期）出土の三角縁神獣鏡をもってこれ（前代の卑弥呼がもらった鏡）に当てる、そんなことはいくら何でもできるはずがない。はずがないからこそ、いわゆる「漢式鏡」は、〝慎重に〟上（先代）へと押し上げられて、弥生中期（前一～後一世紀）付近に当てられてきたのだ。そのさい、何も、これらの「漢式鏡」に〝弥生中期に当る中国年号〟が刻されていたわけではない。すべて日本の考古学者の推定、もっとハッキリいえば、「目分量」にすぎなかったのだから。

「われわれの判定に異議を唱えるのか」そう声高にいいうる日本の考古学者がいるだろうか。「三角縁神獣鏡は魏鏡である」というのも、その「われわれの判定」ではなかったのか。そしてそれは今、王論文の前で危殆に瀕したのである。

そして肝要のこと、それは〝(A)日本の考古学者の立ててきた年代観と、(B)三角縁神獣鏡、中国（魏朝）製説とは、一貫したものである〟という、厳然たる事実だ。平たくいえば(A)(B)の両命題は〝一蓮托生《いちれんたくしょう》〟だったのである（この点について、先の『古墳時代の考古学』で森氏自身もふれておられる）。

このような〝本来の形成過程〟を忘れて、結果としての年代観だけを固守しようとするなら、そこに根源の誤謬《ごびゅう》が生れるのではあるまいか。

方法上、これに関連する重要なテーマがある。それは「博多湾岸、奴国説」だ。先ほどふれたように、これは先ず本居宣長の唱導にもとづくものだ（新井白石も『古史通惑問《こしつうわくもん》』で那珂《なか》郡としていた）。

「かの伊都国の次にいへる奴国は、仲哀《ちゅうあい》紀に儺県《なのあがた》、宣化《せんか》紀に那津《なのつ》とあるところにて、」（『馭戎概言《ぎょじゅうがいげん》』）

という通りである。しかしながら、この宣長の論定方法には大きな欠陥がある。なぜなら倭人伝の表音体系の構造を無視しているからだ。この点、本題に入る前に一言しておこう。

倭人伝には「弥弥（みみ）」「弥弥那利（みみなり）」というように、「那」が表音表記に使われている。これは明らかに「ナ」の音だと考えられる。従ってもし博多湾岸を〝「ナ」国〟であるとしたら、ではなぜ「那国」と書かないのか、という問題が生じる。現に宣長も指摘している通り、後世「那の津」と書かれているではないか。これに対し、〝「那」は、三世紀には「ナ」と読まなかった〟。そのように論者が主張したいのならば、彼等はそれを〝立証〟せねばならぬ。なぜなら右の「弥弥那利」は「みみなり」と読む点において、異議提出者を見ないのであるから。しかし、わたしはそのような論証を知らない。このように、宣長の性急な判定には――〝立論上の手抜き〟が見られるようである。

この手抜きされた宣長の構築に対して、現代の論者は、いわゆる近代言語学上の「上古音」という概念によって〝上塗り〟しようとした。〝中国の「上古音」では、「奴」は「ナ」であるから、やはり「奴国」を『ナ』国」と読むのは、正しい〟というのである。

しかしながら、もし〝倭人伝は「上古音」で読む〟という手法なら、隣の「伊都国」も、（「都」の上古音は「タ」であるから）「イタ国」となってしまう（現に鈴木武樹氏も、それをすでに指摘された）。しかし、あの「怡土郡」や「怡土村」をかつて「イタ郡」や「イタ村」と呼んだ、などという証跡は皆無なのである。一方の博多湾岸は〝「ナ」の津〟の呼び名がつづいていた。矛盾だ。してみれば、〝「奴国」は「ナ国」と読める。その証拠は上古音〃といった議論も、「上古音」という学術用語という名の「鬼面」におどされるものの、その実体は意外にも脆弱《ぜいじゃく》なのである。やはり宣長の権威を「上古音」の虚名によって〃上塗り〃してみたにすぎぬ。わたしにはそのように思われる。

（以上、『よみがえる九州王朝』三七～五九ページ）

4　王仲殊論文再論

王仲殊論文が与えた激震

王仲殊論文は、わが国の古代史学界に激震を与えた。「関于日本三角縁神獣鏡的問題」（『考古』第四期、昭和五十六年）がこれである。

その衝撃の焦点、それは「三角縁神獣鏡は中国鏡（魏鏡）ではなく、日本製鏡である」という命題であった。これはこの鏡をもって魏鏡と見なし、魏の天子から卑弥呼に下賜された鏡と見なしてきた日本の考古学界（定説派）にとって、致命傷をなすべき根本問題であった。なぜなら、たとえば考古学の背柱ともいうべき編年問題一つをとってみても、「三角縁神獣鏡は魏鏡」という認定がその基本をなしていた。それは、現実には四世紀以降の古墳から出てきたとしても、その実体は、三世紀の鏡であり、したがっていわゆる「漢式鏡」（前漢式鏡・後漢式鏡）は二世紀以前の鏡としての時間の位置を与えられていた。

「三角縁神獣鏡は魏鏡に非ず」となれば、これらの編年体系全体が動揺し、再編年へとおもむかざるをえないこと、それは必然だったからである。

このように重大な影響力をもつにもかかわらず、王氏の論定には動かしえぬ重味があった。というのは王氏が積年の鏡の専門的研究者であると共に、考古研究所副所長、という肩書きもしめしていたように、中国内出土のすべての鏡は、博物館内外の収蔵庫等の所蔵物をも子細に点検しうる立場にあったからである。その上、氏は日本に来て各大学・博物館を歴訪して三角縁神獣鏡を実見した上、帰られてさらに自国内の出土・収蔵鏡を再検査されたのちの判断であったから、日本側の学者には（たとえ鏡の専門家であっても）、容易に反論しえぬ堅実さをもつ。そのための衝撃だったのである。

王仲殊論文の矛盾点

だが、この王論文にも問題があった。その点、左に分析しよう。

第一。王論文の一つの欠陥。それは日本側の先行論文に対して十分に注意がはらわれていなかったことである。日本側の「三角縁神獣鏡国産説」の系譜として、森浩一氏のほかに、松本清張氏、わたし、奥野正男氏と、逐次立論を深めてきた。これはあるいは外国の研究者として、やむをえざるところといえよう。しかしながら、すでに王論文が出たあと、日本側の学者が〝当方に先行研究あり〟の事実を告げないとしたら、謙譲に非ず、かえって阿諛《あゆ》に近いのではあるまいか。

第二。先にのべたように、はじめ王論文は、「邪馬台国近畿説」への打撃としてうけとられたけれど、実は王氏自身、近畿説に属すること、当論文の論理構造の明示するごとくであった。

なぜなら、王氏は、いわゆる「景□三年鏡」（島根県神原古墳出土）、「正□元年鏡」（群馬県高崎市出土・兵庫県豊岡市出土。また山口県高洲古墳出土鏡も）に対して、日本側の定説派（この点、森氏も同じ）に従って、それぞれ「景初三年鏡」「正始元年鏡」と見なされた。したがって、これらの鏡（および同類の三角縁神獣鏡）をもって、〝三世紀前半代における国産鏡〟と見なさざるをえないこととなったのである（景初三年は「二三九年」、正始元年は「二四〇年」。いずれも魏朝）。

ために、〝すでに卑弥呼の時代、呉の工人が日本列島（近畿）に来り、そこに「魏」の勢威の強いのを見て、「魏年号」を自作の〝呉式鏡〟（三角縁神獣鏡）に銘刻した〟という、一種奇矯な説を樹立されるに至ったのであった。

ここに、王説の根本矛盾が存する。なぜなら、共に第二字の見えない「欠落年号鏡」を、それぞれ「景初」「正始」と従来の論者が判定しえたのは、なぜか。他ではない。〝当鏡は魏鏡である〟という基本命題に立ったから、そのように判断しえたのだ。然り。もし「魏鏡」なら、「景～」「正～」という年号は他にないから、当然、右のような判定結果をうるのである。

ところが王氏はちがった。〝当鏡は魏鏡に非ず〟と認定されたのであるから、右のような日本の定説派（および森氏）の判定結果に従われる必要はなかったはずだ。この自己矛盾である。

第三。右のような王氏の事実認定上の錯雑は、氏の論文の全体構造において、重大な矛盾をくみこまざるをえないこととなったようである。

というのは、先述のように王氏は〝三世紀代前半、すでに近畿で「紀年鏡」をふくむ三角縁神獣鏡が大量に生産されつつあった〟という命題を主張された。右の紀年鏡が最初の当鏡、というわけでもないであろうから、すでに三世紀初頭から当鏡は近畿で作られはじめていたこととなろう。

図３－２　三角縁神獣鏡（国分神社蔵）

では、当鏡を出土する古墳は、原則として「三世紀前半の古墳」に擬してよいであろうか。おそらく、日本側の考古学者において、これに対して「イエス」と答えうる人は、ほとんどありえないであろう。それは古墳時代以前、弥生時代だからである。もし、古墳時代の萌芽をそこに求める論者があったとしても、たとえば、当鏡が多量（三十～四十面）出土したことで有名な椿井大塚山古墳（京都府）をもって、「三世紀前半代の古墳」と見なす学者は、まずありえないであろう。

とすれば、やはり日本考古学界（定説派）の持説ともいうべき、

「全面伝世論」に依存せざるをえぬこととなろう。すなわち〝それは三世紀に作られたが、三世紀の遺跡（弥生墓）には埋蔵されず、地上で伝世して、四世紀以降の古墳に埋納された〟という議論である。

これは、わが国の考古学界で、いわば公認された論法であるから、王氏がこの同じ論法に依拠されても、一見、何の不都合もないように見える。が、そうではない。

なぜなら、日本の考古学者（定説派）の場合、〝当鏡は中国に出土した旨の報告はない。しかし、それは全部（あるいは大部分）、日本列島へもってこられたからだ〟と考えた。当鏡、魏鏡論である。この鏡が中国での出土例報告のない事実に対して、右のような形で応答してきたのである。

これは論理的には、次の構造だ。〝母域（中国）になくても、中国製と見なす〟と、これはまた〝母域（弥生遺跡）になくても、弥生伝来鏡と見なす〟という論法と同一だった。一は空間軸、他は時間軸の差こそあれ、「母域」になきを痛痒《つうよう》とせず、という立場だったのである（この論法が、人間の理性の面前で無理である点、『ここに古代王朝ありき』で詳論した）。

これに対し、王氏は「当鏡は中国に出土しないから、中国製に非ず」という立場をとられた。人間の理性において当然の立場だ。そこに王氏の提起命題の衝撃性の根本があったのである。

ところが、もう一方、こちらでは、〝母域たる弥生遺跡に出土せずとも、弥生期（三世紀前半）生産鏡である。地上で伝世して古墳に埋納されたもの〟という立場をとられるとしたら、完全な、論理上の「自己分裂」を生じている。

第四。王氏の陥られた「自己矛盾」の反映がある。それは『三国志』の魏志倭人伝で、魏の天子が卑弥呼に下賜したと記されている「銅鏡百枚」、これをいずれの（種類の）鏡とも指定しえないことである。それも当然だ。なぜなら、〝三角縁神獣鏡は、この下賜鏡に非ず〟としておいて、なおかつ、「邪馬台国、近畿説」をとるとしたら、他のいずれにも、それに該当する鏡を見出しえない。これはいわば、理の当然なのである。

これに対して、わたしの立場。

Ⓐ当鏡は中国から出土せず、日本列島からのみ出土するから国産（渡来工人製をふくむ）である。

Ⓑ同じく、当鏡は弥生遺跡から出土せず、古墳からのみ出土するから、古墳時代（四世紀以降）の生産物である。

以上の二つの対応した命題に立つとき、問題の「下賜鏡」に対しては、

Ⓒ弥生遺跡から出土する銅鏡は（若干の多鈕細文鏡や戦国鏡を除き）、いわゆる漢式鏡（前漢式鏡と後漢式鏡）しかないから、これが問題の「下賜鏡」である。

この帰結しかないのである。

そしてその「漢式鏡」は、全体（約百五十面）の九割が福岡県、そのさらに九割（全体の八割）が筑前中域（糸島・博多湾岸・朝倉）から出土しているから、ここが卑弥呼の都邑の地、邪馬一国の中枢である（邪馬一国自身は筑後等をもふくむ）。「物」を重視し、「物」に立ち、「物」に帰結する論理、そのような立場に立つ限り、これ以外の帰結をわたしは知らないのである。

しかしながら、久しく待望されてきた中国側の考古学者の「三角縁神獣鏡論」を公にされた点、王氏の決断に深い謝意を表すると共に、日本側の考古学界の狭いしきりを越えて、日本の研究者と自由に討論される日を、さらに鶴首待望したい。

（なお、同じく中国の汪向栄氏の『邪馬台国』〈一九七二年三月。北京、中国社会科学出版社刊〉、「弥生中・後期における近畿地方の生産力発展状況と邪馬台国所在地」〈『中国社会科学』一九八二・三号。通巻第十五号、五月十日刊〉に対する再批判については、古田『多元的古代の成立〈下〉』駸々堂刊二八九ページ以下参照〈注＝特に鏡が論点になっていないため省略〉）

（以上、『古代は輝いていたⅠ』朝日新聞社一九八四年／ミネルヴァ書房二〇一四年、二三八〜二四三ページ）

今年の七月三日号の『週刊現代』に、わたしのコメントが掲載された。実際の発行日は六月下旬、久しぶりに竹の林で鶯の谷渡りの声が朝方から夕暮まで絶えるときとてない日々だった。

大和説への配慮

その記事は〝仰天新説「邪馬台国は四国・土佐にあった」〟と題する、二ページもの。上端に横書きで「九州でも畿内でもない」と、振られている。

以上でも知られるように、報道というより「読み物」風の仕立てであるけれど、記事内容は、意外にも〝正統的〟かつ〝真摯〟なものだった。もっと言えば、今後の日本の学界の動向に関し、一種の指示標の役割となるものを含んでいたのである。すなわち本来の意味での「報道」だ。

先ず、この土佐説の論者、橋詰和人氏の所説がかなり詳しく紹介されている。

①倭人在帯方東南大海之中

から、

⑨参問倭地、絶在海中洲島之上、或絶或連、周旋可五千余里

に至るまで、倭人伝の方角や行路記事があげられ、それに対する橋詰氏の解釈が記せられている。たとえば、右の⑨については次のようだ。

「倭国は周囲と隔たった海中の大きな島の上にあって、その周囲は約五〇〇〇里という意味だ。ここでいう『倭地』とは、倭国畿内の存在する土地（邪馬台国を含めて二三ヵ国）、つまり四国全体を指している。周囲約五〇〇〇里をメートル換算すると二一七〇キロメートルになり、四国の周囲とピタリ一致する。」

けれども、これらの立論には、ほとんどの古代史愛好者は、今では、驚かないであろう。なぜなら、あの「邪馬台国説、乱立」の時代、北は北海道説から南は沖縄説まで、まさに百花繚乱のシーズンを、研究史上すでに〝終えて〟いるからである。つまり、倭人伝の行路記事の〝ひねり〟よう、つまり解釈（と原文改定）

の仕方いかんでは、「邪馬台国」はどこへでも持ってゆける。宮崎康平さんの『まぼろしの邪馬台国』以来、すべての〝経験〟が集積されて、現在に至っているのだ。

では、それらを正す物指し、真実（リアル）な道標は存在しないか。もちろん、存在する。それは、倭人伝に記された「物」だ。その点について、わたしのコメントが掲載されているのである。

「九州説を代表する一人である元・昭和薬科大学教授の古田武彦氏が語る。

九州説や畿内説の根拠になっているのは、主に出土品なんです。たとえば、卑弥呼は漢時代の銅鏡を百枚もらったことになっていますが、実際に福岡市や春日市の墓からは、三十〜四十枚もの同時代の鏡が出てきています。これに対して、土佐からは、鏡も絹も鉾も何一つ出土していない。『魏志倭人伝』をどう解釈しようが勝手ですが、モノがゼロというのでは、説として成り立ちません。」

細部にわたっては、いささか齟齬《そご》（くいちがい）があるけれど、大意においては、この通り。わたしの持論である。

たとえば、銅鏡。魏朝から下賜された銅鏡は「百枚」という大量だから、倭国の都、邪馬壹国（いわゆる「邪馬台国」）は、同類の銅鏡の集中的出土地でなければならぬ。その「同類」が、もし三角縁神獣鏡なら、近畿。もし漢式鏡なら、糸島・博多湾岸（九州）。それ以外にない。「ここでも、銅鏡が何面か出土している。」と言ってみても、駄目だ。倭国の中枢域たる「都」には当りえないのである。

同じく、絹。それも「倭国の絹」と「中国の絹」の〝共出領域〟。それはやはり、糸島・博多湾岸しかありえないのである（「中国の絹」は、春日市の須玖岡本遺跡）。

同じく、矛。その実物と鋳型の集中出土する領域、それもまた糸島・博多湾岸以外にない。

以上を綜合してみれば、やはり倭国の中心領域は糸島・博多湾岸。これがこの二十数年来、わたしの不変の主張だった。

「行路読解の〝ひねり〟具合で、日本列島の各県・各地へ『邪馬台国』を持ってゆけた時代、それは永遠に去った。」

これがわたしの認識である。

以上は、わたしの本でくりかえし述べられたところ、すでに珍しくも何ともない。ところが、この記事の末尾に珠玉のコメントが掲載されていて、わたしを驚かせた。

「私も含めて、中国の専門家の大部分は九州説を支持しています。従来の権威を打ち倒そうという〝土佐派〟の在野精神は評価しますが、専門的に見て、土佐新説の解釈はやや強引すぎます。中国の専門家を説得させるには、さらなる立証が必要です。」（北京大学歴史学教授・沈仁安〈シエン・レンアン〉氏）

中国では、日本と異なり、一大学内で「教授」の肩書をもつ学者は希少だ。日本の「教授」に当るのは、「助教授」である。従って「歴史学教授」としての沈氏は、北京大学内の代表的碩学の一人、おそらくそのように見なすべきであろう。

その沈氏が「私も含めて、中国の専門家の大部分は九州説を支持しています。」と言い切っている。その発言は重い。そしてその発言内容には「有理（道理有り）」と、わたしは思う。なぜか。

中国の銅鏡研究の専門家、王仲殊氏は「三角縁神獣鏡、非魏鏡説」を発表して日本の考古学界に激震を与えた。呉の工人が渡来して日本列島内で、この「三角縁神獣鏡」を製作した、というのである。その中心的論証は、大阪府柏原市の国分神社所蔵の銅鏡「海東鏡」に依拠していた。

この論点こそ、すでにその二年前、わたしが詳しく論述したところ、自著（『ここに古代王朝ありき』朝日新聞社、一九七九年刊）の表紙にも、この「海東鏡」の拡大写真を使って特筆大書したところだった。

はじめ、わたしはこれを、王氏の「不注意ミス」と見なした。そのため、再三、手紙やわたしの本（右の本。後に王仲殊論文批判の一文を収録した『多元的古代の成立』も）を次々と、王氏所属（副所長。後に所長）の考古学研究所あてで氏の名前を明記して送ること、再三に及んだけれど、一切「応答なし」であった。そのため、わたしは今は、決して王氏の「不注意ミス」ではなかったこと、言いかえれば「故意」に属したことを信ぜざるをえなくなっている。

事実、わたしには忘れられぬ思い出がある。帝塚山大学（奈良市）の考古学談話会の記念シンポジウムのパーティ（二〇〇回「古鏡の謎を探る」一九八一年十月十八日）の席上で、当時御健在だった小林行雄氏が、堅田直《ただし》さんの御案内で、わたしと顔を合わすや、いきなり、

「王仲殊さんは、まんまと古田さんにだまされましたなあ。ハッハッハ。」

と豪傑笑いを〝試み〟られた。わたしは沈黙を以て答えとしたけれど、その小林さんの言辞の中には、明らかに、

「古田の『海東鏡の論証』→王氏の『海東鏡の論証』」

という、影響関係を「自明の認識」とした上での、いわば〝悪い冗談〟と見えたのであった（わたしと同年の堅田氏がなお御健在の今、ここに明記させていただくこととする）。

本題に帰ろう。王仲殊氏の場合、「三角縁神獣鏡、非魏鏡」説そのものは明確だ。すなわち、日本列島内の国産説である。ところが、これに反し、「邪馬台国の所在地」問題となると、晦渋を極める。極めて不透明、不明確なのである。氏の有名な論文「日本の三角縁神獣鏡の問題について」（一九八一年四期『考古』）の末尾は、

「このことによって『畿内説』が不利な立場にはならないと想っている。」（『三角縁神獣鏡』学生社、一九九

二年刊、五〇ページ）

と結ばれている。

その一方で、卑弥呼の鏡は「内行花文鏡、方格規矩鏡、あるいは後漢鏡系統のもの」とされているようだ（『三角縁神獣鏡と邪馬台国』梓書院、一一五ページ等）。

けれども、同じこのとき（一九九六年〈平成八〉九月二十七日）のパネルディスカッションにおいて、司会者側の度重なる求めに対しても、「邪馬台国の所在地」に関しては、言を左右にして堅く回答をこばんでおられる。その姿は、純学問的な立場から、というより、学際的に各方面への外交的な態度によるものか、といった印象を与えた。要するに、回答は極めて不明確なのである（かつて松本清張氏も、司会者として、王氏にこの問題に関する回答を強く求められたが、そのときも堅く「未回答」の姿勢を通された、という。一九八九年。同書一一六ページ）。

このように、日本側にとって最も著名な王仲殊氏を通して見る限り、中国側の学界の、この問題に対する姿勢は、きわめて「不透明」に見えていたのである（他に、汪向栄氏の「邪馬台国、近畿説」が知られていた。中国人学者の研究、「邪馬台国」〈一九八三〉等）。

しかしながら、この問題を冷静に見すえてみると、「論理の行く末」は必ずしも〝不明確〟とは言いえないのである。この点、あくまで「中国側の視点」に立ちつつ、問題の焦点を整理してみよう。

第一、王仲殊氏もくりかえし明記・詳論しておられるように、中国内部から出土した「三角縁神獣鏡」は存在しない。従って一般の考古学者・歴史学者もまた、その様式の銅鏡を「見た」ことがない。

第二、それ故、一般の考古学者・歴史学者もまた、この「三角縁神獣鏡」なるものが「中国内部における製作鏡」であり、「魏朝からの下賜鏡」であるなどとは、およそ「想到」することすら不可能である。

第三、従って右の「下賜鏡」に当るものとしては、後漢式鏡などの「漢式鏡」を以て「これに当る。」と考えざるをえない（王仲殊氏も、その一人）。

第四、とすれば、右の「漢式鏡」が濃密に分布しているところ、それは、全日本列島中、九州北部（糸島・博多湾岸）を以て最高・最大とする（この点の分布状況は、日本側の考古学関係書籍乃至一般解説書を見れば、すでに一目瞭然である）。

第五、それ故、先の沈教授の発言のように、「私も含めて、中国の専門家の大部分は九州説を支持しています。」という学界状況と、結局ならざるをえない。

以上だ。この場合、特記すべきことがある。それは、「九州説」といっても、「南九州説」や「東九州説」であるはずがない。なぜなら、そのような地域には漢式鏡をふくめ、「銅鏡の集中出土」などは存在しないからである。同じ理由で、「中部九州説」や「筑後川流域説」でも、ありえない。なぜなら、その領域にはやはり、漢式鏡（漢式鏡と後漢式鏡をふくむ）などの銅鏡自体の「集中出土」の事実が皆無だからである。「やがて将来、出てくるにちがいない。」というような「論法」にもし頼るなら、それは「南九州説」や「土佐説」とも、大異がない。このような「やがて」論法が、森浩一氏や安本美典氏などには〝許され〟て、橋詰和人氏には〝許され〟ぬ道理はない。少なくとも、「橋詰氏の視点」からは、今もそのように見えているのではあるまいか。もちろん、両氏には橋詰氏とは異なり、多くの輝ける業績が存在すること、周知のごとくであるけれども、「論理は、人をえらばず。」これが学問上、根本の鉄則なのである。

ともあれ、「中国側の視点」からの「九州説」とは、とりもなおさず「糸島・博多湾岸説」以外の何物でもありえない。率直に言って、「物」に立つ限り、これが自明の帰結である。

では、なぜ、王仲殊氏はこのような視点、中国の一般の専門家が「大部分」採用していると思われる、右のような「糸島・博多湾岸説」を開陳されないのか。この点はもちろん、御当人の「発言」に聞く他ないのであるけれど、今後の学問上の研究の進展のために、幾つかのポイントをあげておきたい。

〈その一〉日本の学界が「九州説」と「近畿説」に大別され、対立しているのを知って、その一方に〝加担〟する形を避ける（先にあげた「外交的」配慮）。

〈その二〉特に、日本の考古学界の〝大勢〟を占めている、「近畿説」への遠慮（同右）。

〈その三〉汪向栄氏の所論に見られるような「生産力史観」すなわち、唯物史観を「正統史観」とする、中国学界の主流派への遠慮（国内的配慮）。

これは、「歴史の中枢は、生産力がこれを決定する」とのイデオロギー上の立場から「邪馬台国、近畿説」に〝軍配〟を上げる立場であった。「鏡の専門家」の見解とは別に、今なお、無視しがたい影響力を背景にもつ、と思われる。

〈その四〉日本の学界の「異端」もしくは「少数派」である、古田の「糸島・博多湾岸説」に〝同調〟する形を避ける。

この「閑中月記」の筆をとるまで、うかつにもわたしには思いつかなかったテーマだけれども、案外、これが「謎を解く、キイ・ワード」かもしれないのである。

なぜなら、王氏の「口」からは、一回も「古田」の名は発音されたことがない、少なくとも、その活字はわたしの目に入っていないけれど、氏がわたしのことを「御存知」であることを、わたしは疑っていない。

なぜなら、くりかえし、礼節に留意したお手紙と、わたしの本がお手もとにとどいているはずだからである（中国側の不測の郵便事情〈各回とも〉などによらぬ限り）。また樋口隆康氏も、王氏の所説が本来、古田の所説であることを率直に明記しておられる（「中国・王仲殊氏の論文を読んで」サンケイ新聞、一九八一年十一月十六日、古田『多元的古代の成立』下、駸々堂出版刊、二五八ページ所引）。

これらすべてに対し、王氏が「御存知」ない、とは到底思われない。想像することすら、不可能に近いのである。

否、王氏はそれを「御存知」だからこそ、「邪馬台国のありか」に関し、「明言」を避けておられるのかもしれぬ。なぜなら、いったんそれを「明言」したとき、

第一、「立証の主要根拠（海東鏡の論証）」が、古田説と同じ。

第二、「立論の帰着点（糸島・博多湾岸説）」も、古田説と同じ。

となってしまう。何が何でも、これでは「形」がとれない。それが「邪馬台国の所在地」問題を「回避」しつづける、氏の真意、少なくとも「秘密の理由」の一端をなしているのかもしれぬ。

その点、他の「中国の専門家」たちの「大部分」は、王氏のような「苦慮」をもたない。そのため、先のように率直な「コメント」となったのであろう。

第七回福岡アジア文化賞（一九九六年九月）に輝いた、王氏の心裏は意外に複雑であったのかもしれぬ。

私は王仲殊氏を敬する。ほぼ同世代（一九二五年生れ）のすぐれた研究者として、常に敬愛している。それ故にこそ、お互いの健在の日の中に、ことを明らかにし、日中両国の学問のさわやかな進展に資することができれば、これ以上の幸せはない。失礼を寛恕されたい。

追記

右の文章中「教授」の件、かつて私が北京大学を訪問した当時の経験と認識に拠ったが、聞くところによると、近年は制度が変り、若くして優秀な学者が「教授」となる道が開かれているようである。念のため追記させていただく。

一九九九年七月九日　記了

（「閑中月記」第二回、『東京古田会ニュース』第六八号）

（以上、『卑弥呼の真実』一五一〜一六〇ページ）

第四章　三角縁神獣鏡の史料批判

――三角縁人獣鏡論――

はじめに

わが国において「三角縁神獣鏡」等の銅鏡研究はきわめて盛んである。高橋健自氏や富岡謙蔵《けんぞう》氏、また梅原末治氏、小林行雄氏と相次ぎ、さらに樋口隆康氏や岡村秀典氏、さらに森浩一氏・松本清張氏・奥野正男氏その他、近来の各名をあげ尽くすことができないほどの盛況を示してきた。日本考古学界の一中心研究部門と称しても過言ではあるまい(1)。

けれども、その基礎をなす「銘文」ないし「図様」や「鈕孔」そのものの様態（事実関係）の確認、という基礎作業は果たして十二分に行われてきた、と言うことができるであろうか。

「すでに論ずるまでもなし」という、考古学界の大方の空気はもちろん万般承知の上で、なおかつ改めて精査し、再査すべき諸点を、各銅鏡、ことに問題の焦点をなすいわゆる「三角縁神獣鏡」に対する研究調査の中でわたしは見出さざるをえなかった。よって簡明に、かつ的確に新たな問題点を叙述させていただくこととしたい。

1　中国鏡の銘文と図様

朶馬台出土鏡

中国の銅鏡の歴史において図様は銘文に先立って存在した。

たとえば、青海省海南州貴南県朶馬台《だばだい》出土の銅鏡（図4－1）は紀元前二〇〇〇年（C14測定法）頃とされる、中国最古の「図様をもつ」銅鏡である。もちろん文字はない。はじめ「八星鏡」と呼ばれ、あるいは「七角星紋鏡」[2]の名で中国側の銅鏡関係図書に掲載されている。

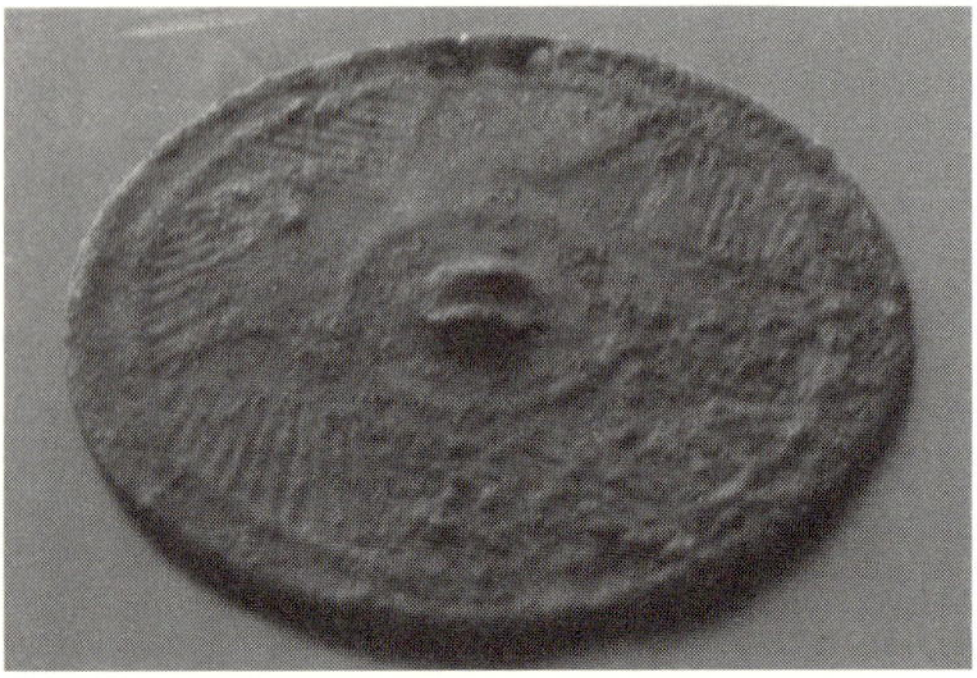

図4－1　朶馬台古鏡（青海省貴南県朶馬台25号墓出土，径8.9cm）

けれども、わたしたち[3]が現地において当鏡を眼前にし、精視し、精査したところ、その図様には決して「八星」や「七星」に当たる様相を認めることができなかった（当時は「八星鏡」として報道されていた）。

すなわち、明確な、鋭角的な様相の山形図様は、ただ「三形」のみであり、他に「一形」が〝やや明らか〟であり、もう一つの「一形」が〝やや不分明〟であった。そして他の「三形」（もしくは「二形」）はまったく「目」で認識できなかった。のみならず、その部分（最初の「三形」以外）には、別の紋様（たとえば斜線など）が存在し、決して「本来の〝八星〟や〝七星〟が、（銅のさびや土泥などの付着によって）見えにくくなっている」といった様態ではなかったのである。

当時（一九九二年）は、当鏡の出土報道から間もない時期であり、海南州の資料館において、ガラス越しなどではなく、至近の場で、直接右の事実を確認することができたこと、幸いであった。

もちろん、中国側でその後、顕微鏡観察や赤外線撮影などによって右の様態（「八星」もしくは「七角」）が確認されたとしたならば、幸いである。その場合、右の問題はわたしたちの杞憂にすぎぬこととなるからだ。

だが、「七角星紋鏡」と銘打たれた中国側の銅鏡関係図書の掲載写真を検証しても、いずれも（失礼ながら）きわめて〝不鮮明〟なる写真であるから、必ずしも右のような科学的検証を経た上での、慎重な「命名」ではなかったかもしれぬ。[4]

わたしたちが「精視」し、「撮影」し、そのとき「（各人協力による）見取り図」による限り、右の二つの命名はいずれも正当ではなかったようである。[5]

右の朶馬台鏡の内実に関しては、より詳密な科学的検査の待たれるところではあるけれど、今本稿の冒頭にこの問題を特にとりあげたのは、他でもない。

一個の鏡に対し、その図様の内実を「精査」する前に、まず「命名」がなされること、それはその後の研究に対し、思わざる先入観を与える可能性がある。本篇に入る前にこの一点を指摘するためであった。

この朶馬台鏡と逆のケース、すなわちほとんど「銘文」のみで構成された銅鏡もまた存在する。

日光大明銅華重圏鏡

たとえば、「日光大明銅華重圏鏡」（図4－2）と呼ばれる、西漢（前漢）時代の鏡である。准河流域出土とされている。[6]

覆蕚鈕と呼ばれる鈕型をもち、並蒂十二連鈕座という「図様」をもつものの、鏡面のほとんどは「内区」と「外区」の二系列の文字のみで占められている。

図4－2　日光大明銅華重圏鏡（梁上椿『巌窟蔵鏡』同朋舎出版より）

内圏銘

「見日之光天下大明服者君卿鏡辟不羊富於侯王銭金満堂」

外圏銘

「清諛銅華以為鏡絲組為組以信清光明富貴番昌楽未央千秋萬世長毌相忘時来何傷」

右の内区はいずれも、吉祥句で満たされている。「服するは、君卿」と言い、「鏡は不羊（祥）を辟《さ》（避）く」、「侯王より（於）富む」「銭金、堂に満つ」と、いずれも〝財富みなぎる〟旨の詞句だ（内圏銘）。

この点、外区もまた、変ることがない。「銅華、以て鏡と為し」「絲組、組を為す」と言う。後者は鈕孔に通す紐のことをのべた、貴重なる一句であろう。「組」は見なれぬ文字だが、古代中国では「貝貨」など、「貝」字が貴物に多く用いられていること（「貴」「財」など）、周知のところであるから、これも〝貴重なる紐〟の類ではあるまいか。また「富貴番（蕃）昌」と言い、「楽、未だ央ならず」とし、さらに「千秋萬世」に「長く相忘る毌《な》し」と言っているのは、恋人や夫婦などの縁《えにし》の永遠を祈っているのであろう。「時来たるも、何ぞ傷《やぶ》れむ」と結んでいる。物質上と精神上の幸福の永続を祈ったものであろう（外圏銘）。

一方、「図様」としては、先述のように、鈕と鈕座に表現されているところ、いずれも〝瑞兆〟に属するもののようであるから、右の「内区」と「外区」の文面と、少なくとも齟齬《そご》はしないであろうけれど、まず鏡面のほとんどすべてが「銘文」によって占められている事例としてこれを見ることができよう。

当鏡を、日常生活において使用する人（貴人、富婦）は、当然「文字」を解し、その「文字」の〝かもし出す〟縁起を楽しんでいたものと考えて、おそらくあやまらないであろう。

草葉日光大明鏡他　第三番目に扱うのは、「図様」と「銘文」の〝共存〟するケースである。

「草葉日光大明鏡」(7)（図4－3）は西漢時代の作であり、准河流域出土であるが、「銘文」としては方格銘帯の中に、

「見日之光天下大明」

の八文字だけがある。四か所の乳（突起）の左右に連畳式草葉があり、銘帯の四隅に弁葉二枚一組ずつ、乳の外方には小型の弁葉が一枚ずつ連結している。

この「図様」は「天下（の人民）」をデザイン化しているのではあるまいか。その中央の天子の居城するところ（都の西安）が「方格」によって象徴されているように見える。

図4－3　草葉日光大明鏡（梁上椿『巌窟蔵鏡』同朋舎出版より）

要するに、簡明な文字と簡素な図様と、この両者はバランスよくここに〝対応している〟のではあるまいか。

右の事例に対し、いわばプラス・アルファの一要素が付加されたもの、それが次ページの「四螭草葉日光大陽必当鏡」(8)（図4－4）である。

方格銘帯が鈕座の周囲にあり、右回りで、

「見日之光天下大陽所言必當」

の十二文字がある。前半の六文字に関しては、前鏡の趣旨と同一だ。だが、後半では「大（太）陽」に関連して何らかの「予言」が行われ、それが「必ず当たる」と称されて

図4－4　四螭草葉日光太陽必当鏡（梁上椿『巌窟蔵鏡』同朋舎出版より）

いる。当鏡を使用して太陽の「反照度」によって、当年の風水害や穀物の順・不順などを卜《うらな》ったのではあるまいか。その「卜」の「必ず当たる」旨が記せられているのである。

このような「銘文」に対し、「図様」はいかに。

前鏡と共通の連畳式の草葉四組などと共に、前にはなかったデザインが現われている。四か所の乳の周囲に、「口を大きくあけ、舌をだし、足が四本、長い尾をもつ、同じ形の蟠《はん》螭《ち》がある」のだ。(9)

これは何か。思うに、卜者が太陽と銅鏡によって当年の天候・穀物の順・不順などを「予言」する。それは、じつは自分（卜者）の声には非ず、神聖なる蟠螭の「舌」による「予告」である。そのように信ぜられていたのではあるまいか。ともあれ、「銘文」中の「言うところ、必ず当たる」の一節と「図様」中の「長舌」をもつ霊獣（蟠螭）と、両者これを無関係と考えることは到底不可能であろう。

ここでも「銘文」と「図様」とは、両々相対応していたのであった。

2　日本出土鏡の銘文と図様の再検討

海東鏡

わが国出土の、いわゆる「三角縁神獣鏡」の中の代表をなすとされてきた秀逸鏡として、国分神社（大阪府）蔵の「海東鏡」（図4－6）と「徐州・洛陽鏡」（図4－7）が存在する。(10)

「海東鏡」の銘文は左のようである。

A　方格内（右回り）
「君宜高官」

B　銘帯（左回り）
「吾作明竟真大好浮由天下□（敖？）四海用青同至海東」

右には二種類の「主格」が現われている。一は「君」（A）であり、他は「吾」（B）である。それぞれ文頭にあり、まぎれようがない。

「君」の方は「高官に宜《よろ》し」という述語部分が示すように、「豪族、地方権力者の位置にある人」に対する用法である。

これに対し、「吾」の方は「明竟（鏡）を作る」という述語部分が示すように、「鋳鏡者」すなわち「鏡師」の自称である。当鏡の製作者である。

彼はさらに、みずからの「経歴」を述べる。文字通り、〝経《へ》てきたところ、歴巡してきたところ〟の叙述である。「天下を浮由し」の「浮由」の二字は、この作鏡者の学的素養を示している（通例は「浮遊」）。

子曰、道不行、乗桴浮於海、従我者其由与
（子曰《いわ》く、道行われず、桴《いかだ》に乗りて海に浮ばん。我に従う者は、それ由か。）
論語、第五、公冶長篇

孔子は弟子の由（子路）をつれて海上に浮かび、東方の地（九夷。日本列島はその中の島夷に属す）へ向かうことを夢み、果たせなかった。これに対し、わたし（「吾」。鋳鏡者）は弟子と共に（中国から）出て天下を巡ることとなった、と述べているのである。従来は、この有名な論語の一節との〝対応〟が必ずしも注意されていなかったようである。

図４－５　青蓋鏡平縁盤龍鏡（国分神社所蔵）

図４－６　海東鏡（三角縁四神二獣鏡）（国分神社所蔵）

図４－７　徐州・洛陽鏡（三角縁四神四獣鏡）（国分神社所蔵）

「四海に□（敖、あそび）」は、右の一句の敷衍である。

これも

　子欲居九夷（子、九夷に居らんことを欲す。）論語、第九、子罕篇

が背景にあるであろう。「九夷」の居するところ、それが「四海」だからである。

漢代、儒教は「国教」とされ、一般に流布されていたから、鋳鏡者といえども、その「作文」のさい、『論語』の著名の文節が背景にありと見なすこと、何の不自然も存在しないのである。「浮由」「四海」共に、この鋳鏡者が「孔子の国外（東方）脱出願望」に対し、深い関心をもっていたことを示している。

「青同（銅）を用《も》って」の「用」字は

「もって」以に同じ。

用、以也（一切経音義七、蒼頡篇）

用、詞之以也、以・用、一声之転、凡春秋公羊伝之釈ㇾ経、皆言二何以一、穀梁則或言二何用一、其実一也、

（経伝釈詞）

諸橋、大漢和辞典

とある。「用」と「以」とは「互文」（共用）の文字なのである。

キー・ポイントは「海東に至る」の一句だ。この「至」という動詞の「主格」は、鋳鏡者の「吾」以外にありえない。この点、さして長からぬAの一文を観察すれば、他に撰択の余地がないのである。

この点、一九七九年にわたしが『ここに古代王朝ありき――邪馬一国の考古学』（初版朝日新聞社刊、復刻版ミネルヴァ書房刊二〇一〇年、本書一七五ページ）で詳論し、その二年あと、王仲殊氏が（わたくしの先行説にふれずに）襲用されたところであった。

今回の問題は、「図様」との関係である。分析してみよう。

（1）人物としては、四人が描かれている。二名ずつ、鈕座に対して相対応する形である。これを（α）二名と（β）二名とに区分しよう。
（α）「四海（「高」逆回り）同青」の銘字を足下にした位置に座している。

（β）「明竟（「君」逆回り）真大」の銘字を足下にした位置に座している。
（2）（α）は、向かって左が男性（やや大）、向かって右が女性（やや小）であり、それぞれ貴人の冠をいただいている。豪族夫妻である。
これに対し（β）は、二人とも男性である。向かって右（やや大）が「主」、向かって左（やや小）が「従者」と見られる。それぞれの頭上の帽子も、「主」の方がやや立派であり、「従者」の方が粗末である。
（3）すなわち、「α」は「君」に当たり、当鏡作製のスポンサーであり、「β」は「吾」に当たり、海を越えて渡来してきた鋳鏡者「主従」である。
（4）このような理解を裏付けるもの、それは「β」の「主」の（乳をはさんで）右下に描かれた、一匹の「魚」である。〝波頭を越えて、この海東に至った〟ことを象徴させている。その役割をもった「生きた証人」としての刻入なのである。
（5）「α」と「β」との間（両側）に一匹ずつ霊獣が描かれている。海陸の守護神的な存在であろう。
以上、「銘文」と「図様」との両者は緊密に対応していることが認められる。

徐州・洛陽鏡

次に「徐州・洛陽鏡」の「銘文」は左のようである。

「新作明竟幽湅三剛銅出徐州師出洛陽彫文刻鏤皆作文章配徳君子清而且明左龍右虎轉世有名獅子辟邪集會幷王父王母游戲聞□□（長？）宜子孫」

「新たに明竟（鏡）を作った」と述べ、「幽湅三剛」と、鋳銅製錬の常套句を付している。

その上で有名な「銅は徐州に出で、師は洛陽に出づ」の両句が現われている。

この前句の「徐州」について、かつて富岡謙蔵氏は「徐州（府）の故場（伯山県付近）」と見なした。洛陽の東域に当たっている。

ところがこれに対し、王仲殊・樋口隆康氏らは批判を加え、徐州府の南端、揚子江の北岸に近い、江都・儀徴などの銅産地の諸県をこれに擬すること、学界の大勢となったかに見える。

しかし、この文章は、天下の大勢を示す「一般論」ではない。彼ら（この徐州・洛陽鏡および前述の海東鏡の作鏡者）に関する「具体論」である。

なぜなら後句の「師は洛陽に出づ」も、〝すべての鋳鏡技術者（師）は洛陽出身である〟と言っているのではない。彼らがみずからについて「洛陽出身」であることを〝誇って〟いるにすぎないのである（それもあくまで「出身」にすぎず、その後の変転――たとえば「呉地」時代など――に関しては語るところがない）。

同じく、前句に関しても、天下の銅産出の「一般論」を述べて〝すべての銅は徐州産である〟とか、〝中国最大の銅産地は徐州である〟とか、そのような主張はまったくない。そのように解釈すれば、それは現代の学者による「拡大解釈」と言わざるをえないのではあるまいか。

このように考察してみれば、これをあえて銅産地として（現在）著名の地である、徐州府南域の揚子江沿いの地へと〝移す〟必要はまったくないのではあるまいか。

なぜなら、もしそのような地を指したいならば「銅は徐州の南に出づ」とか、「銅は徐州・江都に出づ」とか記すればいい。すでに全六〇文字もの長文であるから、他の数文字を削り、四字対句の文を整えること、何ら困難なところではないであろう。

たとえば、わたしたちが「錦は京都産である」と言うとき、その京都は「京都市内かその周辺」を指すのが通例であり、舞鶴などを指しはしない。そのような地域なら「（この縮緬《ちりめん》は）丹後産である」と言うであろう。それと同じだ。ただ「徐州」と言えば、聞く人は（あるいは見る人は）「徐州（府）の故治県」をイメー

国分神社蔵三銅鏡の鈕　調査概要

1999年8月　古田武彦　藤田友治　谷本茂

国分神社，大阪府教育委員会，大阪市立美術館のご協力を得て，1999年7月28日に国分神社蔵の三枚の銅鏡を大阪市立美術館にて実見・調査したので，主に鈕に関して，その概要を報告する。

調査当日は，久米雅雄氏（大阪府教育委員会事務局，文化財保護課 芸術文化係 主査）と大重薫子氏（大阪市立美術館 研究副主幹）の立会いのもと，古田，藤田，谷本の三人が目視・写真撮影・ビデオ撮影・寸法測定を実施した。

(1)　平縁盤龍鏡［「青蓋作」銘］

鏡面直径：141 mm
銘文：(42文字 右回り) 青蓋作竟四夷服多賀國家人民息胡虜殄威天下復風雨時節五穀熟長保二親得天力傳告后世楽毋極
鈕の直径　：25 mm
鈕座の外径：33 mm
鈕の高さ　：鈕座面より鈕頂まで約 15 mm
鈕と縁の高さとの関係：平縁面を水平基準として鈕頂が5.5 mm 上に出ている（高い）。
鈕孔：最外部の寸法は高さ約 6 mm，幅約 8 mm のアーチ状の断面であり，ほぼ同寸法の断面形状で貫通している。中央部でも高さ 5 mm，幅 7 mm の断面形状を維持しており，きれいな「かまぼこ」状の孔になっている。［添付の図面を参照のこと］
鈕孔表面の仕上がりも良好である。

(2)　三角縁四神二獣鏡［「吾作・・・海東」銘］

鏡面直径：223 mm
銘文：(20文字 左回り 字間に小乳) 吾作明竟真大好浮由天下□四海用青同至海東　(敖？)
(4文字 右回り 方格内)　君宜高官
鈕の直径　：37 mm
鈕座の外径：52 mm（鈕座の内径：42 mm）
鈕の高さ　：鈕座面より鈕頂まで約 15 mm
鈕と縁の高さとの関係：三角縁頂上面を水平基準としてみると，鈕頂がちょうど隠れる。

つまり三角縁の頂と鈕頂とはほぼ同じ高さになっている。

鈕孔：孔の断面形状が一様でない。方格内文字「官」側から見た孔を(A)，「宜」側から見た孔を(B)とすると，(A)の最外部の寸法は高さ約6mm，幅最大約9mmのくずれた方形状の断面であり，上辺に比べて下辺が短い逆台形に近い形になっている。一方(B)の最外部断面はきれいな方形に近い形をしており，側面はやや樽型に湾曲している。高さ約6.5mm，最大幅約9mm，上下両辺は約8mmである。[添付の図面を参照のこと]
孔の貫通状態は一様ではなく，中央部で狭くなっており，その断面も角がとれた方形に近い形状（高さ約3.5mm，幅約5mm）である。
孔の内表面の凹凸が製作時からのものか，酸化物あるいは付着物によるものか目視では定かではない。鈕表面の仕上がりはあまり良くない。

(3)　三角縁四神四獣鏡［「新作・・・子孫」銘］

鏡面直径：232mm
銘文：(60文字 右回り) 新作明竟幽湅三剛銅出徐州師出洛陽彫文刻鏤皆作文章配徳君子清而且明左龍右虎轉世有名師子辟邪集會幷王父王母游戯聞□□□宜子孫
（長？）
鈕の直径　：37mm
鈕座の外径：51mm（鈕座の内径：42mm）
鈕の高さ　：鈕座面より鈕頂まで約15.5mm
鈕と縁の高さとの関係：三角縁頂上面を水平基準として，鈕頂が約2.5mm上に出る（高い）。
鈕孔：孔の断面形状が一様でない。銘文「集會」側から見た孔を(C)，「師出洛陽」側から見た孔を(D)とすると，(C)の最外部の寸法は高さ約5mm，幅最大約12mmのややくずれた方形状の断面であり，上辺に比べて下辺が短い逆台形に近い形になっている。側面は糸巻き状に内に湾曲している。断面上辺は約12mm，中央部が約8.5mm，下辺が約9.5mmとなっている。一方(D)の最外部断面は上からつぶされた様な逆三角形に近い形にくずれており今回調査した三枚の鏡の鈕孔で最も歪んだ形状になっている。高さ約3.5mm，最大幅は約8mmである。孔の周囲には損耗部分があり，その最大幅は約13mmとなっている。[添付の図面を参照のこと]
孔の貫通状態は一様ではなく，中央部で狭くなっており，その断面は角のとれた方形状（高さ約3.5mm，幅約5mm）にくずれている。
孔の内表面の凹凸が製作時からのものか，酸化物あるいは付着物によるものか目視では定かではない。鈕表面の仕上がりは良好である。

ジすること、当然である。

要は、この前句は銅産地の「一般論」ではなく、「彼ら（この銅鏡の鋳鏡技術者）の持参した銅」、もっと切りつめればこの「徐州・洛陽鏡」作製に用いた、その銅のことを言っているのである（それも、じつはこの一銅鏡に用いられた「銅」材料の一部であるかもしれぬ）。

富岡謙蔵氏も述べられたように、この徐州（府）の故治県はかつて「銅山県」と命名された地点の近くにあった[11]。とすれば、たとえば、この「一銅鏡」分の銅産出もなくしてこのような県名のつけられることはありえない。このように考えることは、果たしてわたしの独断であろうか。

「現在は銅の産出がない」とか「徐州（府）全体の中で、現在決して銅の多産出地には当たっていない」といった問題と、この文章の示す特定の意味とを〝混在〟させて立論してはならないのである。

おそらく従来説のような「当鏡、中国内作製（舶載）説」の場合、必然的に「当、徐州は中国内の産銅の多出の著名地域である」との意義として解せざるをえなくなっていたのではあるまいか。

反面、わたしの立説（「海東鏡」問題）を襲用した王仲殊氏の場合も、その立説が「局限された、唯呉鏡系列説」であったため、この後句の「洛陽」をもって「虚詞」と称してこの鮮明の一句のもつ明白な「主張」を消さんとされたため、樋口氏からの痛烈な批判を浴びることとなった[12]。

わたしの場合、彼ら（徐州・洛陽鏡および海東鏡の鋳鏡者[13]）が「洛陽出身」を誇っていること、この事実を疑ったことは一回もない。

にもかかわらず、「洛陽→楽浪→帯方→日本列島（倭国領域）」というメイン・ルートの他に、「呉地」などから海上へ脱すべき、種々の直接ルート（東シナ海の南北域）もまた存在する。これを決して軽視すべきではないことをことさらに注意したのであった。

次に進もう。

「彫文し刻鏤し」と言い、「皆、文章を作なす」と言う。これは注目すべき二句だ。なぜなら、〝この鏡の中に銘文し図様して銘刻したところは、すべて文章として表現した〟という趣旨だからである。すなわち「銘文」と「図様」の一致あるいは相関の存在を、鋳鏡者自身がここに明記しているのだからである。この、いわば「裏書き」あるいは「証言」ともいうべき一節が、当の鏡面内に歴然と銘刻されているのであるから、これ以上的確な「証書」は存在しない、とすらわたしたちは言いうるであろう。貴重だ。

「配徳の君子」の「君子」とは有位者・名望者・豪族などに対する敬称であるが、「配徳」の「配」は〝つれあい、夫妻〟を指す。「配偶者」の「配」である。「配偶」の意を敬して「配徳」と称したのである。要するに〝豪族夫妻〟を指している。

「清にして且《かつ》明」は、通例銅鏡に対する形容の辞であるけれど、ここでは文脈上、直前の「配徳の君子」に対する〝称揚の美辞〟をも兼ねているのではあるまいか。

「左龍・右虎」と「陏（獅）子・辟邪」は、常套の用語であるが、その間に「転世・有名」の四字をはさみ、これらの四匹が「著名の霊獣」であることを、文章として特記している。

そのあと「王父・王母」の語が出ている。これは疑いなく「東王父・西王母」を指しているであろう。

注目すべきは、その直前の「集會幷」の三字である。「幷」は「ならぶ（よりそふ）」「あふ（ひとつになる・なる・あつまる）」「あはす（ひとつにする・混合する・あつめる）」「ともに。ともにする（同じく。同じくする。）」

とあるように、この三字以前にあげられた「配徳の君子」と「四匹の霊獣」が、「東王父・西王母」と共に、いわば〝一堂に会している〟旨を述べているのである。

「図様」を検しよう。

確かに、ここにも「二名」ずつ（ペアー）の人物が鈕座をはさんで二組描かれている。合計、四名である。

そして両グループの間に、左右二匹ずつ、合計、四匹の霊獣が描かれている。

「人間の数」も、「霊獣の数」も、銘文の告げるところと、ピッタリ一致する。これは果たして偶然だろうか。


問題の核心は、左の両者の関係である。

(α)「出徐州師出洛陽彫文刻鏤」を足下にした二名
(β)「陈子辟邪集會幷王父王母」を足下にした二名
右の(α)と(β)は、若干〝彫りの深さ〟に濃淡あるかに見えないこともないけれど、まず両者「相似形」であると考えて大過はないであろう。とすると、一方の(α)が「配徳の君子」(豪族の夫妻)であるとすれば、それは他方の(β)「東王父・西王母」と〝ソックリ〟の相似形で銘刻されていることとなろう。

その意図は、何か。おそらく、

〝あなたたち(スポンサーの豪族夫妻)は、われわれの故国で有名な「東王父・西王母」ソックリのお姿に見えます。〟

という「称揚」、率直に言えば「阿諛《あゆ》の手法」の表現なのではあるまいか。

明治以降、写真師は「新郎」などの男性の写真に対しては(写真師の「墨入れ」によって)「明治天皇」の写真に〝似せた写真〟に仕上げることが〝技倆の優秀さ〟とされ、注文者からの好評を博した、という。時代は変わっても一脈相通ずるものがあろう。

そのさい、肝心の一点は、冒頭部の「銅は徐州に出で、師は洛陽に出づ。」という両句との関係だ。要は、

〝わたしたち、中国の名だたる都邑の地から来たものの「目」にそう見えるのですからあなた方が、わが「東王父・西王母」とソックリなのは、まちがいありません。〟

という、いわば「阿諛の裏づけ」に当たるもの、それが著名な「銅は徐州に出で、師は洛陽に出づ。」の一

節のもつ位置、すなわち六〇字の全文脈中でこの八字の〝になっている役割〟だったのである。

従来の銅鏡論、三角縁神獣鏡論において、この一節は何回となく引用され、くりかえし論及されたのであるけれども、遺憾ながら、この「八字」のみの〝抜出し〟論及にすぎず、全六〇字という「全体」の中の、八字という「部分」のもつ位置、その当文脈内の役割そのものを看過してきたのでなければ幸いである。

さらに、当鏡中に四箇存在する笠松形の図様についてふれておこう。このデザインに最初に注目し、「国産」の徴証とされたのは奥野正男氏であるが、これもまた王仲殊氏は（奥野氏の名をあげずに）襲用されたようである。

奥野氏の場合、これをもって三国志の魏志倭人伝に出現する「黄幢」に結びつけて理解された。それも一着目点ではあるけれど、わたしはむしろ〝さしば〟〝きぬがさ〟の類の「貴人の身分表示」のシンボル物と見るべきではないかと思う。なぜなら後述のように「仙人と仙界入りする人々（王喬・赤松子）」に関する図様にもまた、この図様は濃密に、くりかえし出現しているからである。

思うに、当鏡（徐州・洛陽鏡）中に出現する「（東）王父・（西）王母」は、中国においては〝解説〟の必要なき有名人物であった。「左龍・右虎」や「陏（獅）子・辟邪」に関しても、同様である。しかしこの日本列島内においては「文章」中において「転世有名」としてことわった上、「図様」中においてもまた、この「笠松形文様」という〝貴人のシンボル〟を明示することによって、まさに〝平凡の人や獣〟に非ず、「有名」の人（東王父・西王母）や獣（四霊獣）であることを明示したのではあるまいか。

とすれば、ここでも、この銘刻者の言う「彫文・刻鏤、皆文章に作る」という記述とピッタリ一致しているのである。（先の「海東鏡」の場合にも、例の「一匹の魚」の上に一箇の簡略な笠松形図様が描かれている。〝貴人のシンボル物〟であることは、同一であり、いわばその祖源的描写であろうけれど、これを明確に「図様化」し、四箇の注目図様として用いたのは、やはり「徐州・洛陽鏡」の鋳鏡者の、いわば〝創意〟であるかもしれない。）

なお、当銘文中の「転世有名」の「転世」は、「此の世に再び生まれる。生まれかはり」（諸橋、大漢和辞典）の意である。

我想う、太真娘娘。原《もと》是れ神仙の転世。（長生殿、看襪）

のごときである。ここでは〝この地（日本列島）の「配徳の君子」（地方豪族）は、あの「（東）王父・（西）王母」の「生まれかわり」のように見える〟として、工夫された「阿諛の言」を述べているのではあるまいか。それゆえ、「図様」においても、両者（「配徳の君子」夫妻と「（東）王父・（西）王母」）をもってソックリの相似形として、あえて銘刻したのではあるまいか。

まさに驚くべく、律儀な「銘文と図様の一致」なのである。

青蓋鏡

次に、国分神社三蔵鏡の一である「青蓋鏡」（図4-5、三五八ページ参照）について分析しよう。

これはいわゆる「三角縁神獣鏡」ではないけれど、国分神社三蔵鏡の一であり、前述の「海東鏡」「徐州・洛陽鏡」と同じ古墳（茶臼山古墳）から出土したものであるから、注目に値しよう。

「銘文」

「青蓋作竟四夷服多賀國家人民息胡虜殄威天下復風雨時節五穀熟長保二親得天力傳告后世楽母極」

「青蓋作竟（鏡）」については後述する。以下は、この「青蓋作竟」という冒頭句をもつ鏡に多い〝天下、国家の平穏を賀する〟吉祥句である。

「四夷服す」と言い、「多賀国家」「人民息《いこ》う」とし、「胡虜殄威（滅）」と称する。その結果、「天下復」し、「風雨時節」と自然も順調となり、「五穀熟し」「長保二（両）親」という状況は「天力を得た」ためであり、これを「后（後）世に傳え告げ」、「楽しみは極まり母なし」という。

「図様」の方は、従来「盤龍」（わだかまった竜）と見なされ、「盤龍鏡」の名称で呼ばれた。二匹の竜（雌と雄）と見なすのであろう。

これに対し、これを「龍と虎」と見なし、「龍虎鏡」と呼ぶ論者もある(14)。

いずれにせよ、ここに「龍」が存在することは疑いがない。竜は〝天子のシンボル〟であるから、ここに描かれたのは「天子」それ自身か「天子を囲む、守護神」であろう。

右の「銘文」の〝隠れた主語（中心者）〟が、他ならず、この「天子」であったこともまた、確実である。「天の意志」を正しく承けた「天子」の下でこそ、ここに列挙された「天下・国家・人民」の順調な姿がえられる。そこでは、害をなす外敵（胡虜）は殲滅《せんめつ》され、周辺の夷蛮（四夷）も服従する、というのである。

すなわち、表面的には、まったく別個のものと見える、これら「銘文」と「図様」は深く対応していたのである。

後代、南宋で栄えた、いわゆる「南画」と呼ばれる文人画において、背景をなす山水画と、その一隅に書かれた文章、たとえば、

桃李不言下自成蹊
（桃李ものいはず、下おのづから蹊を成す。）

とは、一見まったく〝無関係〟かと見えながら、その実、深い契合性をもつ。すなわち、その山水世界の一角に、美果をもつ桃李とそこに至る小道のあることをうかがわせる。それはやがて「大自然の気」にも似た「透徹した人格者」、すなわちみずからP・Rしなくとも、人々が集い来たるような人格の人間的魅力のすばらしさを語っている。このように「図」と「文」との対応によってかもし出す全体的イメージ、それがとりもなおさず南画世界の魅力なのではあるまいか。

この「青蓋作竟」のもつ構成（「銘文」と「図様」）もまた、このような後代の「南画」的技法の、いわば先蹤をなすものだったのではあるまいか。

次いで「青蓋」の二字について述べよう。

すでに知られているものに「青羊作竟」と共に「青蓋作竟」がある。「青羊」「青蓋」は、いずれも「人名か商標名らしい」とされている。(15)

青は、姓。何氏姓苑に出づ。　広韻

とあるから、「青」が姓、「羊」「蓋」が名、という可能性はありえよう。

けれども反面、「青蓋」には次の用法がある。

「漢制、王の車に用ひる青色のおほひ。」

「（青蓋車）青色のおほひのある車。古、皇太子、皇子または王の乗用としたもの。」

また三国志の呉志三嗣主伝に引用された、干宝晋紀に、

青蓋、当に洛陽に入るべし。

の一句があり、孫皓（呉朝の最後の天子）の乗車が「青蓋」と表現されている。したがって右の「青蓋」が「尚方」に準ずる〝官公房〟を指す可能性も絶無ではない。

いずれにせよ、この「青蓋作竟」は、東漢（後漢）鏡として中国本土の古墳（淮河上流・山東・湖南・河南など）から出土しているものである。したがって国分神社の茶臼山古墳出土の当鏡が、「中国鏡」である可能性はきわめて高いであろう。

あるいは、同一古墳出土の「海東鏡」「徐州洛陽鏡」の鋳鏡者の〝身元〟と関係があるかもしれぬ。注目される。

権現山2号鏡

「銘文」と「図様」の関係について、権現山51号墳(16)の2号鏡（張氏作三神五獣鏡、図4－8）を分析しよう。いわゆる「三角縁神獣鏡」である。

「銘文」

「張氏作鏡眞大巧　仙人王喬赤松子　師子辟邪世少有　渇飲玉泉飢食棗　生如金石天相保兮」

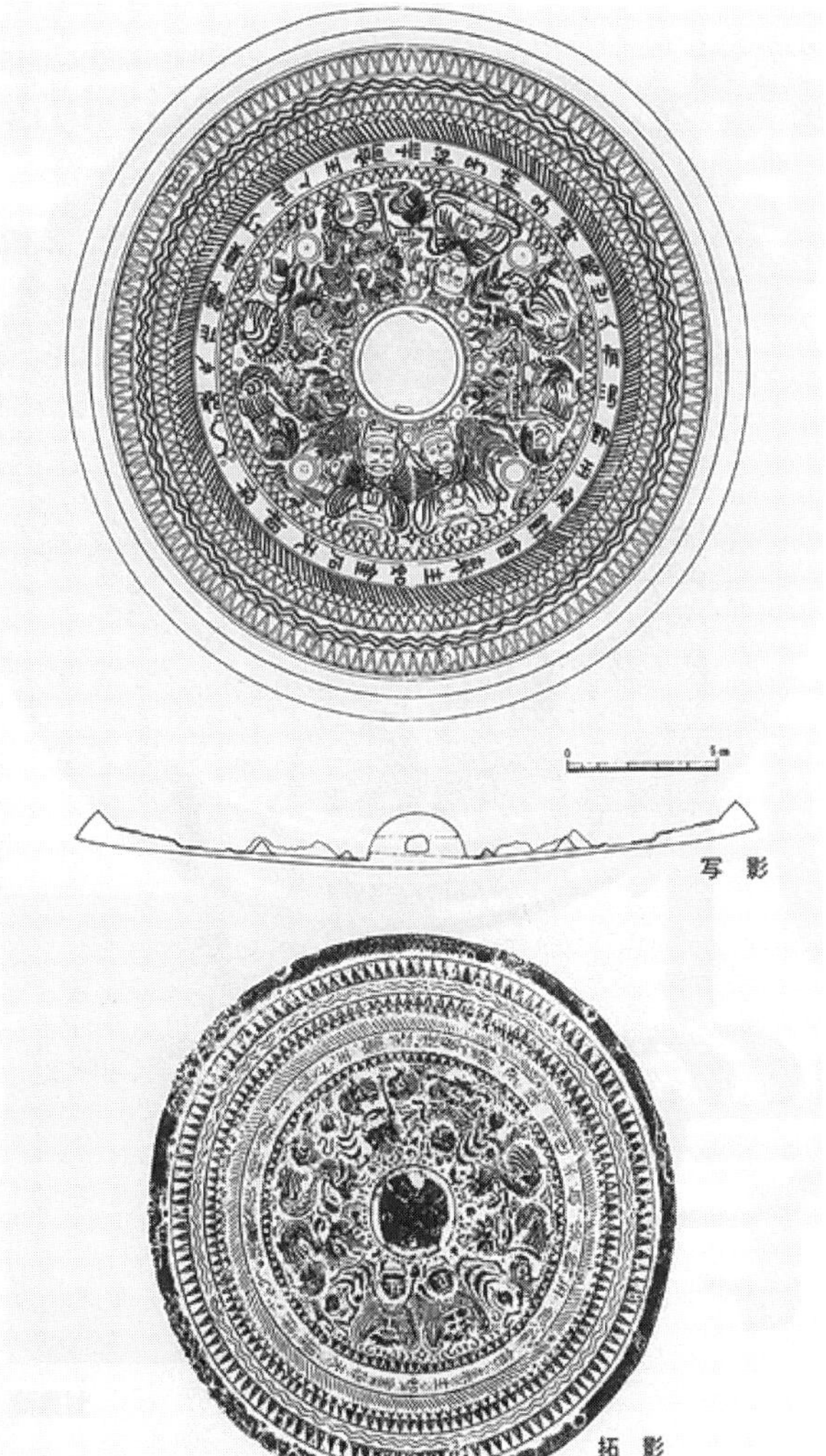

図４－８　権現山51号墳２号鏡（張氏作三神五獣鏡）写影（『権現山51号墳』より）

右では三人の「人間」（神仙を含む）と二種の「霊獣」が記せられている。仙人・王喬・赤松子が「人間」型で描かれ、陏（＝獅）子・辟邪の二種が「獣」型である。

右に対し、「図様」を見ると、「赤松陏子」の文字を脚下にして「仙人」が一人、座している。これに対し、「食棗生如金石天」を脚下にした二名が「王喬」と「赤松子」と見られる。

一方、「獣」型は五匹描かれている。「巨」を口に含んだ「辟邪」と見られる霊獣が三匹（〈イ〉「人王喬」、〈ロ〉「邪世少」、〈ハ〉「渇玉泉」を脚下にする）、「陏（＝獅）子」と見られる霊獣が二匹（〈ニ〉「区画印・張」、〈ホ〉「作鏡竟」を脚下にする）描かれている。

その上、興味深いことは、従者（小人に描かれている）が「笠松型文様」のもの（「さしば」の類か。貴人を示す）を〝さし出〟し、〝たてかけ〟ている図様が二個存在する。〈ヘ〉は、「子辟」を脚下にし、他〈ト〉は、「相保」を脚下にする。しかも、〈ヘ〉は先の「仙人」に向けて、さし出しているのに対し、〈ト〉は、すぐそばの「王喬」たちに対してではなく、同じく「仙人」の方向へ向けて「笠松型文様」をさし出している。すなわち、「〈ヘ〉と〈ト〉の間」は、「仙人」を中心にした「仙界」と見られる。「王喬」と「赤松子」は、仙界近くに来ながら、いまだ「仙界に入らざる」姿、その直前の時期が現わされているのである。

王喬は、もと周の霊王の王子であったが、晩年仙界に入った、とされる（『逸周書、太子晋解』など）。赤松子は神農の時の雨師であったが、後に仙界に入ったと伝える（『史記、留侯世家』など）。これらの伝説を背景に、この図様を形成しているのである。

なお「辟邪」〈イ〉は自ら左手に「笠松型文様」（〝さしば〟か）を持って、「仙人」に侍従するかに見える。またこの〈イ〉と「仙人」との間の上部には、もう一人の従者（小人）がいて、「羽子」（〝あふぎ〟か）状のものを「仙人」に向かって捧持している。

以上のように、「図様」はきわめて〝物語的〟であり、かつ〝精細〟であるが、やはり「銘文」の示すところ、その骨格と、よく対応していることが認められるのである。

なお「辟邪」〈イ〉は、みずから左手に「笠松型文様」（〝さしば〟か）を持って、「仙人」に侍従なお、当「図様」中の「仙人」は〝神仙〟であるけれど、「王喬・赤松子」の二人は、〝いまだ仙境に入らざる前〟の「人間」として描かれていることが注意せられる。

この点からも、あらかじめ「神獣鏡」と称していた場合には、単に「神人と神獣」に局限せられていたため、右の問題は、研究者の認識に入らなかったかと思われるが、「図様のもつ物語性」が浮かび上がってきたのである。(17)

青龍三年鏡　三角縁人獣鏡ではないけれど、最初の年号鏡として論及されることの多い「青龍三年鏡」（方格規矩四神鏡。京都府大田南5号墳出土。また大阪府高槻市安満宮山古墳出土、は同型〈もしくは同類〉鏡）についてふれておこう。

「銘文」

「青龍三年　顔氏作竟成文章　左龍右虎辟不詳　朱爵玄武顧陰陽　八王九孫治中央　壽如金石宜侯王」

内区に十二支（一部、不鮮明）。

右に対し、「図様」においては八匹の霊獣が描かれている。図案として簡略化されているけれど、「銘文」の霊獣四匹が〝雌雄〟の形で示されているようである。「左龍右虎」（a）に対して「不詳（＝祥）を辟（＝避）く」と言い、「朱爵（＝雀）玄武」（b）に対して「陰陽を顧る」と言っているけれど、これは漢文としての成句法であり、述語部分（「辟不詳」「顧陰陽」）は、（a）（b）を共に〝受け〟ていること、当然である。すなわち、四匹の霊獣にはすべて「陰陽」（雌雄）あり、と言っているのである。その「銘文」内容が「図様」の中に明晰に表現されている。

さらに、中央の方部（正方形の区画）の中に十二支が記されている。鈕部を「中心」とし、「天子の座とそ

「青龍三年」銘銅鏡二種の鈕について　調査概要

2000年8月　古田武彦　藤田友治　谷本茂

安満宮山古墳（大阪府高槻市）出土の「青龍三年」銘のある方格規矩四神鏡（2号鏡）と，それと同型鏡とみなされている大田南5号墳（京都府）出土の銅鏡について，実見調査の機会を得たので，主に鈕に関して概要を報告する。

銅鏡の概略

二種の銅鏡は，寸法，銘文，文様などの特徴が殆ど同じであり，一応「同型鏡」とみなしても大きな間違いではないであろう。ただし，銘文の字体や文様の仕上げ加工の仕方には微妙な差も観察されるので，完全な同型鏡かどうかは今後の詳細な検討を経て確定すべきである。形状の著しい相違は鈕孔の位置（方向）であり，銘文の配置に対して各々約90度異なる向きに鈕孔があいている。

鏡面直径：174 mm
銘文：（39文字 右回り）　1　5　10　15　20
・青龍三年顔氏作竟成文章左龍右虎辟不詳朱爵
25　30　35　39
玄武順陰陽八子九孫治中央壽如金石宜侯王

安満宮山古墳出土鏡の「龍」第一文字は旁が「大」に近い異体字。第二文字の旁は「尢」に近い異体字である。
大田南5号墳出土鏡の「龍」第一文字は旁が「犬」あるいは「尤」に近い異体字。第二文字は「尤」あるいは「尢」に近い異休学である。

鈕の直径：約 30 mm
鈕座の外径：約 36 mm
鈕座の内径：約 34.5 mm
鈕の高さ；鈕座面より鈕頂まで約 8 mm，鈕座面の高さは約 1 mm。
鈕孔：各々の鈕孔の方向は約90度異なる。
安満宮山古墳出土鏡の鈕孔は銘文の「作竟」側（Aとする）と「陰陽」側（Bとする）とに向いて開けられている。大田南5号墳出土鏡は「右虎」側（Cとする）と「如金」側（Dとする）とに向いて開けられている。どの孔も長方形あるいは逆台形に近い断面であるが，鈕の表面の仕上りに比べて開孔部分の縁処理は雑である。

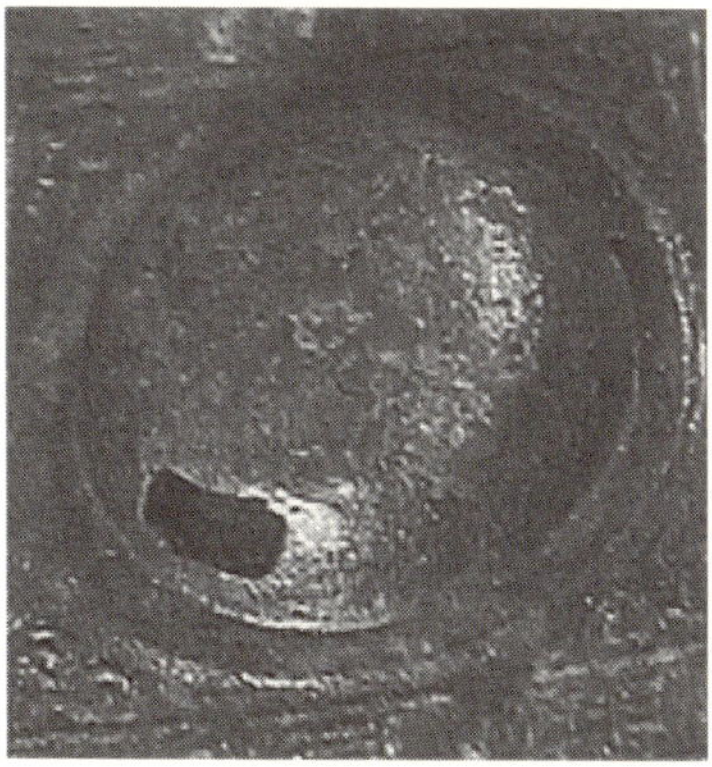
鈕孔 A

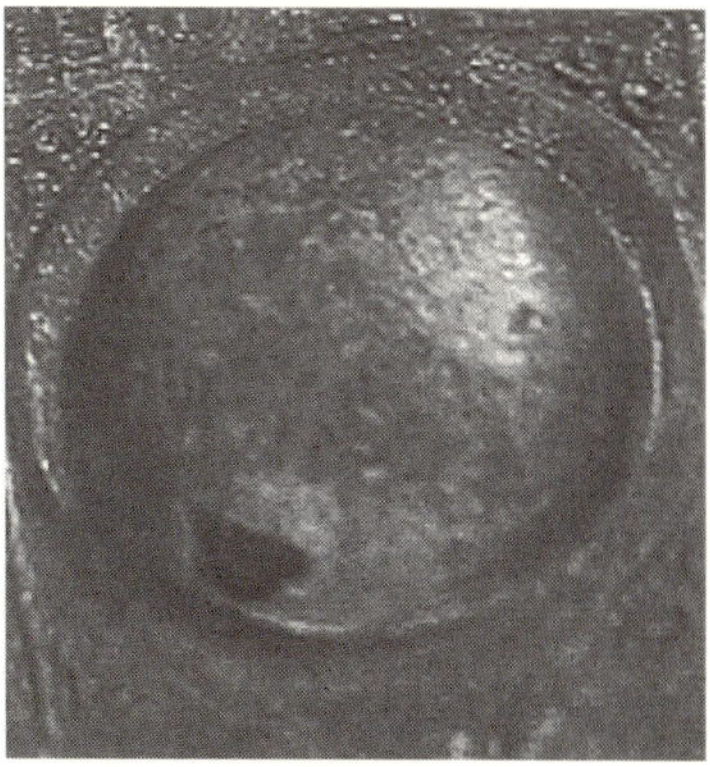
鈕孔 B

図 4 - 9　大田南 5 号墳出土「青龍三年」鏡・鈕孔拡大図

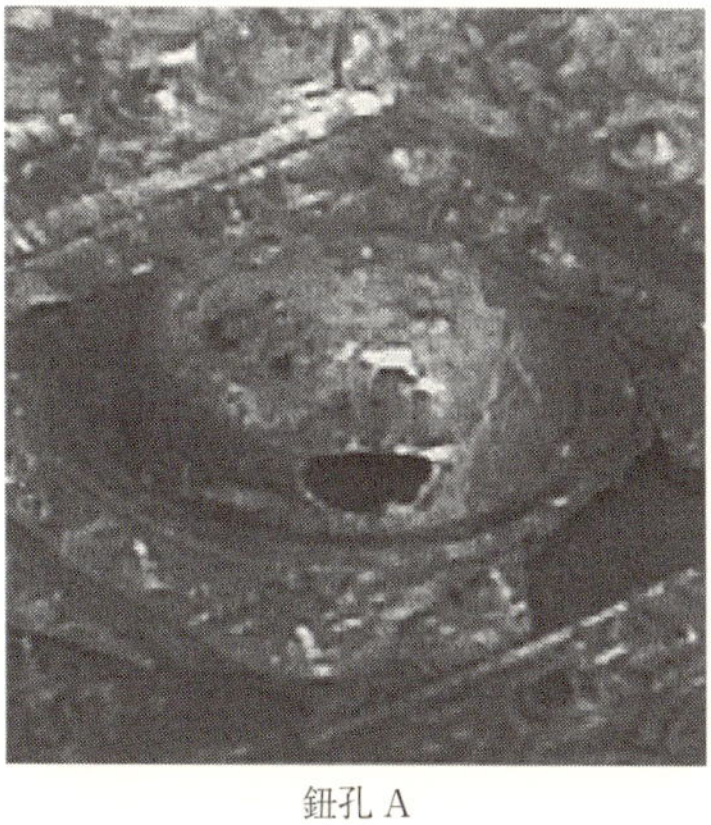
鈕孔 A

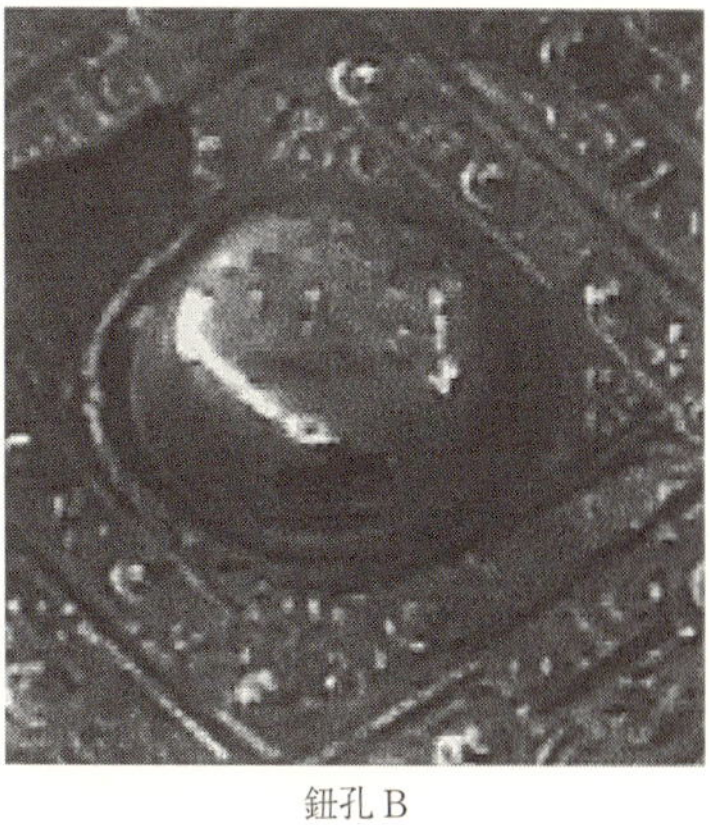
鈕孔 B

図 4 - 10　安満宮山古墳出土「青龍三年」鏡・鈕孔拡大図

の配下の周辺世界（天下）」を象徴（シンボライズ）したものであろう。すなわち、「銘文」に言う「八王九孫、中央に治す」の一節と対応させているのである。「中央」は「天子を中心とする朝廷」をしめし、それに連なる顕宮・顕職を願った章句である。「図様」もそのような「銘文」内容と対応させられているのである。「壽は金石の如く」「侯王に宜し」という常套句も、この「図様」のもつ構成の全体と相応して余すところがない。

もちろん、このような「銘文と図様の対応度」は、梁氏も指摘していたように、決して一律ではない。濃淡、千差万別であり、中には〝簡化〟〝乱雑〟に流れているものも、必ずしも少なしとはしないであろう。この点、いわゆる「後鋳鏡」「模鋳鏡」に至っては、一層はなはだしいものがあろう。けれども、その「根本原則」は、あくまで両者（「銘文」と「図様」）の対応にあり、そのバランスの中に「鏡面全体」が構成されていること、この一事を見失うべきではないであろう。その点、決してひとり三角縁人獣鏡に限らないのである。

なお当鏡の鈕孔について写真撮影（図4－9、4－10）とデジタル解析を行った。先述のように「不定型（乱型）」（この青龍三年鏡「様式」の鈕孔に対しては、すでに福永伸哉氏の論文において「模式」化して掲示されている〈考古学研究、八三～一〉。本書三八六ページ以下）であり、中国製の「室内美術工芸品」としての用件を満たしていなかった。やはり「太陽信仰などの儀礼」のための銅鏡、すなわち「国産」である、と言う他はない。

右の研究調査を実施・協力して下さった谷本茂・藤田友治氏に感謝すると共に、同調査を受けいれて下さった高槻市教育委員会、京都府竹野郡丹後町教育委員会の寛容に厚く礼を述べたい。ことに松本高志氏（高槻市教育委員会）の御厚志に深謝する。

3　景初三年鏡

次は、有名な「景初三年鏡」（島根県神原神社古墳出土、図4－11）について分析しよう。

その「銘文」は左のようである。

神原神社古墳出土鏡

「景□（「初」か）三年陳是作鏡自有□（「経」か）述本是京陏（＝「師」）杜□（「地」か）□（「命」か）出吏人詺之位至三公母人詺之保子宜（＝「宜」）孫壽如金石兮」（注＝陏は獅にも師にも使っている。どちらも本来作りは「帀」であり「帀」に流用するのはおかしいが、中国出土の銘文にも「陏」が使われている）

右について、まずその意義を分析しよう。

（1）「景□三年」について。

右の第二字は不鮮明であるけれど、今一応「通解」にしたがって「初」としてみよう（ただし「字形」上、三世紀（魏朝）の用法であるという〝保証〟はない）。

（2）「陳是作鏡」について。すでに梅原末治氏らが説かれたように、この「是」は「氏」と同意義であるとされてきたけれども、王仲殊氏のように「陳是」を「陳（姓）・是（名）」と見なすのも、ひとつの的確な理解というべきかもしれぬ[18]。

（3）「自有（経）述」について。

従来の通説では、冒頭の「景（初）三年」の四字を以て「三角縁神獣鏡、魏鏡」説の〝ゆるがぬ証拠〟のように解してきた。そのように

図4－11　島根県神原神社古墳出土「景□三年陳是作」銘銅鏡（三角縁同向式神獣鏡）（文化庁所蔵）

論じた専家（考古学者）も少なくない。

けれども、わたしには、逆に見える。冒頭の年号につづき、この「自有（経）述」の四字を見るとき、これは「魏朝からの賜遣鏡」として、まったく「非」なる文面と見えるのである。

なぜなら、その場合、「景初三年、陳是作鏡」の直後に、「魏帝が倭王に銅鏡を賜ふ」旨の言辞が不可欠である。「年号」とは、何よりも「天子（魏帝）を基準点とする暦」だからだ。だから、たとえば「龍風東至」といった四字を刻すれば、もって足りる。当鏡がいかなる命を帯びて作られたか、疑いようもなく明示されるからである。

それなしに、いきなり「自有（経）述」といった、鋳鏡者自身の、いわばプライベートな「履歴」を語る、というのでは、まったく「賜遣鏡」の証拠どころか、「非賜遣鏡」の証拠に他ならない。わたしの理性では、そのようにしか考えられないのである。

（4）「本是京帀（＝師）」について。

すでに注意されているように、「本是」と言っているのであるから、この鋳鏡者は〝現在は洛陽にいない〟ことが語られている。冒頭が「魏の年号」であるから、この「京帀」は洛陽である。他の都市（呉地など）とは考えられない。

（5）「杜□（地か）□（命か）出」について。

最後の「出」の一字は、前句の「本是京帀」に対して用いられた動詞であろう。

とすれば、この〝転出地〟が「洛陽以外」であることは確実である。その〝転出地〟が「呉地」である可能性は高い。なぜなら、当鏡をはじめとする、いわゆる「三角縁神獣鏡」が「呉鏡」の様式を深く継承していること、早くは高坂好氏の提唱があり、森浩一・松本清張・古田・奥野正男氏らを経て、近来の王仲殊氏に至るまで、ほぼ「確認」されたところだからである。

もう一つ、この句に関して重要なことがある。それは、この鋳鏡者は、「現在、呉地にいる。」とは考えられない。この一点である。なぜなら、そのさいは「呉の年号」を用いるのが当然であると共に、「かつて洛陽にいた」ことを〝誇示〟すべき必要性がないからである[19]。

「この鋳鏡者は、現在（鋳鏡時点）では、洛陽にも、呉地にもいない。」

これが、この文面の率直に〝指示〟しているところなのである。

（6）「吏人詺之」について。

「吏人」は〝身分ある人〟〝公務をもつ人〟であろう。それが、たとえ「一村の里長」であれ、「一地方の支配者」であれ、公的な格式ないし官職をもつ人を指すものであろう。

「詺」の一字は、辞書類（諸橋の大漢和辞典など）に見出すことができない。したがって当文面の「文脈」から推定すれば、これは「（生まれた子供の）名をつける」つまり「命名」を意味する「文字」なのではあるまいか[20]。

すなわち、〝子供が生まれたさい、身分ある人に、その子の名前をつけてもらう〟という意味の文面であろう。鏡面に多い「銘」の文字と〝似て非なる〟意味を示す。「銘」は〝金属（銅）面に文字を刻入する〟意義であるが、「詺」はそれ（子供の名前）を「言葉」できめる行為を指しているのではあるまいか。

（7）「位至三公」について。

「三公」は、中国で天子の下の最高位を指す用語である。

（イ）周代　――太師・太傅・太保

（ロ）前漢代　――丞相・大司馬・御史大夫

（ハ）『漢書』――大司徒・大司馬・御史大夫

（ニ）後漢代以来　――太尉・司徒・司空　（諸橋、大漢和辞典）

島根県神原神社古墳出土「景□三年」銘銅鏡の鈕　調査概要

2000年6月　古田武彦　藤田友治　谷本茂

文化庁，大阪府立弥生文化博物館（金関恕館長）のご協力を得て，2000年6月2日に島根県神原神社古墳出土の「景□三年陳是作」銘 三角縁同向式神獣鏡を和泉市池上町の弥生文化博物館調査室にて実見・調査したので，主に鈕に関して，その概要を報告する。

銅鏡の概略

鏡面直径　：230 mm　1　6　11　16　20
銘文：(41文字左回り)　景□三年陳是作鏡自有□述本是京師杜□□出
（初？）　（経？）　（地命？？）
　　　（之）に近い
21　26　31　36　41
吏人詺之位至三公母人詺之保子宜孫壽如金石兮

鈕の直径　：36 mm
鈕座の外径：47 mm
鈕座の内径：38 mm
鈕の高さ　：鈕座面より鈕頂まで約15 mm
鈕と縁の高さとの関係：三角縁頂上面を水平基準として鈕頂が2 mm上に出ている（高い）。
鈕孔：孔の断面形状が一様でない。銘文の「景□三年」側から見た孔を(A)，「吏人詺之」の側から見た孔を(B)とすると，(A)の最外部の寸法は高さ約4.5 mm，幅最大約11 mmの少し傾いた方形状の断面であり，右辺に比べて左辺がやや短い台形に近い形になっている。孔の周縁部の処理は比較的きれいである。一方(B)の最外部断面は崩れた方形状で楔に近い形になっている。高さ約5.5 mm（最長），上辺の最大幅は約11.5 mmで，下辺の底部は幅約4 mmである。鈕孔のくずれは腐食や損壊ではなく製作当初からの形と思われる。現状の孔は貫通状態を保っている。[添付の図面を参照のこと]
鈕表面の仕上がりはあまり良くない。

人獣画像：像が鮮明ではなく写真による識別は困難な部分が多い。調査当日，熟視観察を行い，従来の理解で不明な部分を個々に調査した。画像については別途報告する予定である。

右のように、時代によって異なっているけれど、要は「中国（ここは魏）の天子の下の、臣下としての最高位」を指していること、すなわちこの時点では「魏の政治秩序の中の一環」に属する表記であること、この一点が注目せられる。もし生まれた子供の名前を「吏人」に命名してもらったら、「位、三公に至る」ことが期待できる、というのである。

（8）「母人詺之」について。

「母人」は、母親である。(21)〝母親が生まれた子供に名前をつける〟という。通常のケースである。女が家にあり、他から男が来る、というのが、七〜八世紀の万葉時代でも、通例であったこと、周知のところである。それゆえ、母親の方が「命名する」のが、一般であったこと、その表現であろう。

これに対すれば、先項の「吏人詺之」の方が〝特殊のケース〟であるけれど、そのケース（身分ある人による命名）の方に〝敬意〟を表し、先に記したのである。

この「母人」について、興味深い発見があった。森博達氏による発見である。

①「母人」の用語は、通例の辞書（康熙字典、諸橋の大漢和辞典など）には出現しない。

②ところが、大蔵経典には頻出する。

「世間母人有諸悪露。我成最正覚時。我仏刹中母人有諸悪露者。」

（後漢・支婁迦讖訳『阿閦《あしゅく》仏国経』、大正蔵経、巻一、巻上七五二頁上段）

「有一母人妊身數月。見仏及僧有所至奏。」

（西晋・竺法護訳『仏説過去世仏分衛経』、大正蔵経、巻三、四五二頁上段）

支婁迦讖は霊帝光和中平の間（一七八〜一九〇年）の訳経、竺法護は「二六六〜三〇八年」の訳経、というから、問題の「景初三年」以前と以後にわたっている。氏は他にも、西晋の安法欽訳『仏説道神足無極変化経』（大正蔵経、巻一七）（二八一〜三〇六年）、後秦（四〇四年）鳩摩羅什訳『小品般若波羅蜜経』（大正蔵経、巻

八）、北魏・瞿曇般若流支訳『正法念処経』（大正蔵経、巻一七）などにも、多くの「母人」例を検出しておられる。その中には、

「不因母人胞胎生。無有女人因福自然而生。」

（安法欽訳、前掲経、巻三・八一一頁下段）

というように、「母人」と「女人」と相対して使用されている例もある。

この「母人」の用語が、通例の辞書に出現せず、右のように大蔵経に頻出するのは、これが「白話」（口語体）に属するため、知識人用の「辞書」類に出現せず、〝大衆教化〟のために「白話」を用いた「大蔵経」に頻出するのであろうと説かれた（伊丹読売文化センター講演、二〇〇〇年、六月十日）。正解であろう。

以上の「母人」問題の示すところ、それは、わたしの考えでは次のようだ。

第一、当鏡の鋳鏡者（「鏡師」）は、日本列島人ではない（中国の「白話」を使う、渡来の中国の技術者〈庶民出身〉）。

第二、当鏡は、魏朝からの下賜鏡にはふさわしくない（庶民の「白話」使用。この点、後述の「音韻」問題を参照）。

（9）「保子宜（「宜」か）孫」について。

子孫の繁栄を祈る「常套句」であるけれど、この「常套句」自体が、これら銅鏡（いわゆる「三角縁神獣鏡」を含む）が、単に「神仙思想の表明」のみではなく、それ以上により〝俗っぽい〟世俗願望の表現を常に示していること、そのまぎれもなき証跡ではあるまいか。前者（神仙思想）も、要するに後者（世俗願望）の道具であり、その「一部」にすぎない。

ことに当鏡の場合、「子供の出生」に関連して、この「常套句」が用いられていることが注目される。いいかえれば、「当鏡作製」そのものが、このような「子供の出生」にかかわるものではないか、という興味

深いテーマが生じよう[22]。

(10)「壽如金石」について。

これもまた、「常套句」である。けれども当銘の示すところ、この句もまた、当文脈中においては「子供の出生」に関する流れの中、その末尾におかれている。とすれば、当時(古代)において、〝出生児は成人前に夭折することが多かった〟という社会状況を背景にして、(少なくとも当鏡では)この「常套句」が用いられている。――そのように考えても、大過ないのではあるまいか。

(この点、近来盛んな河上邦彦氏らの「三角縁神獣鏡、葬具」説にとって、やや不利な点は、当銘文中に明確な「葬送」ないし「弔」意を示す文辞がほとんど出現しないことであろう。この点から見れば、少なくとも「作鏡時点」では「葬送目的」ではなかったという可能性が高い)。

各句の分析を終えた今、改めて「音韻」問題にふれておこう。

先にあげた森博達氏は次のようにのべている。

「魏鏡論者の最後の拠り所であった『景初三年』鏡(島根県神原神社古墳等)の場合は、さらに悲惨です[23]。

景初三年、陳是作鏡、自有経述、本是京師、杜地命出、吏人詺之、位至三公、

母人詺之、保子宜孫、寿如金石兮。

第三句の「述」と第五句の「出」が隔句韻を踏むだけです。他はまったく押韻しておらず、はなから韻文を作るつもりがなかったのです。」

さらに、魏代が詩文隆盛、韻文の知識の深まった時代であったことを指摘し、有名な魏の明帝の詔書(三国志、魏志倭人伝)を引用した上で、

「この荘重な詔書とともに、『景初三年』鏡などの拙劣な銘文をもつ三角縁神獣鏡を特別に鋳造して賜ったのでしょうか。だとすれば、親魏倭王のみならず、皇帝自身の権威をも著しく傷つける行為というしかあり

ません。」（『週刊朝日』一九九八年一二月四日号）

と述べている。正論であろう。

わたしは次のように考えている。

（A）中国（洛陽出身。呉地の工房在任）から、当鏡の鋳鏡者は渡来して日本列島に来たり、この鏡を作った。

（B）そのさい、「韻家」（「押韻」技能をもつ知識人。古田の造語）を伴ってはいなかった。そのため、当代の鮮やかな「韻文」を刻銘することができなかった。

（C）代って当時（「景初」頃）の、中国の「白話」によって刻銘した（そのため「韻文」としては、きわめて〝不良〟なものとなった）。

以上である。従来の「銅鏡研究史」に欠如していたもの、それは一個の銅鏡における「韻家と鏡師の区別」という、新たな認識ではあるまいか。

景初三年鏡と倭人伝の記載

「景初二年」も、やはり原文が正しかった。この確定によって考古学上の問題に対し、ささやかな波紋を生ずることとなる。それは景初三年鏡である。大阪府和泉市の黄金塚《こがねづか》から出土した有名な鏡だ。

景初三年陳是作銘銘之保子宜孫……（第二字「初」は、はじめ「和」と読まれた）

こういう銘文があるから、「景初三年鏡」と呼ばれているのだ。

ところで、この鏡こそ、魏から卑弥呼に与えられた「銅鏡百枚」の中の一枚ではないか。そう考える学者がいる。

たしかに、従来の定説のように、「景初二年」が「景初三年」のまちがいなら、「景初三年十二月詔書」内にのべられている「銅鏡百枚」の中に、この一枚がふくまれていておかしくないわけだ。

しかし、今やこの「銅鏡百枚」のことをのべている詔書は、「景初三年十二月」でなく、「景初二年十二月」に出されたことが確定した。しかも、その詔書では、この「銅鏡百枚」などを「皆装封して……付す」とのべている。とすると、この詔書の中にいう「銅鏡百枚」の中に、「景初三年鏡」の入っていなかったことは確実だ。つまり、この銅鏡を卑弥呼分与の遺品とみなす一部の学者の望みは一応断たれたこととなる。

しかし、まだ問題はのこっている。先にのべたように、実行行為は正始元年にのばされた。だから、そのさいには「景初三年鏡」が入るという可能性はあるわけなのである。

けれども、そのためにはつぎの二つの「仮定」のいずれかをたてなくてはならない。

(一)　景初二年十二月の詔書は「装封して……」と書いてあるものの、実体は用意されていなかった。その実体がそろえられたのは、景初三～正始元年のことであった。

(二)　景初二年十二月には一応「装封」されて実体は用意されていたけれども、その後なんらかの事情が生じ、「装封」を破棄して景初三年新鋳の銅鏡ととりかえられた。

このような可能性も絶無とはいえない。しかしそれは、なんの史料的なささえも存在しない仮定にすぎない。ただ、景初三年鏡を、問題の「銅鏡百枚」にふくましめるための、いわば苦肉の「仮定」なのだ。だから、この「景初三年鏡」が問題の「銅鏡百枚」の中の一つだった、と考えることは、かなり絶望的である。

（なお、景初二年の表記をとったものに阿部秀雄『卑弥呼と倭王』がある。）

（本稿のみ『「邪馬台国」はなかった』一〇二～一〇四ページ）

4 鏡師と鋳工の区別

周知のように、「鈕孔」の研究は、銅鏡研究における最先端分野となっている。福永伸哉氏（阪大、考古学）の一連の研究がその先導となった。その要旨は次のようだ。

福永伸哉氏の鈕孔論

第一、「三角縁神獣鏡」の鈕孔は、本来「長方形」型（厳密には「長方形」を意図したスタイル）であり、一般の中国鏡（「呉鏡」も含む）のような「円形」もしくは「ドーム形」ではない。

第二、この「長方形」型の祖型をなす銅鏡は、北部中国の渤海沿岸に分布する（「外周突線」問題と関連。福永論文参照）。

第三、したがって王仲殊氏の「三角縁神獣鏡、呉鏡淵源説」は、妥当しえない。

第四、魏朝の「特注工場」が渤海沿岸にあり、倭人の注文（特注）に対しては、特にその工房で作らしめ、倭人の要望に応じたものと見られる。

第五、「三角縁神獣鏡」は本来の「船載」の場合、右のような「長方形」型であったが、のち日本列島内での「仿製」期になっても、その鈕孔様式はさまざまの〝経緯〟や〝変形〟をともないつつも、継承されている(24)。

以上だ。この論旨にしたがって、わたしは次のように考えた。

「『三角縁神獣鏡』の典型ないし代表とされ、重要文化財にも指定されている、国分神社の『海東鏡』『徐州・洛陽鏡』や島根県神原神社古墳出土の『景初三年鏡』こそ、『長方形』型の鈕孔の代表であろう。」と。そこでこれらの銅鏡に対し、実際の研究調査を行うこととなった。

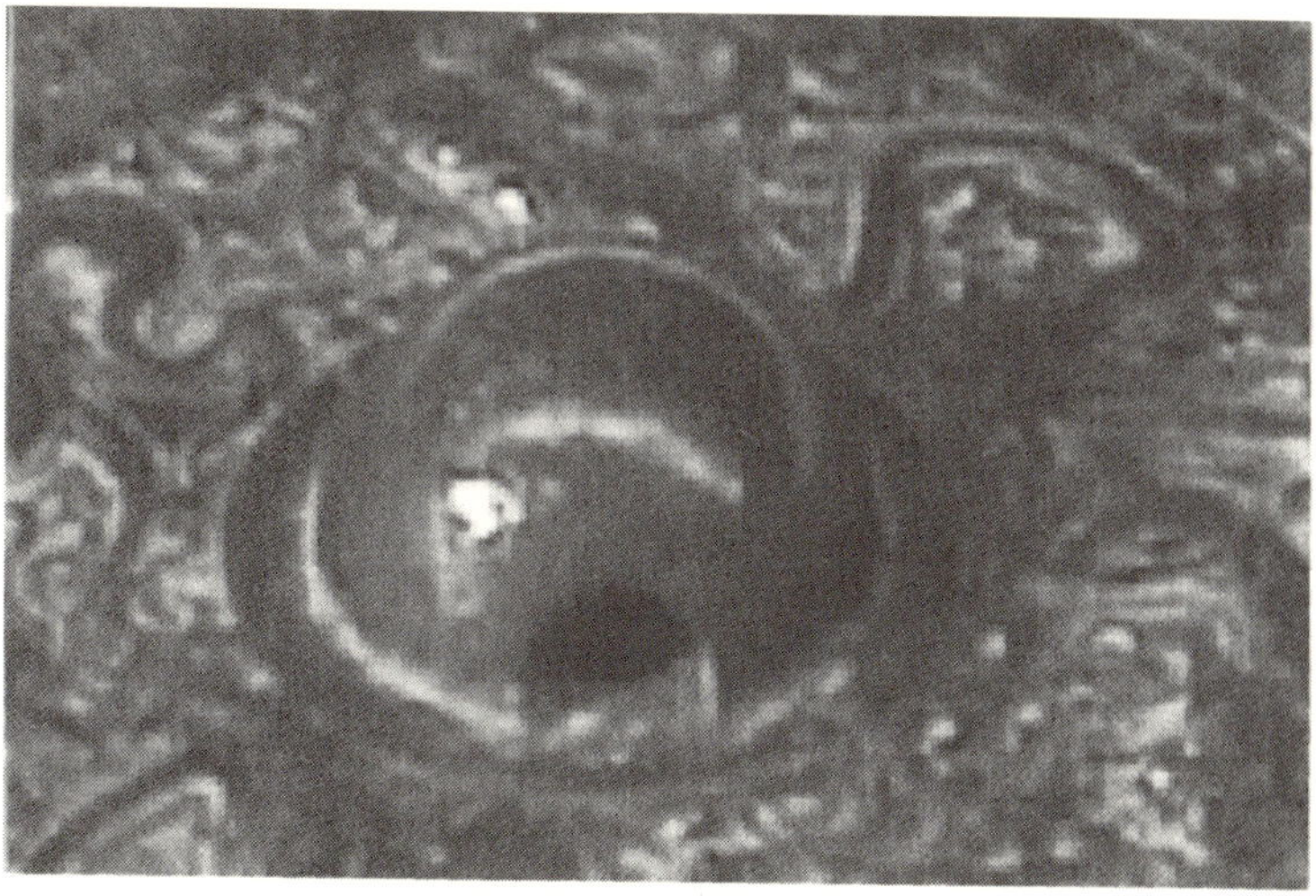

図 4 - 12　平縁盤龍鏡・鈕孔拡大図（国分神社所蔵）

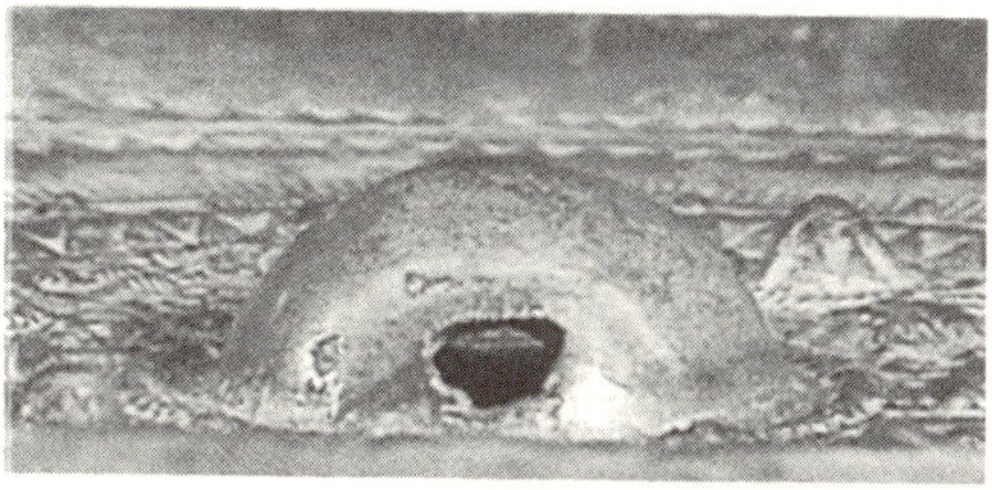

鈕孔 A

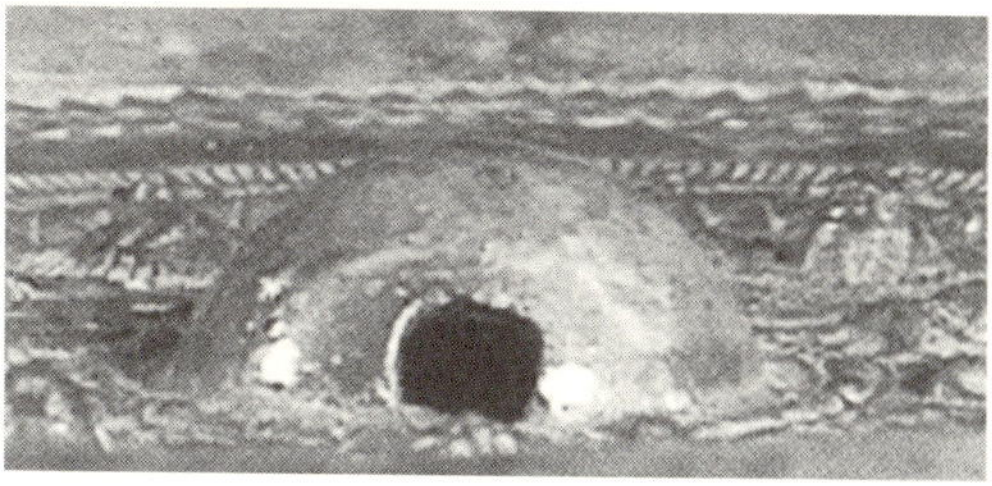

鈕孔 B

図 4 - 13　海東鏡（三角縁四神二獣鏡）・鈕孔拡大図（国分神社所蔵）

調査結果（国分神社三蔵鏡の場合、二三年目の再調査）は、まったくわたし自身の予想に反した。意外にも、むしろ〝逆〟の姿が次々と明らかになったのである。それを示そう。

鈕孔の調査

第一、「海東鏡」の場合。

図4-13に示すように、一方（鈕孔〈A〉の拡大図）から見ると、「逆、梯形」の型式であり、他方（鈕孔〈B〉の拡大図）から見ると、「正方形」に近いが、全体が向かって右側へとやや傾いている。すなわち、「円形」とか「ドーム形」とか「長方形」とか、いずれにも属せざる「不定形」こそ、その実体なのであった（福永氏は〝上部が直線をなす〟と表現）。

第二、「徐州・洛陽鏡」の場合。

図4-14に示すように、一方（鈕孔〈C〉拡大図）から見れば、「逆、梯形」に近いけれど、第一の（B）の型式とは、また異質である。他方（鈕孔〈D〉拡大図）から見れば、「半月形」に近いけれど、きわめて〝不体裁な削《さ》け口〟をなす。これもまた、「円形」「ドーム形」「長方形」といった〝呼称〟をもって分類すること、到底不可能であることが判明した（福永氏も「長方型くずれ」指摘）。

第三、「景初三年鏡」（神原神社古墳出土）の場合。

図4-15に示すように、一方（鈕孔〈E〉の外観）から見れば、「長方形」の鈕孔が〝左肩上り、右肩下り〟の型式で「開口」している。ところが、他方（鈕孔〈F〉の外観）から見れば、「逆、底辺（上部）の長い、逆、三角形」の型式をなす。とても、両側の「開口」部を一貫して「何々形」と称しうるものではない。これも、「円形」「ドーム形」「長方形」のいずれにも属せざる「不定型」と見なす方が適切であろう。

第四、「鴨都波1号墳、棺内鏡」（御所市）の場合。

先日（二〇〇〇年六月九・一〇日公開）展示された、同古墳出土鏡は「四世紀中葉」とされているが、その棺内鏡（一面）は、一方（鈕孔甲）から見ても、他方（鈕孔乙）から見ても、（「スッキリ」とは、とても言えない

鈕孔 C

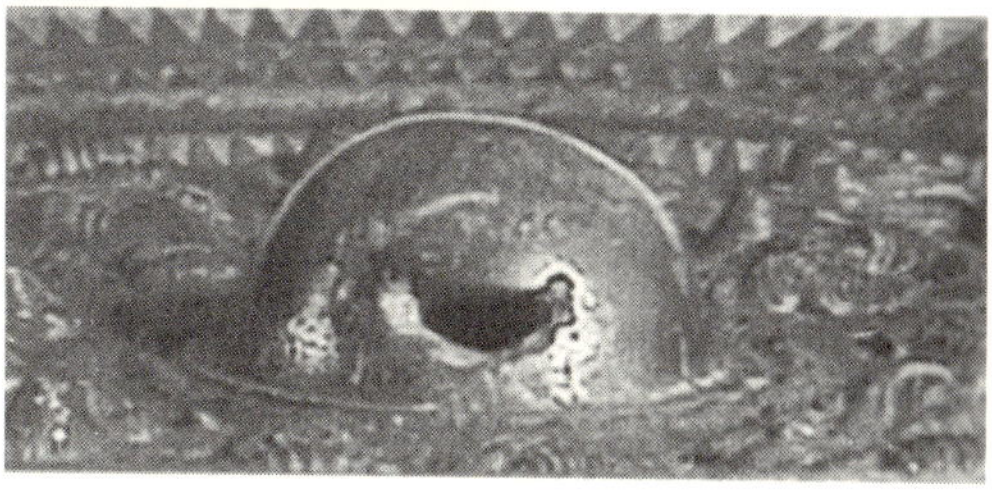

鈕孔 D

図 4 - 14　徐州・洛陽鏡（三角縁四神四獣鏡）・鈕孔拡大図（国分神社蔵）

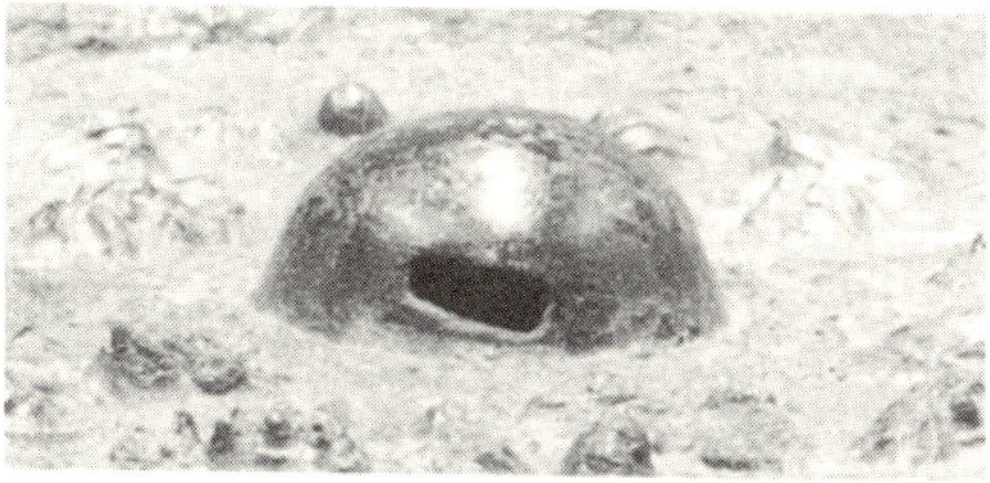

鈕孔 E

鈕孔 F

図 4 - 15　島根県神原神社古墳出土「景□三年陳是作」銘銅鏡・鈕孔拡大図（三角縁同向式神獣鏡）（文化庁所蔵）

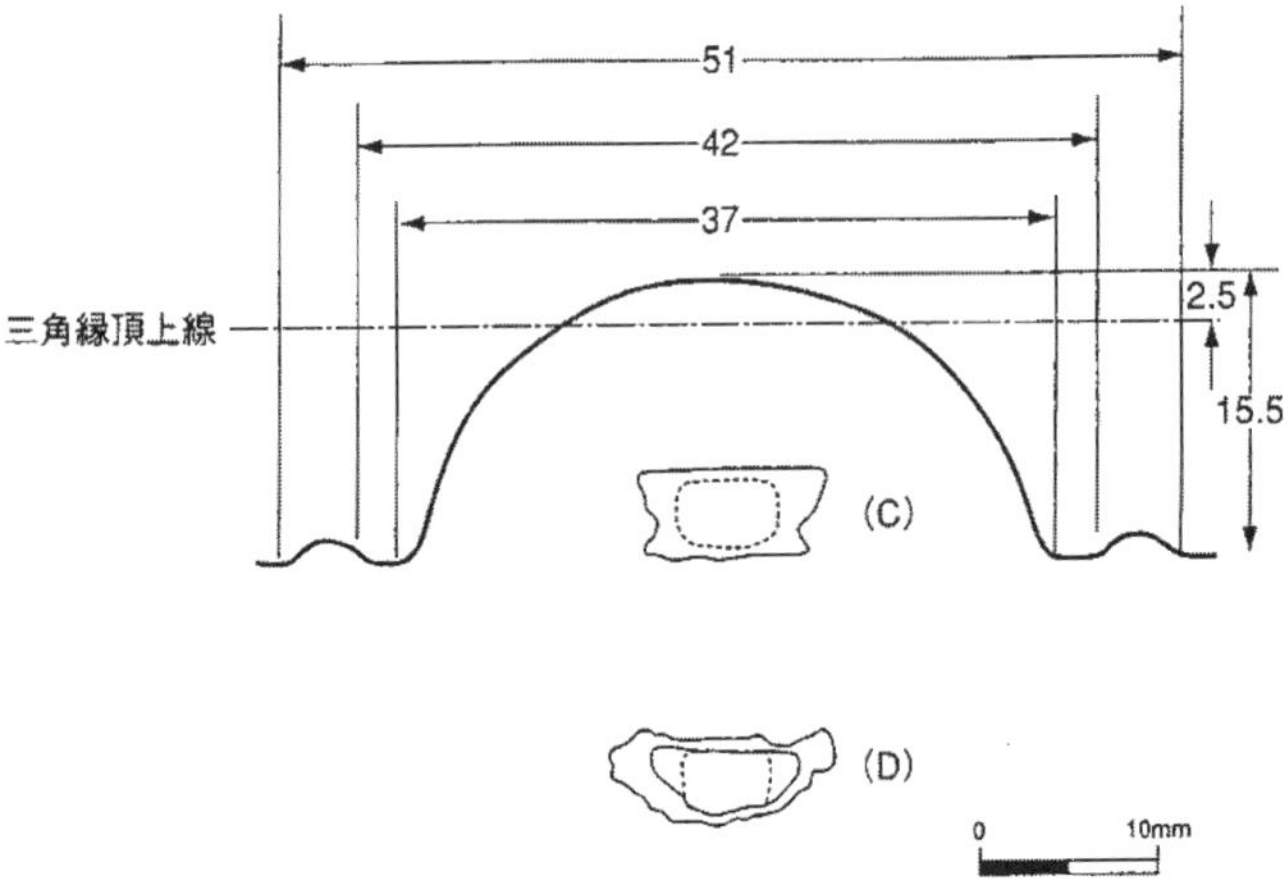

図 4－16　徐州・洛陽鏡（三角縁四神四獣鏡）・鈕孔断面実測図

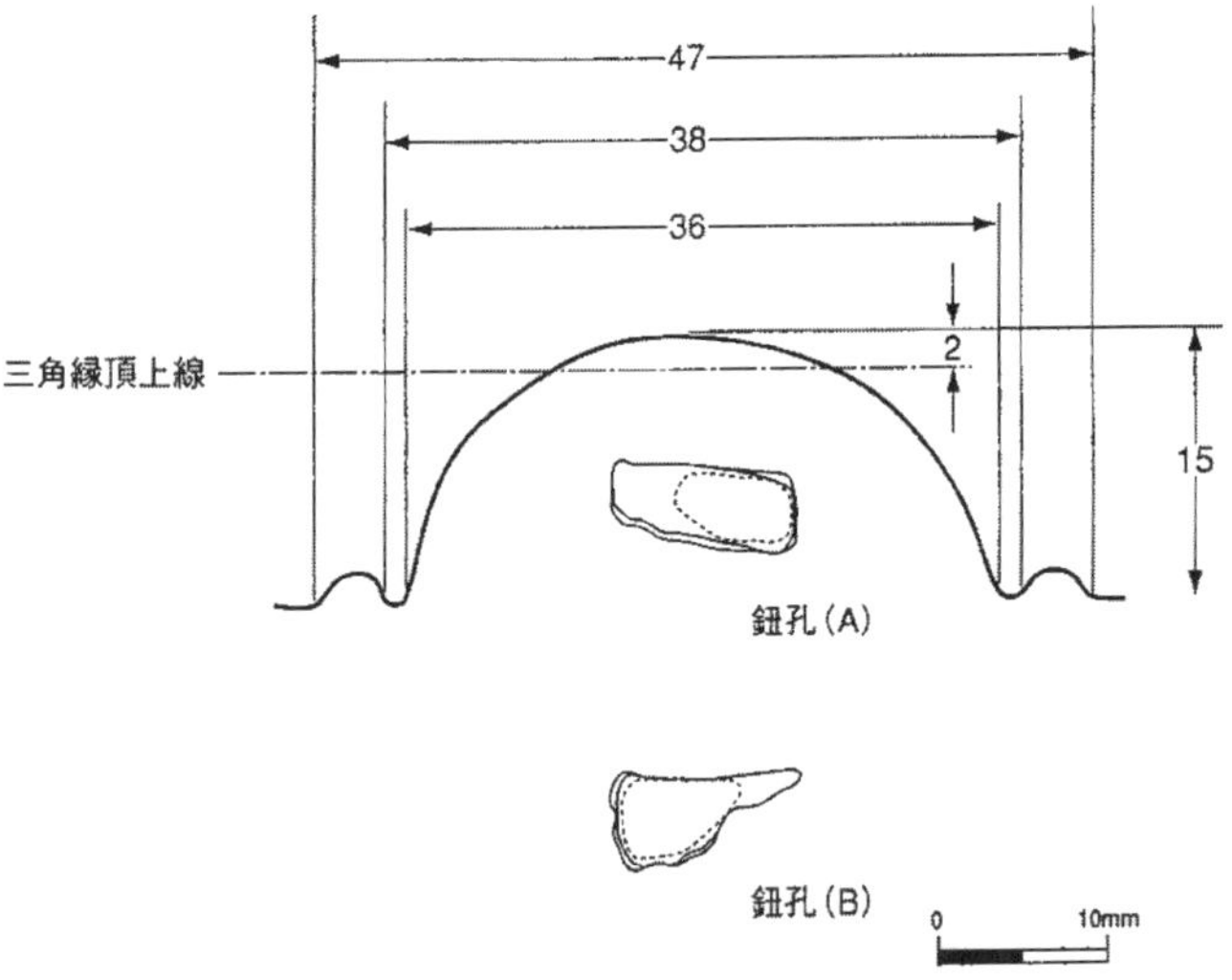

図 4－17　島根県神原神社古墳出土「景□三年陳是作」銘銅鏡
（三角縁同向式神獣鏡）・鈕孔断面実測図

が）先掲の「海東鏡」「徐州・洛陽鏡」や「景初三年鏡」に比すれば、はるかに、いわゆる「長方形の鈕孔」なるものに〝近い〟のである（この点、棺外鏡〈三面〉の中には、さらに〝スッキリ〟した「長方形」に〝近い〟ものがある）。しかし、これらは「銘文」（棺内鏡のみ）「図様」とも、「早期の三角縁神獣鏡」に属さないこと、一見して明らかである。たとえば、「銘文」冒頭の「吾有好同」の表記は、他に類例なき「異形文」である。「鋳上り」も良好ではない。

しかし、「鈕孔」に関して言えば、典型をなす諸鏡（「海東鏡」「徐州・洛陽鏡」「景初三年鏡」）より、むしろこちらの方が「長方形」に〝近い〟のである。

要するに、典型をなす銅鏡（いわゆる「三角縁神獣鏡」）が鈕口に関しては、決して典型的な鈕口（長方形）をなしてはいなかったのである。

鈕孔の二概念

右の鈕孔調査の結果、わたしは新たに次の二概念に到達した。

（α）定型　―室内の美術工芸品
〈類型〉「円形」「ドーム形」あるいは「長方形」

（β）乱型（不定型）　―室外の儀礼展示用品
いわゆる「三角縁神獣鏡」に多し。

中国では、通例、貴人・貴女たちが自分の居間などにおいて、自分の「顔をうつし」たり、「姿見に用い」たりする。使用しないときは、部屋の内部（の一隅）において「置き物」とされている。いわゆる「室内の美術工芸品」である。

その鈕孔は「円形」「ドーム形」および「長方形」などの形態をとる。それぞれの「使用方法」、ことに〝いかなる鈕を通すか〟という実用にかかわりがあろう。

すなわち、「丸い紐」を通して使用する場合には「丸型」や「ドーム型」が適切であり、（騎馬民族などが

——水野孝夫氏による）「革紐」を通して使用する場合は、「長方形」型の鈕孔が適切となろう。あるいは「組紐」や「二本並べて通す紐」(25)の場合も、「長方形」型が有効であろう。

いずれにせよ、「室内の美術工芸品」としての側面をもつ場合には、「一貫して、整然とした定型」が使用者から要求されること、当然である。

これに対し、「太陽信仰などの儀礼を戸外で行うための儀器」として使用される場合、権力者や司祭者が儀場に来たときには、「鈕孔」は、伏せられた〝裏側〟に存在しているため、彼らには「見え」ない。参列者にとっても、同様である。

ただ、儀礼前にこれらの銅鏡を「配置」する労務者の「目」にのみ、それが〝見える〟にすぎない。それゆえこのような「手抜き」が許されているのである(26)。

逆に、中国のような「日常品」つまり「室内の美術工芸品」である場合、一年中、四六時、このような〝醜い乱型〟の「開口」部を〝目にさらされ〟て、果たして使用者（貴人・貴女）が耐えうるであろうか。わたしには到底信じられない。

以上のように考察してくると、意外にも、鈕孔の「定型」と「乱型」問題こそ、中国産と日本列島産を峻別する一点となることが判明したのである(27)。

鏡師と鋳工

ここで「鏡師と鋳工」の区別問題が不可避のテーマとして発生するであろう。

そのキー・ワードは「美意識」の問題である。たとえば「海東鏡」。「銘文」や「図様」を見るかぎり、それぞれキッチリと銘刻され、およそ間然するところがない。いわば完璧の技倆を示しているのである。当鏡を製作した「鏡師」の見事な技術がそこに余すところなく表現されている、と言えよう。換言すれば、当人の整然たる「美意識」の的確な表現、としてこれを評しうるであろう。

これに反し、当鏡の「鈕孔」は前述のように、一方から見れば「逆、梯形」、他方から見れば、「傾いた正方形」である。しかもそれぞれ、〝的確な梯形〟や〝的確な正方形〟とは言いがたい。これを「美意識」という観点から見ると、あまりにも無残、としか言いようがない。先の「銘文」と「図様」の示した「美意識」とは、とてもこれを同一人の「美意識」とは言いがたいのである。これは、なぜか。

わたしは百考の末、ついに次の判断に到達せざるをえなかった。いわく

「鏡師と鋳工とは別人である。」

と。この一言である。

銅鏡それ自身が、それほど巨大なものではないから、わたしたちは漠然と「鏡全体」を以て〝同一人の製作物〟と考えがちであった。銅鏡をめぐる専門家（考古学者）の論考も、その見地から論述されているように、わたしには見える。その点、鋭くも「鈕孔」問題に学問的視野を拡げられた福永伸哉氏の場合も、その例外ではない。

けれども、今、一方の「銘文」「図様」と他方の「鈕孔」とを厳密に比較し、精査するかぎり、結局これを「同一人の所業」と見なすことは到底できないのである。この点、先述の「徐州・洛陽鏡」や「景初三年鏡」の場合も、これと同一である。

しかし、同じく先にふれた「青蓋鏡」の場合には、まったく事情を異にする。

いわゆる「ドーム形」の鈕孔が整然と「開口」し、左右いずれから観察しても、まったく齟齬するところがない。完璧なのである。これこそ「室内の美術工芸品」としての銅鏡として何の問題もない（no problem）ものと思われる。また、これとほぼ同様式の「青蓋鏡」が中国各地で出土している事実も、これを裏づけよう(28)。

では、なぜ「海東鏡」「徐州・洛陽鏡」「景初三年鏡」といった、いわゆる「三角縁神獣鏡」の代表とも言うべき「名鏡」が、いずれも〝ふぞろいな、鈕孔〟をもっているのであろうか。

わたしの仮説は、左のようだ。

〈α〉「鏡師」の〝責任分野〟は「鏡面」であり、「鈕孔」を含む〝鋳上がり〟に関しては、別人（鋳工）に委ねられる。

〈β〉「鋳工」は、当鏡の〝使用状況〟を知悉している。すなわち、「太陽信仰などの儀礼の場」では、このような〝ふぞろいな鈕孔〟でも、何等不都合はないのである。

〈γ〉その上、看過できないのは、「技術上の問題」であろう。今日の技術水準から見れば、造作もなく見える「整然たる鈕孔」「左右、一貫した開口」という問題も、重要な技術的困難点をもっていたのではあるまいか。たとえば、〝あらかじめ、鈕孔部に挿入しておくべきもの（いわゆる〝中子《なかご》〟）〟の硬度の問題である。木質の材料では、銅の鋳造時の高熱に耐えられないであろう。土質の材料でも、弥生式土器や土師器並みの硬度では、右の光熱に〝耐え〟切れないのではあるまいか。

おそらく木質を「心《しん》」として周辺を土質でおおっていたかもしれぬ。

もちろん、渡来人としての「鏡師」には、右に関する「技術的知識」は存在した、そのように考えてまちがいはあるまい。

しかし、「客分」たる渡来人にとって、それは「自己の責任領域」ではなかった。その上、現地（日本列島）における「使用状況」から見れば、「室内の美術工芸品」用のものではないから、そこにまで「口を出す」必要がなかったのではあるまいか。

これに対し、先にあげた「鴨都波遺跡出土」の四銅鏡とも、時代は「四世紀半ば」とされ、「銘文と図様」そのものに関しては、右の「三名鏡」には、はるかに劣りながら、いったん「鈕孔」という視点から見れば、逆に、はるかに〝整った〟形に近いのである。それも、「銘文」をもつ棺内鏡より、「銘文」なき棺外鏡（三面）の方が、時として〝よりすぐれた開口部〟をもつのである。これは何を意味するか。他ではない。

第一、日本列島内でも、「室内美術工芸品としての銅鏡」が要求されはじめた。
第二、何よりも、〝整然とした鈕口〟を作製する「技術」が開発された。
第三、当然のことながら、〝整然とした鈕口〟をもつものは「儀礼用に使えない」というような「逆命題」はまったく成立しない。

右の三点が注意せられねばならぬ。

以上のような考察から、意外にも、この「鈕口」問題は、いわゆる「三角縁神獣鏡」の「中国製か国内産か」を分かつべき、重要な判別点となってきたのである。

このような見地にわたしはすでに立っていたから、「景初三年鏡」の「母人」問題をめぐる先の森命題に接したとき、直ちに、

「韻家と鏡師と鋳工の三分別の道理」

を知ることとなったのであった。

5　紀年鏡再論

景初三年鏡の図様

改めて「景初三年鏡」における「銘文と図様の関係」について述べよう。

当鏡の「図様」は、はなはだ不鮮明である。この点、当鏡は、きわめて著名の鏡、いわば「名鏡」として知られているにもかかわらず、決して「初鋳鏡」ではなく、何回かの〝踏みかえし鏡〟であり、場合によれば「模鋳鏡」(眼前の原鏡をもとにして、模鋳する。弥生期、古墳期にも行われた手法[29])である可能性も排除しえないことを、ここに明記しておきたいと思う。

それはさておき、今、当鏡の「図様」の実態を精視するとき(従来言われてきたように)、「図様」の鮮明な

「□（「正」か）始元年鏡」と、ほぼ類同しているものと認められた(30)。

その「正始元年鏡」（以下、この形で略記する）によると、おおよそ四つの部分に分かれている。
（A）上図――当鏡では、欠落。逆に、「景初三年鏡」それ自身によってみれば、一人の人物が存在（〝立像〟か。あるいは〝座像〟）し、両横に小人物が側侍するかに見える。またその中心の人物の下部に「楽器」のごときものが置かれている。
（B）向かって左図――女性が座している（鳥舟のごときものが背景に存在する）。
（C）向かって右図――男性が座している（同じく、何らかの「座具」の上）。
（D）下図――小人物像が描かれている（冠を頭上に着す。向かって右に、従者のごとき人物あるか）。
右につき、従来は左のような「解説」のなされることがあったようである。
（A）伯牙（弾琴）（そばにいる人物は、成連〈伯牙の師〉、および鍾子期〈伯牙の友人〉）。
（B）西王母。
（C）東王父。
（D）黄帝（あるいは、他の神仙）。
けれどもわたしには、遺憾ながら、右の解説は当をえていないように思われる。なぜなら、
（1）（A）の「伯牙」は、人間である。周朝（春秋）の臣下であること、疑いがない。これに対して（B）の「黄帝」が〝臣下の下（足下）〟に描かれるのは、不当である。
もし、先の「海東鏡」「徐州・洛陽鏡」あるいは「権現山1号墳の2号鏡」（仙人鏡）のように、「鈕」を中心として〝周回〟して描かれている場合には、それ自身（「図様」そのもの）からは、直ちに、「上下関係」は判明しないけれども、当鏡のように「同一方向」において描かれている場合、たとえ「鈕」をへだてていても、「上下関係」は明白である。

それゆえ、もし「黄帝」（もしくは、他の神仙）を描こうとするならば、必ず、彼をもって「鈕」の上位、すなわち（A）の位置におくべきであり、「臣下」の伯牙は、（D）の位置で、静かに琴を弾ずべきであろう（あるいは、琴を脚下にして〝立つ〟も、可）。

（2）（A）の人物も、（膝上、あるいは脚下に）「琴」を持っていたとしても、それが「伯牙」その人である、という証拠は何ら存在しない。なぜなら、たとえば中国人の中に、〝琴を弾きうる人物〟は、決して「伯牙ひとり」ではありえないからである。

従来は、ただその「ネーミング・バリュー」によって、「伯牙その人」に当ててきていたにすぎないのではあるまいか。

なお、「神獣鏡」という〝大前提〟に立つ「通説」の立場では、この「伯牙」は一人間にすぎず、神仙でないこと、それは「自己矛盾」とはならないのであろうか。その理由が「各論者が『伯牙』を神獣鏡の中の登場者として認めてきたから」というだけでは、おかしい。〝みんなで渡れば、こわくない〟式の、学問に非ざる便宜的手法となってしまうのではなかろうか。

（3）その点、「神仙」として資格十分とされる「東王父・西王母」についても、当鏡の場合、問題がある。

（B）に登場する人物は、「女性」であることは、冠の形状から認められるものの、それが果たして「西王母」であるという保証はない。むしろ「西王母」としては、冠の形状が簡略にすぎよう。たとえば、先の「徐州・洛陽鏡」中の「西王母」に比較してみれば、そのように感ずる。

要するに「神仙」という〝前提条件〟を除けば、単に「女性」あるいは「身分ある（豪族の）女性」というにすぎないのではあるまいか。

（C）も、この点、同じである。「男性」あるいは「身分ある男性」とは認められても、決して「東王父」

と特定することはできない。その「冠」は、（B）の女性よりはすぐれているけれど、やはり簡略であり、（D）の「小人物」にも冠状のものがあるようである。この点から、あるいは（D）の「小人物＝黄帝」説が生まれたのではあるまいか。しかし（D）の人物は、（A）（B）（C）に比べ、やや形状が「小型」である。この点も、偉大なる「黄帝」にはふさわしくない。

以上のように、従来説のもつ各「矛盾」に対して、率直にわたしの判断を述べよう。

（一）（A）は、中国人の生活文化を示す。漢字で「楽」は、一方では〝音楽〟を示すと同時に、他方では〝たのしむ〟と訓む。他の芸術の「画」や「書」や「彫」は〝たのしむ〟という訓みをもたない。中国人の文化における「音楽」のもつ特別の位置、その〝深さ〟を示すものであろう。

ここでは、「楽器と共にある人間」を描くことによって、当鏡の鋳鏡者が、出生し、生活していた中国（洛陽や呉地）の文化生活を示したものではあるまいか。

（他の、たとえば「画文帯神獣鏡」などにおける「人間と琴」のテーマも、一概に「伯牙ひとり」に結びつけるべきではなく、その「伯牙」を一代表人物とするような、「中国の文化生活」の描写と見なすべきものであると思われる。(31)）

（二）（B）の人物は「母人」に当たる。出生した子供の母親である。「霊鳥」のごときものに座した形なのも、その（出生の）喜びをこの形象化によって表現しているのではあるまいか（先の「徐州・洛陽鏡」の「西王母」像は、このような《霊鳥に座したような》形象をともなっていない）。

（三）（C）の人物は「吏人」に当たる。生まれた子供に対する名づけ親としての「吏人」である。彼に命名されれば、出生した子供の「立身出世」（「位至三公」）が約束される、というのである。

（四）（D）の人物は、その「出生した子供」である。先の（A）（B）（C）の人物に対して、やや〝背丈が低く〟描かれている。銅鏡の「図様」では、通例〝小さく〟描かれるのは、〝従者〟を示す。しかし、この（D）の人物も、（B）の人物とは異なり、「冠」状のものをつけているようであるから、〝従者〟ではない。すなわち、「位、三公に至る」べき「子供」（子孫たち）の表現であろうと思われる。

以上によって、ここでも「銘文」と「図様」とは、よく「対応」しているという事実が認められたのである。

銘文と図様との関係

関連の諸鏡について「銘文」と「図様」との関係について検証しよう。

「□（「正」か）始元年鏡」（群馬県柴崎蟹沢古墳出土、図4－18）

図4－18　三角縁正始元年同向式神獣鏡（径22.7cm）
（樋口隆康『三角縁神獣鏡綜鑑』新潮社より）

「銘文」

「□始元年　陳是作鏡　自有経述　本自荊□（「師」か）杜地命出　壽如金石　保子□□」

右について次の諸点が注意せられる。

（1）全体として、先述の「景初三年鏡」（神原神社古墳出土）を「先範」として、その「継承・変文」を行っている。

「陳是作鏡」は、両鏡に共通であるけれど、各自の「経歴」中には、共通面（たとえば「杜地命出」）と差異面（一方は「本是京師」、他方は「本自荊□（「師」か）」）があるから、両者、同じ「陳是」の系列であっても、「時」を異にしているのであろう。同族出身、共に鏡師なのである。あるいは、一方（「景初三年鏡」の鏡師）の〝子供ないし門弟〟なのかもしれない。

（2）「景初三年鏡」の銘文のような「吏人詺之」「母人詺之」の二句はないけれど、「壽如金石」「保子□□」とあるから、〝子孫の繁栄を願う〟意の末尾部は共通している。

（3）一歩進んで、大胆な〝推測〟を試みれば、

〈その一〉「景初三年鏡」は〝豪族の室家（妻）に子供が生まれたさい〟の作鏡。

〈その二〉「□始元年鏡」は〝その後〟の作鏡。

銘文の文意から見れば、右のように「作鏡時点」を推定することができよう。すなわち、「□始元年鏡」作鏡のさいは、すでに「詺」（命名）は〝終わって〟いたのである。あるいは〝別豪族〟のために作るさい、「景初三年」鏡をモデルとして「改文」したとも、考えられよう。出土古墳が西（島根県）と東（群馬県）と相離れている点から見ると、後者の方の可能性が高いかもしれぬ。

（4）「図様」については、「□始元年」鏡の場合、「上部」が欠けているから、その内容が判別しがたいけれど、「左部」（「西王母」に当てられていたもの）と「右図」（「東王父」に当てられていたもの）および「下部」（黄帝に当てられていたもの）は、すでに述べたように「景初三年鏡」と〝相似〟しているようである。けれども、従来の「通解」のような「黄帝」および「西王母」「東王父」説は、すでに述べた理由によって、妥当しない。

やはり「左部」は「母人」、「右部」は「吏人」、「下部」は「立身出世した子供（子孫）」の「図様」と見るべきであろう。

すなわち、「景初三年鏡」の「図様」を〝襲用〟することによって、当鏡の「銘文」の「壽如金石」「保子□□（「宜孫」か）」の文言と〝対応〟させたのではあるまいか。

（この「図様」は、中国でも「画文帯神獣鏡」などで「常用」されている。〝子孫繁栄〟を示す「常套図様」のようである。「景初三年」鏡もまた、この「常套図様」を〝襲用〟したものではあるまいか。）

以上、ここでも「銘文」と「図様」は対応させられているようである。

次に「景初四年」鏡について。

景初四年鏡について

「銘文」

「景初四年五月丙午之日　陳是作鏡　吏人詺之　位至三公　母人詺之　保子宜孫　壽如金石兮」

右について分析しよう。

（1）文面は「景初三年」鏡（甲）と相似するが、次の各点が相違している。

〈その一〉「五月丙午之日」は（甲）にはない。

〈その二〉（甲）の「自有経述」「本是京師」「杜地命出」の三句が、当鏡（乙）には存在しない。

（2）けれども、「吏人詺之」「位至三公」「母人詺之」「保子宜孫」「壽如金石兮」の四句については、（甲）とまったく同一である。したがって当鏡（乙）は（甲）と同じく、〝子供の出生時〟に（それを祝って）「作鏡」せしめられたもの、と見なしうる。

（3）（甲）で特徴をなした、（甲）における作鏡者の〝経歴〟を示す三句（「自有経述」「本是京師」「杜地命出」）が消えている点、この鏡師は、同じ「陳氏出身」でも、（甲）とは別の、あるいは別時点の人物と見られる。

（4）右の三句が消えたあと、その〝字数の不足〟を補うかのように、「五月丙午之日」の六字が補入されている。この（乙）の鏡師が、先の（甲）の鏡師の〝自己の経歴〟を「偽称」することを避けるための「配意」と見られよう。すなわち「銘文の内実」は慎重に検討され。取捨撰択が加えられていることが知られる。

（5）これに対し、（乙）の「図様」は（甲）の「図様」とは一変させられている。（乙）の場合、先述の（「青蓋鏡」に見られた）「盤竜」の「図様」となっている。

図4－19 『百済武寧王墓誌銘』（公州出土，1971年7月発掘）

すでに述べたように、この「図様」は中国鏡においてしばしば出現する。中国の天子その人、あるいは〝天子の守護神（竜虎）〟を示すものであるから、種々の「銘文内容」と対応しうる性格をもつ。

ここでも、(乙)の「銘文」が述べる、「吏人詺之」「位至三公」「母人詺之」「保子宜孫」「壽如金石兮」

の五句も、すべて〝(魏の)天子のもとにおいて、はじめて享受しうる幸せ〟と考えられるから、「図様」の「盤竜」あるいは「竜虎」とよく〝対応〟しうるのである。先にも述べたように「位至三公」が「天子の下における臣下の最高位」であることも、それを裏づけよう。

中国の天子を中心とする「冊封体制」において、これはいわば「万能の図様」の一つとも言いえよう(32)。

景初四年の文字の分析

右の「銘文」中の「景初四年」の四字について分析しておこう。

第一、中国・朝鮮半島・日本列島を通じ、暦に関する「一年の誤差」は頻出している。一に、太陰暦と自然の秩序（運行）との誤差の問題、二に、中国の皇帝の「恣意」による改暦の問題などにより、きわめて「生じやすい」問題なのである。

第二、たとえば、明確な「金石文」の事例として、百済の「武寧王陵碑」の碑文がある。そこでは王碑と妃碑をめぐり、次のような「誤差」が現われている。

〈甲〉　王碑

（A）〈原刻〉——甲辰年（AD・五二四）崩

（B）〈改刻〉——癸卯年（AD・五二三）崩

（C）　　　　乙巳年（AD・五二五）安葬

〈乙〉　妃碑

（D）　　　　丙午年（AD・五二六）崩

（E）　　　　己酉年（AD・五二九）合葬

右の王碑においてその崩年が、最初「甲辰年」と刻され、あとでこれを「癸卯年」として改刻されている状況が確認された。

これはおそらく、単なる「改刻ミス」ではなく、「安葬」時（C）と「合葬」時（E）において、「依拠、暦」上の変動があったからではないかと思われる。なぜなら、いやしくも当初の「王碑」の碑文の刻入者が〝軽率〟に誤刻し、（その「ミス石材」をとりかえることなく）その上に不体裁に「改刻」する、などということは考えがたいからである（現在の「刻字」の背後に、「原刻字」が〝痕跡〟として見えている）。

やはり「安葬」と「合葬」の間に「依拠、暦」上の変動が生じたためと見なすべきであろう。ともあれ、「原刻字」と「改刻字」との間に「一年の誤差」の存在する事実そのものは、いかにしても疑いがたいのである。

第二、白村江の戦についても、その「時点」について「一年の誤差」がある。

（1）六六二（龍朔二年）
　　旧唐書・新唐書・三国史記

（2）六六三（龍朔三年）

日本書紀（天智二年）

右のいずれが「正しい」か、というより、両者の依拠した「暦」自体の異同がその背景に存在するのではあるまいか。

第三、以上のような事例は、他にも多いけれど、今の問題は「三世紀における鏡銘」中の「一年の誤差」である。

（1）黄初四年（二二三）五月壬午朔十四日乙未、会稽師鮑作明鏡（以下略）

――鋳鏡の師鮑氏は会稽の人。呉。

（2）延康元年（二二〇）二月辛丑朔十二日壬子

――浙江省紹興出土、江南の製作。

右は「黄初」（魏）も、「延康」（後漢末）も、「洛陽」を首都とする年号であるけれど、いずれも右のような「呉地・江南」製作鏡の場合、「一年の誤差」をもっていることが指摘されている。詳細な「月日」が刻入されているため、その点の「ずれ」が判明したのである(33)。

これは重要な発見だ。なぜなら、日本列島内出土の、いわゆる「三角縁神獣鏡」の場合も、少なくともその「図様」が「呉鏡」の系列を引くこと、すでに明らかである。とすれば、今問題の「景初四年」鏡も、その〝あやまり〟の原因は、同じく「一年の誤差」問題にもとづく。そのように考えることこそ、自然（ナチュラル）な理解なのではあるまいか。すなわち、彼ら「呉地からの渡来鋳鏡者たち」は、「一年の誤差をもつ暦」、いうなれば「呉暦」を持って日本列島へと渡来してきたのであった。

以上の考察は、重要な論点へとわたしたちを導く。

（A）「景初三年」（呉暦）＝「景初二年」（正暦―の魏朝）

（B）「正始元年」（呉暦）＝「景初三年」（同右）

（C）「青竜三年」（呉暦）＝「青竜二年」（同右）

従来の、これらの「鏡銘」年号に対する認識は、大きく〝変化〟せざるをえないのではあるまいか。次の点に注目しよう。

現在の暦（たとえば「東方年表」）では、「後漢の滅亡」と「魏朝の開始」が同一年とされている。

二二〇 ――延康元年は「三月」まで。
――黄初元年は「三月」以降。

きわめて〝変格〟である。通常なら、「二二〇」全体を「延康元年」とし、「二二一」を「黄初元年」とすべきところ、「漢の年号と魏の年号」をダブラせている。いわゆる「禅譲の論理」と共に、相対立する「蜀」や「呉」に対する〝政治的必要〟も存在したのであろう。

けれども、このような「魏朝のひとりぎめ」が、直ちに蜀地や呉地に〝受け入れ〟られたかどうか、きわめて怪しい。「漢の献帝、暗殺説」が流布されていたと伝えられるように、それに対する〝受けとり方〟は、必ずしも「一定」していなかったのではなかろうか。

ともあれ、そのような「一年の誤差」は、呉地（ないし蜀地）や「呉地から日本列島へ渡来した鋳鏡者」には〝生じうる〟誤差ではあっても、魏朝の天子の〝お膝元〟である、洛陽の官公房（「尚方」）などで生じうべき「誤差」ではありえない。これが、人間の通常の理性の指し示すところなのではあるまいか(34)。

6　銘文と図様（まとめ）

論証の核心

本稿における論証の核心は簡明である。

「いわゆる『三角縁神獣鏡』の『銘文』と『図様』は対応している。」

と。この一点に尽きる。これはきわめて自然（ナチュラル）な視点である。たとえば、有名な「線文字Bの解読」において、そこに書かれた文字（ギリシャ語）とそばの画の図柄とが「一致」した。このきわめて通常の対応が、従来不可能とされていた「線文字B」の解読を可能とした。研究史上、有名な経験であった(35)。

まして、〝はるかに発達した語句と文章〟すなわち「銘文」と、〝はるかに発達した、高度の図柄〟すなわち「図様」とが、同一鏡面に存在するのであるから、この両者を〝無関係〟と見なすことほど、不自然な見地はありえなかったのである。

ではなぜ、そのような「不自然」が疑われずにきたのか。いいかえれば「自然」な見地が実行されずにきたのか。

その理由は次の四点にあるのではなかろうか。

第一に、本稿の最初にふれたように、明治三〇年代から大正九年までという、当鏡の研究史上の初期段階において、いちはやくも「三角縁神獣鏡」という「命名」が先行し、いわば「決定」を見たこと。

第二に、そのさいは、その後おびただしく出土した同式鏡の大部分はいまだ出土していなかった。そのために、本稿で論証対象となったような「典型的な、同式鏡」の存在（その銘文と図様）自体もほとんど知られていなかった。

まして、同式鏡が中国内部において出土していないこと、その後（昭和五〇年代）、中国の王仲殊氏の報告によって、いよいよその「不存在」の確認されたこと、これらの重要な認識が成立するより、はるか以前に、この「三角縁神獣鏡」という「命名」のみが先行して成立していたこと。

第三に、ところが、その後五〇〇面近い同式鏡が出土したけれども、そこには「保子宜孫」とか「位至三公」とか、きわめて世俗的な欲望、ハッキリ言えば「立身出世」や「人間的欲望」の露出が数多く見られた。ところが、他方、その「図様」に対し、これは「神人（神仙）と神獣」として、あらかじめ「断定」した地点から出発したため、同一鏡面中の「銘文」と対応させることなど、およそ不可能の一事となってしまっていたのではあるまいか。

第四に、もちろん「銘文」中に「東王父・西王母」や「仙人」は出現する。しかし、それらもひっきょう「人間の世俗的欲望による、人間の世俗的欲望のための、人間の世俗的欲望の対象」としてであって、決して「独自の高踏的・超俗世界を特立する」ためのものではない。「神仙」や「霊獣」は、人間のために存在する、いわば〝手段〟であって、決してそれ自身が「自己完結」的な最終目的ではないのである。

それを証明するものこそ「保子宜孫」や「位至三公」の類の世俗的文言の氾濫だったのではあるまいか。

一九四〇年、北京で刊行された『巌窟蔵鏡』において、著者の梁上椿氏は次のように記している。

巌窟蔵鏡

（A）青銅八鳥規矩鏡　　　　　　　二六二。原典では「漢中、四一」

「『青同之鏡甚大工上有山人食文』（中略）銘のなかには、『山人』があるが、内区の図像にはそれがなく、符合しない。」

（B）三羊四乳禽獣帯鏡　　　　　　三〇一。原典では「漢中、五六」

「『三羊作鏡眞大工上有山人不知老宜孫子吉』（中略）銘文中に『山人』の二文字があるが、図像には普通みる怪仙がいない。昔の工匠は銘文に対してあまり正確に解釈しようとしなかったことがこれで判明する。」

いずれも、田中琢・岡村秀典訳〈同朋舎〉による。

右を〝速読〟すれば、一見、銅鏡において「銘文」と「図様」とは相対応していない旨、〝主張〟しているかに見えよう。しかし、これを熟読すれば、じつはそうではないことが判明する。

（A）について。

「銘文」中の「食文」は珍しい詞句であるが、「文」は「斎」（齋の俗字）の略字か。「斎食」は〝清めたる食物〟の意。

盛營甘美、厚供二齋食一。（顔氏家訓、風操）

それはともあれ、右の梁氏の解説文では「符合しない」と言っている。原典（漢文）でも「不相符合」（相符号せず）と書かれている。

「符合」〝わりふが合ふ。又、わりふを合はせたやうに正しくあふ。ぴったりあふ。〟

「符」〝わりふ。しるし。わっぷ。竹または木の上にしるしとなるやうな文字を書き、これを二分して、互に各々一方を所持し、他日事のあったとき持ち寄り合はせて證據とする。銅で虎の形を造り、これを両分するのもある。〟（諸橋、大漢和辞典）

右のように「符号」という言葉をありのままに理解すれば、梁氏の観察はまったく正しい。なぜなら、一方の「銘文」に「山人」、他方の「図様」には、その〝人物像〟という、キッチリした対応のないこと、疑う余地もないからである。

これは、先述の「南画」の場合、「文章」中の「桃」や「李」や「径」が、山水画中に一つひとつ描かれていない。つまり「符号」していないのと、同じ状況である。

では、この銅鏡（A）の場合、「銘文」の所述と「図様」の表現と無関係か、といえば、否だ。なぜなら、その「図様」には「霊鳥」とおぼしきものが八羽描かれている。おそらくそれぞれ〝餌〟をついばみ、「霊園」に遊んでいるのであろう。すなわち「仙界」の描写である。したがって「銘文」の所述と「図様」の世界とは〝大らかに〟対応している。あの「南画」のように。先にあげた「青蓋鏡」の場合以上に、これこそ〝南画的対応〟の手法ではあるまいか。

もう一つ、注意すべきことがある。梁氏がこの銅鏡（A）について、ことに「相符号せず」とことわっていること、その事実は逆に「一般的には、『銘文』と『図様』とは〝符号〟すべきもの」という原則論の存在、それをまさに明示しているのではあるまいか。

（B）について。

右に引用した、梁氏の解説文の前半（「銘文中に・・・・怪仙がいない」）に関しては、前述の（A）の場合と同一である。

これに対し、後半（「昔の工匠は銘文に対してあまり正確に解釈しようとしなかったことがこれで判明する」）について検討しよう。その原典〈漢文〉は左のようである。

「古工匠對銘文之多不求甚解於此可證」

（古の工匠、銘文の多きに対し、甚だしくは解するを求めず。此に於て証とすべし。）

右で「之多」の文形は漢文（古典）では珍しい。「中国之大」（中国が大きいこと）「包括在費用之内」（費用の中に含まれる）（『現代中国語辞典』香坂順編著、光生館）の類であろう。

次に、「甚解」とここで呼んでいるのは、「銘文」と「図様」とを、一つひとつ、〝対応〟させようとする理解法のことであろう。例の「桃」や「李」や「径」の一つひとつを図柄（山水画）の中に〝見つけよう〟とする手法である。それが必ずしも妥当しないことを、ここで「主張」し、この銅鏡における「銘文」と「図様」の関係から、その「証」をえようとしているのである。その通りだ。何の疑いもない。

では、両者（銘文と図様）の間には、何の関係もないのだろうか。

この「図様」には、梁氏の解説にしたがえば、

「一鹿對向為蟾蜍左龍右虎」（一鹿、対向して蟾蜍《せんじょ》・左竜・右虎と為す。）

とされている。わたしたちが眼前にしているのは写真であるから、必ずしも鮮明には認識できないけれども、梁氏は当鏡の実物を見て判別しているのであるから、その判断にしたがおう。

まず「鹿」は〝帝位のたとえ〟にも用いられる吉獣である。

秦、其の鹿を失い、天下共に之を逐おう。
　集解に曰く、張晏曰く、鹿を以て帝位に喩うるなり。　史記、准陰侯伝

次に「蟾蜍」は〝ひきがへる〟〝月中に棲むひきがへる。姮娥が西王母の仙薬をぬすみ月中に走って化する所といふ。月精。転じて月をいふ。〟　諸橋、大漢和辞典

「左竜」「右虎」はすでに述べたように〝天子の守護神〟である。

「銘文」の中に「上に山人有り、老を知らず」と言っているところが、右の「（聖なる）鹿」や「蟾蜍」によって表現されている。

さらに「宜孫子吉」（孫子の吉に宜し）と言っている、その背景には〝天子のおかげ〟ありとし、そのために「左竜」「右虎」が描かれているのではあるまいか。必ずしも「唯、神仙」的な、「非、政治」的なメッセージではない。それが「銘文」と「図様」との対応と相関によって巧みに表現されているのである。

確かに梁氏の解説のように、「一字と一画の対応」というような〝四角四面〟の対応は存在しないけれど、そこにかえって〝大らかな〟対応が存在する。まさに、後代の「南画」的手法の先縦をなすものであろう。

要約

本稿論述の焦点を要約しよう。

第一に、いわゆる「三角縁神獣鏡」において典型とされてきた諸鏡、「海東鏡」「徐州・洛陽鏡」「景初三年鏡（神原神社古墳出土）」、さらに「□始元年鏡」などについて「銘文」と「図様」とは、対応し、

一定の相関関係をもっている。

それは〝緊密に対応しているもの〟(36)(「海東鏡」「徐州・洛陽鏡」「景初三年鏡（神原神社古墳出土）」「□始元年鏡（柴崎古墳出土）」など）や〝物語性などの付加を行ったもの〟（「権現山51号墳、2号鏡」）などの差異はあるけれど、それぞれの在り方において「対応」している点において変りはなかったのである。

第二は、「銘文」と「図様」とが、一つひとつの〝緊密な対応〟ではなく、より〝大らかな対応関係〟を示しているものである。いわゆる「三角縁神獣鏡」ではないけれど、「青蓋鏡（国分神社所蔵）」や「青銅八鳥規矩鏡」（A）「三羊四乳禽獣帯鏡」（B）などがこれに相当する。いわゆる「三角縁神獣鏡」では「景初四年鏡」（京都府広峰15号墳出土）」がこれに相当していよう。

この場合、「銘文」と「図様」とは「相補関係」にある。

第三に、新たに発見されたのは「鈕孔」のもつ問題性である。従来は「円形ないしドーム形」と「長方形」との差が問題提起されていたけれど、典型的な、いわゆる「三角縁神獣鏡」群の「鈕孔」を克明に観察し、撮影しデジタル解析を加えてみると、必ずしも事実に適合しないことが判明した。

代って「定型」（円形・ドーム形・長方形を含む）と「不定型」（より率直に言えば「乱型」）との差が重大であることが判明するに至った。

中国における「室内美術品」としての銅鏡の場合、当然右の「定型」であることが要求されよう。左右、見る側によって「鈕孔」が異なり、しかもそれぞれ〝一口で表現しがたい形〟すなわち「乱型」を示していたのでは、到底、貴族の日用品としての資格を欠如している。そのように考えることは果たして無謀だろうか。むしろ、人間の平明な理性と通常の常識の求めるところであろう。

これに対し、日本列島内の使用方法、すなわち「太陽信仰の祭祀の場における祭具」としての用途から見れば、その儀場においては、「表」（反射面）が上に向けられ、「裏」（鈕孔のある側）は下に向けられるため、司祭者側・参列者側にとって「目」に入らない。〝かげ〟の部分となる。そのため、「手抜き」が許されているのである。

第四、もう一つ、見のがせぬ点、それは「鏡師と鋳工」の別である。中国から渡来した「鏡師」の〝責任範囲〟は「鏡の『銘文』と『図様』」にとどまり、その他の鋳造工程は、日本側の「鋳工」に委ねられた。その「鋳工」たちは、当の銅鏡の実際の使用状況を熟知しており、ために「鈕孔」の〝乱雑さ〟には「神経質」ではなかったようである。

このような「鏡師と鋳工との落差」という観点を導入しなければ、ここに現われた「二つの美意識の断絶」を説明することはまったく不可能である。

この問題には、当然ながら「鈕孔作製技術」の有無が根底に存在すると思われる。

なお、森博達氏の指摘によって「韻家と鏡師の別」についての認識を得た。これも、「鏡師」のみが中国から日本列島へ渡来し、「韻家」が伴われていなかった、という問題を暗示している。

さらに、念のため言えば、「乱型」の場合、「室内美術品」としては不適格だけれど、「定型」の場合には「室内美術品」としても、「儀場、祭祀品」としても、双方とも有効であること、言うまでもない。鴨都波遺跡（御所市）出土の四銅鏡（いわゆる「三角縁神獣鏡」、四世紀半ばの古墳出土）などは、かえって「鈕孔」が「定型」に近づいていることも、また、その証左となろう。

第五、「原則として『銘文』と『図様』とは対応し、相関関係をもつ」。この平明な道理が従来の「三角縁神獣鏡研究史」において、受け入れられていなかったのは、なぜか。

すでに明治三〇年代から大正九年にかけて、という早い段階において、「三角縁神獣鏡」という「命名」が先行した。ために、「図様」の内容を〝一概に〟「神仙と神獣」類と限定してしまった。そのために、一方の「銘文」中に頻出する「世俗的欲望」（「保子宜孫」「位至三公」など）の文言と到底「対応」できず、そのために両者をバラバラに理解することを「常例」としてしまったからではなかろうか。
むしろこれは「三角縁神獣鏡」というよりは「三角縁人獣鏡」と呼ぶべき鏡式だったのである。

最後に、本稿論述の指向すべきところにふれよう。

一に、三角縁人獣鏡は「国産」である。いわゆる「舶載鏡」ではない。

二に、それは〝倭人のみ〟による「国産」ではない。中国（呉地を含む）からの渡来鏡師が重要な役割をになって、日本列島内で作製された鏡である。

この点、すでにわが国には江戸時代以来の研究史があり、近くはわたし自身が「海東鏡」を中心対象として、二一年前（一九七九年）に提唱したところであった。その二年後、王仲殊氏が右のわたしのテーマを（わたしの名をあげず）襲用されるに至った。これに対し、以後あたかもこれを「王仲殊説」であるかに扱う論者（ジャーナリズムを含め）が続出するに至った[37]。不見識である。この点、明記する。

三に、しかも彼ら、渡来鏡師は、単に「中国内、常套の文面」や「中国内、常套の図柄」を〝飜刻〟したのではない。日本側の注文主（豪族）の「要望」や「祝事」などに応じた文言と図柄を刻入した。それ故、これらは、

「日本列島内の早期金石文群」

として、歴史上、日本思想史上、また民俗学上、重要な資料となろう。それらが従来はまったく「研究資料」とされてこなかった。それを「舶載」とするのが考古学界の通説であり、日本歴史学界、民俗学界もまた、この通説にしたがってきたからである。

四に、以上によって「三角縁神獣鏡＝魏鏡」説が否定されたのであるから、当然、真の「魏朝からの賜遣鏡」は何式鏡か、という問題に当面せざるをえない。

これに対する回答は、当然「漢式鏡」とならざるをえないであろう。

「漢式鏡」は、早くは糸島・博多湾岸（弥生時代）を中心に分布し、おそくは近畿（古墳時代）を中心に分布する。

この後者を〝採択〟して、「三角縁神獣鏡、非魏鏡、同時に近畿『邪馬台国』説」という、屈折した「第二通説」が浮上しようとしている。これは可能だろうか。

これに対する、わたしの回答は平明である。「倭人伝に書かれているのは、銅鏡（一〇〇枚）だけではない。中国錦（絹）と倭国錦（絹）、矛などである。[38]」

これらの記事を「回避」するようでは、「第二通説」もやがて、かつての「第一通説」（「三角縁神獣鏡、魏鏡説」）を後続すべき運命しかありえないのではあるまいか。

五に、本稿では主として「三角縁人獣鏡」の問題を取り扱ったけれど、「銘文」と「図様」の関係がこの様式鏡に限られないこと、言うまでもない。

たとえば、最近発掘されたホケノ山古墳（奈良県）出土の画文帯神獣鏡なども、「銘文」「図様」[39]ともきわめて優れた秀鏡であるだけに、好個の研究対象となろう。改めてふれさせていただくこととしよう。

末尾ながら、当研究のために、多くの諸社、諸機関、諸研究者のおかげをこうむったことを明記し、感謝したい。国分神社、大阪府教育委員会、大阪市立美術館、文化庁、島根県八雲立つ風土記の丘博物館、島根県埋蔵文化財センター、大阪府弥生文化博物館、京都府埋蔵文化財センター、向日市埋蔵文化財センターなど、数知れない。また谷本茂、藤田友治の両氏には写真撮影、データ分析などでおかげをこうむった。

そして樋口隆康氏からは、京都大学在任中以来、変らぬ御教示を賜り、感謝の言葉もない。対立する異説に対する寛容、という学問の骨髄とすべきところ、常に学ばせていただいたこと、ここに特筆させていただきたい。[40]

注

（1）他にも、西田守夫・田中琢・近藤喬一・安本美典・小山田宏一・車崎正彦氏など、多士輩出している。

（2）孔祥星・刘一曼著『中国古代铜镜』（文物出版社、一九八四年刊）・孔祥星著『中国铜镜图典』（文物出版社、一九九二年刊）。

（3）古田武彦・原田実・安藤哲朗・鬼塚敬二郎・兼川晋・木佐敬久・木下治代・木村千恵子・佐野郁夫・高田かつ子・滝口茂子・長井敬二・服部良雄・飛鷹泰三・平田英子・古田冷子・吉田博茂。

（4）注（2）の図書。

（5）「八星鏡」の名称は当初の新聞報道による。

（6）『巌窟蔵鏡』一五七（八三ページ）。

（7）同右一三〇（七九ページ）。

（8）同右一二七（七九ページ）。

（9）同右（同ページ上段）。

（10）茶臼山古墳出土（重要文化財）。

（11）「徐州。府名。清、置く。（中略）故治は江蘇省銅山県。」『清史稿、地理志』による（諸橋、大漢和辞典）。

（12）樋口隆康『三角縁神獣鏡綜鑑』二二九ページ。

（13）鏡師（韻家や鋳工ではない。）。

（14）梁上椿『巌窟蔵鏡』（三九三・三九四・三九五・三九六・三九八など）。

（15）同右（三九〇・三九三）。

（16）兵庫県揖保郡御津町（一九九一年三月、『権現山51号墳』刊行会）編集近藤義郎、編集協力冨田和気夫、執筆近藤義郎以下二十一名。

（17）この2号鏡は、小林行雄氏の同笵鏡目録の一〇番に該当する。香川県大川郡寒川町石井奥3号墳、京都府相楽郡山城町椿井大塚山古墳、静岡県磐田市二之宮連福寺古墳、群馬県藤岡市三本木（伝）、泉屋博古館蔵23号鏡、同24

号鏡の同笵鏡が知られている。（注（16）による）

(18) 王仲殊著『三角縁神獣鏡』（学生社）「七面の『陳是鏡』とその銘文」（二一二ページ）その他。

(19) 右著も、この立場である。

(20) 王仲殊氏は、この「詺」字を以て「名」と同一と見なした上で、「要するに、ここでの『名』とは一つの動詞であり、その意味は財産や物品を自分の所有にすること、すなわち『占有』することなのである。」とする。（右著二一一五ページ）。

「詺」字を王仲殊氏のように解した場合でも、「図様」との関係に大異はないであろう。ただ王説の場合、「『銘文』の銘刻者は、なぜ『有之』とか『保之』といった、通例の、誤解しようのない文字を用いなかったのか。」という疑問が若干残るように思われる。

(21) 王仲殊氏がこの理解を示された（右著二一五ページ）。

(22) 不二井伸平氏（古田史学の会）による。

(23) この文の前に、森氏は香川県多度津町西山古墳出土鏡の銘文を引文し、この文が韻を踏まず、魏の詩人がこの鏡銘を見れば、「押韻を誤った拙劣な銘文と嘲笑うでしょう。」と評された。その銘文は次のようだ。

「張氏作竟真大巧、上有仙人赤松子、師子辟《ママ》邪世少有、渇飲玉泉飢食棗、生如金石不知老（師は獅の略字）」

右は先述の「権現山51号墳の2号鏡」と同類の銘文である。

(24) 福永氏の所論を引用する。

「三角縁神獣鏡の鈕孔のほとんどが長方形手法で統一されていることは、それが限定された工房で大量製作された経緯をうかがうに十分である。いずれにせよ、これまでに検討してきたような諸特徴を呉の鏡に求めることは、それを魏鏡に求めるよりはるかに困難であることをあらためて確認しておきたい。」（四九ページ上段）

氏は倭人伝の「銅鏡百枚」について次のように述べる。

「筆者は、この銅鏡百枚が三角縁神獣鏡を主体としてこれら方格規矩鏡などを少数含む鏡群であったと推定しているが、公孫氏の勢力下で銅鏡製作を行っていた工人集団が、公孫氏滅亡後、魏によって再編成され、卑弥呼下賜

用の鏡製作にあたった可能性は考えられないであろうか。」論文注《32》
さらに氏は「工人渡来説」を「仿製段階」に至って認めようとする。「仿製の初期の段階に大陸から工人が渡来してその技術を直接指導し、またわが国において三角縁神獣鏡を製作した可能性がある。もちろん中国北方系の工人である。」論文注《36》
「長方形」という鈕孔形態が「仿製」段階になっても〝継続〟しているという観察に立った、大胆な推定であるが、すでに「三角縁神獣鏡＝魏鏡」説に立つ氏であるだけに、なぜいまさら、この期（「仿製」段階）におよんで、という疑問が生ずること、避けがたい。
要は、王仲殊説のような「唯、呉鏡」系列説に対する反論にのみ〝目を奪わ〟れ、王説に対する「先行説」としての、わたしの立論（一方で「北方（洛陽→楽浪→日本列島）経由」、他方で「直通（呉地→日本列島）」の統合説。『ここに古代王朝ありき』〈朝日新聞社〉）を一顧だにしなかったためである。そのように見なすこと、はたして酷であろうか。氏の研究が銅鏡研究上の一生面を切り開いただけに惜しまれる。
福永氏論文「三角縁神獣鏡の系譜と性格」（考古学研究、第38巻第1号、一九九一年六月）
右の引用は、当論文による。なお「三角縁神獣鏡製作技法の検討――鈕孔方向の分析を中心として」（考古学雑誌、第78巻第1号、平成四年九月）他、考古学研究（第41巻第1号）、長岡京文化論叢Ⅱ、などに一連の論文を発表している。

(25) 大林芳雄氏（京都市下京区東洞院通仏光寺上ル）による。「ひも」の専門家。

(26) 出雲において二種類の「×印」が出土した。一方は、銅矛（出雲矛。従来は「銅剣」と呼ばれてきた。高橋健自の「命名」による。これも「命名先行」の一例である。別述〈『古代史の未来』〉）の凸出部である（荒神谷出土）。他方は、銅鐸の鈕部付近（加茂岩倉）。両者の「×」はまったく性質を異にしている。なぜなら、前者（荒神谷の出雲矛）は製作技術者自身にとっての「心覚え」にすぎず、木の柄を〝はめた〟状態では、人目につかない。儀場の参列者はもとより、使用者自身にも、通例は気付かれないのである。
この点、〝外目〟にハッキリ判明する形の後者（加茂岩倉の銅鐸）の場合とは、外見は同じ「×印」でも、その

「目的」はまったく異なっている。

前者（荒神谷の出雲矛）の「×印」は、位置も、筆跡も、きわめて〝恣意的〟であり、統一されていないようである。「表からは見えない位置」にあることから生ずる、一種の「手抜き」とも言いえよう。この点、今回の「鈕孔」問題と共通している。

(27) 逆は必ずしも真ならず、のたとえ通りの「鈕孔」が「定型」であるから、「室内美術工芸品」用に限る。「戸外祭祀」用には使いえない。――こういう命題の成立しないこと、当然である。

(28) 注（14）参照。

(29) 中国でも日本列島にも出土する「画文帯神獣鏡」にも、この「模鋳鏡」問題があり、興味深いテーマをなす（別述）。

(30) 樋口隆康『三角縁神獣鏡綜鑑』、田中琢『古鏡』（講談社）など参照。

(31) ホケノ山出土鏡など。

(32) 狂歌でも、いずれの下の句にも〝つき〟うるものに「それにつけても金のほしさよ」あり、とされる。人が貨幣経済の中に住むことの一証かもしれぬ。

(33) 笠野毅「三角縁神獣鏡は語る」（『古代を考える、邪馬台国』吉川弘文館）、「虹の光輪」（多元 Vol. 28）参照。

(34) 中国内部の「石刻」「瓦刻」において「一年誤差」の例をあげ、それを〝根拠〟にして「景初四年鏡、中国製」説を弁護しようとする論説があるようである。しかし、これは不当である。なぜなら、日本列島内でも、「近畿天皇家の年号」のみならず「九州年号」の「一年誤差」「三年誤差」などは多い。文書・年号研究上の〝常識〟といえよう。それが、あの広大な中国内部に存在して当然である。けれども、「天子からの賜遺鏡」において、また「尚方」など魏の官公房の中において、存在しない「景初四年」などの生ずべき道理はやはりないのである。

(35) イギリスのペントリスによる解読（一九五三年）。

(36) このケースでも「笠松形文様」のごときものは、〝特に〟銘文中には現われないけれど、「貴人」に関する内実であることは、「銘文」中に現わされていることが多い。

(37)「王仲殊説の行方」(『「君が代」を深く考える』五月書房)この論文には中嶋嶺雄による中国訳(小冊子)がある。
(38)『ここに古代王朝ありき』(朝日新聞社刊)参照。なお従来の「考古学編年」を絶対視すべきではなく、逆に「出土遺物」と「三国志の魏志倭人伝内の『物』(鏡・絹・矛などごとの対応を以て、新たな編年の基礎と見なすべきである。この点、川端俊一郎氏も、日本の考古学界に対して反省をうながしておられる〈「倭国の市と大和の市」北海学園大学経済論集、第43巻、第3号、一九九五年一二月〉。
(39)なお本稿で扱った三角縁神獣鏡や各種銅鏡とは別に、「改鋳」「模鋳」に属するもの少なしとしない。たとえば、有名な大阪府黄金塚古墳出土の「景初三年鏡」(画文帯神獣鏡)も、その一つである。この種の「後鋳鏡」を〝出発点〟として「銘文」と「図様」の関係を論じはじめるとすれば、大きな錯失となろう。なぜならこれら「後鋳鏡」では、しばしば「銘文」や「図様」が〝崩され〟て、ために両者の関係もまた〝崩れて〟いるからである。この点、深い注意を要しよう(滋賀県、大岩山古墳出土鏡も同じ)。これらの点、詳述の機をえたい。
(40)研究史上、注目すべき位置にあるのは、小野山節氏「三角縁神獣鏡の傘松形に節・塔二つの系譜」(郵政考古紀要、通巻第三六冊、一九九九年一〇月三一日。大阪中央郵便局私書箱九五一号)である。いわゆる「傘松形文様」の大多数を「法華経」の「仏塔」に由来するもの、とされた。もちろん、三角縁人獣鏡(いわゆる「三角縁神獣鏡」)の「銘文」中には法華経や仏塔や仏経思想に関する章句は、まったく、あるいはほとんど存在していないこと周知のごとくである。「『銘文』と『図様』とは対応せず」とする、〝通説派〟による研究史上の、一到達点をしめす労作であろう。

——二〇〇〇年七月一〇日稿了——

(以上、『新古代学　第5集』新泉社、二〇〇一年、六～五五ページ)

初出一覧

見出し	本書頁	書名	出版社	出版年	原著頁	ミネルヴァ書房復刊版	復刊版頁
はしがき	i～vii	（書き下ろし）					
序章　毎日が新しい発見	一～一七	（書き下ろし）					
第1章1　邪馬台国近畿説の支柱（三角縁神獣鏡魏鏡説）を批判する	一九～三七	失われた九州王朝	朝日新聞社	一九七三	七二～九四	二〇一〇	六一～八一
第1章2　従来説及び国産説の考古学的検証	三八～四九	ここに古代王朝ありき	朝日新聞社	一九七九	一五～三四	二〇一〇	一五～二三及び三〇～三三
第1章3　弥生編年の問題	五〇～六三	ここに古代王朝ありき	朝日新聞社	一九七九	七七～九一	二〇一〇	七五～八九
第1章4　梅原「補正」論文	六三～七一	古代史徹底論争	駸々堂出版	一九九三	六四五～六五一		
第2章1　文字の考古学	七三～一〇九	ここに古代王朝ありき	朝日新聞社	一九七九	九四～一三三	二〇一〇	九三～一三二
第2章2　銘文の分析	一〇九～一二一	倭人伝を徹底して読む	大阪書籍	一九八七	二八五～二九八	二〇一〇	二五四～二六六
第2章3　銘文と仿製鏡をめぐる対話	一二一～一二八	よみがえる九州王朝	角川書店	一九八三	一一三～一二〇	二〇一四	九六～一〇三

第2章4　金石文としての銘文	一二八～一六一	失われた九州王朝	朝日新聞社	一九七三	四九四～五三四	二〇一〇	四二四～四五七
第2章5　伝世鏡理論1	一六一～一六八	ここに古代王朝ありき	朝日新聞社	一九七九	一三四～一四一	二〇一〇	一三三～一四〇
第2章5　伝世鏡理論2	一六八～一七一	倭人伝を徹底して読む	大阪書籍	一九八七	二八〇～二八五	二〇一〇	二五〇～二五四
第2章6　三角縁神獣鏡国産説の再展開1	一七一～一八八	ここに古代王朝ありき	朝日新聞社	一九七九	一四一～一五九	二〇一〇	一四〇～一五七
第2章6　三角縁神獣鏡国産説の再展開2	一八八～一九一	失われた九州王朝	（復刊本のみに掲載）			二〇一〇	五〇一～五〇五
第2章6　三角縁神獣鏡国産説の再展開3	一九一～一九三	失われた九州王朝	（復刊本のみに掲載）			二〇一〇	五三四～五三六
第2章6　三角縁神獣鏡国産説の再展開4	一九三～一九五	失われた九州王朝	（復刊本のみに掲載）			二〇一〇	五四二～五四四
第2章7　古墳の編年と鏡の編年について1	一九六～二〇五	ここに古代王朝ありき	朝日新聞社	一九七九	一五九～一六八	二〇一〇	一五七～一六六
第2章7　古墳の編年と鏡の編年について2	二〇五～二〇六	倭人伝を徹底して読む	大阪書籍	一九八七	二七六～二七八	二〇一〇	二四五～二四六
第2章7　古墳の編年と鏡の編年について3	二〇六～二三一	よみがえる九州王朝	角川書店	一九八三	八四～一一二	二〇一四	六九～九六

第2章8　考古学的出土品との整合1	二三一～二三五	多元的古代の成立（下）	駸々堂出版	一九八三	二七三～二七九	二〇一二	二八四～二八七
第2章8　考古学的出土品との整合2	二三五～二三七	真実の東北王朝	駸々堂出版	一九九〇	二〇五～二〇七	二〇一二	一五三～一五五
第2章9　考古学編年について1	二三七～二三九	日本古代新史	新泉社	一九九一	一二四～一二六		
第2章9　考古学編年について2	二三九～二四五	古代史をひらく	原書房	一九九二	一九六～二〇四	二〇一五	一六五～一七一
第2章10　鏡と倭国1	二四五～二五〇	古代は輝いていたI	朝日新聞社	一九八四	二四五～二五一	二〇一四	二三二～二三八
第2章10　鏡と倭国2	二五〇～二五四	倭人伝を徹底して読む	大阪書籍	一九八七	二七一～二七六	二〇一〇	二四一～二四五
第2章10　鏡と倭国3	二五四～二五九	失われた日本	原書房	一九九八	七三～七八	二〇一三	五七～六三
第2章10　鏡と倭国4	二五九～二六〇	失われた日本	原書房	一九九八	三二八～三二九	二〇一三	二六三～二六五
第2章10　鏡と倭国5	二六〇～二六三	倭人伝を徹底して読む	大阪書籍	一九八七	二七七～二八〇	二〇一〇	二四六～二五〇
第2章11　邪馬壹国の実証1	二六三～二六八	よみがえる卑弥呼	駸々堂出版	一九八七	二四〇～二四五	二〇一一	二〇七～二一一
第2章11　邪馬壹国の実証2	二六八～二七四	古代史60の証言	駸々堂出版	一九九一	一二～一五		
第2章11　邪馬壹国の実証3	二七四～二七八	古代は沈黙せず	駸々堂出版	一九八八	なし	二〇一二	四〇九～四一四
第2章11　邪馬壹国の実証4	二七八～二八五	真実の東北王朝	駸々堂出版	一九九〇	なし	二〇一二	三六四～三七一

第2章11　邪馬壹国の実証5	二八五～二九二	俾弥呼の真実	ミネルヴァ書房	二〇一三	二四三～二五三		
第3章1　王仲殊論文の出現	二九三～二九六	多元的古代の成立(下)	駸々堂出版	一九八三	一九四～一九七	二〇一二	一九八～二〇一
第3章2　王仲殊論文をめぐって	二九六～三一七	多元的古代の成立(下)	駸々堂出版	一九八三	二五一～二七二	二〇一二	二五八～二八一
第3章3　王仲殊論文への批判	三一七～三三七	よみがえる九州王朝	角川書店	一九八三	五〇～七三	二〇一四	三七～五九
第3章4　王仲殊論文再論	三三七～三四一	古代は輝いていた1	朝日新聞社	一九八四	二五一～二五六	二〇一四	二三八～二四三
第3章4　王仲殊論文再論2	三四二～三四九	俾弥呼の真実	ミネルヴァ書房	二〇一三	一五一～一六〇		
第4章　はじめに	三五一	新・古代学　第5集	新泉社	二〇〇一	六		
第4章1　中国鏡の銘文と図様	三五二～三五六	新・古代学　第5集	新泉社	二〇〇一	七～一〇		
第4章2　日本出土鏡の銘文と図様の再検討	三五六～三七六	新・古代学　第5集	新泉社	二〇〇一	一〇～二二及び五三～五五		
第4章3　景初三年鏡	三七七～三八四	新・古代学　第5集	新泉社	二〇〇一	二二～二八※		
第4章4　鏡師と鋳工の区別	三八六～三九五	新・古代学　第5集	新泉社	二〇〇一	二八～三五		
第4章5　紀年鏡再論	三九五～四〇五	新・古代学　第5集	新泉社	二〇〇一	三五～四三		
第4章6　銘文と図様（まとめ）	四〇六～四一九	新・古代学　第5集	新泉社	二〇〇一	四三～五三		

※三八四～三八五頁のみ、『「邪馬台国」はなかった』一〇二～一〇四ページ。

あとがき

平松　健

古田武彦先生の突然の訃報に接したのは、二〇一五年十月十五日の朝でした。いつかその日がくることは人間である以上やむを得ないことですが、内心ではまだまだ教えを乞う時間はあると甘えていた自分には、一瞬にして闇につき落とされたような気持ちでした。

折しも今年の三月から準備して、ミネルヴァ書房の杉田社長とイメージ合わせをしながら進めていた本書がようやく仕上がって、校正のためのプリントアウトをしようとしていた矢先でした。それも亡くなられる一週間ほど前に、「あの鏡の本はどうなった」と先生が電話をしてこられました。私はいろいろ出版社との話し合いの現状をお話ししましたら、「ああいう新しい企画の本こそ早く世に出すべきなのに。社長にもよく言っておこう」と言われ、大慌てにまとめたものでした。思えばそれが先生の私に対する最後の言葉となりました。

先生が現実にこの世におられなくなると、過去の五冊の編集（『俾弥呼の真実』『史料批判のまなざし』『現代を読み解く歴史観』『古田武彦が語る多元史観』『古田武彦の語る古代史百問百答』）と全く同じスタイルで編集することは出来なくなります。なにしろ今までは再校の段階で一語一句に至るまで先生が丁寧にチェックして下さいました。今後は、それは私がやらなければならないのです。そのため遅くなったと言い訳するつもりはありませんが。

古田武彦先生の学論の領域は、単に古代史のみならず、関連分野の考古学はもちろんのこと、文学、歴史、宗教から、近くは政治、外交、科学にまで及び、われわれ一般人には、すぐにはついて行けないというのが、率直なところです。出版されている本だけでも、膨大な数に上り、これを丹念に読みこなすにはむしろ不可能と言った方が正しいのではないでしょうか。

そのような状況にあるとき、少しでも、多忙な諸賢のご研究の一助にもなればと思い立ち、今回は特に「鏡」に特化して、過去古田先生が書かれた本・論文の中から「鏡」に関する部分のみを抽出して一冊の本にまとめることを計画しました。ただ雑誌等に掲載された論文は基本的には出版された本の中に吸収されておりますので、雑誌等の原典の方は割愛しました。また本書に掲載された論文間で重複しているところや、内容の若干の相違が見られるところがありますが、原則として出版された本に書かれている文章をそのまま生かし、先生の思考の過程がわかるようにしました。

編集の順序としては、基本的には論文の書かれた年代を先にしました。しかしすべてを年代順に並べますと、同じテーマが数カ所に分かれることになり、それでは「多忙な諸賢のご研究の一助」という目的から遠く離れることになります。そのため同じテーマは、なるべく同じ個所に集まるように、編集を工夫致しました。

それにしても「鏡」という一つのテーマを論じるのにも、古田先生はあらゆる面から検討されます。その引用個所を原典にさかのぼって検証するだけでも厖大な時間がかかります。それをまとめて論文にするにはさらに多くの時間と能力を必要とします。私どもはこれを厭わず、古田先生の歩んで来られた道を懸命に辿って行きたいと思います。

編集にあたってもっとも重視しましたことは、古田先生が学者としては最初に、三角縁神獣鏡は国産であることを主張したことであります。考古学者として、森浩一先生が古くから国産説を唱えられていますが、森先生は死の直前まで「大半は」という条件付きであったことは、編者自身が直接確認しております。また学会ではあたかも王仲殊氏が、最初に言い出したかのように理解されていますが、本書でも明らかなように樋口隆康先生がそれは誤りであることを指摘されております。

にもかかわらず、古田説が無視（シカト）されてきたことは、学問の発展のためにも誠に嘆かわしいことであります。学研的に正しくなければ、堂々とその反論を出せばよいことです。そういう意味では今回のように、いろいろな本に部分的に書かれている論文を一つの書にまとめることによって、諸賢により読みやすく、より反論しやすいように出来たと、密かに期待しております。

申し遅れましたが本件企画は古田先生のご子息であられる古田光河様からも積極的なご賛同をいただき、加うるに、今まで、ともすれば一方的になりがちな私の編集に対して、実社会を長く経験された広い視野に立って色々アドバイス頂きました。ここに心から感謝申し上げますと同時に、読者の範囲も一段と拡大するものと確信しております。

なお、凡例として、文中単に「注」とあるものは古田先生本来の注であり、また「注＝」とあるものは編者（平松）の方で、読者の参考になればとしてつけたものです。また、引用書籍は正確な書籍名の他、一般に言いならされた書名（たとえば、諸橋大漢和など）があることをお許し賜りたい。

二〇一五年十二月十日

人名索引

あ 行

か 行

さ 行

た 行

な　行

は　行

ま　行

や　行

ら　行

事項索引

た　行

な　行

は　行

ま　行

や　行

ら　行

わ　行

欧　文

地名索引

あ 行

か 行

さ 行

た 行

な 行

は 行

ま・や 行

ら・わ 行

《編者紹介》

平松　健（ひらまつ・けん）

1936年　岡山県倉敷市生まれ
東京大学法学部卒業後，都市銀行及び信販会社の各役員を経て，古代史研究に専念。

主な活動　東京古田会編集担当幹事（2009～12年）。
①『俾弥呼の真実』，②『史料批判のまなざし』，③『現代を読み解く歴史観』，④『古田武彦が語る多元史観』，⑤『古田武彦の古代史百問百答』（いずれもミネルヴァ書房）の編集実務担当。

著　書『西ドイツのたそがれ』（三修社）。
『西独有限会社法』（三修社）。
『川柳で平成の世をぶった切り』（新葉館出版）。

論　文「倭国の北岸について」（『季刊邪馬台国』102号）。「日本出土の景初四年銘三角縁盤竜鏡」について（『季刊邪馬台国』119号），ほか多数。

《著者紹介》

古田武彦（ふるた・たけひこ）

1926年　福島県生まれ。

旧制広島高校を経て，東北大学法文学部日本思想史科において村岡典嗣に学ぶ。

長野県立松本深志高校教諭，神戸森高校講師，神戸市立湊川高校，京都市立洛陽高校教諭，龍谷大学講師，昭和薬科大学教授を経て，2015年10月14日逝去。

著　作　『「邪馬台国」はなかった――解読された倭人伝の謎』朝日新聞社，1971年（朝日文庫，1992年）。

『失われた九州王朝――天皇家以前の古代史』朝日新聞社，1973年（朝日文庫，1993年）。

『盗まれた神話――記・紀の秘密』朝日新聞社，1975年（朝日文庫，1993年）。

『古田武彦著作集　親鸞・思想史研究編』全３巻，明石書店，2002年。

シリーズ「古田武彦・古代史コレクション」ミネルヴァ書房，2010年～。

『俾弥呼――鬼道に事え，見る有る者少なし』ミネルヴァ書房，2011年。

『真実に悔いなし――親鸞から俾弥呼へ 日本史の謎を解読して』ミネルヴァ書房，2013年，ほか多数。

古田武彦・歴史への探究⑥
鏡が映す真実の古代
――三角縁神獣鏡をめぐって――

2016年９月10日　初版第１刷発行　〈検印省略〉

定価はカバーに
表示しています

著　者　古　田　武　彦
編　者　平　松　　健
発行者　杉　田　啓　三
印刷者　江　戸　孝　典

発行所　株式会社　ミネルヴァ書房
607-8494 京都市山科区日ノ岡堤谷町１
電話代表（075）581-5191
振替口座 01020-0-8076

共同印刷工業・新生製本

ISBN978-4-623-07736-6
Printed in Japan

刊行のことば――「古田武彦・古代史コレクション」に寄せて

いま、なぜ古田武彦なのか――

古田武彦の古代史探究への歩みは、論文「邪馬壹国」（『史学雑誌』七八巻九号、一九六九年）から始まった。その後の『「邪馬台国」はなかった』（一九七一年）『失われた九州王朝』（一九七三年）『盗まれた神話』（一九七五年）の初期三部作と併せ、当時の「邪馬台国論争」に大きな一石を投じた。〈今まで「邪馬台国」という言葉を聞いてきた人よ。この本を読んだあとは、「邪馬一国」と書いてほしい。しゃべってほしい。…〉（『「邪馬台国」はなかった』文庫版によせて）という言葉が象徴するように、氏の理論の眼目「邪馬一国論」はそれまでの定説を根底からくつがえすものであった。

しかも、女王の都するところ「博多湾岸と周辺部」という、近畿説・九州説いずれの立場にもなかった所在地は、学界のみならず、一般の多くの古代史ファンにも新鮮な驚きと強烈な衝撃を与えたのである。

こうして古田説の登場によって、それまでの邪馬台国論争は、新たな段階に入ったかに思われた。

古田説とは、(1)従来の古代史学の方法論のあやうさへの問い、(2)定説をめぐるタブーへのあくなき挑戦、(3)真実に対する真摯な取り組み、(4)大胆な仮説とその論証の手堅さ、を中核とし、我田引水と牽強付会に終始する従来の学説と無縁であることは、今日まで続々と発表されてきた諸著作をひもとけば明らかであろう。古田氏によって、邪馬台国「論争」は乗り越えられたのである。しかし、氏の提起する根元的な問いかけの数々に、学界はまともに応えてきたとはいいがたい。

われわれは、改めて問う。古田氏を抜きにして、論争は成立しうるのか。今までの、古田説があたかも存在しないかのような学界のあり方や論争の進め方は、科学としての古代史を標榜する限り公正ではなかろう。

ここにわれわれは、古田史学のこれまでの諸成果を「古田武彦・古代史コレクション」として順次復刊刊行し、大方の読者にその正否をゆだねたいと思う。そして名実ともに大いなる「論争」が起こりきたらんことを切望する次第である。

二〇一〇年一月

ミネルヴァ書房

古田武彦・歴史への探究

①俾弥呼の真実　古田武彦／古田武彦と古代史を研究する会 編著　四六判三七八頁 本体三〇〇〇円

②史料批判のまなざし　古田武彦／古田武彦と古代史を研究する会 編著　四六判三七二頁 本体三〇〇〇円

③現代を読み解く歴史観　古田武彦／古田武彦と古代史を研究する会 編著　四六判三六二頁 本体三〇〇〇円

④古田武彦が語る多元史観　古田武彦／古田武彦と古代史を研究する会／多元的古代研究会 編著　四六判五四〇頁 本体四〇〇〇円

⑤古田武彦の古代史百問百答　古田武彦／古田武彦と古代史を研究する会 編著　四六判三八八頁 本体三〇〇〇円

⑥鏡が映す真実の古代　古田武彦／平松健 編著　四六判四五六頁 本体三五〇〇円

漫画・邪馬台国はなかった　福與篤 著／古田武彦 解説　A5判一七六頁 本体二二〇〇円

中国からみた日本の古代　沈仁安 著／藤田友治・藤田美代子 訳／古田武彦 解説　四六判四三二頁 本体三五〇〇円

「九州年号」の研究　古田史学の会 編　四六判三六〇頁 本体二八〇〇円

地名が解き明かす古代日本　合田洋一 著　四六判二八八頁 本体二八〇〇円

太宰府は日本の首都だった　内倉武久 著　四六判二七四頁 本体二六〇〇円

ゼロからの古代史事典　藤田友治・伊ヶ崎淑彦・いき一郎 編著　四六判四五〇頁 本体三八〇〇円